교과서 속 개념을 쉽게 찾아보는

중등 전과목 필수
어휘력 사전

교과서 속 개념을 쉽게 찾아보는

중등 전과목
필수
어휘력
사전

지은이 강승임
펴낸이 정규도
펴낸곳 (주)다락원

초판 1쇄 발행 2022년 9월 26일
　　　3쇄 발행 2024년 12월 13일

편집 서정은, 임유리
디자인 유어텍스트
일러스트 개꽃뽁

다락원 경기도 파주시 문발로 211
내용문의 (02) 736-2031 내선 273
구입문의 (02) 736-2031 내선 250~252
Fax (02) 732-2037
출판등록 1977년 9월 16일 제406-2008-000007호

ISBN 978-89-277-4781-9 (43710)

http://www.darakwon.co.kr
다락원 홈페이지를 통해 인터넷 주문을 하시면 자세한 정보와 함께
다양한 혜택을 받으실 수 있습니다.

교과서 속 개념을 쉽게 찾아보는

중등 전과목
필수

어휘력
사전

글 강승임
그림 1개꽃뽁

다락원

중학생 전 과목 내신 만점,
필수 어휘력 사전으로 준비하자!

중학교 공부가 버겁다고 호소하는 친구들이 많습니다. 중학교 1학년 때 중간·기말고사를 치르지 않고 2학년 때 처음 치르니, 교과 공부에 대한 개념이나 습관이 잡히지 않아 갈팡질팡하게 되는 것이죠. 무엇보다 초등학교에 비해 공부할 양이 많고 지식과 내용도 복잡하고 어려워, 공부를 하면 할수록 '포기하고 싶다'는 생각만 든다고 합니다.

하지만 중학교 공부는 고등학교 공부와 수능 공부까지 쭉 이어지기 때문에 섣불리 포기할 수 없습니다. 학년이 올라갈수록 더 확장되고 심화된 내용을 배우기 때문에 앞 학년의 내용을 제대로 이해하지 못하면 정말로 공부를 포기하게 되는 상황이 올 수 있지요.

이런 상황에서 다양한 어려움에 처한 중학생 친구들을 도울 수 있는 가장 직접적인 방법이 무엇일까 고민했습니다. 결론은 중학생을 위한 〈중등 전과목 필수 어휘력 사전〉!

초등학교와는 질적으로 다른 내용을 배우는 중학교 1학년,
1학년 때 내신에 소홀해 선행 지식 부족으로 어려움을 겪는 중학교 2학년,
1학년과 2학년 공부를 포괄한 심화 학습을 하면서 동시에 고등학교 공부를 대비해야 하는 중학교 3학년

이 모든 도전적인 상황에서 중학생 친구들을 즉시, 그리고 직접적으로 도와줄 수 있는 전 과목 어휘 사전이 있다면 각 어려움을 수월하게 극복할 수 있을 것입니다. 왜냐하면 모든 공부는 결국 그 과목별 말, 곧 어휘를 배우는 것이기 때문입니다. 국어는 국어의 어휘, 사회는 사회의 어휘, 역사는 역사의 어휘, 수학은 수학의 어휘, 과학은 과학의 어휘가 있는 것이죠. 그러므로 〈중등 전과목 필수 어휘력 사전〉이 있다면 어느 과목 하나 놓치지 않고, 필요할 때마다 즉시 궁금한 어휘를 찾아보고 이해할 수 있습니다.

이 책은 다음의 세 가지 장점을 가지고 있습니다.

첫째, 전 과목 어휘 사전이라는 점입니다. 내신은 국·영·수 등 소위 주요 과목만 중요한 것이 아니라, 전 과목이 다 비슷비슷하게 중요합니다. 점수가 잘 나와야 하는 과목, 못 나와도 되는 과목이 따로 있는 게 아니죠. 두루두루 잘 보아야 전체적인 내신 성적이 올라갑니다.

둘째, 가나다 순서가 아니라 주제별로 어휘를 분류했습니다. 1학년부터 3학년까지 전 과목 교과서를 분석하여 주제를 구분하고 관련 어휘들을 묶어 설명했습니다. 그래서 단순히 어휘력만 기르는 것이 아니라 배경지식까지 기를 수 있어 예습과 복습은 물론, 선행 학습까지 가능합니다.

셋째, 다양한 삽화와 문제 풀이로 배운 내용을 더 잘 이해하고 숙지하도록 했습니다. 글로만 이해하기 어려운 내용은 적절한 삽화를 곁들여 이해를 돕고, 함께 알면 좋은 어휘들과 비슷한 어휘, 반대 어휘, 영어 표현 등을 함께 실었습니다. 그리고 문제 풀이를 통해 학습한 어휘를 꼼꼼히 다지도록 했습니다.

〈중등 전과목 필수 어휘력 사전〉이 중학생 여러분의 친절한 공부 친구가 되어 주리라 기대합니다.

저자 강승임

차 례

머리말 **004**　책의 구성 **010**

국어

역사

수학

사회

과학

도덕

예체능

책의
구성

중학교 전 과목 필수 어휘를 과목별로 나누어 담았어요.

국어　역사　수학　사회　과학

도덕　음악　미술　체육

해당 파트에 나오는 어휘를 한눈에 확인할 수 있어요.

한 과목 내의 필수 어휘를 주제별로 분류했어요.

한자어는 한자의 뜻과 음을 표기했어요.

쉽게 이해할 수 있는 한자어 뜻풀이예요.

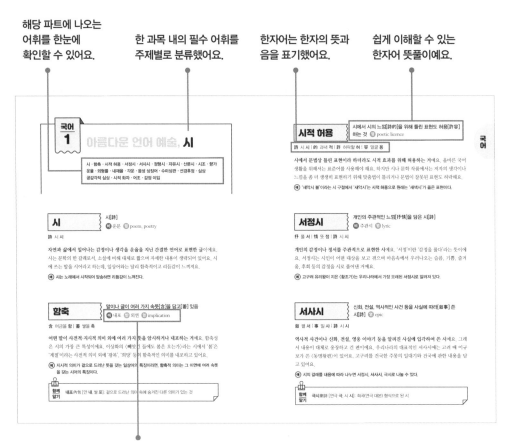

동의어, 반의어, 영단어, 비슷한 단어 등을 담아
어휘들의 관계를 파악할 수 있도록 했어요.

10

- 이 사전의 표기법은 국립국어원의 한글 맞춤법과 표준어 규정을 따랐습니다.
- 필수 어휘의 띄어쓰기는 현행 규정을 따르되, 일부 과목에서는 교육 과정을 기준으로 붙여쓰기를 했습니다.
- 띄어쓰기는 원칙 규정과 허용 규정이 있을 경우 될 수 있으면 원칙을 따랐습니다.
- 중학교 전 과목 필수 교과 어휘를 선별했고, 과목과 주제별로 분류했습니다.
- 과목 내 주제별 어휘 순서는 교육 과정을 따르고자 했습니다.

어휘를 이해하는 데 도움이 되는 예시를 담았어요.

하나의 파트가 끝날 때마다 마무리 퀴즈를 통해 실력을 점검할 수 있어요.

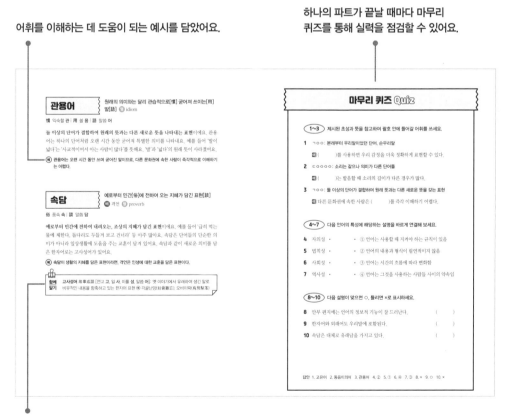

함께 알아보면 좋을 어휘는 설명을 덧붙였어요.

국어

아름다운 언어 예술, 시

시 · 함축 · 시적 허용 · 서정시 · 서사시 · 정형시 · 자유시 · 산문시 · 시조 · 향가
운율 · 외형률 · 내재율 · 각운 · 음성 상징어 · 수미상관 · 선경후정 · 심상
공감각적 심상 · 시적 화자 · 어조 · 감정 이입

시

시[詩]
비 운문 영 poem, poetry

詩 시 **시**

자연과 삶에서 일어나는 감정이나 생각을 운율을 지닌 간결한 언어로 표현한 글이에요.
시는 문학의 한 갈래로서, 소설에 비해 대체로 짧으며 자세한 내용이 생략되어 있어요. 시
에 쓰는 말을 시어라고 하는데, 일상어와는 달리 함축적이고 리듬감이 느껴져요.

예 시는 노래에서 시작되어 암송하면 리듬감이 느껴진다.

함축

말이나 글이 여러 가지 속뜻[숌]을 담고[蓄] 있음
비 내포 반 외연 영 implication

숌 머금을 함 | 蓄 쌓을 축

어떤 말이 사전적·지시적 의미 외에 여러 가지 뜻을 암시하거나 내포하는 거예요. 함축성
은 시의 가장 큰 특성이에요. 이상화의 〈빼앗긴 들에도 봄은 오는가〉라는 시에서 '봄'은
'계절'이라는 사전적 의미 외에 '광복', '희망' 등의 함축적인 의미를 내포하고 있어요.

예 지시적 의미가 겉으로 드러난 뜻을 갖는 일상어의 특징이라면, 함축적 의미는 그 이면에 여러 속뜻
을 갖는 시어의 특징이다.

함께 알기 **내포**內包 [안 내, 쌀 포]: 겉으로 드러난 의미 속에 숨겨진 다른 의미가 있는 것

시적 허용

> 시에서 시의 느낌[詩的]을 위해 틀린 표현도 허용[許容]
> 하는 것 　영 poetic licence

詩 시 시 | 的 과녁 적 | 許 허락할 허 | 容 얼굴 용

시에서 문법상 틀린 표현이라 하더라도 시적 효과를 위해 허용하는 거예요. 올바른 국어 생활을 위해서는 표준어를 사용해야 해요. 하지만 시나 문학 작품에서는 저자의 생각이나 느낌을 좀 더 생생히 표현하기 위해 맞춤법이 틀리거나 문법이 잘못된 표현도 허락해요.

예 '새악시 볼'이라는 시 구절에서 '새악시'는 시적 허용으로 원래는 '새색시'가 옳은 표현이다.

서정시

> 개인의 주관적인 느낌[抒情]을 담은 시[詩]
> 비 주관시 　영 lyric

抒 풀 서 | 情 뜻 정 | 詩 시 시

개인의 감정이나 정서를 주관적으로 표현한 시예요. '서정'이란 '감정을 풀다'라는 뜻이에요. 서정시는 시인이 어떤 대상을 보고 겪으며 마음속에서 우러나오는 슬픔, 기쁨, 즐거움, 후회 등의 감정을 시로 풀어낸 거예요.

예 고구려 유리왕이 지은 〈황조가〉는 우리나라에서 가장 오래된 서정시로 알려져 있다.

서사시

> 신화, 전설, 역사적인 사건 등을 사실에 따라[敍事] 쓴
> 시[詩] 　영 epic

敍 펼 서 | 事 일 사 | 詩 시 시

역사적 사건이나 신화, 전설, 영웅 이야기 등을 알려진 사실에 입각하여 쓴 시예요. 그래서 내용이 대체로 웅장하고 긴 편이에요. 우리나라의 대표적인 서사시에는 고려 때 이규보가 쓴 〈동명왕편〉이 있어요. 고구려를 건국한 주몽의 일대기와 건국에 관한 내용을 담고 있어요.

예 시의 갈래를 내용에 따라 나누면 서정시, 서사시, 극시로 나눌 수 있다.

함께 알기 | **극시** 劇詩 [연극 극, 시 시]: 희곡(연극 대본) 형식으로 된 시

정형시

> 일정한[定] 형식[型]이 있는 시[詩]
>
> 반 자유시　영 rhymed verse

定 정할 정 | 型 모형 형 | 詩 시 시

시구의 수나 배열 순서, 운율 등이 일정한 시예요. '정형'이란 형식이나 틀이 정해져 있다는 뜻이에요. 시의 전체 길이를 정하는 경우, 글자 수를 일정하게 맞추는 경우, 끊어 읽는 마디 수를 규칙적으로 되풀이하는 경우 등이 있어요. 대표적인 정형시에는 우리나라의 시조, 중국의 율시, 서양의 소네트, 일본의 하이쿠 등이 있어요.

예 시의 갈래를 형태에 따라 나누면 **정형시**, 자유시, 산문시로 나눌 수 있다.

자유시

> 형식이 자유로운[自由] 시[詩]
>
> 반 정형시　영 free verse

自 스스로 자 | 由 말미암을 유 | 詩 시 시

정해진 형식이나 운율에 구애받지 않고 자유로운 형식으로 쓴 시예요. 연과 행의 구성, 글자 수, 음보 등에 관하여 어떤 규칙도 정하지 않고 시인이 쓰고 싶은 시어들을 자유롭게 배열하여 쓴 거예요.

예 1919년에 발표한 주요한의 〈불놀이〉는 우리나라 첫 **자유시**이다.

산문시

> 산문[散文] 형식으로 된 시[詩]
>
> 영 prose poem

散 흩을 산 | 文 글월 문 | 詩 시 시

산문 형식으로 된 시예요. 산문은 정해진 내용이나 형식이 없이 자유롭게 쓴 글이에요. 산문시도 산문과 비슷해요. 보통 시는 시행과 연을 나누는데, 산문시는 이를 나누지 않고 문장 또는 문단을 통해 리듬감이 느껴지도록 해요.

예 **산문시**는 자유시보다 형식이 더 파격적이다.

시조 〉 우리나라 고유의 정형시[時調]

時 때 시 | **調** 고를 조

고려 말기부터 발달하여 온 우리나라 고유의 정형시예요. 시조는 초장·중장·종장의 3장 6구 4음보의 기본 형태를 가진 평시조와 파격적인 엇시조·사설시조로 나뉘어요. 평시조의 글자 수는 전체 45자 내외로 일정해요. 엇시조와 사설시조는 파격적이지만 종장의 첫 음보는 평시조처럼 반드시 3음절을 지키고 있어요.

(예) **연시조는 두 개 이상의 평시조가 하나의 제목으로 엮어져 있는 시조이다.**

함께 알기

엇시조 旕 [땅이름 엇]: 평시조의 틀에서 초장, 중장, 종장 중 어느 한 장이 길어진 시조

사설시조 辭說 [말씀 사, 말씀 설]: 평시조의 틀에서 보통 초장과 중장이 길어진 시조

○ 시조의 형식

(1) 평시조 – 3장 6구 4음보의 기본 형태

음보를 나누는 표시

초장: 이 몸이 / 죽고 죽어 / 일백 번 / 고쳐 죽어 → 4음보

　　　　1구　　　　　　　2구

3장

중장: 백골이 / 진토 되어 / 넋이라도 / 있고 없고

　　　　3구　　　　　　　4구

종장: 임 향한 / 일편단심이야 / 가실 줄이 / 있으랴　　　– 정몽주, 〈단심가〉

　　　　5구　　　　　　　6구

종장의 첫 음보는 반드시 3음절

(2) 사설시조 – 초장이나 중장이 길어지는 형태

초장: 나무도 바윗돌도 없는 산에서 매에게 쫓기는 까투리 마음과

중장: 넓은 바다 한 가운데 일천석 곡식 실은 배에 노도 잃고 닻도 잃고 돛대도 끊어지고 키도 빠지고 바람 불고 물결치고, 안개 뒤섞여 자욱한 날에 갈 길은 천리만리 남아 있는데, 사면이 검고 어둑히 저물어 천지 적막하고 거센 파도까지 떴는데 해적 만난 선장의 마음과

종장: 엊그제 임 이별한 내 마음을 어떻게 견주리오.　　　– 작자 미상

종장의 첫 음보는 반드시 3음절

향가

향찰로 기록한 신라[鄕] 때의 노래[歌]

🔵 사뇌가

鄕 시골 향 | 歌 노래 가

향찰로 기록한 신라 때의 노래예요. 향찰은 한자의 음과 뜻을 빌려 우리말을 적은 표기법이에요. 향가는 민요적, 불교적인 내용으로 승려, 귀족, 평민 등이 두루 창작했어요. 4구체(4줄), 8구체(8줄), 10구체(10줄)의 세 가지 형식이 있고, 현재 《삼국유사》에 14수, 《균여전》에 11수로 모두 25수가 전해지고 있어요.

🔵 향가는 신라 중엽부터 고려 초기까지 민간에서 널리 창작되었다.

○ 10구체 향가

죽고 사는 길은
예 있으매 머뭇거리고
나는 간다 말도
못다 하고 어찌 갑니까?
어느 가을 이른 바람에
이에 저에 떨어질 잎처럼   10줄
한 가지에 나고
가는 곳 모르는구나.
아아, 미타찰(극락세계)에서 만날 나
도 닦아 기다리리다.

– 승려 월명사, 〈제망매가〉

운율

시에서 비슷한 소리[韻]가 규칙적으로[律] 반복되는 것

비 리듬, 율격 **영** rhythm

韻 운 운 | 律 가락 율

시에서 느껴지는 말의 가락이에요. 운율은 '규칙적인 반복'에 의해 만들어져요. 글자 수가 일정하게 반복되거나, 같은 음운·음절·낱말 등이 여러 번 반복되면 자연스럽게 운율이 만들어져요. 또 끊어 읽기의 단위가 일정한 경우, 비슷한 문장 구조가 반복되는 경우도 운율이 생겨요. 이때 글자 수가 일정하게 반복되는 운율을 **음수율**이라고 하고, 끊어 읽기가 일정한 운율을 **음보율**이라고 해요.

예 운율로 인해 시가 음악성을 갖게 된다.

○ 운율을 만드는 법

(1) 음보의 반복

엄마야 / 누나야 / 강변 살자 → 3음보 반복
뜰에는 / 반짝이는 / 금모래 빛
뒷문 / 밖에는 / 갈잎의 노래
엄마야 / 누나야 / 강변 살자

– 김소월, 〈엄마야 누나야〉 中

(2) 음수의 반복

```
        7음절          5음절
```
한때는 많은 날을 / 당신 생각에 → 7·5 조 반복
밤까지 새운 일도 / 없지 않지만　(음수율에서 글자 수는 한두 글자가
아직도 때마다는 / 당신 생각에　더해지거나 빠지기도 해요.)
축업은 베갯가의 / 꿈은 있지만

– 김소월, 〈임에게〉 中

(3) 비슷한 문장 구조의 반복

돌담에 속삭이는 햇발같이
풀 아래 웃음 짓는 샘물같이 　'~에 –는 ~같이' 반복
내 마음 고요히 고운 봄 길 위에
오늘 하루 하늘을 우러르고 싶다. 　　– 김영랑, 〈돌담에 속삭이는 햇발같이〉 中

외형률

겉으로[外] 형식[形]이 드러나는 운율[律]

(반) 내재율 (영) external rhythm

外 밖 **외** | **形** 모양 **형** | **律** 가락 **률**

운율이 겉으로 드러나는 거예요. 굳이 소리내어 읽어 보지 않아도 눈으로 바로 확인할 수 있어요. 외형률을 지닌 대표적인 시의 갈래는 시조나 향가와 같은 정형시예요. 시조의 경우는 3(4)·4조 4음보의 율격을 지니고 있고, 향가는 4줄, 8줄, 10줄의 형식을 가지고 있어요.

(예) 자유시 중에서도 외형률을 지닌 경우가 있다.

함께 알기

율격律格 [가락 율, 바로잡을 격]: 한 시행에 나타나는 운율

내재율

시에서 시어에 잠재적으로[內] 깃들어 있는[在] 운율[律]

(반) 외형률 (영) inner rhythm

內 안 **내** | **在** 있을 **재** | **律** 가락 **율**

운율이 겉으로 드러나는 규칙 없이 마음속에서 느껴지는 거예요. 그래서 소리 내어 읽으며 어떤 소리와 단어가 반복되고 어떤 단위로 끊어 읽는지 직접 찾아야 해요. 일정한 형식이 없는 대부분의 자유시는 내재율을 지니고 있어요.

(예) 내재율은 보통 시의 내용 및 표현된 단어에서 느낄 수 있다.

각운

구나 행의 끝[脚]에서 같은 소리[韻]가 되풀이되는 것

(반) 두운 (영) end rhyme

脚 다리 **각** | **韻** 음운 **운**

시에서 구나 행의 끝에 같은 소리를 되풀이하는 거예요. 예를 들어 '바람이 부네. 꽃잎이 날리네.'라는 구절을 보면, 문장 끝에 모두 '-네'가 쓰였어요. 이것이 바로 각운이에요. 이와 반대로 단어의 첫머리에서 같은 소리를 되풀이하면 **두운**이라고 해요. '보면 볼수록 / 보고 싶은 얼굴'이라는 구절에서 '보'가 두운이에요.

(예) 각운과 두운은 모두 운율을 형성한다.

음성 상징어
소리[音聲] 자체가 표현[象徵] 가치를 가지는 단어[語]

音 소리 음 | 聲 소리 성
象 코끼리 상 | 徵 부를 징 | 語 말씀 어

소리 자체가 의미를 표현하는 것처럼 여겨지는 단어예요. 대표적으로 의성어와 의태어가 있어요. **의성어**는 소리를 흉내 낸 말이고, **의태어**는 모양이나 움직임을 흉내 낸 말이에요. 의성어에는 멍멍·땡땡·사박사박 등의 낱말이 있고, 의태어에는 펄펄·와르르·엉금엉금 등이 있어요.

(예) 음성 상징어는 보통 같은 말이 반복되므로 운율을 형성한다.

수미상관
시의 처음[首]과 끝[尾]이 서로[相] 관련되어[關] 있는 것
(동) 수미상응

首 머리 수 | 尾 꼬리 미 | 相 서로 상 | 關 관계할 관

시의 처음과 끝에 같은 구절을 반복하여 배치하는 **방법**이에요. 김소월의 시 〈엄마야 누나야〉를 보면 '엄마야 누나야 강변 살자'라는 구절이 시의 맨 처음과 끝에 모두 들어가 있어요. 수미상관 기법을 사용해 강변에 살고 싶은 소망을 강조하고 있지요.

(예) 시에 **수미상관** 기법을 사용하면 운율이 형성된다.

선경후정
먼저[先] 경치[景]를 묘사한 뒤, 뒤에[後] 정서[情]를 표현하는 방식 (반) 선정후경

先 먼저 선 | 景 볕 경 | 後 뒤 후 | 情 뜻 정

시에서, 먼저 자연 경관을 묘사한 후 뒤에서 시인의 감정이나 생각을 표출하는 구성 방식이에요. 예를 들어 봄 풍경을 묘사한 뒤, 헤어진 옛 여인이나 가족을 그리워하며 슬퍼하는 감정을 뒤에 쓰는 거지요. 선경후정은 한시의 대표적인 시상 전개 방식이에요. 여기서 시상이란 시에 담긴 시인의 생각이나 감정을 말해요.

(예) **선경후정**은 자연으로부터 깨달음을 얻거나 감정을 느낄 때 쓰는 방법이에요.

심상

마음속[心]에 떠오르는 인상[象]

비 이미지 **영** image

心 마음 심 | 象 코끼리 상

시어에 의해 마음속에 떠오르는 감각적인 인상이에요. 대표적으로 모양이나 크기·색깔·움직임 등이 떠오르는 **시각적 심상**, 소리를 듣는 듯한 **청각적 심상**, 맛을 느끼는 듯한 **미각적 심상**, 냄새를 맡는 듯한 **후각적 심상**, 피부에 닿는 듯한 **촉각적 심상**이 있어요.

(예) 심상은 시의 대상을 직접 보고 겪는 것 같은 느낌을 갖게 한다.

∘ 다섯 가지 심상의 예시

시각적 심상 – 흰 눈이 쌓인 지붕

청각적 심상 – 개구리 울음소리

미각적 심상 – 쓰디 쓴 한약

후각적 심상 – 향기로운 꽃 내음

촉각적 심상 – 뜨끈뜨끈한 방바닥

공감각적 심상

한 감각이 동시에[共] 다른 감각[感覺]을 일으키는 [的] 심상[心象]

共 한가지 공 | 感 느낄 감 | 覺 깨달을 각 | 的 과녁 적
心 마음 심 | 象 코끼리 상

하나의 감각을 다른 감각으로 옮겨 **표현한 심상**이에요. 예를 들어 소리를 빛깔로 표현하거나 색깔을 촉감으로 표현하는 거예요. '푸른 울음'은 '울음'이라는 청각을 '푸르다'라는 시각으로 표현한 공감각적 심상이고, '분홍빛 향기'는 '향기'라는 후각을 '분홍빛'이라는 시각으로 옮겨 표현한 거예요.

(예) '금빛 게으른 울음'은 청각을 시각화한 **공감각적 심상**이다.

시적 화자

시에서[詩的] 말하는[話] 이[者]

(동) 서정적 자아 (영) poetic narrator

詩 시 시 | 的 과녁 적 | 話 말할 화 | 者 사람 자

시 속에서 시인 대신 말하는 이예요. 시인은 자신의 생각이나 감정을 더 잘 드러내기 위해 시적 화자를 내세워요. 예를 들어 순수한 감정을 전달하고 싶으면 어린이를 시적 화자로 내세우고, 섬세하고 부드러운 분위기를 표현하고 싶으면 여성 화자를 내세워요.

(예) 김소월의 시 〈엄마야 누나야〉의 시적 화자는 어린이다.

어조

시적 화자의 목소리[語調]

(비) 태도 (영) tone

語 말씀 어 | 調 고를 조

시에 담긴 시적 화자의 목소리예요. 시적 화자의 말투, 억양, 말씨 등으로 어조가 어떤지 알 수 있어요. '−리라', '−겠다'와 같이 힘찬 어미가 쓰이면 의지적 어조가 느껴지고, '−습니다', '−요'와 같이 존대하는 어미가 쓰이면 순응적 어조가 느껴져요. 시적 화자의 태도에 따라 어조가 달라져요.

(예) 김소월의 시 〈진달래꽃〉은 간절하고 여성적인 어조를 느낄 수 있다.

감정 이입

화자의 감정[感情]을 대상에 옮기는[移入] 표현 기법

(영) empathy

感 느낄 감 | 情 뜻 정 | 移 옮길 이 | 入 들 입

시적 화자의 감정을 특정 대상에 옮겨 넣어 그 대상이 마치 화자의 정서를 함께 느끼는 것처럼 표현하는 기법이에요. 예를 들어 '시냇물 우는 소리'라는 시구는 시적 화자의 슬픈 정서를 시냇물에 이입한 거예요. 이때 시냇물과 같이 감정 이입의 대상이 되는 사물을 객관적 상관물이라고 해요.

(예) 독자가 소설 속 주인공과 자신을 동일시하는 것도 감정 이입이라고 한다.

함께 알기 객관적 상관물 客觀的相關物 [손님 객, 볼 관, 과녁 적, 서로 상, 관계할 관, 만물 물]: 화자의 감정이나 생각을 빗대어 표현한 대상

마무리 퀴즈 Quiz

1~3 다음 내용이 설명하는 용어를 〈보기〉에서 고르세요.

〈보기〉 ㉠ 시적 허용   ㉡ 시적 화자   ㉢ 감정 이입

1 시에서 시인 대신 말하는 이다.   (   )

2 화자의 감정을 특정 대상에 옮겨 표현하는 기법이다.   (   )

3 시에서는 틀린 표현이라고 하더라도 허락한다.   (   )

4~7 다음 심상에 해당하는 표현을 바르게 연결해 보세요.

4 시각적 심상 ·   · ① 생선 비린내가 물씬 난다

5 촉각적 심상 ·   · ② 어두운 방 안에 노란 불빛

6 청각적 심상 ·   · ③ 뜨거운 입김

7 후각적 심상 ·   · ④ 땡땡땡 학교 종소리

8~10 다음 빈칸에 들어갈 알맞은 말을 〈보기〉에서 찾아 쓰세요.

〈보기〉 지시, 함축, 향가, 시조, 통합적, 공감각적

8 '봄'은 계절을 의미하지만, 시에서는 '광복, 희망' 등을 (   )하기도
한다.

9 (   )는 초장, 중장, 종장의 3장으로 이루어져 있다.

10 '푸른 울음'은 청각을 시각으로 표현한 (   ) 심상이다.

답안 1. ㉡ 2. ㉢ 3. ㉠ 4. ② 5. ③ 6. ④ 7. ① 8. 함축 9. 시조 10. 공감각적

느낌 충만한 여러 가지, 표현법

비유법 · 직유법 · 은유법 · 의인법 · 대유법 · 중의법 · 도치법 · 대구법 · 설의법
영탄법 · 과장법 · 반복법 · 점층법 · 반어법 · 역설법 · 상징 · 풍자 · 해학 · 우의

비유법

어떤 사물을 다른 사물에 빗대어[比] 표현하는[喩] 기법[法]

比 견줄 비 | 喩 깨우칠 유 | 法 법 법

표현하려는 대상을 그와 비슷한 다른 대상에 빗대어 표현하는 수사법이에요. 이때 표현하려는 대상을 **원관념**이라고 하고, 빗대어 표현하는 다른 대상을 **보조 관념**이라고 해요. '아기 손 같은 단풍잎'에서 원관념은 '단풍잎'이고, 보조 관념은 '아기 손'이에요. 단풍잎의 작고 귀여운 모양을 아기 손에 빗대어 표현했어요.

(예) 비유법에는 직유법, 은유법, 의인법, 대유법 등이 있다.

**함께
알기**   **수사법**修辭法 [닦을 수, 말 사, 법 법]: 말이나 글을 꾸미는 방법

직유법

한 대상을 다른 대상에 직접[直] 연결하여 표현하는[喩] 비유법[法] (영) simile

直 곧을 직 | 喩 깨우칠 유 | 法 법 법

표현하려는 대상과 그것을 빗대어 표현하는 대상을 '같이', '처럼', '듯이' 등의 말로 직접 연결하여 비유하는 비유법이에요. 예를 들어 '눈**처럼** 하얀 얼굴'은, 원관념 '얼굴'을 보조 관념 '눈'에 빗대어 표현했는데, 이때 보조 관념에 '처럼'을 붙여서 원관념과 연결하고 있어요.

(예) '밥티처럼 따스한 별'에는 **직유법**이 쓰였다.

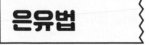 **은유법** 〉 사물의 본뜻을 숨기고[隱] 암시적으로 표현하는[喩] 비유법[法] 영 metaphor

隱 숨을 은 | 喻 깨우칠 유 | 法 법 법

사물의 본뜻을 숨기고 표현하려는 대상을 암시적으로 나타내는 비유법이에요. 예를 들어 '내 마음은 호수요'는, 원관념 '내 마음'을 보조관념 '호수'에 빗대어 표현하고 있는데, 본뜻이 직접 드러나지 않고 내 마음이 호수처럼 잔잔하고 고요하다는 암시만 주고 있어요.

(예) '순정 같은 흰 깃발'을 은유법으로 표현하면 '깃발은 순정'이라고 쓸 수 있다.

 **의인법** 〉 사람이 아닌 것을 사람처럼[擬人] 표현하는 비유법[法]
비 활유법 영 personification

擬 흉내낼 의 | 人 사람 인 | 法 법 법

사람이 아닌 것을 사람처럼 표현하는 비유법이에요. 무생물이나 동식물에 인격을 부여하여 웃고 울고 말하고 생각하고 감정이 있는 것처럼 표현하는 거지요. 예를 들어 '꽃이 웃는다', '강물은 말없이 흐른다' 등이 있어요. 한편 무생물을 생물처럼 표현하는 비유법은 **활유법**이라고 해요.

(예) '돌담에 속삭이는 햇발'은 의인법이 쓰였고, '잠자는 바람'은 활유법이 쓰였다.

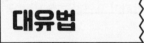 **대유법** 〉 사물의 한 부분으로 전체를 대신[代] 표현하는[喩] 비유법[法]

代 대신할 대 | 喻 깨우칠 유 | 法 법 법

사물의 한 부분이나 속성을 가지고 전체를 표현하는 비유법이에요. 예를 들어 '연필 좀 줘.'라는 말은 상황에 따라 꼭 연필만 달라는 뜻이 아니라, 연필이든 볼펜이든 펜이든 필기구를 달라는 뜻일 수 있어요. 이때 '연필'은 필기구를 대신하여 쓰였어요.

(예) '한라에서 백두까지'는 우리 국토를 한라와 백두로 표현한 대유법이다.

중의법

> 한 단어에 두 가지 이상의 뜻[重義]을 담아낸 비유법[法]

重 거듭 중 | 義 뜻 의 | 法 법 법

한 단어에 두 가지 이상의 뜻을 담아 표현하는 비유법이에요. 그 말의 본래 뜻과 시대적·문화적 맥락에 따라 생긴 뜻을 동시에 함축해요. 예를 들어, '청산리 벽계수야'에서 '벽계수'는 본래 뜻인 시냇물과 조선 왕족의 한 선비를 동시에 뜻해요.

(예) 성삼문의 시조 〈수양산 바라보며〉에서 '수양산'은 중국의 산과 수양대군(세조)을 동시에 표현한 중의법이다.

도치법

> 문장의 어순을 바꾸어[倒] 표현하는[置] 수사법[法]

倒 거꾸로 도 | 置 둘 치 | 法 법 법

문장의 어순을 바꾸어 표현하는 수사법이에요. 예를 들어 '오라, 이 땅으로'는 '이 땅으로 오라'라는 문장의 서술어를 맨 앞으로 배치했어요. 도치법을 사용하면 문장에 변화를 줌으로써 강한 인상을 심어 줄 수 있어요.

(예) '절대 꺼지지 않는다, 그 불은'에 사용된 수사법은 도치법이다.

대구법

> 대칭[對]을 이루는 어구[句]를 짝지어 표현하는 수사법[法]

對 상대 대 | 句 글귀 구 | 法 법 법

형식이나 구조가 비슷한 구절이나 문장을 짝 지어 늘어놓아 대칭의 효과를 주는 수사법이에요. '낮말은 새가 듣고, 밤말은 쥐가 듣는다'라는 속담에서 앞뒤 구절의 구조가 '~은 ~가 듣고/듣다'로 같아요. 시에 대구법을 사용하면 문장에 변화를 줄 수 있고, 비슷한 구조가 반복되어 운율도 형성할 수 있어요.

설의법

> 당연한 사실을 의문형[疑]으로 표현하는[設] 수사법[法]

設 베풀 설 | 疑 의심할 의 | 法 법 법

쉽게 판단할 수 있는 사실을 의문형으로 표현하는 수사법이에요. 예를 들어 '꽃이 예쁘다'를 설의법으로 표현하면 '꽃이 예쁘지 않니?'라고 해요. 이처럼 평서문으로 써도 되는 문장을 의문의 형식으로 나타내면 문장의 단조로움을 피할 수 있어요.

(예) '공든 탑이 무너지랴?'에는 설의법이 사용되었다.

영탄법

> 감정을 그대로 드러내어[詠] 감탄하듯[歎] 표현하는 수사법[法]

詠 읊을 영 | 歎 탄식할 탄 | 法 법 법

감정을 그대로 드러내어 감탄의 형태로 표현하는 수사법이에요. 보통 '오, 아, 아이고' 등의 감탄사나 '-구나, -이여' 등의 감탄 어미로 표현돼요. 영탄법을 사용하면 시적 화자가 느끼는 슬픔, 기쁨, 분노, 절망 등의 벅찬 감정을 강조할 수 있어요.

(예) '산산이 부서진 이름이여'에는 영탄법이 사용되었다.

과장법

> 사물을 과장하여[誇張] 표현하는 수사법[法]

誇 자랑할 과 | 張 베풀 장 | 法 법 법

사물을 실제보다 지나치게 부풀리거나 작게 축소하여 표현하는 수사법이에요. 예를 들어 '눈이 빠지게 기다리고 있어'에서 '눈이 빠지다'가 과장법이에요. 과장법을 사용하면 전달하고자 하는 바를 선명하게 드러낼 수 있어요.

(예) '1분 1초도 쉬지 않고 노래했어'에는 과장법이 사용되었다.

반복법

비슷한 말을 반복[反復]하여 표현하는 수사법[法]

영 repetition

反 돌이킬 반 | 復 회복할 복 | 法 법 법

같거나 비슷한 말을 반복하여 뜻을 강조하는 수사법이에요. 예를 들어 '가시렵니까, 가시렵니까, 나를 버리고 가시렵니까'라는 시구는 '가시렵니까'를 반복함으로써 떠나는 님을 붙잡고 싶어하는 마음을 강조하고 있어요.

예 시에 반복법이 쓰이면 흥을 돋우고 운율을 형성한다.

점층법

어구나 내용을 점점[漸] 보태어[層] 표현하는 수사법[法]

반 점강법 영 climax

漸 점점 점 | 層 층 층 | 法 법 법

어구나 내용을 보태어 뜻이 점점 확장되는 수사법이에요. 작은 것에서 큰 것으로, 약한 것에서 강한 것으로, 좁은 것에서 넓은 것으로 표현을 확대하는 거예요. 예를 들어 '나는 나를, 우리를, 민족을, 인류를 사랑한다'와 같은 표현이 있어요.

예 점층법과 반대로 내용이 점점 축소되는 표현법을 점강법이라고 한다.

반어법

의도하는 바와 반대로[反] 표현하는[語] 수사법[法]

영 irony

反 돌이킬 반 | 語 말씀 어 | 法 법 법

의도하는 바와 정반대로 표현하는 수사법이에요. 한마디로 속마음과 반대로 말하는 거예요. 예를 들어 속으로는 좋아하면서 겉으로는 싫어한다고 말하거나, 전혀 즐거운 상황이 아닌데 즐겁다고 표현하는 거지요. 반어법을 사용하면 문장에 변화를 주고 강한 인상을 심어 줄 수 있어요.

예 반어법이 사용된 표현은 앞뒤 문맥을 통해 그 의미를 파악해야 한다.

역설법

> 모순되는[逆] 두 시어를 나란히 배치하여 표현하는[說] 수사법[法] ᵉⁿ paradox

逆 거스를 역 | 說 말씀 설 | 法 법 법

앞뒤가 논리적으로 맞지 않는 모순된 시어를 나란히 배치하여 표현하는 수사법이에요. 예를 들어 '이것은 소리 없는 아우성'이라는 시구에서, 소리가 없다는 것과 아우성은 논리적으로 맞지 않아요. 아우성은 여럿이 함께 소리를 지르는 것이기 때문이에요. 이 시구는 깃발이 마치 아우성을 치듯 거세게 펄럭이는 모습을 표현하고 있어요.

(예) 시에서 **역설법**은 논리적으로는 모순되지만 중요한 진리를 담고 있다.

상징

> 추상적 개념을 구체적인 사물[象]로 나타내는[徵] 표현법 ᵉⁿ symbol

象 코끼리 상 | 徵 부를 징

추상적인 개념이나 상황을 구체적인 사물로 나타내는 표현법이에요. 상징은 은유나 직유와는 달리 보조 관념(비유하는 대상)만 드러나고 원관념(표현하고자 하는 대상)은 드러나지 않아요. 그래서 다양한 의미로 해석할 수 있어요. 예를 들어 '님은 갔습니다'에서 '님'은 단순히 연인만을 의미하는 것이 아니라, 진리·종교·국가 등 다양한 의미로 해석되는 상징적인 표현이에요.

(예) 문학 작품에서 '겨울'은 종종 암울한 현실, 시련 등을 상징한다.

"네잎클로버는 행운의 상징이에요."

풍자

주어진 사실을 우스꽝스럽게 비꼬아서[諷] 비판하는[刺] 표현법

諷 풍자할 풍 | 刺 찌를 자

어떤 사실을 곧이곧대로 드러내지 않고 과장, 왜곡, 비꼬는 방법으로 웃음을 유발하며 비판하는 표현법이에요. 풍자는 고전 소설에 많이 나와요. 예를 들어 양반을 표현할 때 그들의 말과 행동, 성격 등에서 위선적이고 부정적인 면을 우스꽝스럽게 표현함으로써 은근히 비판하는 거지요.

해학

대상을 익살스럽게[諧謔] 표현하는 방식

비 위트, 유머 영 humor

諧 화합할 해 | 謔 희롱할 학

익살스러우면서도 나름 품위가 느껴지는 표현법이에요. 풍자가 비판적 인물을 비웃으며 공격하는 것이라면, 해학은 약자를 익살스럽게 표현하여 동정심과 공감을 일으켜요. 그래서 풍자는 주로 지배층의 위선을 비판하는 데 사용되고, 해학은 피지배층을 묘사할 때 주로 사용돼요.

 〈흥부전〉에서 놀부는 풍자의 대상이고, 흥부는 해학의 대상이다.

우의

추상적인 관념을 다른 사물에 빗대어[寓] 표현하는[意] 방식 비 우화 영 allegory

寓 부칠 우 | 意 뜻 의

추상적 관념을 직접 표현하지 않고 구체적인 사물에 빗대어 표현하는 방법이에요. 상징이 추상적인 것을 눈에 보이는 사물로 표현한다면, 우의는 보다 비유적이고 의인화하여 표현해요. 〈이솝우화〉나 〈토끼전〉과 같은 우화에서 동물들을 사람처럼 표현하여 교훈을 주는 것이 우의적인 방식이에요.

예 동화는 동물을 주인공으로 하여 우의적으로 표현한 것이 많다.

함께 알기 | 우화寓話 [부칠 우, 이야기 화]: 주로 동물이나 식물을 사람처럼 표현하여 교훈을 주고자 하는 이야기

마무리 퀴즈 Quiz

1~3 제시된 초성과 뜻을 참고하여 괄호 안에 들어갈 어휘를 쓰세요.

1 ㅂㅇ : 의도하는 바와 정반대로 표현하는 수사법

에 좋아하는 마음을 숨기고 싫어한다고 말하는 것은 (   )적 표현이다.

2 ㅇㅅ : 이치에 맞지 않는 모순된 시어를 나란히 배치한 표현법

에 (   )적 표현은 논리적으로는 모순되지만 중요한 진리를 담고 있다.

3 ㅍㅈ : 주어진 사실을 우스꽝스럽게 비꼬아서 비판하는 표현법

에 박지원은 〈양반전〉, 〈호질〉 등에서 양반층의 위선을 (   )한다.

4~7 다음 표현법에 해당하는 표현을 바르게 연결해 보세요.

4 직유법 •   • ① 내 마음은 호수요

5 은유법 •   • ② 밥티처럼 따스한 별

6 의인법 •   • ③ 낮말은 새가 듣고, 밤말을 쥐가 듣는다

7 대구법 •   • ④ 꽃이 웃는다

8~10 다음 설명이 맞으면 ○, 틀리면 ×로 표시하세요.

8 상징은 원관념이 겉으로 드러난다.   (   )

9 한 단어에 한 가지 뜻만 담겨 있는 것이 중의법이다.   (   )

10 〈흥부전〉의 흥부는 해학적인 인물이다.   (   )

답안 1. 반어 2. 역설 3. 풍자 4. ② 5. ① 6. ④ 7. ③ 8. × 9. × 10. ○

진짜 같은 가짜 이야기, 소설

소설 · 개연성 · 설화 · 고전 소설 · 시점 · 1인칭 주인공 시점
1인칭 관찰자 시점 · 전지적 작가 시점 · 작가 관찰자 시점 · 소설의 구성
역순행적 구성 · 인물 · 직접 제시 · 간접 제시 · 내적 갈등 · 외적 갈등 · 배경
복선 · 내재적 비평 · 외재적 비평

소설

작가가 상상하여 꾸며 낸[小] 이야기[說]

비 이야기   영 novel

小 작을 소 | 說 말씀 설

현실에서 있음 직한 일을 작가가 상상하여 꾸며 낸 허구적인 이야기예요. 소설은 산문 문
학의 대표적 갈래로, 인생의 진실과 참모습을 추구하며 독자에게 감동을 줘요. 분량에 따
라 장편·중편·단편 소설로 나눌 수 있어요.

예 소설은 내용에 따라 역사·추리·영웅·농촌 소설 등으로 나뉜다.

**함께
알기**
허구虛構 [빌 허, 얽을 구]: 사실이 아닌 일을 사실처럼 꾸며 내는 일
산문散文 [흩을 산, 글월 문]: 운율이나 정형성을 지니지 않은 글

개연성

실제로 일어날[蓋然] 법함[性]

영 probability

蓋 덮을 개 | 然 그러할 연 | 性 성질 성

실제로 일어날 가능성이 높다는 뜻이에요. 소설은 실제 사건을 있는 그대로 쓰는 건 아니
지만, 있음 직하게 꾸며 내기 때문에 사실 같다는 느낌을 줘요. 개연성 있는 사건이란, 반
드시 꼭 일어나는 필연적인 일이 아니라 일어날 확률이 높은 일이에요.

예 소설은 개연성을 통해 삶의 진실을 보여준다.

설화

> 옛날부터 전해오는[說] 이야기[話]
>
> 통 구전 설화 영 tale

說 말씀 설 | **話** 말할 화

한 민족 사이에 입에서 입으로 전해오는 이야기들을 모두 일컫는 말이에요. 설화에는 신화, 전설, 민담이 있어요. **신화**는 신과 영웅처럼 신적인 존재에 관한 이야기이고, **전설**은 특정 장소나 인물에 얽힌 이야기예요. **민담**은 평범한 인물들이 등장하여 재미와 교훈을 주는 이야기예요.

(예) 설화는 오랫동안 구전되어 오다가 후에 문자로 기록되었다.

○ 설화의 종류

구분	예시	내용
신화	단군 신화	곰과 호랑이가 사람이 되고자 했다. 곰은 마늘과 쑥을 먹고 여자가 되었고, 호랑이는 참지 못하고 중간에 뛰쳐나갔다. 곰은 환웅과 결혼하여 아들인 단군 왕검을 낳았다. 훗날 단군 왕검은 고조선을 세웠다.
전설	울산바위	조물주가 금강산을 만들면서 아름다운 바위들을 불러 모았다. 울산바위도 금강산으로 향했으나, 도중에 금강산이 완성되어 설악산에 위치하게 되었다.
민담	팥죽 할머니와 호랑이	못된 호랑이가 할머니를 잡아먹으려고 하자, 할머니에게 팥죽을 얻어먹은 인물들이 힘을 합쳐 호랑이를 물리친다.

고전 소설

> 옛날에[古典] 쓰여진 소설[小說]
>
> 비 고대 소설 반 현대 소설 영 classical novel

古 옛 고 | **典** 법 전 | **小** 작을 소 | **說** 말씀 설

19세기 이전에 창작된 소설이에요. 우리나라에서는 신소설이 나오기 전까지 창작된 소설을 뜻해요. 고전 소설은 현대 소설과 달리 개연성이 부족하고, 우연적이고 비현실적인 사건이 많이 나와요. 갑자기 도깨비가 등장하거나 신선이 나와 문제를 해결하는 식이지요. 그리고 권선징악의 주제가 많아요. 대표적인 고전 소설에는 〈춘향전〉, 〈심청전〉, 〈흥부전〉, 〈홍길동전〉 등이 있어요.

(예) 고전 소설에는 한문으로 쓴 한문 소설과 한글로 쓴 국문 소설이 있다.

신소설 新小說 [새 **신**, 작을 **소**, 말씀 **설**]: 개화기(1894년 갑오개혁 이후)부터 현대 소설이 창작되기 전까지의 소설. 봉건 질서의 타파, 개화, 계몽, 자주독립 사상의 고취 등을 주제로 다룸

권선징악 勸善懲惡 [권할 **권**, 착할 **선**, 혼날 **징**, 악할 **악**]: 착한 사람은 복을 받고 나쁜 사람은 벌을 받는다는 뜻

시점

소설에서 서술자가 사건을 보는 방식[視]과 관점[點]

영 point of view

視 볼 **시** | 點 점 **점**

소설에서 이야기를 끌어가는 서술자가 사건을 보는 방식과 관점을 말해요. 시점은 서술자의 위치와 태도에 따라 4가지로 나눌 수 있어요. 서술자가 소설 속에 위치한 등장인물이면 1인칭 주인공 시점이거나 1인칭 관찰자 시점이고, 서술자가 소설 바깥에 위치하면 전지적 작가 시점이거나 작가 관찰자 시점이에요. 서술자의 태도에 따라서는 인물의 속마음까지 제시하는지, 객관적으로 관찰하는지로 나눌 수 있어요.

서술자 위치 서술자 태도	소설 속	소설 바깥
속마음까지 제시	1인칭 주인공 시점	전지적 작가 시점
객관적으로 관찰	1인칭 관찰자 시점	작가 관찰자 시점

예 시점에 따라 독자와 작품 속 등장인물의 거리가 결정된다.

서술자 敍述者 [차례 **서**, 지을 **술**, 사람 **자**]: 문학에서 이야기를 전개하는 사람. 작가가 만들어 낸 허구적 대리인

1인칭 주인공 시점

작품 속 '나'[一人稱]가 주인공[主人公]으로
자신의 이야기를 서술하는 시점[視點]

一 한 일 | 人 사람 인 | 稱 일컬을 칭
主 주인 주 | 人 사람 인 | 公 공평할 공 | 視 볼 시 | 點 점 점

작품 속 '나'가 주인공으로 자신의 이야기를 서술하는 시점이에요. 1인칭 주인공 시점에서는 주인공의 경험과 속마음이 잘 드러나요. 그래서 독자는 주인공에게 쉽게 친밀감을 느낄 수 있지만, 대신 자유롭게 상상할 수 있는 부분은 적어져요.

(예) 김유정의 〈동백꽃〉은 1인칭 주인공 시점으로 서술되어 있다.

1인칭 관찰자 시점

작품 속 '나'[一人稱]가 관찰자[觀察者]로
주인공에 대해 이야기를 서술하는 시점[視點]

一 한 일 | 人 사람 인 | 稱 일컬을 칭
觀 볼 관 | 察 살필 찰 | 者 사람 자 | 視 볼 시 | 點 점 점

작품 속 '나'가 관찰자의 입장에서 주인공에 대해 이야기를 서술하는 시점이에요. 1인칭 관찰자 시점에서 서술자는 작품 속에 등장하지만 주인공은 아니기 때문에 등장인물의 성격 및 사건에 대해 자세히 전달하지는 못해요. 그래서 독자들이 적극적으로 상상하며 작품을 읽어야 해요.

(예) 1인칭 관찰자 시점은 주인공의 내면을 숨김으로써 긴장감을 불러일으킨다.

전지적 작가 시점

신과 같은 입장의[全知的] 작가[作家]가
이야기를 서술하는 시점[視點]

全 온전할 전 | 知 알 지 | 的 과녁 적
作 지을 작 | 家 집 가 | 視 볼 시 | 點 점 점

작가가 전지전능한 신과 같은 입장에서 등장인물의 내면까지 설명하며 이야기를 서술하는 시점이에요. '전지전능'하다는 말은 모든 것을 다 알고 할 수 있다는 뜻이에요. 전지적 작가 시점의 작품을 읽으면 작가가 인물과 사건에 대해 속속들이 모두 설명해 주기 때문에 독자들이 상상할 수 있는 폭은 그만큼 줄어들어요.

(예) 작가 관찰자 시점과 전지적 작가 시점에서 서술자는 작품 바깥에 있는 작가이다.

작가 관찰자 시점

작가[作家]가 외부의 관찰자[觀察者] 입장에서 이야기를 서술하는 시점[視點]

⑧ 3인칭 관찰자 시점

作 지을 작 | 家 집 가
觀 볼 관 | 察 살필 찰 | 者 사람 자 | 視 볼 시 | 點 점 점

작가가 소설 바깥에 있는 관찰자의 입장에서 이야기를 서술하는 시점이에요. 3인칭 관찰자 시점이라고도 해요. 서술자는 작품 밖에서 객관적인 태도로 관찰하기 때문에 인물의 내면이나 사건에 대해 자세히는 잘 몰라요. 그래서 겉으로 확실히 드러나는 인물의 말과 행동을 중심으로 내용을 서술해요.

⑩ 작가 관찰자 시점은 등장인물의 심리보다는 행위와 사건을 객관적으로 묘사하기 때문에 독자의 추리력과 상상력이 크게 자극된다.

소설의 구성

소설[小說]에서 사건과 갈등을 짜임새 있게 배열하는 것 [構成] ⑱ plot

小 작을 소 | 說 말씀 설 | 構 얽을 구 | 成 이룰 성

소설에서 사건 전개와 인물들 간의 갈등 양상을 짜임새 있게 배열한 거예요. 소설 속 사건과 이야기들이 아무렇게나 나열된다면 독자의 흥미를 끌기 어려워요. 앞뒤 내용이 개연성 있게 연결되어야 해요. 소설의 구성은 보통 발단, 전개, 위기, 절정, 결말의 5단계로 나뉘어요.

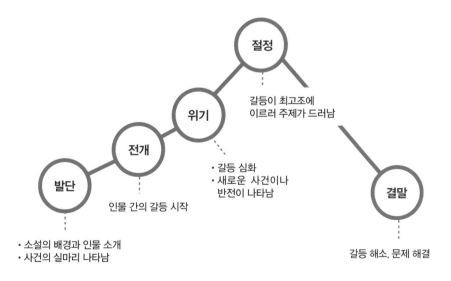

- 절정: 갈등이 최고조에 이르러 주제가 드러남
- 위기: 갈등 심화 · 새로운 사건이나 반전이 나타남
- 전개: 인물 간의 갈등 시작
- 발단: 소설의 배경과 인물 소개 · 사건의 실마리 나타남
- 결말: 갈등 해소, 문제 해결

⑩ 소설의 구성을 이루는 3요소는 인물, 사건, 배경이다.

역순행적 구성

> 사건이 시간을 거슬러[逆順行的] 전개되는 구성[構成] (반) 순행적 구성 (동) 입체적 구성

逆 거스를 역 | 順 순할 순 | 行 다닐 행 | 的 과녁 적
構 얽을 구 | 成 이룰 성

사건이 '과거-현재-미래'의 자연적 시간 순서에 따르지 않고 전개되는 구성 방식이에요. '역순행'이란 시간을 거슬렀다는 뜻이에요. 현재에서 과거로 돌아가 이야기가 전개되거나, 미래에서 현재로 돌아와 이야기가 전개되는 거지요. 이외에도 소설의 구성 방식에는 순행적 구성, 액자식 구성 등이 있어요.

(예) **역순행적 구성**은 참신함을 주고 독자의 호기심을 불러일으킨다.

함께 알기
순행적 구성: 자연적 시간의 흐름에 따라 사건이 '과거-현재-미래'로 전개되는 구성
액자식 구성 額子式 [이마 액, 글자 자, 법 식]: 이야기 속에 하나 또는 그 이상의 이야기가 들어 있는 구성

인물

> 이야기에서 사건을 끌어가는 사람[人物] (동) 캐릭터 (영) character

人 사람 인 | 物 만물 물

이야기에서 사건을 이끌어 가는 사람이에요. 동물이 주인공인 이야기에서는 동물이 인물에 해당해요. 이야기의 인물은 성격과 됨됨이까지 모두 포함하는 개념이에요. 그래서 성격에 따라 평면적 인물, 입체적 인물, 전형적 인물, 개성적 인물 등으로 나뉘어요.

(예) 이야기에서 사건을 이끌어 가는 주인공을 주동 인물이라고 하고, 주인공에 반대하는 적대자를 반동 인물이라고 한다.

함께 알기
평면적 인물 平面的 [평평할 평, 낯 면, 과녁 적]: 이야기 시작부터 끝까지 성격이 변하지 않고 일관된 인물
입체적 인물 立體的 [설 입, 몸 체, 과녁 적]: 어떤 사건으로 인해 본래 성격이 변하는 인물
전형적 인물 典型的 [법 전, 모형 형, 과녁 적]: 성격이 틀에 박힌 듯 격식에 따라 행동하는 인물
개성적 인물 個性的 [낱 개, 성품 성, 과녁 적]: 성격이 톡톡 튀는 독특한 인물

직접 제시

> 서술자가 인물의 성격을 직접적[直接]으로 말해 주는[提示] 방법 ⑧ 말하기 ⑱ telling

直 곧을 직 | 接 접할 접 | 提 끌 제 | 示 보일 시

서술자가 인물의 성격을 요약하여 직접적으로 제시하는 방법이에요. 이를 다른 말로 하면 '말하기'라고 해요. 예를 들어 '덕만은 재주가 뛰어나고 넓은 마음을 가지고 있다.'고 표현하는 거지요. 이렇게 인물의 성격이 직접 제시되면 독자가 등장인물에 대해 빠르고 쉽게 이해하고 파악할 수 있어요.

⑩ 직접 제시는 인물에 대한 독자의 상상을 제한한다.

간접 제시

> 서술자가 인물의 성격을 간접적[間接]으로 보여 주는[提示] 방법 ⑧ 보여 주기 ⑱ showing

間 사이 간 | 接 접할 접 | 提 끌 제 | 示 보일 시

서술자가 등장인물의 대화나 행동을 통해서 인물의 성격을 간접적으로 보여주는 방법이에요. 다른 말로 '보여 주기'라고 해요. 예를 들어 '덕만은 물러서지 않고 오히려 큰 소리로 호통을 쳤다.'라고 표현하는 거지요. 인물의 행동을 통해 용맹한 성격임을 짐작할 수 있어요.

⑩ 간접 제시는 인물에 대한 독자의 상상을 자극한다.

내적 갈등

> 한 인물의 마음 안에서[內的] 일어나는 갈등[葛藤] ⑲ 외적 갈등 ⑱ inner conflict

內 안 내 | 的 과녁 적 | 葛 칡 갈 | 藤 등나무 등

한 인물의 마음 안에서 일어나는 심리적 갈등이에요. 정반대의 감정을 동시에 느끼거나 가치관, 욕구 등이 충돌하면 내 안의 또 다른 나와 다투게 되지요. 예를 들어 내일 시험이라서 시험공부를 해야 하는데 갑자기 게임이 하고 싶다면 두 마음 사이에서 갈등하게 돼요. 이것이 바로 내적 갈등이에요.

⑩ '사랑과 미움'처럼 모순된 감정이 느껴지면 내적 갈등이 일어난다.

외적 갈등

한 인물과 그를 둘러싼 세계[外的]가 대립하는 갈등[葛藤]

반 내적 갈등 **영** extra conflict

外 밖 외 | **的** 과녁 적 | **葛** 칡 갈 | **藤** 등나무 등

한 인물과 그를 둘러싼 세계 및 환경이 서로 대립하여 일어나는 갈등이에요. 예를 들어 가족이 함께 외식을 하러 가는데 각자 먹고 싶은 음식이 다 다르면 의견 충돌이 일어나지요. 이러한 외적 갈등에는 개인과 개인 사이의 갈등, 개인과 사회 사이의 갈등, 개인과 자연 사이의 갈등, 개인과 운명 사이의 갈등 등이 있어요.

○ 외적 갈등의 종류

(1) 개인 vs 개인

두 학생이 인형을 두고 다툰다.

(2) 개인 vs 사회

홍길동이 조선 사회의 차별로 좌절한다.

(3) 개인 vs 자연

노인이 바다에서 고래와 싸운다.

(4) 개인 vs 운명

헤라클레스는 12가지 임무를 맡는다.

배경

사건이 일어나는 시간적, 공간적 무대[背景]

 background

背 등 배 | **景** 볕 경

소설에서 사건이 일어나는 구체적인 시간과 공간이에요. 소설의 배경은 시간적 배경과 공간적 배경으로 나눌 수 있어요. 배경이 구체적으로 제시되어야 사건이 그럴 듯하게 느껴져요.

(예) 소설의 배경은 특정한 분위기를 만들기도 하고, 주제를 암시하기도 한다.

복선

앞으로 일어날 상황에 대해 넌지시[伏] 암시하는[線] 것

 foreshadowing

伏 엎드릴 복 | **線** 줄 선

소설에서 앞으로 일어날 상황을 미리 암시하는 서술이에요. 예를 들어 등장인물이 죽기 전에 악몽을 꾸게 하거나, 안 좋은 소식에 앞서 까마귀가 우는 장면을 보여 주는 거지요. 작가가 복선을 제공하는 이유는 독자에게 뒷이야기를 어느 정도 예측하게 하여 마음의 준비를 시키고 사실적인 느낌을 주기 위해서예요.

(예) 복선은 소설 읽는 재미를 한층 높인다.

내재적 비평

작품 자체의 고유한[內在的] 특징을 중심으로 감상하는 [批評] 방법

(비) 절대주의적 관점 (반) 외재적 비평 (영) intrinsic criticism

內 안 내 | **在** 있을 재 | **的** 과녁 적
批 칠 비 | **評** 평할 평

작품 자체에만 주목하여 그 고유한 특징들을 중심으로 감상하는 방법이에요. 작품의 주제와 인물, 사건, 중심 내용, 문체, 화자 및 서술자에 관하여 살펴보며 작품을 비평하는 거지요. 시는 운율·심상·어조·수사법·시상 전개 등을 중심으로 감상하고, 소설은 시점·배경·구성·인물의 유형 등을 중심으로 감상해요.

(예) 내재적 비평은 작품 자체만을 감상하기 때문에 작품을 종합적으로 이해하는 데는 충분하지 않다.

외재적 비평

> 작품 외부[外]에 존재하는[在的] 작가, 독자, 현실 세계의 관점에서 작품을 감상하는[批評] 방법

반 내재적 비평 영 extrinsic criticism

外 밖 외 | **在** 있을 재 | **的** 과녁 적
批 칠 비 | **評** 평할 평

작품 외부에 존재하는 작가, 독자, 현실 세계의 관점에서 작품을 감상하는 **방법**이에요. 이때 작가와 관련지어 감상하는 방법을 '**표현론적 관점**'이라 하고, 독자가 어떤 감동을 느끼고 교훈을 얻는지를 중심으로 감상하는 방법을 '**효용론적 관점**'이라 하며, 현실 세계가 어떻게 작품 속에 반영되었는지를 중심으로 감상하는 것을 '**반영론적 관점**'이라고 해요.

예 〈홍길동전〉을 당시 조선 사회와 관련지어 감상하는 방법을 외재적 비평이라고 한다.

마무리 퀴즈 Quiz

1~3 다음 내용에 해당하는 구성 단계를 〈보기〉에서 고르세요.

> 〈보기〉 ㉠ 발단 ㉡ 전개 ㉢ 절정

1 사건이 진행되면서 주인공과 주변 인물의 갈등이 나타난다. ( )

2 갈등이 최고조에 이르러 주제가 드러난다. ( )

3 소설의 배경과 등장인물이 소개된다. ( )

4~7 다음 시점에 해당하는 설명을 바르게 연결해 보세요.

4 1인칭 주인공 시점 ·

5 1인칭 관찰자 시점 ·

6 작가 관찰자 시점 ·

7 전지적 작가 시점 ·

· ① 작가가 작품 밖에서 관찰하여 이야기를 전함

· ② 작품 속의 '나'가 자신의 이야기를 전함

· ③ 작품 속의 '나'가 다른 인물의 이야기를 전함

· ④ 작가가 모든 인물의 내면까지 다 알고 전함

8~10 다음 ( ) 안에 들어갈 알맞은 어휘를 고르세요.

8 평범한 사람이 등장하여 재미와 교훈을 주는 (신화, 민담)도 설화에 속한다.

9 주인공이 사회와 대립하여 일어나는 갈등은 (내적, 외적) 갈등이다.

10 문학 작품을 사회와 관련지어 감상하는 방법은 (내재적, 외재적) 비평에 속한다.

답안 1. ㉡ 2. ㉢ 3. ㉠ 4. ② 5. ③ 6. ① 7. ④ 8. 민담 9. 외적 10. 외재적

여러 가지 글, 읽기·쓰기

수필 · 설 · 문체 · 기행문 · 설명문 · 비교·대조 · 예시 · 분류 · 분석
정의 · 인과 · 묘사 · 서사 · 기사문 · 보고서 · 논설문 · 통일성 · 일관성
논증 · 연역법 · 귀납법 · 유추 · 광고문

수필

붓[筆] 가는 대로[隨] 자유롭게 쓴 글

영 essay

隨 따를 수 | 筆 붓 필

형식의 제약을 받지 않고 인생이나 자연 또는 일상생활에서의 느낌, 체험을 생각나는 대로 쓴 산문 형식의 글이에요. 수필은 자기 고백적이고 붓 가는 대로 자유롭게 쓴 글이어서 글쓴이의 개성이 드러나고 인생관, 세계관 등을 엿볼 수 있어요. 수필은 보통 경수필과 중수필로 나뉘고, 수기와 비슷해요.

 수필은 누구나 쓸 수 있는 비전문적인 글이다.

**함께
알기**

경수필 輕隨筆 [가벼울 경, 따를 수, 붓 필]: 생활 주변에서 일어나는 일을 소재로 하여 가볍게 쓴 수필

중수필 重隨筆 [무거울 중, 따를 수, 붓 필]: 사회 문제와 같이 무거운 내용을 소재로 한 논리적이고 객관적인 수필

수기 手記 [손 수, 기록할 기]: 어려움을 극복한 일과 같이 의미 있는 체험을 다른 사람에게 알리기 위해 직접 쓴 글

 설 사물의 이치를 풀이하고 의견을 덧붙여 서술한[說] 글

說 말씀 설

고전 수필의 하나로, 사물의 이치를 풀이한 뒤 자신의 의견을 덧붙인 글이에요. 설은 한문으로 쓰여 있고, '사실(경험)＋의견'의 2단 구성이에요. 개인적 체험에 의미를 부여하며 교훈을 제시해요. 한편 옛날 여성들은 한글로 수필을 썼는데, 이를 내간체 수필이라고 해요.

 설은 비유적이고 우의적인 표현을 주로 쓴다.

 문체 문장[文]의 개성적 특색[體]
비 글체, 글투 영 style

文 글월 문 | 體 몸 체

문장의 개성적 특색이에요. 문장의 길이, 낱말 선택, 표현법, 리듬 등이 문체를 특징짓는 요소지요. 수필과 같은 산문 형식의 글은 문체에서 글쓴이의 개성을 느낄 수 있어요. 문체는 만연체, 간결체, 강건체, 우유체, 화려체, 건조체 등이 있어요.

 사람마다 특징적인 말투가 있는 것처럼 글도 고유한 글투, 곧 문체가 있다.

함께
알기

만연체 蔓衍 [덩굴 만, 넘칠 연]: 많은 어구를 이용하여 문장을 길게 쓴 문체

간결체 簡潔 [대쪽 간, 깨끗할 결]: 짧고 간결한 문장으로 명쾌하게 쓴 문체

강건체 剛健 [굳셀 강, 튼튼할 건]: 굳세고 힘차며 남성적인 느낌을 주는 문체

우유체 優柔 [넉넉할 우, 부드러울 유]: 부드럽고 우아하며 순하게 표현하는 문체

화려체 華麗 [빛날 화, 고울 려]: 비유와 수식이 많고 리듬감이 느껴지는 문체

건조체 乾燥 [하늘 건, 마를 조]: 비유나 꾸미는 표현이 적고 핵심만 서술한 딱딱한 문체

기행문

> 여행한[紀行] 일을 기록한 글[文]
>
> 영 travel essay

紀 벼리 **기** | 行 다닐 **행** | 文 글월 **문**

여행에서 보고, 듣고, 느낀 점을 보통 시간 순서에 따라 기록한 글이에요. 기행문에는 그 지역의 특색이나 여행자의 쓸쓸한 감정이 나타나기도 해요. 여행자가 느끼는 외로운 감정을 **객창감**이라고 해요. 또 사투리나 지역 특산물, 지역의 명소 등은 지방색을 느끼게 해 줘요.

예 기행문은 수필에 포함되며, 여정, 견문, 감상이 드러난다.

함께 알기

여정 旅程 [나그네 **여**, 길 **정**]: 어디에서 어디로 어떻게 갔다는 여행 경로

견문 見聞 [볼 **견**, 들을 **문**]: 여행지에서 보고 들은 것

감상 感想 [느낄 **감**, 생각 **상**]: 보고 들은 내용에 대한 생각이나 느낌

설명문

> 어떤 지식이나 정보를 알기 쉽게 설명[說明]하는 글[文]
>
> 영 explanation

說 말씀 **설** | 明 밝을 **명** | 文 글월 **문**

어떤 지식이나 정보를 전달하기 위해 이해하기 쉽게 풀어서 쓴 객관적인 글이에요. 설명문은 정보 전달을 목적으로 하기 때문에 사실 그대로를 써야 해요. 글쓴이의 개인적인 의견이나 주장을 쓰면 안 돼요. 다양한 설명 방법을 통해 내용을 쉽고 정확하게 전달해야 해요.

예 설명문은 읽을 사람이 누구냐에 따라 그가 알고 싶어 하는 내용을 쓴다.

비교·대조

둘 이상의 대상에서 공통점[比較]과 차이점[對照]을 찾아 설명하는 방법 ⑨ comparison·contrast

比 견줄 비 | 較 견줄 교 | 對 대답할 대 | 照 비출 조

둘 이상의 대상에서 공통점을 찾아 설명하는 방식을 비교라고 하고, 이와 반대로 차이점을 찾아 설명하는 방식을 대조라고 해요. 비교와 대조는 두 가지 이상의 대상을 서로 견주어 설명하기에 좋은 방법이에요. 설명하고자 하는 대상의 특성을 더 잘 드러낼 수 있어요.

㉠ 두 가지 이상의 대상을 서로 비교·대조하려면 일정한 기준을 세워야 한다.

예시

예[例]를 들어[示] 설명하는 방법

⑨ illustration

例 법식 예 | 示 보일 시

예를 들어 설명하는 방법이에요. 예시는 보통 '예를 들어, 예컨대' 등의 부사어를 사용하여 표현해요. '동물들도 의사소통을 한다. 예를 들어, 꿀벌은 춤을 추어 먹이가 있는 곳을 알리며, 개미는 페로몬이라는 화학 물질을 내보내 냄새 길을 만든다.'라고 쓸 수 있어요.

㉠ 예시는 설명하는 글, 주장하는 글, 실용적인 글 등 다양한 글에서 사용된다.

분류

같은 종류끼리[類] 묶어서 나누어[分] 설명하는 방법

 구분 ⑨ classification

分 나눌 분 | 類 무리 류

일정한 기준에 따라 대상을 묶어 설명하는 방법이에요. 예를 들어 '시, 소설, 수필, 희곡 등은 모두 문학에 속한다.'와 같이 쓰는 거예요. 분류의 방법으로 설명하면 개념의 상하 관계를 잘 알 수 있어요.

㉠ 복잡한 내용을 분류하면 순서에 맞게 차근차근 설명할 수 있다.

분석

전체를 부분으로 나누어[分] 각 항목별로 설명하는[析] 방법 **영** analysis

分 나눌 **분** | 析 가를 **석**

하나의 대상을 여러 부분으로 나누어 설명하는 방법이에요. 예를 들어 식물의 구조를 분석의 방법으로 설명하면 뿌리, 줄기, 잎, 꽃으로 나누어서 각 부분을 설명할 수 있어요. 분석의 방법으로 글을 쓰면 전달하고자 하는 내용을 짜임새 있게 정리하여 표현할 수 있어요.

(예) 분류는 대상을 종류별로 묶어서 설명하는 방법이고, 분석은 전체를 부분으로 나누어서 설명하는 방법이다.

정의

개념의 의미를 규정[定義]하는 방법
비 규정 **영** definition

定 정할 **정** | 義 옳을 **의**

어떤 말이나 사물의 의미를 분명하게 규정하며 설명하는 방법이에요. 정의는 '무엇은 무엇이다'의 꼴로 서술해요. 예를 들어 '지엠오(GMO) 식품이란 유전자 변형 농산물을 이용하여 만든 식품이다.'와 같이 써요. 이때 정의를 내리는 대상과 정의를 내리는 문장은 뜻이 잘 통해야 해요.

(예) 정의는 어려운 개념을 설명할 때 적합한 방법이다.

인과

원인[因]과 결과[果]를 밝혀서 설명하는 방법
영 cause and effect

因 인할 **인** | 果 실과 **과**

어떤 일이 일어나게 된 원인과 그로 인한 결과를 밝혀서 설명하는 방법이에요. 인과는 보통 'A(원인) 때문에 B(결과)가 일어났다.'와 같이 서술해요. 이때 결과를 먼저 쓰고 그 뒤에 원인을 분석해도 돼요. 원인과 결과는 누가 보아도 인정할 수밖에 없는, 논리적으로 옳은 관계여야 해요.

(예) 이상 기후 현상은 인과의 방법으로 설명하는 것이 적합하다.

묘사

그림을 그리듯이[描] 생생하게 서술하는[寫] 방법

영 description

描 그릴 묘 | 寫 베낄 사

어떤 대상이나 사물, 현상에 대해 그림을 그리듯이 표현하는 방법이에요. 현진건의 〈B사감과 러브레터〉에는 B사감의 외모가 다음과 같이 묘사되고 있어요. '40에 가까운 나이의 노처녀는 주근깨투성이다, 처녀다운 맛이라곤 없는 성격에다, 피부 또한 곰팡이 슨 굴비를 생각나게 한다.' 직접 보지 않아도 이 글을 통해 어떤 모습인지 떠오를 거예요.

(예) 묘사의 방법으로 대상을 설명하면 그 모습을 생생하게 전달할 수 있다.

서사

사건[事]을 시간의 흐름에 따라 서술하는[敍] 방법

영 narrative

敍 펼 서 | 事 일 사

어떤 사건을 시간의 흐름에 따라 차례로 이야기하는 서술 방법이에요. 소설, 신문의 사건 기사, 역사 기록 등이 서사의 방법으로 서술돼요. 서사에는 이야기의 시작과 끝이 있어요.

(예) 서사의 방법으로 쓴 글은 줄거리가 있는 이야기의 형태가 된다.

기사문

보고 들은 사실[事]을 기록하는[記] 글[文]

영 description

記 기록할 기 | 事 일 사 | 文 글월 문

보고 들은 사실을 전달하는 글이에요. 기사문은 표제, 부제, 전문, 본문, 해설로 이루어져 있어요. **표제**는 기사의 제목이고, **부제**는 내용을 구체적으로 알리는 작은 제목이며, **전문**은 기사 내용을 육하원칙에 따라 요약한 부분이고, **본문**은 구체적인 내용을 서술한 부분이에요. **해설**은 참고 사항이나 설명을 덧붙인 거예요.

(예) 기사문은 주로 신문에 실린다.

보고서

> 알리어[報] 바치는[告] 글[書]
>
> 동 보고문 영 report

報 알릴 보 | 告 고할 고 | 書 글 서

어떤 주제에 대하여 연구한 결과나 조사한 내용을 알리기 위해 체계적으로 쓴 글이에요. 보고문은 사실과 의견을 구별하여 정확하고 구체적으로 써야 해요. 이해를 돕기 위해 표, 그림, 관련 사진 등의 보조 자료를 적절히 사용하는 것도 좋아요. 조사·답사 보고서, 관찰 보고서, 실험 보고서 등이 있어요.

예 보고서는 계획 수립, 자료 수집, 자료 해석, 보고서 작성의 과정을 밟는다.

논설문

> 주장을 논리적으로[論] 설득하는[說] 글[文]
>
> 동 주장글

論 논의할 논 | 說 말씀 설 | 文 글월 문

어떤 주제에 대하여 자신의 주장이나 의견을 논리적으로 내세워 독자를 설득하는 글이에 요. 이때 주장을 뒷받침하는 내용을 **근거**, 또는 **논거**라고 해요. 논설문은 보통 서론, 본론, 결론으로 구성되어 있어요. **서론**에서는 글을 쓰게 된 문제 상황이 무엇인지 밝히고, **본론** 에서는 주장과 그에 대한 근거를 제시해요. **결론**에서는 본론 내용을 요약하고 주장을 다 시 한 번 강조해요.

예 신문 사설, 평론 등도 논설문에 속한다.

함께 알기

사설社說 [모일 **사**, 말씀 **설**]: 국내외 사회 문제에 관하여 신문사의 입장에서 의견을 쓴 글

평론評論 [평할 **평**, 논할 **론**]: 문학 작품, 예술품, 문화 현상, 상품 등에 관하여 평가하는 글

통일성

글의 전체적인[統] 주제가 하나[一]라는 성질[性]

영 unity

統 거느릴 **통** | 一 한 **일** | 性 성질 **성**

글의 주제가 하나여야 한다는 원리예요. 한 편의 글은 하나의 주제를 나타내기 위해 각 문장과 문단이 의미적으로 긴밀하게 연결되어 있어야 해요. 통일성 있는 글이 되려면 문장을 연결할 때 문단의 중심 내용이 분명하게 드러나도록 전개 방법과 순서를 체계적으로 정해 놓고 글을 써야 해요.

예 한 문단 안에 중심 생각이 여러 개 있으면 **통일성**이 떨어진다.

일관성

글의 내용이 한결같이[一] 구성되어야[貫] 한다는 성질[性]

영 consistency

一 한 **일** | 貫 꿸 **관** | 性 성질 **성**

문장이나 내용이 서로 긴밀하게 구성되어야 한다는 원리예요. 문장과 문장 사이는 접속어와 지시어를 적절히 사용하여 일관성을 이루고, 문단과 문단 사이는 시간적 흐름, 공간적 흐름에 따른 논리적 배열 방법으로 일관성을 이룰 수 있어요.

예 **일관성**은 글의 내용을 적절하게 배열하는 방식에 관한 특성이다.

논증

논리적으로[論] 증명함[證]

영 demonstration

論 논의할 **논** | 證 증거 **증**

어떤 주장에 대하여 옳고 그름의 근거를 들어 논리적으로 증명하는 거예요. 믿을 수 있고 객관적인 근거를 제시해야 상대를 설득할 수 있어요. 논증에서는 주장(의견)을 '**결론**'이라고 하고, 그것을 뒷받침하는 이유나 근거를 '**전제**'라고 해요. 전제와 결론은 말이 되게 연결해야 해요.

예 **논증**은 전제에서 결론을 이끌어내는 증명 방식이다.

연역법

> 일반적인 원리에서 특수한 개별 원리를 필연적으로 이끌어 내는[演繹] 추리 방법[法] 🔵 삼단 논법 🔴 귀납법

演 펼 연 | 繹 풀 역 | 法 법 법

일반적 사실이나 원리를 전제(근거)로 하여 개별적인 특수한 사실이나 원리를 결론(주장, 의견)으로 이끌어 내는 추리 방법이에요. 대표적인 연역법에는 삼단 논법이 있어요. 대전제와 소전제로부터 결론을 이끌어 내는 방법이에요. 예를 들어 '모든 사람은 죽는다.(대전제)'와 '소크라테스는 사람이다.(소전제)'를 통해 '그러므로 소크라테스는 죽는다.(결론)'를 이끌어 내는 거예요.

예 연역법에서는 전제가 참이면 결론도 반드시 참이다.

모든 사람은 죽는다. ➡ 소크라테스는 사람이다. ➡ 그러므로 소크라테스는 죽는다.

귀납법

> 개별적 사실들에서 공통점을 유도하여 일반적 결론을 이끌어 내는[歸納] 추리 방법[法] 🔴 연역법

歸 돌아갈 귀 | 納 들일 납 | 法 법 법

개별적인 사실이나 현상으로부터 좀 더 일반적인 결론을 이끌어 내는 추리 방법이에요. 귀납법은 보통 사실적 지식을 얻는 데 사용돼요. 개개의 현상들을 관찰한 뒤 그 안에 포함된 공통된 원리를 찾는 거지요. 예를 들어 각 지역의 백로들이 모두 흰 깃털을 가지고 있음을 관찰한 뒤 '백로는 깃털이 희다.'라고 결론을 내리는 거예요. 하지만 귀납법의 결론은 언제든 바뀔 수 있어요. 검은색 깃털의 백로가 발견되면 앞의 결론은 거짓이 되어 버리니까요.

첫 번째 백로는 깃털이 희다. ➡ 두 번째, 세 번째… 백 번째 백로는 깃털이 희다. ➡ 그러므로 모든 백로의 깃털은 흰색일 것이다.

(예) 귀납법에서 전제와 결론은 필연적인 관계가 아니라 개연적인 관계이다.

유추

> 두 개의 사물이 같은 종류[類]에 속했을 때, 다른 속성도 비슷하다고 추리하는[推] 일 (동) 유비 추리

類 비슷할 유 | **推** 추측할 추

두 개의 사물이 비슷한 점이 많은 경우, 다른 속성도 유사할 것이라고 추리하는 일이에요. 예를 들어 화성은 지구와 크기가 비슷하고 태양과의 거리도 비슷한 편인 데다 사계절이 있으며 물이 흘렀던 흔적도 있어요. 이렇게 비슷한 점이 많으니 화성에도 과거에 생명체가 살았을 거라고 유추할 수 있어요.

광고문

> 어떤 대상에 대해 널리[廣] 알리는[告] 글[文]
>
> (영) advertising description

廣 넓을 광 | **告** 알릴 고 | **文** 글월 문

어떤 대상에 대한 정보를 널리 알려 읽는 사람을 설득하는 글이에요. 광고문은 새로운 상품에 대하여 정확한 정보를 전달하면서, 동시에 참신하고 독특한 구성으로 구매하고 싶은 마음을 불러일으켜야 해요. 한편 공익 광고는 개인적인 이익이 아니라 나라와 국민 전체의 이익을 위한 거예요.

(예) 광고문을 읽을 때는 사실과 의견을 구분하여 거짓 정보나 과장된 내용이 없는지 따져 보아야 한다.

마무리 퀴즈 Quiz

1~3 제시된 초성과 뜻을 참고하여 괄호 안에 들어갈 어휘를 쓰세요.

1 ㅅㅍ : 형식의 제약을 받지 않고 자유롭게 쓴 글

　예 (　　　　)은 누구나 쓸 수 있는 비전문적인 글이다.

2 ㅅㅁㅁ : 어떤 지식이나 정보를 이해하기 쉽게 풀어쓴 글

　예 (　　　　)은 사실 그대로 객관적으로 써야 한다.

3 ㄴㅅㅁ : 어떤 주제에 대하여 자신의 주장을 논리적으로 설득하는 글

　예 신문 사설, 평론 등도 (　　　　)에 속한다.

4~6 다음 논증에 해당하는 설명을 바르게 연결해 보세요.

4 연역법　·

5 귀납법　·

6 유추　·

　·　① 개별적인 사실들로부터 일반적인 결론을 이끌어 내는 법

　·　② 일반적 원리에서 개별적인 원리를 이끌어 내는 법

　·　③ 두 사물의 비슷한 점에 근거하여 다른 속성도 유사하다고 결론을 내리는 법

7~10 다음 설명이 맞으면 ○, 틀리면 ×로 표시하세요.

7 예시는 예를 들어 설명하는 방법이다.　　　　　(　　)

8 분석은 둘 이상의 대상에서 공통점을 찾아 설명하는 방법이다.　(　　)

9 묘사는 어떤 대상을 그림을 그리듯이 표현하는 방법이다.　　(　　)

10 서사는 하나의 대상을 여러 부분으로 나누어 설명하는 방법이다. (　　)

답안 1. 수필 2. 설명문 3. 논설문 4. ② 5. ① 6. ③ 7. ○ 8. × 9. ○ 10. ×

의사소통하는 방법은?
듣기·말하기

표준어 · 표준 화법 · 지역 방언 · 사회 방언 · 은어 · 비속어 · 전문어 · 유행어
비언어적 의사소통 · 반언어적 의사소통 · 영상 언어 · 매체 자료 · 담화 · 발화
상황 맥락 · 사회·문화적 맥락 · 면담 · 협상 · 토의 · 토론

표준어 〉 한 나라에서 표준[標準]이 되는 말[語]

비 공용어 **반** 방언 **영** standard language

標 표할 표 | 準 준할 준 | 語 말씀 어

한 나라에서 표준이 되게 정한 말이에요. 우리나라에서는 '교양 있는 사람들이 두루 쓰는 현대 서울말'을 표준어로 정하고 있어요. 표준어를 정해서 사용하면, 국민들이 일체감을 느끼고 서로 의사소통을 활발히 할 수 있어요. 또한 지식과 정보를 얻기도 더욱 쉬워져요.

예 옛날 사람들이 쓰던 말이나 비속어는 **표준어**가 될 수 없다.

표준 화법 〉 한 나라에서 표준[標準]이 되는 말하기[話]의 규범[法]

영 standard speech

標 표할 표 | 準 준할 준 | 話 말할 화 | 法 법 법

가정이나 직장, 사회에서 의사소통을 할 때 혼란을 겪기 쉬운 지칭어, 호칭어, 인사말, 존댓말 등을 예절에 맞게 올바르게 정한 거예요. 예를 들어 웃어른에게 인사할 때는 "안녕?"이 아니라 "안녕하세요?"를 표준 화법으로 정하고 있어요.

예 표준 화법을 정하면 서로 존중하며 의사소통할 수 있다.

함께 알기 화법: 문장이나 담화에서 쓰이는 모든 방법

지역 방언

각 지역[地域]에 따라[方] 쓰이는 말[言]

영 regional dialect

地 땅 지 | 域 지경 역 | 方 모 방 | 言 말씀 언

어느 한 지방에서만 쓰는, 표준어가 아닌 말이에요. 원래는 같은 언어를 사용하는 사람들이 서로 다른 지역에 살게 되면서 점점 언어가 변한 거예요. 그래서 가까운 지역보다 먼 지역, 서로 잘 교류하지 않은 지역 간에 방언의 차이가 크게 나타나요. 우리나라에도 지역마다 특색 있는 지역 방언이 있어요.

예 지역 방언을 사용하면 다른 지역 사람과는 의사소통이 잘 되지 않지만, 같은 지역 사람 간에는 정겹고 친근한 느낌을 준다.

○ 표준어와 지역 방언

사회 방언

계층이나 연령 등 각 집단[社會]에 따라[方] 쓰이는 말[言]

영 social dialect

社 모일 사 | 會 모일 회 | 方 모 방 | 言 말씀 언

계층, 세대, 직업, 성별, 종교 등 사회적 요인에 따라 서로 달리 쓰이게 되는 말이에요. 예를 들어 생파(생일 파티), 문상(문화 상품권) 등은 청소년들이 쓰는 사회 방언이에요.

 사회 방언은 그것을 사용하는 같은 집단의 사람들끼리는 친밀감을 높여 주지만, 집단 외 사람들과의 의사소통은 방해한다.

은어

특정 집단에서 비밀스럽게[隱] 쓰는 말[語]

영 slang

隱 숨을 은 | 語 말씀 어

특정 집단에서 비밀스럽게 쓰는 말이에요. 그 집단의 비밀을 유지하기 위해 다른 집단의 사람들이 이해할 수 없게 만든 거지요. 예를 들어 군대에서 오래 복무하는 군인에게 은어로 '말뚝 박았다'라고 해요. 은어는 집단에 속한 사람들 간의 결속력을 높이지만, 집단 밖의 사람들을 소외하고 고립감을 줄 수 있어요.

(예) 은어는 폐쇄적인 성격이 강한 특수 집단에서 많이 사용한다.

비속어

격이 낮고[卑] 속된[俗] 말[語]

동 속어 영 slang

卑 낮을 비 | 俗 풍속 속 | 語 말씀 어

격이 낮고 속된 말이에요. 비속어는 은어와 같이 집단 구성원을 결속시킨다는 특징이 있어요. 하지만 은어와 달리 감추고자 하는 기능이 없고 사회 내에서 광범위하게 사용돼요. 예를 들어 '눈깔(눈알), 꺼지다(가다)' 등의 표현이 있어요.

(예) 비속어는 가까운 사이에는 정겨운 느낌을 주지만, 교양 없는 사람이라는 인상을 준다.

전문어

전문적인[專門] 개념을 표현하기 위해 사용하는 말[語]

영 technical terms

專 오로지 전 | 門 문 문 | 語 말씀 어

특정 분야에서 전문적인 개념을 표현하기 위해 사용하는 말이에요. 전문어는 전문성이 필요한 일을 하는 사람들이 그 일을 효과적으로 수행하기 위해 사용해요. 그래서 일반인들은 쉽게 이해할 수 없어요.

예 의학 분야에서는 '어레스트, 씨저'와 같은 전문어를 사용한다.

유행어

짧은 시기에 유행하여[流行] 쓰이는 말[語]

영 in-word

流 흐를 유 | 行 다닐 행 | 語 말씀 어

어느 한 시기에 유행처럼 널리 쓰이는 말이에요. 예를 들어 '따봉, 득템' 등이 있어요. 유행어는 비교적 짧은 시기에 걸쳐 여러 사람의 입에 오르내리다 사라져요. 만약 일시적으로 사용되는 것이 아니라 단어로 정착하면 '새말'이라고 해요.

예 대중 매체와 정보 통신의 발달로 많은 유행어가 만들어지고 있다.

비언어적 의사소통

언어를 제외한[非言語的] 신체 언어로 상호 작용 하는[意思疏通] 방식 반 언어적 의사소통

영 nonvocal communication, body language

非 아닐 비 | 言 말씀 언 | 語 말씀 어 | 的 과녁 적
意 뜻 의 | 思 생각 사 | 疏 트일 소 | 通 통할 통

언어를 제외한 신체 언어, 즉 자세, 몸짓, 표정, 손짓 등으로 생각이나 뜻을 전달하는 거예요. 대화를 할 때 신체 언어를 사용하면 생각과 느낌을 더욱 효과적으로 표현할 수 있어요.

예 비언어적 의사소통을 적극 활용했더니 외국인 친구와도 잘 이야기할 수 있었다.

반언어적 의사소통

언어적 요소에 결합하여, 말할 때 수반되어
[半言語的] 나타나는 의사소통[意思疏通] 방식
영 semiverbal communication

半 반 반 | 言 말씀 언 | 語 말씀 어 | 的 과녁 적
意 뜻 의 | 思 생각 사 | 疏 트일 소 | 通 통할 통

억양, 어조, 강약, 높낮이 등 직접적으로 메시지를 전달하지는 않지만 음성적인 속성을 가지고 의사소통하는 방식이에요. 예를 들어 "밥 먹어."라는 말을 높고 크고 날카롭게 말하면 화가 났음을 나타내지요. 반언어적 의사소통은 노여움, 기쁨, 반가움, 즐거움 등을 표현할 수 있어요.

(예) 반언어적 의사소통은 말하고자 하는 내용에 마음을 담아 표현할 수 있다.

영상 언어

영상[映像]을 통해 어떤 내용을 표현하고 전달하는 수단
[言語] 영 film language

映 비출 영 | 像 모양 상 | 言 말씀 언 | 語 말씀 어

시각 이미지, 소리, 자막처럼 영상에서 어떤 내용을 표현하고 전달하는 기본 수단이에요. 시각 이미지는 마치 대상이 눈앞에서 움직이는 것처럼 해 주고, 소리는 영상의 사실성을 높여 주고 심리나 분위기를 드러내요. 자막은 영상에 대한 정보나 내용 이해에 도움을 줘요.

(예) 영상 언어는 카메라와 대상의 거리, 카메라의 각도에 따라 전달하는 내용과 느낌이 다르다.

영상 언어의 표현

먼 거리에서 찍은 숏은 배경 속 인물의 위치를 알려 줘요.

대상을 내려다보고 찍은 숏은 대상이 나약하고 작은 느낌을 표현해요.

매체 자료

의사소통을 돕는 매개[媒體]가 되는 자료[資料]

영 media material

媒 중매 매 | 體 몸 체 | 資 재물 자 | 料 헤아릴 료

정보를 전달하는 매개물로서, 음성이나 문자 매체를 보완하여 의사소통을 돕는 거예요. 매체 자료에는 문자·그림·사진·그래프 등의 **시각 매체**, 소리·음악 등의 **청각 매체**, 동영상·애니메이션 등의 **복합 매체**가 있어요.

(예) 발표 시 매체 자료를 활용하면 청중의 흥미를 유발하고 이해도를 높일 수 있다.

담화

목적을 달성하기 위해 사용하는 구어적[談] 말[話]

영 discourse

談 말씀 담 | 話 말할 화

어떤 목적을 달성하기 위해 사용하는 구어적 형태의 언어예요. 각각의 담화는 여러 가지 대화 상황에 따라 정보 전달, 사교, 선언, 약속, 호소 등의 목적이 있어요. 예를 들어 회장 선거에 나간 후보의 연설은 청중이 자신의 말을 들어 주기를 원하는 호소의 목적이 있으며, 친구에게 "오늘 날씨가 어때?" 라고 말하는 것은 친근감을 표현하는 사교의 목적이 있어요.

(예) 담화의 목적은 하나 이상 복합적으로 들어 있기도 하다.

발화

생각을 언어로 소리 내어[發] 말한[話] 것

發 필 발 | 話 말할 화

언어를 이용하여 머릿속의 생각을 소리 내어 말한 거예요. 발화는 보통 문장으로 실현되며, 말하는 이와 듣는 이, 상황, 주제 등에 따라 그 내용과 표현이 달라져요. 예를 들어 웃어른에게 인사할 때와 친구나 후배에게 인사할 때, 발화의 내용이나 표현이 달라요.

(예) 발화는 감정을 표현하거나 대화의 분위기를 바꾸는 기능도 한다.

상황 맥락

> 상황[狀況]과 직접적으로 관련된 맥락[脈絡]
>
> 영 situational context

狀 형상 상 | 況 상황 황 | 脈 줄기 맥 | 絡 이을 락

담화가 이루어지는 상황과 직접적으로 관련된 맥락이에요. 말하는 이, 듣는 이, 담화의 의도와 목적, 담화가 이루어지는 시간과 장소 등이 이에 속해요. 같은 말이어도 상황 맥락에 따라 의미가 달라질 수 있어요. 겨울날 밖에서 "추워요."라는 말을 했다면 날씨가 춥다, 혹은 옷을 얇게 입었다는 뜻이고, 여름날 에어컨 바람이 강한 실내에서 이 말을 했다면 에어컨 세기를 줄여 달라는 뜻이 될 거예요.

예 현실에서 발화 시 **상황 맥락**이 없으면 의미가 만들어지지 않는다.

사회·문화적 맥락

> 한 공동체에서 사회적[社會], 문화적으로[文化的] 오랜 시간 동안 만들어진 맥락[脈絡]
>
> 영 social and cultural context

社 모일 사 | 會 모일 회 | 文 글월 문 | 化 될 화
的 과녁 적 | 脈 줄기 맥 | 絡 이을 락

한 공동체에서 사회적, 문화적으로 오랜 시간 동안 만들어진 맥락이에요. 사회·문화적 맥락은 세대나 성별, 지역 등에 영향을 받아요. 이에 따라 담화의 의미가 달라져요. 예를 들어 우리나라 사람들은 손님을 초대하면 "차린 건 없지만 많이 드세요."라고 말해요. 이렇게 말하는 이유는 겸손을 미덕으로 생각하는 사회·문화적 맥락이 있기 때문이에요.

예 서로 다른 **사회·문화적 맥락**을 가지고 있으면 제대로 된 의사소통을 하기가 쉽지 않다.

면담

> 서로 얼굴[面]을 마주 보고 이야기를 나누는 대화[談]
>
> 비 면접 영 face-to-face talk

面 낯 면 | 談 말씀 담

서로 만나서 얼굴을 보고 이야기를 나누는 공적인 대화예요. 면담의 목적은 정보를 수집하거나 상담을 하거나 설득을 하는 데 있어요. 면담을 하는 사람은 예절을 지키며 침착하고 자연스럽게 면담에 임해야 해요. 면담 대상자에게 질문 내용을 미리 주어 준비할 수 있도록 하고, 면담 장소와 시간을 미리 약속해야 해요.

예 **면담** 도중 준비하지 않은 다른 질문을 하는 것은 대화 예절에 어긋난다.

협상

目 화합할 **협** | 商 헤아릴 **상**

목적을 이루기 위해 여러 사람이 모여[協] 서로 의논함[商]

비 협의 영 negotiation

어떤 목적에 부합되는 결정을 내리기 위하여 여럿이 서로 의논하는 거예요. 개인이나 집단 간에 의견이나 주장이 달라 갈등이 발생하면 이를 해소하기 위해 협상을 해요. 협상을 할 때는 상대의 처지와 요구 사항을 이해하고 협의와 조정을 통해 문제를 해결해요.

예 협상을 할 때 서로 양보하고 수용하여 최선의 해결 방안을 찾는다.

토의

討 칠 **토** | 議 의논할 **의**

문제를 검토하고[討] 의논함[議]

비 의논 영 discussion

어떤 문제에 대하여 검토하고 협의하는 거예요. '협상'에는 목적이 전제되어 있는 반면, '토의'에는 검토의 뜻이 들어 있어요. 여러 사람이 함께 모여 공동의 주제에 대해 검토하여 최선의 해결 방안에 대해 논의하는 거예요. 예를 들어 '전기 절약 방법', '쓰레기 재활용 방안' 등이 토의의 주제가 돼요.

예 찬반 입장이 있는 문제는 토의의 주제에 적절하지 않다.

토론

討 칠 **토** | 論 논할 **론**

문제에 대하여 각각 주장하며[討] 논의함[論]

비 논쟁 영 debate

어떤 문제에 대하여 찬반 입장으로 나뉘어 자신의 의견을 주장하는 말하기예요. 토론자는 자신의 주장을 확실하게 하기 위해 적절한 근거를 들어 논리적으로 말해야 해요. 사회자는 공평하고 공정하게 토론을 진행하고, 찬성과 반대쪽에 말할 기회를 똑같이 주어야 해요.

예 '교실에서의 스마트폰 사용'은 찬반 입장이 나뉘므로 토론의 주제에 적합하다.

마무리 퀴즈 Quiz

1~3 다음 설명에 해당하는 언어를 〈보기〉에서 고르세요.

〈보기〉 ㉠ 표준어   ㉡ 은어   ㉢ 유행어

1 짧은 시기에 여러 사람의 입에 오르내리다 사라지는 말이다.　　（　　）

2 특정 집단의 비밀을 유지하기 위해 그들끼리 쓰는 말이다.　　（　　）

3 교양 있는 사람들이 두루 쓰는 현대 서울말이다.　　（　　）

4~7 다음 말하기 방식에 해당하는 설명을 바르게 연결해 보세요.

4 면담 ・ 　　　　　　・ ① 어떤 문제에 대하여 검토하고 협의하는 것

5 협상 ・ 　　　　　　・ ② 서로 만나서 얼굴을 보고 이야기를 나누는
　　　　　　　　　　　　　　공적인 대화

6 토의 ・ 　　　　　　・ ③ 어떤 문제에 대하여 찬반 입장으로 나뉘어
　　　　　　　　　　　　　　주장하는 것

7 토론 ・ 　　　　　　・ ④ 어떤 목적을 이루기 위해 여럿이 서로 의
　　　　　　　　　　　　　　논하는 것

8~10 다음 (　　) 안에 들어갈 알맞은 어휘를 고르세요.

8 (지역, 사회) 방언은 사회 계층, 종교, 성별, 세대 등의 요인에 의해 생긴다.

9 대화에서 표정, 몸짓 등의 (비언어적, 반언어적) 표현을 사용하면 생각과
느낌을 더 잘 전달할 수 있다.

10 목적을 달성하기 위해 사용하는 구어적인 말을 (담화, 발화)라고 한다.

답안 1. ㉢ 2. ㉡ 3. ㉠ 4. ② 5. ④ 6. ① 7. ③ 8. 사회 9. 비언어적 10. 담화

도대체 언어가 뭐야? 언어

언어 · 언어의 사회성 · 언어의 역사성 · 정보적 기능 · 정서적 기능
친교적 기능 · 명령적 기능 · 미적 기능 · 고유어 · 한자어 · 외래어
유의 관계 · 반의 관계 · 상하 관계 · 다의어 · 동음이의어 · 관용어 · 속담

언어

말이나 글[言語]로 의사소통하는 수단

비 말, 말씀 **영** language

言 말씀 언 | **語** 말씀 어

사람의 사상, 감정, 의지 등을 표현하고 전달하기 위하여 사용하는 음성이나 문자 등의 수단이에요. 언어를 통해 인간은 다른 동물들과 스스로를 구별하고 인간만의 독특한 문화를 발전시켰어요. 이러한 언어는 기호성, 자의성, 법칙성, 사회성, 역사성, 창조성 등의 특징을 지니고 있어요.

예 언어는 말소리로 나타내는 음성 언어와 문자로 표기된 문자 언어로 나뉜다.

**함께
알기**

기호성 記號性 [기록할 **기**, 이름 **호**, 성질 **성**]: 언어는 내용과 형식이 결합하여 나타나는 기호 체계임

자의성 恣意性 [마음대로 **자**, 뜻 **의**, 성질 **성**]: 언어의 내용과 형식이 필연적이지 않음 (꼭 그렇게 되어야 하는 이유 없이 제멋대로임)

법칙성 法則性 [법 **법**, 법칙 **칙**, 성질 **성**]: 언어는 사용할 때 지켜야 하는 일정한 법칙이 있음(=규칙성)

창조성 創造性 [비롯할 **창**, 지을 **조**, 성질 **성**]: 한정된 자음과 모음으로 새말과 문장을 무한히 만들 수 있음

언어의 사회성 [社會性]

언어[言語]는 그것을 사용하는 사람들의 약속임

言 말씀 언 | 語 말씀 어
社 모일 사 | 會 모일 회 | 性 성질 성

언어는 한 언어 사회에 속한 사람들 사이의 약속이라는 특징이에요. 그 사회로부터 인정을 받아야만 언어로서의 구실을 할 수 있어요. 그러니 자기 마음대로 말을 바꾸거나 새로운 말을 만들 수 없어요. '책상'을 '연필'이라고 부르거나 '공부'를 '하늘'이라고 부르면 사람들이 전혀 이해하지 못하기 때문이에요.

(예) 언어의 사회성이 지켜지지 않으면 사람들 간의 의사소통이 불가능해진다.

언어의 역사성

언어[言語]는 시간의 흐름에 따라 변화함[歷史性]

言 말씀 언 | 語 말씀 어
歷 지날 역 | 史 기록 사 | 性 성질 성

언어는 고정되어 있는 것이 아니라 시간의 흐름에 따라 끊임없이 변화한다는 특징이에요. 표기가 달라지기도 하고, 뜻이 달라지기도 하고, 아예 새말이 생기거나 있던 말이 사라지기도 해요. 예를 들어 '꽃'은 옛날에 '곶'으로 표기했어요. 그리고 '예쁘다'는 말은 지금은 '아름답다'는 뜻이지만 옛날에는 '불쌍하다'는 뜻이었어요.

(예) '컴퓨터, 휴대폰, 인터넷' 등 새로 생겨난 말들은 언어의 역사성을 보여 준다.

정보적 기능

사실이나 정보[情報]를 전달하는[的] 기능[機能]

(통) 지시적 기능

情 뜻 정 | 報 알릴 보 | 的 과녁 적
機 틀 기 | 能 능할 능

어떤 사실이나 정보, 지식에 대하여 내용을 알려 주는 언어의 기능이에요. 예를 들어 '한라산은 제주도에 있는 화산섬이다.'와 같은 말이지요. 정보적 기능은 대상을 가리킨다고 하여 지시적 기능이라고도 해요.

(예) 언어의 정보적 기능은 사전이나 백과사전을 통해 잘 확인할 수 있다.

정서적 기능

> 감정이나 태도, 정서[情緖]를 표현하는[的] 기능[機能]
> 통 표현적 기능, 표출적 기능

情 뜻 정 | 緖 실마리 서 | 的 과녁 적
機 틀 기 | 能 능할 능

사람의 감정이나 태도, 정서를 표현하는 언어의 기능이에요. 예를 들어 '떨려.', '기분이 좋아.'와 같은 말이지요. 정서적 기능은 말하는 이의 마음속 감정을 밖으로 표현한다고 하여 표현적 기능, 혹은 표출적 기능이라고도 해요.

(예) 영화를 보고 소감을 말할 때는 보통 정서적 기능을 담은 대화를 나눈다.

친교적 기능

> 친밀한[親] 관계를 맺고자[交] 하는[的] 기능[機能]
> 통 사교적 기능

親 친할 친 | 交 사귈 교 | 的 과녁 적
機 틀 기 | 能 능할 능

말하는 이와 듣는 이가 친밀하고 원만한 관계를 맺고자 하는 언어의 기능이에요. 예를 들어 오랜만에 만난 상대에게 '정말 오랜만이다. 잘 지냈니?'라고 말하는 거지요. 친교적 기능은 타인과의 만남에서 서먹하지 않고 자연스러운 분위기를 유도하여 좋은 관계를 유지하게 해요.

(예) 안부 편지에는 언어의 친교적 기능이 잘 드러난다.

명령적 기능

> 듣는 이에게 어떤 행위를 하도록[命令] 하는[的] 기능[機能]
> 통 감화적 기능

命 목숨 명 | 令 하여금 령 | 的 과녁 적
機 틀 기 | 能 능할 능

말하는 이가 듣는 이의 생각이나 감정을 움직여 어떤 행위를 하도록 하는 언어의 기능이에요. 명령적 기능은 명령형 문장이나 청유형 문장에서 두드러져요. 예를 들어 '창문 좀 열어.'(명령형)나 '창문 좀 열자.'(청유형)라고 말하는 거지요.

(예) 명령적 기능은 어떤 행동을 하도록 또는 하지 않도록 하는 목적이 있다.

미적 기능

> 언어를 통해 아름다움[美]을 추구하는[的] 기능[機能]
>
> 동 미학적 기능

美 아름다울 미 | 的 과녁 적 | 機 틀 기 | 能 능할 능

아름다움을 추구하는 언어의 기능이에요. 언어를 사용하여 듣기 좋게, 읽기 좋게 전달되도록 표현하는 거예요. 예를 들어 '내 마음은 호수요.', '꽃 피네 꽃 피네 꽃이 피네.'와 같은 표현이지요. 언어의 미적 기능은 듣는 이나 읽는 이의 정서를 불러일으켜요.

예 미적 기능은 언어를 예술적 표현 수단으로 삼는 문학에서 가장 중요한 기능이다.

고유어

> 본래부터[固] 우리말이었던[有] 단어[語]
>
> 반 외국어 동 순우리말 영 native tongue

固 굳을 고 | 有 있을 유 | 語 말씀 어

본래부터 우리말이었던 단어로, 순우리말이에요. 예를 들어 '하늘, 바다, 설, 어머니, 예쁘다, 가다, 노랗다' 등이 있어요. 고유어를 사용하면 우리 전통 문화나 우리 감정을 더욱 정확하게 표현할 수 있어요.

예 우리말에는 고유어, 한자어, 외래어가 포함되어 있다.

한자어

> 한자[漢字]를 바탕으로 만들어진 말[語]

漢 한나라 한 | 字 글자 자 | 語 말씀 어

한자를 바탕으로 만들어진 말이에요. 예를 들어 '공부, 학교, 추석, 연필' 등이 있어요. 우리말에서 명사는 한자어로 된 것이 많아요. 한자가 전래되면서 고유어였던 단어들이 한자어로 많이 바뀌었어요. 우리가 흔하게 사용하는 '산'은 한자어로서, 원래 고유어로는 '뫼'예요. 하지만 지금은 '뫼'를 사용하지 않아요.

예 한자어는 이제 우리말의 절반 이상을 차지하게 되었다.

외래어 > 외국[外]에서 들어와[來] 우리말처럼 쓰이는 말[語]

外 밖 외 | 來 올 래 | 語 말씀 어

외국에서 들어와 우리말처럼 쓰이는 말이에요. 다른 나라의 문화가 전래되면 그 나라 말도 함께 들어와 쓰여요. 예를 들어 '빵'은 포르투갈에서 유래한 단어예요. '텔레비전, 컴퓨터, 인터넷, 아이스크림' 같은 말도 외래어예요. 외래어는 외국어 중에서 우리말로 대체되지 않고 그냥 그대로 우리말이 된 경우가 많아요.

예 광복 이후, 미국과의 교류가 활발해지면서 영어로 된 외래어가 많이 들어왔다.

유의 관계 > 서로 비슷한[類] 의미[義]를 가진 단어들 간의 관계[關係]

비 동의 관계   영 significant relation

類 비슷할 유 | 義 뜻 의 | 關 관계할 관 | 係 맬 계

단어의 의미가 서로 비슷한 관계예요. 예를 들어 '메아리-산울림, 밥-진지, 길-도로' 등이 있어요. 유의 관계의 단어들은 동의 관계처럼 의미가 완전히 똑같지는 않아서 문맥에 따라 대체하여 쓸 수 없을 때도 있어요. '잡다'와 '쥐다'는 유의 관계지만, '도둑을 쥐다.'라고는 쓰지 않아요.

예 '존댓말'과 '높임말'도 유의 관계의 단어이다.

반의 관계 > 서로 반대되는[反] 의미[義]를 가진 단어들 간의 관계[關係]

반 동의 관계   영 antonymous relation

反 돌이킬 반 | 義 뜻 의 | 關 관계할 관 | 係 맬 계

단어의 의미가 서로 반대되는 관계예요. 예를 들어 '남자↔여자, 오다↔가다, 죽다↔살다' 등이 있어요. 반의 관계의 단어들은 공통된 기준을 바탕으로 의미가 대립돼요. '남자'와 '여자'는 성별을 기준으로 뜻이 반대예요.

예 '낮'과 '밤'은 반의 관계에 있는 단어이다.

상하 관계

> 두 단어의 의미가 위아래[上下]로 포함하고 포함되는 관계
> [關係]

上 위 **상** | 下 아래 **하** | 關 관계할 **관** | 係 맬 **계**

두 단어의 의미가 서로 포함하고 포함되는 관계예요. 예를 들어 '음식-불고기, 꽃-장미, 문화재-무형 문화재' 등이 있어요. 이때 '음식, 꽃, 문화재'와 같이 포함하는 단어를 **상의 어**라고 하고, '불고기, 장미, 무형 문화재'와 같이 포함되는 단어를 **하의어**라고 해요.

(예) 상하 관계에 있는 단어 중에서 상의어는 그 의미가 더 포괄적이다.

다의어

> 여러 가지[多] 의미[義]를 지니는 단어[語]
> 영 polysemy

多 많을 **다** | 義 뜻 **의** | 語 말씀 **어**

둘 이상의 의미를 지니는 단어예요. 예를 들어 '길'은 원래 '사람이나 동물, 자동차 등이 지나갈 수 있게 땅 위에 낸 일정한 너비의 공간'을 뜻하지만, '배움의 길'처럼 삶의 방향을 의미하기도 해요. 다의어가 지닌 의미들 중에서 가장 기본적이고 핵심적인 의미를 **중심적 의미**라고 하며, 이를 제외한 다른 의미들을 **주변적 의미**라고 해요.

(예) 사전에서 다의어의 의미를 찾아보면, 보통 중심적 의미가 가장 먼저 나온다.

동음이의어

> 글자의 소리[音]는 같으나[同] 뜻[義]이 다른[異] 단어[語]
> 영 homonym

同 한가지 **동** | 音 소리 **음**
異 다를 **이** | 義 뜻 **의** | 語 말씀 **어**

소리는 같으나 의미가 서로 다른 단어들이에요. 예를 들어 '배를 타다'에서의 '배'는 물 위를 떠다니는 운송 수단을 의미하는데, '배를 먹는다'의 '배'는 과일을 의미해요. 동음이의어는 발음할 때 소리의 길이가 다른 경우가 많아요. 앞의 예에서도 타는 배는 짧게 발음하고, 먹는 배는 길게 발음해요.

(예) 동음이의어는 한자어에서 많이 발견된다.

관용어

> 원래의 의미와는 달리 관습적으로[慣] 굳어져 쓰이는[用] 말[語] 영 idiom

慣 익숙할 관 | 用 쓸 용 | 語 말씀 어

둘 이상의 단어가 결합하여 원래의 뜻과는 다른 새로운 뜻을 나타내는 표현이에요. 관용어는 하나의 단어처럼 오랜 시간 동안 굳어져 특별한 의미를 나타내요. 예를 들어 '발이 넓다'는 '사교적이어서 아는 사람이 많다'를 뜻해요. '발'과 '넓다'의 원래 뜻이 사라졌어요.

예 관용어는 오랜 시간 동안 쓰며 굳어진 말이므로, 다른 문화권에 속한 사람이 즉각적으로 이해하기는 어렵다.

속담

> 예로부터 민간[俗]에 전하여 오는 지혜가 담긴 표현[談] 비 격언 영 proverb

俗 풍속 속 | 談 말씀 담

예로부터 민간에 전하여 내려오는, 조상의 지혜가 담긴 표현이에요. 예를 들어 '급히 먹는 물에 체한다, 돌다리도 두들겨 보고 건너라' 등 아주 많아요. 속담은 단어들의 단순한 의미가 아니라 일상생활에 도움을 주는 교훈이 담겨 있어요. 속담과 같이 새로운 의미를 담은 한자어로는 고사성어가 있어요.

예 속담이 생활의 지혜를 담은 표현이라면, 격언은 인생에 대한 교훈을 담은 표현이다.

함께 알기 | **고사성어** 故事成語 [연고 고, 일 사, 이룰 성, 말씀 어]: 옛 이야기에서 유래하여 생긴 말로 비유적인 내용을 함축하고 있는 한자어 표현 예 각골난망(刻骨難忘), 오비이락(烏飛梨落)

마무리 퀴즈 Quiz

1~3 제시된 초성과 뜻을 참고하여 괄호 안에 들어갈 어휘를 쓰세요.

1 ㄱㅇㅇ: 본래부터 우리말이었던 단어, 순우리말

예 ( )를 사용하면 우리 감정을 더욱 정확하게 표현할 수 있다.

2 ㄷㅇㅇㅇㅇ: 소리는 같으나 의미가 다른 단어들

예 ( )는 발음할 때 소리의 길이가 다른 경우가 많다.

3 ㄱㅇㅇ: 둘 이상의 단어가 결합하여 원래 뜻과는 다른 새로운 뜻을 갖는 표현

예 다른 문화권에 속한 사람은 ( )를 즉각 이해하기 어렵다.

4~7 다음 언어의 특성에 해당하는 설명을 바르게 연결해 보세요.

4 자의성 • • ① 언어는 사용할 때 지켜야 하는 규칙이 있음

5 법칙성 • • ② 언어의 내용과 형식이 필연적이지 않음

6 사회성 • • ③ 언어는 시간의 흐름에 따라 변화함

7 역사성 • • ④ 언어는 그것을 사용하는 사람들 사이의 약속임

8~10 다음 설명이 맞으면 ○, 틀리면 ×로 표시하세요.

8 안부 편지에는 언어의 정보적 기능이 잘 드러난다. ( )

9 한자어와 외래어도 우리말에 포함된다. ( )

10 속담은 대체로 유래담을 가지고 있다. ( )

답안 1. 고유어 2. 동음이의어 3. 관용어 4. ② 5. ① 6. ④ 7. ③ 8. × 9. ○ 10. ×

소리와 의미의 규칙,
음운과 단어

음운 · 자음 · 모음 · 울림소리 · 음운의 변동 · 교체 · 탈락 · 첨가 · 축약 · 형태소
단어 · 단일어 · 복합어 · 품사 · 체언 · 수식언 · 관계언 · 독립언 · 용언

음운 〉 소리[音]와 운율[韻]

音 소리 음 | 韻 운 운

말의 뜻을 구별해 주는 소리의 가장 작은 단위예요. 예를 들어 '산'의 'ㅏ'를 'ㅗ'로 바꾸면 '손'이 돼요. 두 단어는 'ㅏ'와 'ㅗ' 음운만 다른데, 뜻이 완전히 달라졌어요. 이러한 음운은 자음과 모음처럼 마디를 나눌 수 있는 **분절 음운**과 소리의 길이·높이·세기처럼 마디를 나눌 수 없는 **비분절 음운**으로 나뉘어요.

(예) **음운**은 사람들이 같은 음이라고 생각하는 추상적 소리이다.

자음 〉 기대는[子] 소리[音]

(반) 모음 (동) 닿소리 (영) consonant

子 아들 자 | 音 소리 음

목, 입, 혀와 같은 발음 기관에 의해 입안의 통로가 좁아지거나 막히면서 만들어지는 소리예요. 우리말 자음은 'ㄱ, ㄴ, ㄷ, ㄹ, ㅁ, ㅂ, ㅅ, ㅇ, ㅈ, ㅊ, ㅋ, ㅌ, ㅍ, ㅎ, ㄲ, ㄸ, ㅃ, ㅆ, ㅉ'으로 총 19개가 있어요. 자음은 소리가 나는 위치에 따라 입술소리·잇몸소리·센입천장소리·여린입천장소리로 나눌 수 있고, 소리를 내는 방법에 따라 파열음·마찰음·파찰음·비음·유음으로 나눌 수 있어요.

(예) 우리말 **자음**은 모음과 결합해야만 글자를 만들 수 있다.

함께 알기

입술소리: 두 입술에서 나는 소리

잇몸소리: 혀끝이 윗잇몸에 닿아서 나는 소리

센입천장소리 天障 [하늘 **천**, 가로막을 **장**]: 혀의 앞부분과 센입천장(입천장 앞쪽의 단단한 부분) 사이에서 나는 소리

여린입천장소리: 혀뿌리와 여린입천장(입천장 뒤쪽의 연한 부분) 사이에서 나는 소리

목청소리: 목청 사이에서 나는 소리

파열음 破裂音 [깨뜨릴 **파**, 찢을 **열**, 소리 **음**]: 폐에서 나오는 공기의 흐름을 막았다가 막은 자리를 터뜨리면서 내는 소리

마찰음 摩擦音 [갈 **마**, 비빌 **찰**, 소리 **음**]: 발음 기관의 공간을 좁혀 공기가 마찰을 일으키면서 내는 소리

파찰음 破擦音 [깨뜨릴 **파**, 비빌 **찰**, 소리 **음**]: 파열음과 마찰음의 조합으로, 공기 흐름을 입 안에서 막았다가 서서히 풀면서 마찰하며 내는 소리

비음 鼻音 [코 **비**, 소리 **음**]: 입 안의 통로를 막고 코로 공기를 내보내면서 내는 소리

유음 流音 [흐를 **유**, 소리 **음**]: 혀 끝을 잇몸에 가볍게 대었다가 떼거나, 혀를 윗잇몸에 댄 채 공기를 양 옆으로 흘려 내보내면서 내는 소리

○ 현대 국어의 자음 체계

소리 나는 위치 소리 내는 방법		입술 (양순음)	잇몸 (치조음)	센입천장 (경구개음)	여린입천장 (연구개음)	목청 (후음)
파열음	예사소리	ㅂ	ㄷ		ㄱ	
	된소리	ㅃ	ㄸ		ㄲ	
	거센소리	ㅍ	ㅌ		ㅋ	
파찰음	예사소리			ㅈ		
	된소리			ㅉ		
	거센소리			ㅊ		
마찰음	예사소리		ㅅ			ㅎ
	된소리		ㅆ			
비음		ㅁ	ㄴ		ㅇ	
유음			ㄹ			

예사소리, 된소리, 거센소리는 소리의 세기에 따라 자음을 구분한 거예요.

모음

홀로[母] 나는 소리[音]

🔘반 자음 🔘동 홀소리 🔘영 vowel

母 어미 모 | 音 소리 음

공기가 입 안에서 장애를 받지 않고 만들어지는 소리예요. 발음할 때 입술 모양이나 혀의 위치가 바뀌지 않는 **단모음**과, 바뀌는 **이중 모음**으로 나눌 수 있어요. 단모음은 다시 혀의 위치에 따라서는 전설 모음과 후설 모음으로, 입술의 모양에 따라서는 평순 모음과 원순 모음으로 나눌 수 있어요. 단모음은 'ㅏ, ㅐ, ㅓ, ㅔ, ㅗ, ㅚ, ㅜ, ㅟ, ㅡ, ㅣ'로 총 10개가 있고, 이중 모음은 'ㅑ, ㅒ, ㅕ, ㅖ, ㅛ, ㅠ, ㅘ, ㅝ, ㅙ, ㅞ, ㅢ'로 총 11개가 있어요.

(예) 모음은 자음과 결합하지 않고도 홀로 글자를 만들 수 있다.

함께 알기

전설 모음 前舌 [앞 **전**, 혀 **설**]: 혀의 최고점이 입 안의 앞쪽에 있을 때 발음되는 모음

후설 모음 後舌 [뒤 **후**, 혀 **설**]: 혀의 최고점이 입 안의 뒤쪽에 있을 때 발음되는 모음

평순 모음 平脣 [평평할 **평**, 입술 **순**]: 입술을 자연스럽게 펴서 발음하는 모음

원순 모음 圓脣 [둥글 **원**, 입술 **순**]: 입술을 둥글게 오므려 발음하는 모음

○ 단모음 체계

혀의 높이 \ 혀의 위치 / 입술 모양	전설 모음(앞)		후설 모음(뒤)	
	평순	원순	평순	원순
고모음	ㅣ	ㅟ	ㅡ	ㅜ
중모음	ㅔ	ㅚ	ㅓ	ㅗ
저모음	ㅐ		ㅏ	

평순 모음의
입 모양

원순 모음의
입 모양

울림소리 〉 성대가 울려서 나는 소리

🔴 안울림소리 🟢 유성음 🟠 ringing sound

발음할 때 목청(성대)이 떨려 울리는 소리예요. 울림소리는 부드러운 느낌을 줘요. 우리
말의 모든 모음이 울림소리에 속하고 자음 중에서는 'ㄴ, ㄹ, ㅁ, ㅇ'이 있어요. 한편 자음
의 예사소리, 된소리, 거센소리는 모두 안울림소리예요.

(예) 울림소리를 낼 때 목청에 손을 대 보면 진동이 느껴진다.

음운의 변동 〉 음운[音韻]이 원래대로 발음되지 않고 소리가 달라지는[變動] 현상

音 소리 음 | 韻 운 운 | 變 변할 변 | 動 움직일 동

음운이 원래 모습 그대로 발음되지 않고 변화하여 소리가 달라지는 거예요. 예를 들어
'한라산'은 음운 그대로 발음하는 것보다 [할라산]이라고 발음하는 것이 훨씬 소리내기 쉽
고 자연스러워요. 이때 '한'의 'ㄴ' 받침이 'ㄹ'로 변하여 발음되었어요. 음운의 변동 현상에
는 교체, 탈락, 첨가, 축약 등이 있어요.

(예) 음운의 변동이 일어나더라도 표기는 뜻을 밝히기 위해 원래 모습대로 하는 경우가 대부분이다.

교체

한 음운이 다른[交] 음운으로 바뀌는[替] 현상

 replacement

交 사귈 **교** | **替** 바꿀 **체**

한 음운이 다른 음운으로 바뀌는 현상이에요. 예를 들어 '갓'을 발음하면 [갇]으로 소리가 나요. 이때 받침 'ㅅ'이 'ㄷ'으로 교체되었어요. 이와 같이 음운의 교체 현상에는 **음절의 끝소리 규칙**이 대표적이에요. 이는 음절의 끝에서 발음되는 자음이 'ㄱ, ㄴ, ㄷ, ㄹ, ㅁ, ㅂ, ㅇ' 일곱 개뿐이며, 이외의 자음이 오면 일곱 자음 중 하나로 바뀌어 발음되는 현상이에요. '부엌'을 [부억]으로 발음하는 거지요. 그 외 비음화, 유음화, 구개음화 등도 교체 현상이에요.

(예) '아기'를 '애기'라고 발음하는 것도 음운의 교체 현상에 속하지만, 비표준어이므로 주의해야 한다.

경음화 硬音化 [굳을 **경**, 소리 **음**, 될 **화**]: 예사소리가 된소리(경음)로 바뀌는 현상 (예) 먹고[먹꼬], 옆집[엽찝]

비음화 鼻音化 [코 **비**, 소리 **음**, 될 **화**]: 비음의 앞이나 뒤 자음이 영향을 받아 비음으로 바뀌는 현상 (예) 입는대[임는다], 작년[장년]

유음화 流音化 [흐를 **유**, 소리 **음**, 될 **화**]: 'ㄴ'과 'ㄹ'이 만났을 때 'ㄴ'이 'ㄹ'로 바뀌는 현상 (예) 신라[실라], 설날[설랄]

구개음화 口蓋音化 [입 **구**, 덮을 **개**, 소리 **음**, 될 **화**]: 앞 글자의 끝소리 'ㄷ, ㅌ'이 'ㅣ' 모음과 만나 'ㅈ, ㅊ'으로 바뀌는 현상 (예) 굳이[구지], 같이[가치]

탈락

원래 있던 음운이 탈락하여[脫落] 사라지는 현상

脫 벗을 **탈** | **落** 떨어질 **락**

원래 있던 음운이 사라지는 현상이에요. 자음 탈락과 모음 탈락이 있어요. 자음 탈락에는 '울+는 → 우는, 흙[흑], 좋은[조은]' 등의 예가 있고, 모음 탈락에는 '쓰+어라 → 써라, 가+아라 → 가라' 등이 있어요.

(예) '흙'을 [흑]으로 소리 내는 것과 같이 겹받침 중 하나가 사라지는 것도 탈락 현상이다.

첨가

없던 음운이 새로 추가되는[添加] 현상

⑬ addition

添 더할 **첨** | 加 더할 **가**

없던 음운이 새로 생기는 현상이에요. 대표적으로 'ㄴ' 첨가 현상이 있어요. 두 단어가 결합하여 합성어가 만들어질 때 'ㄴ' 소리가 덧붙는 현상이에요. 예를 들어 '솜이불[솜니불]', 맨입[맨닙], 담요[담뇨]' 등이 있어요.

⑩ '피어도'를 [피여도]로 발음하는 것도 일종의 **첨가** 현상이다.

축약

두 음운을 하나로 줄여서[縮] 묶음[約]

⑬ contraction

縮 줄일 **축** | 約 묶을 **약**

두 음운이 하나의 음운으로 합쳐지는 현상이에요. 대표적으로 거센소리 현상이 있어요. 'ㅎ'과 예사소리가 만날 때 그 둘이 합쳐져서 거센소리로 나는 거예요. 예를 들어 '입학[이팍], 맏형[마텽], 축하[추카]' 등이 있어요.

⑩ '보아라'를 '봐라'로, '되어'를 '돼'로 줄여 쓰는 것도 **축약** 현상이다.

형태소

뜻을 가진 가장 작은 말[形態]의 단위[素]

形 모양 **형** | 態 모양 **태** | 素 본디 **소**

일정한 뜻을 가진 가장 작은 말의 단위예요. '하늘이 매우 푸르다.'라는 문장에서 형태소는 '하늘, 이, 매우, 푸르-, -다'예요. 여기서 '하늘, 매우'와 같이 홀로 쓸 수 있는 형태소를 **자립 형태소**라고 하고, '이, 푸르-, -다'와 같이 반드시 다른 말에 기대어서 쓰이는 형태소를 **의존 형태소**라고 해요. 한편 '하늘, 매우, 푸르-'는 실질적인 의미를 가지므로 **실질 형태소**라고 하고, '이, -다'는 문법적인 기능만 가지므로 **형식 형태소**라고 해요.

⑩ 단어를 가장 작은 의미 단위로 쪼갠 것이 형태소이다.

단어

홀로[單] 쓰이는 말[語]

🔵비 낱말　🔵영 word

單 홀로 단 | 語 말씀 어

자립해서 홀로 쓸 수 있는 말이에요. '하늘이 매우 푸르다.'라는 문장에서 단어는 '하늘, 이, 매우, 푸르다'예요. 여기서 조사 '이'는 단독으로 사용할 수 없지만 예외적으로 단어로 인정해요. 왜냐하면 '푸르다'의 어미 '-다'와 달리 자립 형태소에 붙어서 쉽게 분리할 수 있기 때문이에요.

🔵예 단어는 어근과 접사로 구성되어 있다.

> **함께 알기**
>
> **어근 語根** [말씀 어, 뿌리 근]: 단어에서 실질적인 의미를 나타내는 부분
> 🔵예 하늘, 손 수건, 풋사과
> **접사 接辭** [이을 접, 말씀 사]: 어근에 붙어 그 뜻을 제한하는 주변 부분
> 🔵예 풋사과, 치솟다, 장난꾸러기

단일어

홀로[單] 하나[一]의 어근으로 이루어진 단어[語]

🔵반 복합어　🔵영 simplex

單 홀로 단 | 一 한 일 | 語 말씀 어

하나의 어근으로 이루어진 단어예요. 예를 들어 '물, 산, 겨울, 파랗다' 등이 있어요. 모든 자립 형태소는 단일어예요. 혼자서 독립해서 단어가 될 수 있기 때문이에요.

복합어

둘 이상[複]의 형태소의 결합[合]으로 이루어진 단어[語]

🔵반 단일어　🔵영 compound word

複 겹칠 복 | 合 합할 합 | 語 말씀 어

둘 이상의 어근이나, 어근과 접사로 이루어진 단어예요. 이때 어근과 어근이 결합하여 만들어진 단어를 **합성어**라고 하고, 어근과 접사가 결합하여 만들어진 단어를 **파생어**라고 해요. '논밭, 밤낮, 눈물, 늦더위, 검붉다' 등은 합성어이고, '군소리, 헛고생, 선무당, 새까맣다, 개구쟁이, 나무꾼(밑줄은 접사)' 등은 파생어예요.

🔵예 복합어가 만들어지는 원리를 통해 새말이 만들어진다.

품사

> 공통된 성질[品]을 가진 단어[詞]의 갈래

 영 word class

品 가지 품 | 詞 말씀 사

단어를 공통된 성질에 따라 나눈 갈래예요. 단어는 형태에 따라 불변어와 가변어로 나눌 수 있고, 문장에서의 기능에 따라 체언·수식언·관계언·독립언·용언으로 나눌 수 있으며, 공통된 의미에 따라 명사·대명사·수사·관형사·부사·조사·감탄사·동사·형용사로 나눌 수 있어요.

함께 알기

불변어 不變語 [아닐 **불**, 변할 **변**, 말씀 **어**]: 형태가 변하지 않는 단어. 명사, 대명사, 수사, 관형사, 부사, 감탄사, 조사가 이에 속함

가변어 可變語 [옳을 **가**, 변할 **변**, 말씀 **어**]: 형태가 변하는 단어. 동사, 형용사, 서술격 조사 '이다'가 이에 속함

체언

> 문장에서 주체적인[體] 성분을 이루는 단어[言]

體 몸 체 | 言 말씀 언

문장에서 주체적인 성분을 이루는 단어예요. 조사와 결합하여 주어·목적어·보어·서술어 등의 주성분이 되기도 하고, 관형어, 부사어, 독립어로 쓰이기도 해요. 체언에는 명사, 대명사, 수사가 있어요.

예 체언은 문장에서 쓰일 때, 형태가 변하지 않는다.

함께 알기

명사 名詞 [이름 **명**, 말씀 **사**]: 사람이나 사물의 이름을 나타내는 말
예 이순신, 나무, 학교

대명사 代名詞 [대신할 **대**, 이름 **명**, 말씀 **사**]: 사람이나 사물의 이름을 대신 나타내는 말
예 나, 너, 그, 우리, 이것, 여기

수사 數詞 [셀 **수**, 말씀 **사**]: 수량이나 순서를 나타내는 말 예 하나, 둘, 첫째, 둘째

수식언 〉 문장에서 다른 말을 꾸미는[修飾] 단어[言]

修 닦을 수 | **飾** 꾸밀 식 | **言** 말씀 언

문장에서 다른 말을 수식하는 단어예요. 예를 들어 '새 옷이 정말 예뻐요.'라는 문장에서 '새'는 '옷'을 수식하고, '정말'은 '예뻐요'를 수식하는 말이에요. 수식언에는 관형사와 부사가 있어요.

(예) 수식언은 문장에서 쓰일 때, 형태가 변하지 않는다.

함께 알기	**관형사** 冠形詞 [갓 **관**, 모양 **형**, 말씀 **사**]: 체언 앞에서 주로 체언을 꾸며주는 말
	(예) 새, 헌, 옛, 이, 그, 한, 두
	부사 副詞 [버금 **부**, 말씀 **사**]: 용언이나 문장, 다른 부사를 수식하는 말
	(예) 매우, 몹시, 갑자기, 그러나

관계언 〉 문장에서 문법적 관계[關係]를 나타내 주는 말[言]

關 관계할 관 | **係** 맬 계 | **言** 말씀 언

문장에서 다양한 문법적 관계를 나타내는 단어예요. 관계언은 주로 체언 뒤에 붙어서 쓰여요. 예를 들어 '나무가'에서 '가'가 관계언이에요. 이 말은 '나무'에 붙어 문장에서 주어의 역할을 하게 해요. 관계언에는 조사가 있어요. 조사는 다시 격 조사, 접속 조사, 보조사로 나눌 수 있어요.

(예) 관계언은 우리말과 영어의 차이를 잘 보여 준다.

함께 알기	**격 조사** 格助詞 [격식 **격**, 도울 **조**, 말씀 **사**]: 앞에 오는 체언이 문장 안에서 일정한 자격을 갖게 하는 조사
	(예) 주격 조사(이/가, 께서, 에서), 서술격 조사(이다), 목적격 조사(을/를), 보격 조사(이/가), 관형격 조사(의), 부사격 조사(에, 에서, 에게, 께), 호격 조사(아/야, 이여, 이시여)
	접속 조사 接續 [이을 **접**, 이을 **속**]: 두 단어를 같은 자격으로 이어주는 조사
	(예) 와/과, 랑, 하고
	보조사 補助詞 [기울 **보**, 도울 **조**, 말씀 **사**]: 앞말에 특별한 뜻을 더하여 주는 조사
	(예) 만, 도, 는, 마는, 그려

독립언

문장에서 독립[獨立]적으로 쓰이는 단어[言]

獨 홀로 독 | 立 설 립 | 言 말씀 언

문장 속의 다른 성분에 얽매이지 않고 독립성이 있는 단어예요. 예를 들어 '아, 시간이 벌써 지났구나.'라는 문장에서 '아'가 다른 단어들과 상관없이 독립적으로 쓰이고 있어요. 독립언에는 감탄사가 있어요. **감탄사**는 '여보, 우와, 네'와 같이 부름, 느낌, 대답을 나타내는 데 쓰이는 말이에요.

(예) **독립언**은 독립성을 가지고 있기 때문에 혼자 쓰여도 뜻을 표현할 수 있다.

용언

서술하는[用] 기능을 하는 단어[言]

用 쓸 용 | 言 말씀 언

문장에서 주어를 서술하는 기능을 가진 단어예요. 예를 들어 '아이가 빨리 달린다.'라는 문장에서 '달린다'가 용언이에요. '달린다'는 '아이가'의 움직임을 서술하고 있어요. 용언은 어간과 어미로 이루어져 있어요. **어간**은 용언이 활용할 때 변하지 않는 부분이고, **어미**는 어간 뒤에 붙어서 변하는 부분이에요. 용언의 종류에는 동사와 형용사가 있어요.

(예) **용언**은 형태가 변하는 가변어이다.

> **함께 알기**
>
> **동사** 動詞 [움직일 동, 말씀 사]: 사물의 동작이나 작용을 나타내는 단어
> (예) 가다, 달리다, 뛰다, 먹다, 잡다, 주다, 보이다
>
> **형용사** 形容詞 [모양 형, 얼굴 용, 말씀 사]: 사물의 성질이나 상태를 나타내는 단어
> (예) 길다, 빠르다, 예쁘다, 즐겁다, 이러하다

어간	어미	용언
 달리-	다	달리다
	니	달리니
	어서	달리어서(달려서)
	었다	달리었다(달렸다)

용언의 활용은 용언이 문장 속에서 기능에 따라 형태가 변하는 것을 말해요.

마무리 퀴즈 Quiz

1~3 다음 설명에 해당하는 언어를 〈보기〉에서 고르세요.

〈보기〉 ㉠ 음운   ㉡ 형태소   ㉢ 단어

1 자립해서 홀로 쓸 수 있는 말이다.   (   )

2 일정한 뜻을 가진 가장 작은 말의 단위이다.   (   )

3 말의 뜻을 구별하여 주는 소리의 가장 작은 단위이다.   (   )

4~7 다음 음운의 변동 현상에 해당하는 예시를 바르게 연결해 보세요.

4 교체 ·   · ① 솜이불[솜니불], 맨입[맨닙], 담요[담뇨]

5 탈락 ·   · ② 부엌[부억], 먹고[먹꼬], 신라[실라], 굳이[구지]

6 첨가 ·   · ③ 입학[이팍], 축하[추카], 봐라, 돼

7 축약 ·   · ④ 써, 가라, 흙[흑], 좋은[조은]

8~10 다음 (   ) 안에 들어갈 알맞은 어휘를 고르세요.

8 '나무꾼'처럼 어근과 접사가 결합하여 만들어진 말은 (합성어, 파생어)이다.

9 명사, 관형사 등과 같이 형태가 변하지 않는 단어를 (불변어, 가변어)라고 한다.

10 용언 중에서 주어의 성질이나 상태를 나타내는 단어는 (동사, 형용사)이다.

답안 1. ㉢ 2. ㉡ 3. ㉠ 4. ② 5. ④ 6. ① 7. ③ 8. 파생어 9. 불변어 10. 형용사

완결된 생각의 표현, **문장**

문장 · 문장 성분 · 주어 · 서술어 · 목적어 · 보어 · 관형어 · 부사어
독립어 · 홑문장 · 겹문장 · 이어진문장 · 안은문장 · 종결 표현 · 부정 표현
높임법 · 시제 · 동작상 · 피동문 · 사동문

문장

완결된 내용[文]을 나타내는 말과 글의 최소 단위[章]

 sentence

文 글월 문 | 章 글 장

생각이나 감정을 말과 글로 표현할 때 완결된 내용을 나타내는 최소 단위예요. 예를 들어 '오늘 날씨가 좋다.', '밥은 먹었니?' 같은 형식이에요. 의미상으로 완결되었고, 형식상으로 마침표(.), 물음표(?), 느낌표(!)와 같이 문장이 끝났음을 알리는 표지가 있으면 문장이라고 할 수 있어요.

예 문장을 구성하는 형식적인 단위에는 어절, 구, 절이 있다.

**함께
알기**

어절 語節 [말씀 어, 마디 절]: 띄어쓰기 단위와 일치하는 문장의 기본 마디
예 새, 자전거가, 빨리, 달린다

구 句 [글귀 구]: 두 개 이상의 어절이 모여 하나의 단어와 같은 기능을 하지만 주어와 서술어의 관계는 갖지 않음 예 새 자전거

절 節 [마디 절]: 두 개 이상의 어절이 모여 하나의 의미 단위를 이루며 주어와 서술어의 관계를 가짐 예 집에 갔음, 내가 먹던 밥, 소리도 없이

문장 성분

문장[文章]을 이루는[成] 구성[分] 요소

영 constituent of sentence

文 글월 문 | 章 글 장 | 成 이룰 성 | 分 나눌 분

문장을 구성하면서 일정한 구실을 하는 요소들이에요. 우리말의 문장 성분에는 문장을 만드는 데 필수적으로 필요한 **주성분**, 주성분의 내용을 꾸며 뜻을 더하여 주는 **부속 성분**, 주성분이나 부속 성분과 직접적인 관련을 맺지 않고 따로 떨어져 있는 **독립 성분**이 있어요.

주성분	주어, 서술어, 목적어, 보어
부속 성분	관형어, 부사어
독립 성분	독립어

예 문장에서 가장 중심이 되는 문장 성분은 서술어이다.

주어

문장에서 주체[主]가 되는 말[語]

영 subject

主 주인 주 | 語 말씀 어

동작이나 상태, 성질의 주체가 되는 성분이에요. 문장에서 '무엇이, 누가'에 해당해요. 예를 들어 '보미가 학교에 간다.'에서 '보미가'가 주어예요. 주어는 주로 체언에 주격 조사 '이/가/께서/에서'가 붙어서 나타나요.

예 주어가 만들어질 때 주격 조사가 생략되기도 하고, 보조사가 붙기도 한다.

서술어

> 문장에서 주어에 대하여 서술[敍述]하는 말[語]
>
> 동 풀이말 영 predicate

敍 펼 서 | 述 펼 술 | 語 말씀 어

주어의 움직임, 상태, 성질 따위를 서술하는 성분이에요. 문장에서 '어찌하다, 어떠하다, 무엇이다'에 해당해요. 예를 들어 '보미가 손을 씻는다.'에서 '씻는다'가 서술어예요. 서술어는 주로 동사, 형용사, 서술격 조사의 종결형(이다)으로 나타나요.

⟨예⟩ 서술어의 종류에 따라 필수적으로 요구하는 문장 성분의 수가 다르다.

목적어

> 문장에서 서술어의 대상[目的]이 되는 말[語]
>
> 영 object

目 눈 목 | 的 과녁 적 | 語 말씀 어

동작을 나타내는 서술어의 대상이 되는 성분이에요. 문장에서 '무엇을, 누구를'에 해당해요. 예를 들어 '보미가 밥을 먹는다.'에서 '밥을'이 목적어예요. 목적어는 주로 체언에 목적격 조사 '을/를'이 붙어서 나타나요.

⟨예⟩ 목적어가 만들어질 때 '밥 먹었어.'와 같이 목적격 조사가 생략되기도 한다.

보어

> 주어와 서술어를 보충[補]하는 말[語]
>
> 영 complement

補 도울 보 | 語 말씀 어

주어와 서술어만으로는 뜻이 완전하지 않아서 내용을 보충해 주는 성분이에요. 주어처럼 '무엇이, 누가'와 같은 형태로 나타나지만, 서술어 '되다, 아니다' 앞에 쓰여요. 예를 들어 '보미가 반장이 되었다.'에서 '반장이'가 보어예요. 보어를 빼면 '보미가 되었다'처럼 뜻이 완전하지 않아요. 보어는 체언에 보격 조사 '이/가'가 붙어서 나타나요.

⟨예⟩ '풀은 나무가 아니다.'에서 보어는 '나무가'이다.

관형어

> 문장에서 체언을 꾸미는[冠形] 말[語]
>
> 영 adnominal phrase

冠 갓 관 | **形** 모양 형 | **語** 말씀 어

체언(명사, 대명사, 수사)으로 만든 주어나 목적어 앞에서 이들을 꾸며주는 성분이에요. 예를 들어 '보미가 파란 모자를 썼다.'에서 '파란'이 관형어예요. 문장에서 관형어는 관형사, 체언+관형격 조사, 용언의 어간+관형사형 어미의 형태로 나타나요.

구분	예시
(1) 관형사	새, 헌, 그, 이, 한, 두
(2) 체언 + 관형격 조사(의)	하늘의, 아내의
(3) 용언의 어간 + 관형사형 어미(-(으)ㄴ, -는, -던, -(으)ㄹ)	달리는, 파란

(예) '파란 옷'에서 '파란'의 문장 성분은 관형어이고, 품사는 형용사이다.

부사어

> 문장에서 주로 용언을 수식하는[副詞] 말[語]
>
> 영 adverb

副 버금 부 | **詞** 말씀 사 | **語** 말씀 어

용언, 관형어, 다른 부사, 문장 등을 수식하고 문장이나 단어를 이어주는 성분이에요. 예를 들어 '갑자기 비가 세차게 쏟아졌다.'에서 '갑자기'와 '세차게'가 부사어예요. '갑자기'는 문장 전체를 수식하고, '세차게'는 '쏟아졌다'를 수식하고 있어요. 부사어는 부사, 체언+부사격 조사, 형용사의 어간+부사형 어미 등의 형태로 나타나요.

구분	예시
(1) 부사	빨리, 매우
(2) 체언 + 부사격 조사(에)	집에, 산에
(3) 형용사의 어간 + 부사형 어미(-게)	빠르게, 힘차게

(예) '그러나, 그래서, 그리고' 등을 접속 부사어라고 한다.

독립어

문장에서 독립[獨立]적으로 쓰이는 말[語]

영 independent word

獨 홀로 독 | 立 설 립 | 語 말씀 어

다른 문장 성분과는 직접 관련이 없는 성분이에요. 문장에서 주로 감탄사가 독립어가 돼요. 예를 들어 '어머나, 이렇게 예쁠 수가!'에서 '어머나'가 독립어예요. 독립어는 감탄사뿐만 아니라 체언+호격 조사(–아, –이여)의 형태로도 나타나요.

(예) '보미야, 밥 먹어.'에서 **독립어**는 '보미야'이다.

홑문장

주어와 서술어가 한 번만(홑) 나타나는 문장[文章]

文 글월 문 | 章 글 장

주어와 서술어의 관계가 한 번만 나타나는 문장이에요. 예를 들어 '하늘이 푸르다.'나 '어제 보미가 옷가게에서 새 옷을 샀다.'와 같은 문장이 있어요. 여기서 두 번째 문장은 조금 길지만, 주어(보미가)와 서술어(샀다)는 한 번만 나타나요. 나머지 성분들은 목적어(옷을), 부사어(어제, 옷가게에서), 관형어(새)예요.

(예) 관형어와 부사어가 많아도 주어와 서술어가 한 번만 나타나면 **홑문장**이다.

겹문장

주어와 서술어가 두 번 이상(겹) 나타나는 문장[文章]

文 글월 문 | 章 글 장

주어와 서술어의 관계가 두 번 이상 나타나는 문장이에요. 예를 들어 '하늘이 푸르고, 바다는 빛난다.'와 같은 문장이 있어요. 이 문장은 '하늘이 푸르고'와 '바다는 빛난다'라는 두 개의 절이 이어진 겹문장이에요. 겹문장은 '이어진문장'과 '안은문장'으로 나눌 수 있어요.

(예) 두 홑문장이 결합하여 **겹문장**이 된다.

이어진문장 〉 홑문장 두 개가 이어진 문장[文章]

文 글월 문 | 章 글 장

홑문장 두 개가 연결 어미에 의해 이어진 문장이에요. 이어진문장은 대등하게 이어진 문장과 종속적으로 이어진 문장으로 나눌 수 있어요. 대등하게 이어진 문장은 앞뒤 문장이 대등적 연결 어미(-고, -며, -(으)나, -지만)로 이어지고, 종속적으로 이어진 문장은 앞뒤 문장이 종속적 연결 어미(-어(서), -(으)니까, -(으)면, -거든)로 이어져요. 대등적으로 이어진 문장은 앞뒤 문장의 자리를 바꿔도 의미가 같지만, 종속적으로 이어진 문장은 앞뒤 문장의 자리를 바꾸면 의미가 달라져요.

(예) '바람이 불고, 비가 온다.'는 대등적으로 이어진 문장이고, '바람이 부니까 깃발이 펄럭인다.'는 종속적으로 이어진 문장이다.

안은문장 〉 한 문장이 다른 문장 속에 들어가(안은) 있는 문장[文章]

文 글월 문 | 章 글 장

한 문장이 다른 문장 속에 들어가 있는 문장이에요. 이때 전체 문장을 안은문장이라고 하고, 속에 들어가는 문장을 안긴문장이라고 해요. 예를 들어 '바람이 소리도 없이 분다.'에서 안긴문장은 '소리도 없이'예요. 안긴문장은 안기는 방식에 따라 명사절, 관형절, 부사절, 서술절, 인용절로 나눌 수 있어요.

(예) 안긴문장은 안은문장의 내용을 더욱 구체적으로 드러내 준다.

함께 알기

명사절 名詞節 [이름 **명**, 말씀 **사**, 마디 **절**]: 문장 안에서 명사로 기능하는 절
(예) 나는 <u>그가 돌아오기</u>를 기다렸다.

관형절 冠形節 [갓 **관**, 모양 **형**, 마디 **절**]: 문장 안에서 관형어로 기능하는 절
(예) 보미는 <u>내일 비가 온다</u>는 뉴스를 들었다.

부사절 副詞節 [버금 **부**, 말 **사**, 마디 **절**]: 문장 안에서 부사어로 기능하는 절
(예) 보미는 <u>선생님의 도움 없이</u> 그림을 그렸다.

서술절 敍述節 [펼 **서**, 펼 **술**, 마디 **절**]: 문장 안에서 서술어로 기능하는 절
(예) 보미는 <u>눈이 아주 크다.</u>

인용절 引用節 [끌 **인**, 쓸 **용**, 마디 **절**]: 다른 사람의 말을 간접, 또는 직접으로 따온 절
(예) 아버지가 <u>여행을 가자</u>고 하셨다.

종결 표현

> 문장을 끝내는[終結] 데 쓰이는 표현[表現]
>
> 영 sentence endings

終 끝날 종 | 結 맺을 결 | 表 겉 표 | 現 나타날 현

문장을 끝내는 데 쓰이는 표현이에요. 종결 어미에 따라 평서형(-다), 의문형(-느냐/냐, -ㅂ니까), 명령형(-(아/어)라), 청유형(-자), 감탄형(-구나) 종결 표현이 있어요. 이에 따라 문장의 종류도 각각 평서문, 의문문, 명령문, 청유문, 감탄문으로 나눌 수 있어요.

예 **문장의 종결 표현**은 말하는 이의 태도와 의도를 드러낸다.

함께 알기

평서문 平敍文 [평평할 **평**, 펼 **서**, 글월 **문**]: 평범하고 단순하게 진술하는 문장
예 자동차가 달린다.

의문문 疑問文 [의심할 **의**, 물을 **문**, 글월 **문**]: 화자가 청자에게 질문하여 대답을 요구하는 문장 예 밖에 눈이 오느냐?

명령문 命令文 [목숨 **명**, 하여금 **령**, 글월 **문**]: 화자가 청자에게 무엇을 시키거나 요구하는 문장 예 문 좀 닫아라.

청유문 請誘文 [청할 **청**, 꾈 **유**, 글월 **문**]: 화자가 청자에게 같이 행동할 것을 요청하거나 제안하는 문장 예 집에 같이 가자.

감탄문 感歎文 [느낄 **감**, 읊을 **탄**, 글월 **문**]: 화자가 거의 독백처럼 자신의 느낌을 표현하는 문장 예 별이 정말 많이 떴구나!

부정 표현

> 부정[否定]의 뜻을 나타내는 표현[表現]
>
> 반 긍정 표현 영 negative sentence

否 아닐 부 | 定 정할 정 | 表 겉 표 | 現 나타날 현

문장의 내용을 부정하는 표현이에요. 부정 표현에는 '안, 못, 아니하다, 못하다'가 있어요. 이때 '나는 학교에 안 갔다.'와 같이 '안, 못'을 서술어 앞에 쓴 부정문을 짧은 부정문이라고 하고, '나는 학교에 가지 않았다.'와 같이 '아니하다, 못하다'를 서술어로 쓰면 긴 부정문이라고 해요.

예 **부정 표현**으로 '안'이 쓰이면 할 수 있으나 하지 않았다는 뜻이고, '못'이 쓰이면 하고 싶어도 능력이 없어서 못 했다는 뜻이다.

높임법

남을 높여서 말하는 법[法]

法 법 **법**

남을 높여서 말하는 법이에요. 문장의 주체를 높이는 **주체 높임법**, 말을 듣는 상대편을 높이는 **상대 높임법**, 문장의 객체를 높이는 **객체 높임법**이 있어요. 주체 높임법은 주격 조사 '께서', 선어말 어미 '–(으)시–' 등으로 나타나고, 상대 높임법은 '하십시오, 하오, 하게, 해라, 해요, 해' 등의 형태로 나타나요. 그리고 객체 높임법은 '드리다, 모시다, 여쭙다'와 같은 특수한 어휘로 나타나요.

(예) 우리말은 높임법이 매우 발달해 있다.

○ 여러 가지 높임 표현

주체 높임법: 할아버지께서 책을 받으신다.

상대 높임법: 할아버지, 이 책을 받으세요.

객체 높임법: 보미가 할아버지께 책을 드린다.

시제

시간[時]을 인위적으로 나눈[制] 것

영 tense

時 때 **시** | 制 절제할 **제**

자연적 흐름인 시간을 인위적으로 나눈 거예요. 시제는 발화시(화자가 말하는 시점)와 사건시(동작이나 사건이 일어난 시점)가 어떤 관계에 있느냐에 따라 과거 시제, 현재 시제, 미래 시제로 나눌 수 있어요.

(예) 시제를 제대로 표현해야 의미를 정확히 전달할 수 있다.

함께 알기

과거 시제 過去 [지날 과, 갈 거]: 사건시가 발화시보다 앞서 있는 시제
(예) 보미는 어제 학교에 갔다.

현재 시제 現在 [나타날 현, 있을 재]: 사건시와 발화시가 일치하는 시제
(예) 보미는 지금 학교에 간다.

미래 시제 未來 [아닐 미, 올 래]: 사건시가 발화시보다 나중인 시제
(예) 보미는 내일 학교에 갈 것이다.

동작상

> 문장에서 동작[動作]의 진행 및 완결 상태[相]를 표현한 것

動 움직일 동 | 作 지을 작 | 相 모양 상

동작이 어떤 지점에서 어떤 지점까지 걸쳐 있는 시간이에요. 동작상은 진행상과 완료상 두 가지로 나눌 수 있어요. **진행상**은 동작의 진행을 표현하는 것이고, **완료상**은 동작의 완결을 표현하는 거예요. 예를 들어 '나는 학교에 가고 있다.'는 동작상을 표현한 것이고, '보미는 학교에 가 버렸다.'는 완료상을 표현한 거예요.

예 **동작상**은 영어에서 현재 진행형과 현재 완료 및 과거 완료 표현과 비슷하다.

피동문

> 주어가 남에 의해[被] 움직이게[動] 됨을 표현한 문장[文]
> 반 능동문   영 passive sentence

被 입을 피 | 動 움직일 동 | 文 글월 문

주어가 다른 주체에 의해 동작을 당하는 것을 표현한 문장이에요. '고양이가 쥐를 물었다.'라는 문장은 주어가 제 힘으로 어떤 일을 하는 것을 표현한 능동문이에요. 반면, '쥐가 고양이에게 물렸다.'는 주어가 당하는 피동문이에요. 피동문은 동사에 '피동 접미사(−이, −히, −리, −기)'나 '−어지다, −되다, −게 되다'가 붙어서 이루어져요.

예 당한다는 의미를 강조하고자 할 때 **피동문**을 사용한다.

사동문

> 주어가 남에게 동작[動]을 하도록 시키는[使] 문장[文]
> 반 주동문

使 시킬 사 | 動 움직일 동 | 文 글월 문

주어가 남에게 어떤 동작을 하게 하는 것을 표현한 문장이에요. '아이가 옷을 입었다.'라는 문장은 주어가 동작을 스스로 하는 것을 표현한 주동문이에요. 반면, '어머니가 아이에게 옷을 입혔다.'나 '어머니가 아이에게 옷을 입게 했다.'는 주어가 동작을 시키는 사동문이에요. 사동문은 동사에 '사동 접미사(−이, −히, −리, −기, −우, −구, −추)'나 '−게 하다'가 붙어서 이루어져요.

예 '먹이다, 울리다, 웃기다, 채우다, 낮추다' 등은 **사동문**에 쓰이는 사동사이다.

마무리 퀴즈 Quiz

1~3 제시된 초성과 뜻을 참고하여 괄호 안에 들어갈 어휘를 쓰세요.

1 ㄷㄹㅇ: 다른 문장 성분과는 직접 관련이 없는 성분

예 '어머나, 벌써 해가 졌네.'에서 '어머나'는 (   )이다.

2 ㅇㅇㅁㅈ: 한 문장이 다른 문장 속에 들어가 있는 문장

예 (   ) 안에 들어가 있는 문장을 안긴문장이라고 한다.

3 ㅅㅈ: 자연적 흐름인 시간을 인위적으로 나눈 것

예 사건시가 발화시보다 앞서 있는 (   )는 과거 (   )이다.

4~7 다음 문장 성분을 표시한 문장을 바르게 연결해 보세요.

4 주어 •   • ① 꽃이 활짝 <u>폈다.</u>

5 서술어 •   • ② <u>나뭇잎이</u> 바람에 흔들린다.

6 목적어 •   • ③ 고래는 <u>물고기가</u> 아니다.

7 보어 •   • ④ 도서관에 가서 <u>책을</u> 읽어야지.

8~10 다음 설명이 맞으면 ○, 틀리면 ×로 표시하세요.

8 우리말은 높임법이 그리 발달하지 않았다.   (   )

9 피동문은 서술어인 동사에 '-이, -히, -리, -기, -어지다, -되다' 등이 붙어서 나타난다.   (   )

10 '안' 부정 표현은 능력이 없음을 뜻한다.   (   )

답안 1. 독립어 2. 안은문장 3. 시제 4. ② 5. ① 6. ④ 7. ③ 8. × 9. ○ 10. ×

역사

인류 역사의 시작, 원시 시대~고대

역사 · 인류의 진화 · 구석기 시대 · 신석기 시대 · 세계 4대 문명
메소포타미아 문명 · 함무라비 법전 · 이집트 문명 · 인도 문명 · 카스트 · 중국 문명
주의 봉건제 · 제자백가 · 시황제 · 흉노 · 한 · 불교 · 상좌부 불교 · 대승 불교
페르시아 제국 · 왕의 길 · 조로아스터교 · 그리스·페르시아 전쟁 · 폴리스
도편 추방제 · 아테네의 민주 정치 · 펠로폰네소스 전쟁 · 소크라테스 · 헬레니즘
포에니 전쟁 · 라티푼디움 · 아우구스투스 · 팍스 로마나 · 12표법 · 밀라노 칙령

역사

지나온[歷] 것들의 기록[史]

비 춘추, 내력, 자취 **영** history

歷 지날 **역** | 史 기록 **사**

인간의 행위나 사건, 사물 등이 지금에 이르기까지 변화해 온 자취예요. 역사는 '과거에 일어난 사실'이라는 객관적 의미와, '과거의 사실에 대한 기록'이라는 주관적 의미를 모두 가지고 있어요. 역사 연구는 사료를 바탕으로 이루어져요.

함께 알기 **사료 史料** [기록 **사**, 헤아릴 **료**]: 옛사람들이 남긴 흔적으로, 역사 연구에 필요한 문헌이나 유물·유적. 이에는 문서, 기록, 조각, 건축 따위가 있음

인류의 진화

인간[人]의 무리[類]가 진보하여[進] 변함[化]

人 사람 **인** | 類 무리 **류** | 進 나아갈 **진** | 化 될 **화**

인류가 영장류(원숭이 류)에서부터 나와, 이후 유인원(침팬지 류)과 갈라져 현재의 모습이 되기까지의 과정이에요. 인류는 오스트랄로피테쿠스, 호모 하빌리스, 호모 에렉투스, 호모 네안데르탈렌시스, 호모 사피엔스로 진화했어요. 여기서 마지막에 출현한 호모 사피엔스가 현생 인류의 직계 조상이에요.

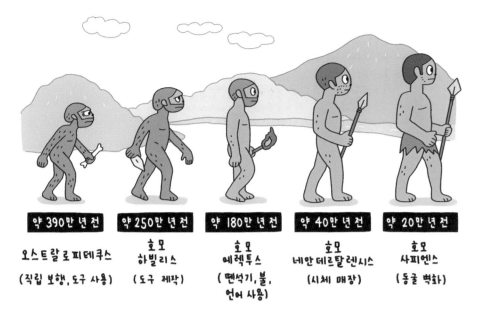

약 390만 년 전	약 250만 년 전	약 180만 년 전	약 40만 년 전	약 20만 년 전
오스트랄로피테쿠스	호모 하빌리스	호모 에렉투스	호모 네안데르탈렌시스	호모 사피엔스
(직립 보행, 도구 사용)	(도구 제작)	(뗀석기, 불, 언어 사용)	(시체 매장)	(동굴 벽화)

호모 사피엔스는 아프리카를 떠나 유럽, 아시아 등지로 퍼져 나가 다양한 자연 환경에 적응해 살면서 문명을 이루었어요.

구석기 시대

돌[石]로 도구[器]를 만들던 시대 중 오래된[舊] 시대[時代] **비** 뗀석기 시대

舊 옛 구 | 石 돌 석 | 器 그릇 기
時 때 시 | 代 시대 대

인류가 돌을 깨뜨리거나 떼어 내 만든 뗀석기를 사용하던 시기예요. 최초의 인류가 등장한 이래 약 1만 년 전까지 구석기 시대였어요. 구석기인들은 식량을 얻기 위해 이곳저곳으로 이동하며 사냥, 채집 생활을 했어요. 이들은 무리를 지어 생활하였고 언어를 사용했으며 불을 이용할 줄 알았어요. 주로 동굴에 살거나 강가에 막집을 짓고 살기도 했어요.

예 구석기 시대 사람들은 동굴 벽화를 남겼다.

함께 알기 **막집** 幕 [장막 막]: 이동 생활에 편하도록 간단하게 지은 집

신석기 시대

구석기 다음에 온 새로운[新] 석기[石器] 시대[時代]

비 간석기 시대

新 새 신 | **石** 돌 석 | **器** 그릇 기
時 때 시 | **代** 시대 대

돌을 정교하게 갈아서 만든 간석기를 사용하던 시기예요. 신석기인들은 직접 농사를 짓고 목축을 하면서 이동 생활을 청산하고 마을을 이루어 정착 생활을 시작했어요. 이 커다란 변화를 신석기 혁명이라고 해요. 신석기 사람들은 움집을 짓고 토기를 만들어 곡식을 저장했어요.

 예 신석기 시대는 같은 핏줄의 씨족들이 모여 사는 씨족 사회였고, 생산물을 공평하게 나누는 사회였다.

함께 알기

움집: 정착 생활에 용이하도록 땅을 파고 바닥을 다진 뒤 기둥을 세운 집

○ 뗀석기와 간석기

구석기 시대   신석기 시대

구석기인은 돌을 깨뜨려 만든 뗀석기로 나무를 자르거나 동물을 사냥했어요. 신석기인은 돌을 갈아 만든 정교한 간석기로 곡식을 갈거나 물고기를 잡고 농사를 지었어요.

세계 4대 문명

세계[世界] 최초로 네[四] 곳에서 발달한 뛰어난[大] 문명[文明] 비 고대 문명의 발상지

世 인간 세 | 界 경계 계 | 四 넉 사 | 大 큰 대
文 글월 문 | 明 밝을 명

세계에서 가장 먼저 문명을 발달시킨 메소포타미아, 이집트, 인도, 중국 문명을 아울러 이르는 말이에요. 이들 4대 문명은 모두 큰 강 유역에서 발생하였고, 도시 국가를 이루었으며 계급이 있었어요. 그리고 청동기와 문자를 사용했어요.

함께 알기

• **문명**: 인류가 이룩한 물질적, 기술적, 사회 구조적인 발전
• **청동기** 靑銅器 [푸를 **청**, 구리 **동**, 그릇 **기**]: 청동으로 만든 그릇이나 기구. 청동기 시대에는 청동으로 지배층의 무기, 제사 도구 등을 만듦

○ 세계 4대 문명의 발상지

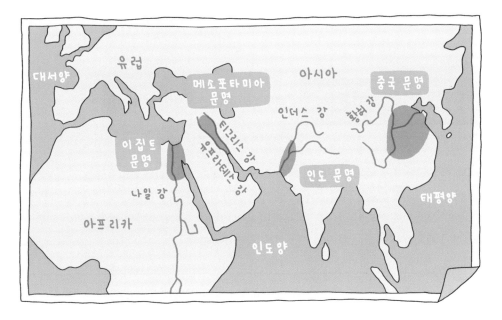

세계 4대 문명이 발생한 지역은 모두 큰 강 유역이라는 공통점이 있어요.

메소포타미아 문명

메소포타미아 지방에서 발생한 고대 문명[文明]

文 글월 문 | **明** 밝을 명

기원전(B.C.) 3500년경 티그리스강과 유프라테스강 유역에 위치한 메소포타미아 지방에서 수메르인들이 세운 세계 최초의 도시 문명이에요. 메소포타미아 문명은 제정일치 체제였고, 다신교를 믿었으며 점성술이 발달했어요. 그리고 태음력과 60진법, 쐐기 문자를 사용했어요.

함께 알기

- **제정일치** 祭政一致 [제사 **제**, 정사 **정**, 한 **일**, 이를 **치**]: 신을 받들고 제사하는 일을 정치의 중심으로 삼으려 한 사상이나 정치 형태
- **태음력** 太陰曆 [클 **태**, 그늘 **음**, 책력 **력**]: 달의 변화 주기를 1달로 하여 만든 달력
- **60진법** 六十進法 [여섯 **육**, 열 **십**, 나아갈 **진**, 법 **법**]: 60씩 한 묶음으로 하여 자리를 올려 수를 세는 체계 예 60초를 1분으로 나타냄
- **쐐기 문자** 文字 [글월 **문**, 문자 **자**]: 메소포타미아를 중심으로 고대 오리엔트 지역에서 널리 사용된 쐐기(나무못) 모양의 문자

함무라비 법전

함무라비 왕이 편찬한 법전[法典]

法 법 **법** | **典** 법 **전**

고대 바빌로니아 왕국의 함무라비 왕이 편찬한 법전이에요. 높이 2m가 넘는 원기둥의 비석에 282조의 법조문이 쐐기 문자로 새겨져 있고, 그 내용은 '눈에는 눈, 이에는 이'라는 복수의 원칙이 포함되어 있어요. 함무라비 왕은 이 법전을 편찬하여 법치주의에 의한 중앙 집권 체제를 강화하고 왕국의 전성기를 이끌었어요.

함께 알기

함무라비 왕 王 [왕 **왕**]: 기원전 1800년경 메소포타미아 지역을 통일한 고대 바빌로니아 왕국의 제6대 왕

이집트 문명
이집트 지방에서 발생한 고대 문명[文明]

文 글월 문 | **明** 밝을 명

기원전 3000년경 이집트의 나일강 주변에서 성립한 고대 문명이에요. 이집트 문명은 태양신의 아들이라 여겨진 국왕 파라오가 다스리는 신권 정치를 펼쳤고, 그림 문자를 만들었으며, 태양력과 10진법을 사용했어요. 이집트 사람들은 영혼 불멸과 사후 세계를 믿어 시신을 미라로 만들고 피라미드 안에 묻었어요.

함께 알기

- **신권 정치** 神權政治 [귀신 **신**, 권세 **권**, 정사 **정**, 다스릴 **치**]: 통치자가 신 또는 신의 대리자로 간주되어 절대적 권력으로 통치하는 정치 형태
- **태양력** 太陽曆 [클 **태**, 볕 **양**, 책력 **력**]: 지구가 태양 둘레를 한 바퀴 도는 데 걸리는 시간을 1년으로 하여 만든 달력
- **10진법** 十進法 [열 **십**, 나아갈 **진**, 법 **법**]: 10씩 한 묶음으로 하여 자리를 올려 수를 세는 체계

○ 이집트의 그림문자

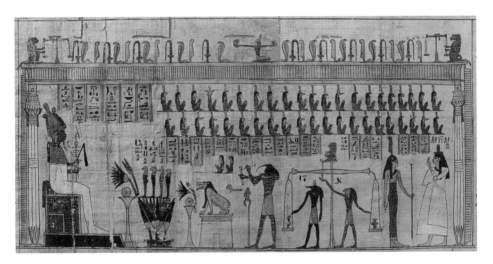

이집트 사람들은 그림 문자를 만들어, 파피루스(이집트 식물로 만든 종이)나 성전 벽에 왕과 신을 찬양하는 내용을 기록했어요. 그림은 사후 세계 안내서인 '사자의 서'예요.

인도 문명 〉 인도[印度] 지방에서 발생한 고대 문명[文明]

비 인더스 문명

印 도장 인 | 度 법도 도 | 文 글월 문 | 明 밝을 명

기원전 2500년경 인도의 인더스강 유역에서 발달한 고대 문명과, 기원전 1500년경 갠지스강 유역에서 발달한 고대 문명을 아우르는 명칭이에요. 인더스 문명은 청동기와 그림 문자를 사용하였고 밀과 보리를 재배했으며, 메소포타미아 지역과 활발하게 교역했어요. 한편 갠지스 문명은 아리아인이 인더스 문명을 침입한 뒤 동쪽 갠지스강 유역으로 진출하여 이룩한 철기 문명이에요.

카스트 〉 고대 인도에서 아리아인이 만든 신분 제도

영 caste

고대 인도에서 아리아인이 원주민을 지배하기 위해 만든 엄격한 신분 제도예요. 카스트는 '신분, 혈통'을 뜻해요. 당시 아리아인은 자연 현상을 신격화한 브라만교를 믿었는데, 카스트의 맨 위 지배층이 바로 브라만교의 제사장인 브라만이에요.

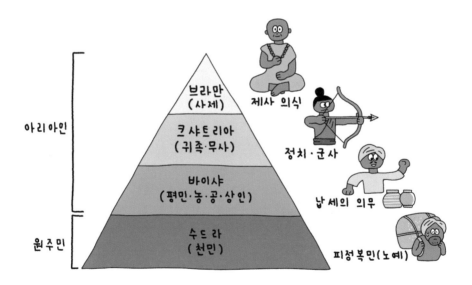

타고난 카스트에 따라 직업과 결혼 상대자까지 정해졌어요.

중국 문명

중국[中國] 지방에서 발생한 고대 문명[文明]

🔵비 황허 문명

中 가운데 **중** | **國** 나라 **국** | **文** 글월 **문** | **明** 밝을 **명**

기원전 2500년경 중국의 황허강 유역에서 발생한 고대 문명이에요. 이 중국 문명을 대표하는 두 나라는, 중국 기록에서 최초의 나라라고 언급된 하 왕조와, 기원전 1600년경에 하 왕조를 정복한 상 왕조예요. 두 왕조 모두 청동기를 사용했어요. 한편 상은 오늘날 한자의 기원이 되는 갑골문을 만들었어요.

함께 알기

갑골문 甲骨文 [갑옷 **갑**, 뼈 **골**, 글월 **문**]: 중국 상나라 때 거북 배딱지(갑)나 짐승 뼈(골)로 점을 쳐서 그 결과를 갑골에 새긴 글자

주의 봉건제

주[周]나라에서 신하에게 영지를 내려주고[封] 제후로 세운[建] 제도[制] 🟢통 봉건 제도

周 주나라 **주** | **封** 봉할 **봉** | **建** 세울 **건** | **制** 만들 **제**

지방을 제후에게 맡겨 다스리게 하는 제도예요. 중국의 주나라는 상나라를 무너뜨리고 황허강 일대를 차지하였는데, 이때 넓은 영토를 효과적으로 통치하고자 했어요. 그래서 수도와 주변 지역은 왕이 다스리고, 지방은 왕족과 공신을 제후로 임명하여 다스리게 했어요.

함께 알기

제후 諸侯 [모든 **제**, 후작 **후**]: 봉건 시대에 일정한 영토를 가지고 그 영내의 백성을 지배하는 권력을 가지던 사람

역사

제자백가

여러[諸] 사상가[子]와 여러[百] 학파[家]

諸 모든 제 | 子 아들 자 | 百 일백 백 | 家 집 가

춘추·전국 시대에 등장한 수많은 사상가와 학파를 가리키는 말이에요. 대표적인 사상가에는 공자, 노자, 한비자, 맹자, 장자 등이 있어요. 공자와 맹자는 인과 예를 바탕으로 도덕 정치를 주장한 유가 사상가였고, 노자와 장자는 무위자연을 강조한 도가 사상가였으며, 한비자는 엄격한 법치를 강조한 법가 사상가였어요.

함께 알기

- **춘추·전국 시대** 春秋戰國時代 [봄 춘, 가을 추, 싸움 전, 나라 국, 때 시, 시대 대]: 주나라가 도읍을 동쪽의 낙읍(뤄양)으로 옮긴 후 왕권이 약해지면서 제후들이 세력을 다투던 시대. 춘추 시대(B.C.770~B.C.403)와 전국 시대(B.C.403~B.C.221)를 합하여 이름
- **인** 仁 [어질 인]: 유교의 근본 사상으로서, 타인을 어질게 대하고 선을 실천하는 마음
- **예** 禮 [예절 예]: 유교에서 사람의 도덕성에 따른 사회 질서와 규범
- **무위자연** 無爲自然 [없을 무, 할 위, 스스로 자, 그러할 연]: 도가에서 주장하는, 인위적이지 않고 자연의 순리에 따르는 삶

시황제

첫[始] 황제[皇帝]

 진시황

始 비로소 시 | 皇 임금 황 | 帝 임금 제

기원전 221년에 중국 최초의 통일 제국을 세운 진나라의 왕이에요. 진나라는 법가 사상을 도입하여 강대국으로 도약한 뒤 통일을 이루었어요. '시황제'라는 이름은 '첫 번째 황제'라는 뜻이에요. 그는 군현제를 시행하고, 화폐·문자·도량형을 통일했으며, 분서갱유를 통해 반대 세력을 눌러 강력한 중앙 집권 국가를 이루었어요.

함께 알기

- **군현제** 郡縣制 [고을 군, 고을 현, 만들 제]: 전국을 군으로 나누고 그 밑에 현을 두어 왕실에서 직접 관리를 파견하여 다스리는 제도
- **도량형** 度量衡 [법도 도, 헤아릴 량, 저울대 형]: 길이, 부피, 무게 따위의 단위를 재는 법
- **분서갱유** 焚書坑儒 [불사를 분, 글 서, 구덩이 갱, 선비 유]: 시황제가 학자들의 정치적 비판을 막기 위하여 서적을 불태우고 수많은 유학자를 구덩이에 묻어 죽인 일

흉노

> 오랑캐[匈奴]

匈 오랑캐 **흉** | 奴 종 **노**

기원전 3세기~기원전 2세기 몽골 지역에서 활약한 유목 민족이에요. 흉노는 강력한 군사력을 바탕으로 기원전 3세기 말에 동아시아 최초의 유목 제국을 세웠어요. 흉노의 힘이 점점 강성해지자 진의 시황제는 흉노를 북방으로 몰아내고 만리장성을 세웠고, 한의 무제는 대규모 원정대를 보내 흉노를 정벌했어요.

예 **흉노 제국은 왕을 '선우'라고 칭하였다.**

한

> 유방이 세운 한나라[漢]

漢 한나라 **한**

진이 멸망한 뒤, 기원전 202년에 유방(고조)이 중국을 다시 통일하여 세운 나라예요. 한 고조는 군국제를 시행했으나, 무제 때 군현제를 전국적으로 시행했어요. 무제는 유교를 통치 이념으로 채택하였고, 비단길을 개척했어요.

함께 알기

- **군국제** 郡國制 [고을 **군**, 나라 **국**, 만들 **제**]: 군현제와 봉건제를 혼합한 통치 제도. 중앙은 관리를 직접 파견하여 다스리고(군현제), 지방은 왕족이나 공신을 제후로 봉하여 다스림 (봉건제)
- **비단길** 緋緞 [붉은빛 **비**, 비단 **단**]: 한 무제 때 흉노 정벌을 위해 군사 동맹을 맺고자 장건을 서역에 파견한 계기로 개척된 무역로. 실크로드

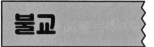 **불교** 부처[佛]가 되는 것을 목표로 하는 종교[敎]

ⓑ 불법 ⓔ Buddhism

佛 부처 불 | 敎 가르칠 교

기원전 6세기경 고타마 싯다르타(석가모니)가 창시한 종교예요. 당시 인도 사회는 브라만교의 부패와 카스트제의 신분 차별이 더욱 심해져 크샤트리아 계급과 바이샤 계급의 불만이 아주 컸어요. 이에 두 계급은 석가모니가 자비와 평등을 강조하자 크게 환영했어요.

 함께 알기 **석가모니**: 석가 족의 성자(모니). 석가 족 왕조의 왕자였던 고타마 싯다르타가 출가한 뒤 깨달음을 얻은 후의 이름

 상좌부 불교 절에서 높은[上] 자리[座]의 승려들[部]에 의한 불교[佛敎]

ⓑ 소승 불교

上 윗 상 | 座 자리 좌 | 部 떼 부
佛 부처 불 | 敎 가르칠 교

부처의 가르침에 따라 엄격한 수행을 함으로써 개인의 해탈을 강조하는 불교예요. 마우리아 왕조의 3대 아소카왕 때 유행하고 발전했어요. 아소카 왕은 인도의 남부를 제외하고 대부분의 지역을 통일한 뒤, 정복 전쟁을 참회하며 불교를 믿게 되었어요. 그는 전국에 사원과 탑을 세워 불교를 장려했어요. 상좌부 불교는 동남아시아로 전파됐어요.

함께 알기
• **마우리아 왕조** 王朝 [임금 **왕**, 아침 **조**]: 기원전 4세기경 분열된 인도를 최초로 통일한 고대 왕조
• **해탈** 解脫 [풀 **해**, 벗을 **탈**]: 고뇌에서 벗어나 근심이 없이 편안한 상태

대승 불교

큰[大] 수레에 중생을 태워[乘] 구제하는 불교[佛敎]

大 큰 대 | 乘 탈 승 | 佛 부처 불 | 敎 가르칠 교

개인의 해탈보다 부처를 믿음으로써 중생의 구제를 강조하는 불교예요. 1세기경 북인도의 대부분을 차지하여 번성했던 쿠샨 왕조 때 발달했어요. 당시 간다라 미술이 발달하여 많은 불상이 제작됐어요. 대승 불교는 중앙아시아를 거쳐 동아시아로 전파됐어요.

함께 알기

- **중생 衆生** [무리 **중**, 날 **생**]: 인간을 비롯하여 생명을 가진 모든 살아 있는 무리
- **간다라 미술 美術** [아름다울 **미**, 재주 **술**]: 쿠샨 왕조의 중심지였던 서북 인도의 간다라 지방에서 헬레니즘 문화의 영향을 받아 그리스풍으로 제작된 불교 미술

페르시아 제국

'페르시아'라는 나라 이름으로 황제[帝]가 다스렸던 나라[國] 영 Persian Empire

帝 임금 제 | 國 나라 국

기원전 6세기부터 기원후 7세기 중반까지, 메소포타미아 지역을 중심으로 서아시아 일대를 지배한 고대 제국을 통칭하는 말이에요. 아케메네스 왕조 페르시아, 파르티아, 사산 왕조 페르시아가 차례로 등장하여 번성하다 멸망했어요. 페르시아 제국은 피정복민의 문화와 관습을 존중하는 관용 정책을 펼쳤어요.

함께 알기

- **아케메네스 왕조 페르시아 王朝** [임금 **왕**, 아침 **조**]: 철기 문명을 가지고 메소포타미아 지역을 제패한 아시리아가 멸망한 후, 기원전 6세기 중엽 분열된 서아시아를 재통일한 나라
- **파르티아**: 아케메네스 왕조가 알렉산드로스에게 정복당한 후, 기원전 3세기 중엽 이란계 유목민이 서남아시아 동쪽에 건국한 나라
- **사산 왕조 페르시아**: 3세기 초 아케메네스 왕조의 부흥을 내세우며 파르티아를 정복한 뒤, 메소포타미아 지역에서 인더스강에 이르는 대제국을 건설한 나라

왕의 길

다리우스 왕[王]이 정비한 길

王 임금 **왕**

아케메네스 왕조 페르시아의 다리우스 1세가 넓은 제국을 효율적으로 다스리기 위해 갖춘 도로망이에요. 왕의 명령을 빨리 전달하고 세금과 곡물을 효율적으로 운반하기 위해서 만든 거예요. 수사에서 사르디스에 이르기까지 길이가 약 2,400km이며, 일정한 거리마다 숙소와 말을 제공하는 역참을 설치했어요.

조로아스터교

조로아스터가 창시한 종교[教]

비 배화교 영 Zoroastrianism

教 가르칠 **교**

최고의 신 아후라 마즈다를 믿는 고대 페르시아의 종교예요. 아케메네스 왕조 페르시아 시대의 예언가 조로아스터가 창시했고, 사산 왕조 페르시아 때 국교가 되었어요. 조로아스터교는 죽은 자의 부활, 최후의 심판 등의 교리에 근거하여 악을 멀리하고 선을 행해야 한다고 주장했어요.

예 조로아스터교의 교리는 유대교, 기독교, 이슬람교에 영향을 주었다.

그리스·페르시아 전쟁

그리스와 페르시아 제국 사이에서 일어난 전쟁[戰爭]

戰 싸울 전 | 爭 다툴 쟁

아케메네스 왕조 페르시아가 그리스를 세 차례 공격하여 일어난 전쟁이에요(B.C. 492~B.C.448). 이 전쟁에서 그리스의 도시 국가들이 연합하여 페르시아 제국의 공격에 대응했어요. 결국 전쟁에 패한 페르시아 제국은 정치적 혼란으로 국력이 점점 약해져 알렉산드로스에게 정복당했어요.

역사

폴리스

비 도시 국가 영 polis

기원전 8세기 무렵부터 형성된 고대 그리스의 작은 도시 국가예요. 폴리스는 신전(아크로폴리스)과 광장(아고라)이 있는 도시와, 주변 농촌으로 구성되어 있어요. 그리고 해안 가까운 평야 지대에 발달했어요. 폴리스에 살던 그리스인들은 같은 언어를 사용하고 같은 신들을 믿었으며, 4년마다 올림피아 제전을 열어 유대감을 강화했어요. 대표적인 폴리스에는 아테네와 스파르타가 있어요.

예 그리스는 산이 험준하고 해안선이 복잡하며 섬들도 많아 오랫동안 통일 국가를 이루지 못하고 폴리스가 발달했다.

도편 추방제

질그릇[陶] 조각[片]으로 투표하여 추방[追放]하는 제도[制]

陶 질그릇 도 | 片 조각 편
追 쫓을 추 | 放 놓을 방 | 制 만들 제

그리스의 폴리스 아테네에서, 시민 투표를 통해 참주가 될 위험이 있는 인물을 가려내어 10년간 국외로 추방하는 제도예요. 도자기 파편에 이름을 적어 그 수가 6천 개 이상이고 최다 득표를 한 인물이 선정됐어요.

함께 알기 **참주 僭主 [주제넘을 참, 임금 주]:** 비합법적인 수단으로 지배자가 된 사람

아테네의 민주 정치

고대 아테네에서 행해지던 민주[民主] 정치[政治] 영 Athenian democracy

民 백성 **민** | **主** 주인 **주** | **政** 정사 **정** | **治** 다스릴 **치**

시민이 입법권을 가진 민회에 직접 참여하여 토론과 투표로 국가의 정책을 결정했던 고대 **아테네의 정치** 제도예요. 하지만 여성, 노예, 외국인에게는 참정권이 주어지지 않았어요. 아테네의 민주 정치는 그리스·페르시아 전쟁에서 승리한 뒤 페리클레스라는 유능한 정치인의 지도 아래 전성기를 맞았어요.

펠로폰네소스 전쟁

펠로폰네소스 동맹이 아테네와 벌인 전쟁[戰爭] 영 Peloponnesian War

戰 싸울 **전** | **爭** 다툴 **쟁**

스파르타를 중심으로 하는 펠로폰네소스 동맹과 아테네를 중심으로 하는 델로스 동맹이 **벌인 전쟁**이에요. 그리스·페르시아 전쟁 이후, 아테네가 델로스 동맹으로 세력을 점점 확대하자, 불만을 느낀 스파르타가 펠로폰네소스 동맹을 맺어 전쟁을 일으켰어요. 이 전쟁에서 스파르타가 승리했으나, 그리스 세계의 갈등은 지속되었고 결국 마케도니아에 정복됐어요.

> **함께 알기** **델로스 동맹** 同盟 [한가지 **동**, 맹세할 **맹**]: 페르시아의 재침입에 대비하기 위해 아테네가 주변 폴리스들과 맺은 동맹

소크라테스

영 Socrates

기원전 5세기경 아테네에서 활동했던 **그리스의 철학자**예요. 당시 지식의 상대성을 주장하던 소피스트(교양과 지식, 변론술을 가르치는 사람들)를 비판하며, 보편적이고 절대적인 진리가 있다고 주장했어요. 소크라테스는 문답을 통해 대화 상대자가 무지를 깨닫게 하는 데 힘썼어요. 하지만 신을 모독하고 청년을 타락시켰다는 혐의로 독배를 받고 죽었어요.

헬레니즘

> 그리스 문화와 동방 문화가 융합하여 만들어진 문화
>
> 영 Hellenism

마케도니아의 왕 알렉산드로스의 동방 원정 과정에서 그리스 문화가 확산되면서 성립한 문화예요. 헬레니즘은 '그리스처럼 되다'라는 뜻이에요. 하지만 그리스의 폴리스들이 폴리스의 이익과 공동체를 중시했던 것과는 달리 헬레니즘 문화는 세계 시민주의와 개인주의의 성격을 띠었어요.

포에니 전쟁

> 로마와 포에니 도시 국가 카르타고 사이의 전쟁[戰爭]

戰 싸울 전 | 爭 다툴 쟁

고대 로마와 카르타고가 세 차례에 걸쳐 벌인 전쟁이에요(B.C.264~B.C.146). 포에니라는 말은 라틴어로 '페니키아인'을 가리켜요. 카르타고는 페니키아인이 아프리카 북부에 세운 도시 국가거든요. 로마는 이탈리아 지역을 통일하고 포에니 전쟁에서 승리한 뒤 지중해의 패권을 장악했어요.

라티푼디움

> 비 대농장 영 latifundium

고대 로마의 대토지 소유 제도예요. 포에니 전쟁이 오래 지속되면서 황폐화된 농토를 소수의 유력자들이 소유하여 대농장을 형성했어요. 이로 인해 자영 농민은 몰락하여 도시의 빈민층으로 전락하였고, 로마 사회는 빈부 격차가 아주 심해졌어요. 그라쿠스 형제가 이를 개혁하고자 했으나 귀족층의 반대로 실패했어요.

아우구스투스 영 Augustus

'존엄한 자'라는 뜻으로, 로마의 정치적 혼란을 수습하고 권력을 잡은 옥타비아누스가 원로원에게 받은 칭호예요. 옥타비아누스는 스스로를 황제가 아닌 제1 시민(프린켑스)으로 자처했지만, 이후 로마는 집단이 통치하는 공화정이 끝나고, 황제가 다스리는 제정이 시작되었어요.

함께 알기	**원로원 元老院 [으뜸 원, 늙을 로, 집 원]**: 고대 로마 공화정 시대의 입법·자문 기관. 실질적인 지배 기관으로 국가의 주요 정책을 지도함

팍스 로마나 동 아우구스투스의 평화 영 Pax Romana

'로마의 평화'라는 뜻으로, 아우구스투스의 제정 수립 후 약 200년 동안 로마가 안정과 번영을 누렸던 시기예요. 이 시기에 로마인들이 지중해를 '우리 바다'라고 부를 정도로 로마의 영토는 크게 확장되었고 로마는 최고 전성기를 맞이했어요.

이탈리아 반도를 통일한 로마는 꾸준히 영토를 확장하여 대제국을 이루었어요.

12표법

> 열두[十二] 개의 동판 겉[表]에 새긴 법[法]

十 열 십 | 二 두 이 | 表 겉 표 | 法 법 법

공화정 시기에 만들어진 고대 로마 최초의 성문법이에요. 12표법으로 평민도 법 지식을 공유하게 되면서 법의 보호를 받게 되었어요. 이후 로마의 법은 시민권을 제국의 모든 민족에게 적용하는 만민법으로 확대되었고, 6세기 비잔티움 제국의 '유스티니아누스 법전'으로 집대성되었어요.

함께 알기 **성문법** 成文法 [이룰 **성**, 글월 **문**, 법 **법**]: 문자로 적어 표현하고, 문서의 형식을 갖춘 법

역사

밀라노 칙령

> 밀라노에서 황제가 문서[勅]로 내린 명령[令]

勅 조서 칙 | 令 하여금 령

313년 콘스탄티누스 대제(황제)가 밀라노에서 크리스트교를 공식적으로 인정한다고 발표한 칙령이에요. 크리스트교는 천지 만물을 창조한 유일신을 하나님으로, 그 아들 예수 그리스도를 구세주로 믿는 종교예요. 로마 제국은 처음에 크리스트교를 박해했으나 콘스탄티누스 대제 때 공인한 뒤, 테오도시우스 황제 때 국교로 삼았어요.

마무리 퀴즈 Quiz

1~4 다음 내용에 해당하는 문명을 <보기>에서 고르세요.

> ㉠ 메소포타미아 문명　　㉡ 이집트 문명　　㉢ 인도 문명　　㉣ 중국 문명

1 한자의 기원이 되는 갑골문을 사용했다.　　　　　　　　(　　　)

2 국왕 파라오는 태양신의 아들이라고 여겨졌다.　　　　　(　　　)

3 아리아인이 원주민을 지배하기 위해 카스트를 만들었다.　(　　　)

4 60진법과 쐐기 문자를 사용하고, 함무라비 법전을 남겼다.　(　　　)

5~6 다음 불교의 특징을 바르게 연결해 보세요.

5 상좌부 불교　•　　　　　•　① 개인의 해탈보다 중생의 구제를 강조

6 대승 불교　•　　　　　•　② 엄격한 수행을 통한 개인의 해탈을 강조

7~10 다음 빈칸에 들어갈 말을 <보기>에서 찾아 쓰세요.

> <보기> 제자백가, 헬레니즘, 분서갱유, 도편 추방제, 라티푼디움, 팍스 로마나

7 대표적인 (　　　) 사상가에는 공자, 노자, 한비자, 맹자, 장자 등이 있다.

8 (　　　)는 참주가 될 위험이 있는 인물을 국외로 추방하는 제도이다.

9 (　　　) 문화는 세계 시민주의와 개인주의의 성격을 띠었다.

10 그라쿠스 형제는 (　　　)을 개혁하고자 했으나 실패했다.

답안 1. ㉣　2. ㉡　3. ㉢　4. ㉠　5. ②　6. ①　7. 제자백가　8. 도편 추방제　9. 헬레니즘　10. 라티푼디움

지역 문화의 성립, 중세

힌두교 · 굽타 양식 · 앙코르 와트 · 위·진 남북조 시대 · 구품중정제 · 수 · 당
율령 · 동아시아 문화권 · 아스카 문화 · 다이카 개신 · 국풍 문화 · 이슬람교
칼리프 · 아바스 왕조 · 쿠란 · 게르만족의 이동 · 프랑크 왕국 · 봉건 사회
성상 숭배 금지령 · 카노사의 굴욕 · 스콜라 철학 · 고딕 양식 · 비잔티움 제국
백년 전쟁 · 십자군 원정 · 르네상스 · 종교 개혁 · 베스트팔렌 조약

힌두교

인도(힌두)의 종교[敎]

영 Hinduism

敎 가르칠 교

브라만교를 바탕으로 다양한 민간 신앙과 불교가 융합된 인도의 종교예요. '힌두'는 '인
도'를 뜻하는 페르시아어예요. 힌두교는 굽타 왕조 시기에 성립되어 인도의 대표적인 종
교가 되었어요. 힌두교가 확산되자 브라만 계급의 지위와 영향력이 다시 높아졌고 카스트
제가 더욱 정착되어 신분과 직업 차별이 뿌리내렸어요.

굽타 양식

굽타 시대의 표현[樣] 방식[式]

영 Gupta style

樣 모양 양 | 式 법 식

굽타 왕조 시대에 확립된 인도의 미술 양식이에요. 간다라 미술과 달리 굽타 양식은 인도
고유의 색채가 강조되었어요. 그림과 조각에서 옷의 주름은 거의 생략하고 인체의 윤곽선
이 보다 섬세하게 드러나도록 표현했어요. 대표적인 작품에는 아잔타 석굴 사원의 벽화가
있어요.

앙코르 와트 | 🔵 Angkor Wat

캄보디아에 있는 앙코르 왕조의 대표적인 유적으로서, 힌두교 사원이에요. 앙코르 와트는 '사원의 도시'라는 뜻이에요. 12세기 전반 앙코르 왕조의 수르야바르만 2세가 비슈누 신에게 바치기 위해 30여 년에 걸쳐 만들었어요.

함께 알기　　**비슈누**: 힌두교에서 우주와 세상의 만물을 유지·보존하는 평화의 신. 창조의 신 브라흐마, 파괴의 신 시바와 함께 힌두교를 대표함

위·진 남북조 시대 | 위[魏]와 진[晉]에 이어 남조[南朝]와 북조[北朝]가 있었던 시대[時代]

魏 나라 이름 위 | **晉** 진나라 진 | **南** 남녘 남 | **北** 북녘 북
朝 아침 조 | **時** 때 시 | **代** 시대 대

중국의 한이 멸망한 뒤부터 수가 통일하기까지의 시대예요(220~589). 한이 멸망하고 위·촉·오로 분열된 중국은 진에 의해 다시 통일되었어요. 그러나 이후 유목 민족이 화북 일대에 여러 나라를 세우고 서로 세력을 다투던 끝에 선비족이 통일했어요. 강남에서는 진에 이어 한족 국가들이 세워져 유목 민족의 국가와 한족 국가가 대립하는 남북조 시대가 전개됐어요.

구품중정제 | 9품[九品]으로 치우침 없이[中] 바르게[正] 나누는 제도[制]

九 아홉 구 | **品** 물건 품 | **中** 가운데 중 | **正** 바를 정 | **制** 만들 제

위·진 남북조 시대에 추천으로 관리를 선발하던 제도예요. 중정관이라는 관리가 지역 사회에서 덕망과 재능이 있고 평판이 좋은 인재들을 9등급으로 나누어 중앙에 추천하는 거예요. 그 결과 유력 호족이 중앙 관직을 독점하게 되면서 문벌 귀족 사회가 형성됐어요.

함께 알기　　**문벌 귀족** 門閥貴族 [문 문, 문벌 벌, 귀할 귀, 친족 족]: 집안 대대로 특정 사회적 신분이나 지위를 가진 귀족

 수나라[隋]

隋 수나라 **수**

북조의 선비족 계통의 양견(문제)이, 남북조로 나뉘어 여러 국가가 대립하던 중국을 통일하여 세운 왕조예요(589~618). 수 문제는 시험으로 관리를 선발하는 **과거제**를 실시하였고, 아들 양제는 대운하를 건설하고 고구려 원정을 시도했어요. 하지만 수나라는 이 두 가지 일로 백성들이 반발하고 전국적인 반란이 일어나 멸망했어요.

함께 알기 **대운하** 大運河 [큰 **대**, 운전할 **운**, 강물 **하**]: 배의 운항을 위해 육지에 판 물길. 수 때 대운하의 건설로 강남의 풍부한 물자를 화북 지역으로 원활하게 옮김

 당나라[唐]

唐 당나라 **당**

수에 이어 등장한 중국의 왕조예요(618~907). 선비족 계통의 이연(고조)이 수 말기의 혼란을 틈타 장안을 수도로 삼고 건국했어요. 당은 주변으로 세력을 확대하여 유라시아 대륙 동쪽의 대부분을 거느린 대제국이 되었어요. 당에서 발달한 문물과 정비된 제도는 동아시아 여러 나라에 많은 영향을 끼쳤어요.

율령

형률[律]과 법령[令]

영 law

律 법 율 | **令** 법령 령

중국의 수·당 시대의 법전이에요. '율'은 형법을 의미하고, '령'은 행정법 및 조세 제도 등에 관한 규정이에요. 당은 율령에 기초하여 중앙은 3성 6부를 중심으로 행정 조직을 갖추었고, 지방은 주현제를 실시했어요. 그리고 균전제와 조·용·조, 부병제를 실시했어요.

함께 알기

- **3성 6부** 三省六部 [석 **삼**, 살필 **성**, 여섯 **육**, 떼 **부**]: 정책을 수립·심의하는 3성과 이를 집행하는 6부로 분리하여 정부를 운영한 통치 체제
- **주현제** 州縣制 [고을 **주**, 고을 **현**, 만들 **제**]: 지방 행정 구역을 주와 현으로 나누어 통치한 지방 행정 제도
- **균전제** 均田制 [고를 **균**, 밭 **전**, 만들 **제**]: 백성들에게 토지를 고루 나누어 주는 토지 제도
- **조·용·조** 租庸調 [조세 **조**, 쓸 **용**, 고를 **조**]: 균전을 받은 농민이 내는 조세 제도. 토지를 대상으로는 곡물(조)을, 노동력을 대신하여서는 옷감(용)을, 한 가족을 대상으로는 비단이나 삼베(조)를 바치게 함
- **부병제** 府兵制 [마을 **부**, 군사 **병**, 만들 **제**]: 균전을 받은 농민이 병역의 의무를 지게 하는 군역 제도

동아시아 문화권

공통된 문화[文化] 특징을 갖는 동아시아[東] 지역[圈] 비 한자 문화권

東 동녘 동 | **文** 글월 문 | **化** 될 화 | **圈** 우리 권

고대 중국의 문화에 기반을 둔 문화권이에요. 중국의 한나라를 거쳐 당나라에 이르러 완성되었고, 중국, 한국, 일본, 베트남 등이 이 문화권에 속해요. 이들 나라는 모두 유교와 불교, 한자, 율령 체제 같은 문화를 공통적으로 가지고 있어요.

아스카 문화 〉 아스카 지방의 문화[文化]

文 글월 문 | 化 될 화

아스카 지방을 중심으로 발달한 일본 최초의 불교문화예요. 6세기 말, 야마토 정권의 쇼토쿠 태자가 중국과 우리나라의 삼국(고구려, 백제, 신라)에서 불교, 유교 등을 받아들여 중앙 집권 체제를 발전시켰어요. 이때 아스카 지방을 중심으로 불교문화가 발전하여 사원, 탑, 불상이 많이 제작되었어요.

다이카 개신 〉 다이카 해에 정치를 고쳐[改] 새롭게[新] 한 개혁

改 고칠 개 | 新 새 신

7세기 중엽 일본에서 왕을 정점으로 한 중앙 집권적 정치 체제를 구축하기 위하여 이루어진 정치 개혁이에요. 야마토 정권의 나카노오에 왕자는 연호를 다이카라 정하고 당의 율령 체제를 모방하여 국왕 중심의 중앙 집권 체제를 정비했어요.

(예) 다이카 개신 후 7세기 말부터 '일본'이라는 국호와 '천황'이라는 칭호가 사용되었다.

국풍 문화 〉 일본의[國] 색채가 짙은[風] 문화[文化]

國 나라 국 | 風 바람 풍 | 文 글월 문 | 化 될 화

9세기 말 당 쇠퇴 이후 일본이 중국 및 한반도와 교류가 단절되면서 귀족층 중심으로 발달한 문화예요. 헤이안 시대에 일본 고유의 문자인 '가나'가 만들어지고, 가나로 쓰인 문학 작품과 노래(와카)가 유행했어요. 대륙의 문화가 일본인의 기호와 감각에 맞게 일본화된 거예요.

함께 알기 | **헤이안 시대** 時代 [때 **시**, 시대 **대**]: 8세기 말 일본이 수도를 헤이안으로 옮기며 시작된 시대(794~1185). 이전의 나라 시대(710~794) 때는 불교가 융성했다면, 헤이안 시대에는 왕권이 약해지면서 무사(사무라이)가 등장하고 귀족 중심의 문화가 발달함

이슬람교

이슬람 종교[敎]

영 Islam

敎 가르칠 교

610년에 메카의 상인 무함마드가 창시한, '알라'를 유일신으로 믿는 **종교**예요. 이슬람은 '절대 순종한다'는 뜻이에요. 무함마드는 알라 앞에 모든 사람이 평등하다고 주장하여 하층민의 지지를 받았으나, 귀족들에게는 박해를 당했어요. 이에 메카를 떠나 메디나로 근거지를 옮겼어요. 이를 '헤지라'라고 하는데, '이주'라는 뜻이에요. 메디나에서 세력을 키운 무함마드는 마침내 메카를 장악하고 아라비아 세계로 세력을 확장했어요.

칼리프

영 caliph

이슬람의 종교 지도자예요. 칼리프는 무함마드를 잇는 '계승자'라는 뜻이에요. 처음에는 정치·군사적 실권도 장악했으나, 이슬람 국가가 많아지고 실권이 약해지면서 종교 지도자로 의미가 축소됐어요. 이슬람의 정치 지배자는 **술탄**이라 하고, 칼리프가 임명해요. 술탄은 아랍어로 '권력'이라는 뜻이에요.

아바스 왕조

아바스 가문이 세운 왕조[王朝]

王 임금 **왕** | 朝 아침 **조**

이슬람 제국을 지배하던 우마이야 왕조를 무너뜨리고 아바스 가문이 세운 왕조예요 (750~1258). 아바스 왕조는 아랍인과 비아랍인을 차별하는 우마이야 왕조의 아랍인 우대 정책을 폐지하고, 비아랍인도 군인이나 관료로 등용하고 세금 차별도 없었어요.

쿠란

 영 Koran

이슬람의 경전이에요. 이슬람은 순종하는 종교로서, 무슬림(이슬람 신도)은 모든 경우에 쿠란의 가르침을 따르고 실천해야 해요. 그런데 아랍어로 쓰인 쿠란은 다른 언어로 번역하는 것이 금지되어 있어요. 그래서 이슬람교가 확산되면서 아랍어도 함께 널리 퍼져 이슬람 문화권이 형성됐어요.

역사

게르만족의 이동

게르만족이 살던 곳을 옮기기 위해[移] 움직임[動]

移 옮길 **이** | **動** 움직일 **동**

게르만족이 훈족의 압력을 받아 로마 제국의 영토 안으로 이동한 일이에요. 게르만족의 이동으로 서로마 제국은 멸망하고(476), 많은 게르만 왕국이 건설되었어요. 이로 인해 사회적·정치적 혼란이 심해지면서 교회에 의지하는 사람들이 점점 늘어났어요. 교회와 성직자는 종교 생활뿐만 아니라 정치와 일상생활에까지 깊이 관여하게 되었어요.

함께 알기

> **서로마 제국** 西帝國 [서녘 **서**, 임금 **제**, 나라 **국**]: 둘로 나누어진 로마 제국 가운데 서쪽의 제국. 로마 제국은 넓은 영토를 효율적으로 다스리기 위해 영토를 동서로 나누어 다스림

게르만족은 원래 발트해 연안에서 수렵과 목축을 하며 살았어요. 2세기경부터 조금씩 남쪽으로 내려왔는데, 4세기 후반엔 게르만족에 속한 많은 분파들이 대이동을 했어요.

프랑크 왕국

프랑크족이 세운 왕국[王國]

王 임금 **왕** | **國** 나라 **국**

게르만족의 여러 분파 중에서 프랑크족이 세운 왕국이에요(481~843). 프랑크 왕국은 일찍부터 크리스트교를 받아들여, 로마인과 융합하고 로마 교회의 협력을 얻어 발전했어요. 카롤루스 대제 때는 옛 서로마 제국 영토의 대부분을 정복하였고, 정복한 지역에 교회를 세워 크리스트교를 전파했어요. 이에 교황이 카롤루스 대제를 서로마 황제로 임명했어요.

봉건 사회

왕이 땅을 주어[封] 신하로 삼은[建] 제후들이 그 땅을 다스리는 사회[社會]

封 봉할 **봉** | **建** 세울 **건** | **社** 모일 **사** | **會** 모일 **회**

중세 서유럽에서 왕과 제후, 농노 등이 토지를 매개로 주종(주인과 부하) 관계를 맺은 사회예요. 제후는 왕에게 충성과 군사적 의무를 대가로 토지를 받았어요. 그리고 장원의 영주로서 왕의 간섭을 받지 않고 농노를 직접 지배했어요. 농노는 영주에게 매여 영주의 토지를 경작하고 노동과 세금을 바쳤어요.

장원은 중세 서유럽 사회에서 제후나 교회가 사유하던 토지로, 자급자족이 이루어지는 폐쇄적인 경제 공동체예요. 영주의 성을 중심으로 교회, 방앗간, 대장간 등을 갖춘 촌락과 경작지 등이 있어요.

성상 숭배 금지령

성상[聖像]에 대한 숭배[崇拜]를 금지[禁止]한 다는 명령[令] **비** 성상 파괴령

聖 성인 **성** | 像 모양 **상** | 崇 높을 **숭** | 拜 절 **배**
禁 금할 **금** | 止 그칠 **지** | 令 명령할 **령**

동로마 제국(비잔티움 제국)의 황제 레오 3세가 성상 숭배를 금지한 칙령이에요. 성상은 성자와 성모의 모습이에요. 하지만 로마 교회는 게르만족 포교를 위해 성상이 필요하다는 이유로 이를 거부했어요. 둘의 대립으로 인해 크리스트교는 결국 서유럽의 로마 가톨릭과 동유럽의 그리스 정교로 나뉘게 되었어요.

카노사의 굴욕

카노사에서 황제가 교황에게 굴욕[屈辱] 당한 일

屈 굽을 **굴** | 辱 욕될 **욕**

성직자 임명권을 둘러싸고 신성 로마 제국 황제와 교황과의 싸움에서 교황이 승리한 사건이에요. 봉건제가 확대되면서 왕이나 제후가 성직자 임명권도 행사하기 시작했어요. 이로 인해 교회의 부패가 심해지자 교황 그레고리우스 7세가 이를 금지했어요. 이에 신성 로마 제국의 하인리히 4세가 저항하였으나 교황이 그를 파문하자 황제가 교황이 머물던 카노사성에 찾아가 무릎을 꿇고 굴복했어요.

스콜라 철학

스콜라(학교)의 교사에 의한 철학[哲學]
영 scholasticism

哲 밝을 **철** | 學 배울 **학**

이성적인 사유를 통해 크리스트교 신앙을 이해하고자 했던 중세 철학이에요. 스콜라는 '학교'라는 뜻이에요. 중세 유럽의 교육은 교회와 수도원에 부속된 학교가 담당했고 여기서 학문도 연구되기 시작했어요. 스콜라 철학의 대표적인 학자 토마스 아퀴나스는 《신학대전》을 편찬하여 신앙과 이성의 조화를 추구했어요.

고딕 양식

> 고트족의(고딕) 양식[樣式]
> 영 Gothic style

樣 모양 **양** | 式 법 **식**

12세기 중엽에 서유럽에서 발달한 건축 양식이에요. 성당 건축의 전형적인 형식으로서, 높은 첨탑과 스테인드글라스가 특징이에요. 샤르트르 성당, 노트르담 성당, 쾰른 성당이 대표적이에요. 스테인드글라스는 모자이크 형식으로 유리창을 꾸민 것으로, 비잔틴 건축에서도 엿볼 수 있어요.

함께 알기 비잔틴 건축 建築 [세울 건, 쌓을 축]: 4세기경에 비잔티움을 중심으로 발달한 건축 양식. 큰 돔과 화려한 모자이크가 특징임

비잔티움 제국

> 비잔티움을 중심지로 한 제국[帝國]
> 동 동로마 제국 영 Byzantine Empire

帝 임금 **제** | 國 나라 **국**

로마 황제 테오도시우스 1세의 사망 이후 동·서로 분열된 로마 제국 중 동로마 제국이에요. 서로마 제국은 게르만족의 이동으로 멸망했으나 동로마 제국은 그 뒤에도 천 년 가까이 유지됐어요. 비잔티움은 현재의 이스탄불로서, 콘스탄티노폴리스라는 이름으로 제국의 중심지가 되었어요. 비잔티움 제국은 황제 중심의 중앙 집권 체제를 갖추었고, 황제가 교회의 우두머리 역할도 담당했어요.

백년 전쟁

> 영국과 프랑스 사이에서 백년[百年] 동안 일어난 전쟁[戰爭]

百 일백 **백** | 年 해 **년** | 戰 싸울 **전** | 爭 다툴 **쟁**

중세 말기에 영국과 프랑스가 벌인 전쟁이에요(1337~1453). 프랑스의 왕위 계승 문제와 플랑드르 지방을 둘러싼 경제적 이해관계가 얽혀 영국군이 프랑스를 침략하며 시작됐어요. 전쟁 초기에는 영국이 우세했으나 잔 다르크의 활약에 힘입어 프랑스가 승리했어요.

예 백년 전쟁 후 귀족이 몰락하고 중앙 집권적 통일 국가가 들어서게 되었다.

십자군 원정

십자가[十字]를 표시한 군대[軍]가 동방으로 멀리[遠] 정벌[征]을 떠난 일 　圖 십자군 전쟁

十 열 십 | 字 글자 자 | 軍 군사 군
遠 멀 원 | 征 정벌할 정

서유럽의 크리스트교도들이 이슬람교도에게 점령당한 성지 예루살렘을 다시 찾겠다는 **명분으로 일으킨 원정**이에요. 11세기 말 셀주크 튀르크가 예루살렘을 점령하고 비잔티움 제국을 압박하자 비잔티움의 황제가 로마 교황에게 지원을 요청했어요. 이에 교황이 서유럽 사회에 성지 탈환을 호소하자 기사, 상인, 농민의 참여 하에 십자군 원정이 시작되어 13세기 후반까지 지속되었으나 실패했어요.

예 십자군 원정의 실패로 교황의 권위가 추락했다.

함께 알기　셀주크 튀르크: 중앙아시아 유목민인 튀르크족 중 한 분파로, 11세기 중엽 바그다드를 점령하여 이슬람 국가를 세우고 술탄의 칭호를 받음

교황, 제후, 기사, 상인, 농노 등이 십자군 원정에 참여한 진짜 이유가 있어요.

르네상스

(동) 문예 부흥, 학예 부흥 (영) renaissance

14~16세기 서유럽에서 일어난 새로운 문화 운동이에요. 르네상스는 '부활', '재생'을 뜻하는 말로, 인간의 자유와 존엄성을 중시한 고대 그리스·로마 문화의 가치를 재발견하려는 문예 부흥 운동이에요. 르네상스가 먼저 시작된 이탈리아에서는 문학과 미술 분야에서의 활동이, 알프스 이북에서는 교회와 사회의 문제를 비판하는 활동이 활발히 전개됐어요.

종교 개혁

기존 종교[宗敎]의 모순을 고치고재[改革] 하는 운동

(영) reformation

宗 마루 종 | 敎 가르칠 교 | 改 고칠 개 | 革 가죽 혁

16~17세기 유럽에서 로마 가톨릭교회를 비판하며 일어난 개혁 운동이에요. 교황이 성 베드로 성당의 증축에 필요한 비용을 마련하려고 면벌부를 판매하자, 독일의 신학자 루터가 95개조 반박문을 발표하여 교황과 교회를 비판했어요. 그리고 스위스에서는 칼뱅이 예정설을 주장했어요. 그 결과 프로테스탄트라는 신교가 등장했어요.

함께 알기

- **면벌부 免罰符** [면할 **면**, 벌할 **벌**, 부적 **부**]: 중세 로마 가톨릭교회가 돈을 바친 사람에게 그 죄를 면한다는 뜻으로 발행하던 증서
- **예정설 豫定說** [미리 **예**, 정할 **정**, 말씀 **설**]: 인간의 구원은 신에 의해 예정되어 있다는 학설

베스트팔렌 조약

베스트팔렌에서 맺어진 문서[條] 합의[約]

條 가지 조 | 約 맺을 약

독일의 30년 전쟁을 끝마치며 유럽 각국 사이에 맺어진 조약이에요. 칼뱅파 등 신교와 가톨릭교회의 대립 속에 일어난 전쟁 중 독일의 30년 전쟁은 유럽 각국이 참여한 국제 전쟁이었어요. 전쟁은 베스트팔렌 조약으로 끝났고 칼뱅파도 공식적으로 인정받게 되었어요. 이로써 가톨릭, 루터파, 칼뱅파의 지위가 동등해졌어요.

마무리 퀴즈 Quiz

1~3 제시된 초성과 뜻을 참고하여 괄호 안에 들어갈 어휘를 쓰세요.

1 ㅎㄷㄱ: 브라만교를 바탕으로 다양한 민간 신앙과 불교가 융합된 종교

예 ( )는 굽타 왕조 시기에 성립되어 인도의 대표적인 종교가 되었다.

2 ㅇㄹ: 중국 수·당 시대의 법전

예 당은 ( )에 기초하여 중앙에 3성 6부를 두었다.

3 ㅋㄹㅍ: 이슬람의 종교 지도자

예 술탄은 ( )가 임명한 정치 지배자이다.

4~6 다음을 바르게 연결해 보세요.

4 굽타 양식 •

5 고딕 양식 •

6 아스카 문화 •

• ① 사원, 탑, 불상 등 불교문화가 발달함

• ② 높은 첨탑과 스테인드글라스가 특징임

• ③ 인체의 윤곽선이 보다 세세하게 드러 나도록 표현함

7~10 다음 설명이 맞으면 ○, 틀리면 ×로 표시하세요.

7 게르만족의 이동으로 동로마 제국이 멸망했다. ( )

8 십자군 원정의 실패로 교황의 권위가 추락했다. ( )

9 이탈리아 르네상스는 교회와 사회의 문제를 비판하는 특징이 있었다. ( )

10 독일의 신학자 루터는 예정설을 주장하였다. ( )

답안 1. 힌두교 2. 율령 3. 칼리프 4. ③ 5. ② 6. ① 7. × 8. ○ 9. × 10. ×

지역 간의 교류, 중세의 변화

송 · 성리학 · 원 · 몽골 제일주의 · 동방견문록 · 명 · 정화의 대항해 · 양명학
청 · 네르친스크 조약 · 고증학 · 막부 · 에도 시대 · 조닌 문화 · 오스만 제국
예니체리 · 티무르 왕조 · 사파비 왕조 · 무굴 제국 · 인도·이슬람 문화
신항로 개척 · 노예 무역 · 가격 혁명 · 동인도 회사 · 절대 왕정 · 계몽사상

송
송나라[宋]

宋 송나라 **송**

당의 멸망 이후 중국의 계속된 혼란을 수습한 조광윤(태조)이 세운 왕조예요
(960~1279). 태조는 절도사의 권한을 빼앗아 문신을 우대하는 문치주의 정책을 펼쳤어
요. 하지만 이로 인해 국방력이 약화되어, 요와 서하 등의 압박을 받았어요. 이후 금의 침
략으로 화북 지방을 빼앗겨 강남으로 수도를 옮기고 남송시대를 열었어요.

**함께
알기**
- **절도사** 節度使 [마디 **절**, 법도 **도**, 부릴 **사**]: 당나라 중기와 송나라 초에 변방을 다스리던
  군사령관
- **요** 遼 [요나라 **요**]: 10세기 초 거란의 야율아보기가 부족을 통일하고 세운 나라
- **서하** 西夏 [서녘 **서**, 여름 **하**]: 11세기 티베트계 탕구트족이 세운 나라
- **금** 金 [금나라 **금**]: 12세기 요의 지배를 받던 여진의 아구다가 부족을 통일하여 세운 나라

성리학
인간의 본성[性]이 우주의 원리[理]에서 비롯됐다고 보는
학문[學] **동** 주자학

性 성품 **성** | 理 다스릴 **리** | 學 배울 **학**

남송의 주희가 집대성한 유학이에요. 인간의 본성과 우주의 원리를 탐구하고, 의리와 대
의명분을 강조해요. 또 한족의 우월성을 강조하는 화이론을 중시했어요. 송대의 지배층이
었던 사대부들은 경전의 글자나 문구 해석에 치중하던 훈고학을 비판하고 성리학을 발전
시켰어요.

함께 알기
- **대의명분 大義名分** [큰 **대**, 옳을 **의**, 이름 **명**, 나눌 **분**]: 사람으로서 마땅히 행해야 할 도리
- **화이론 華夷論** [빛날 **화**, 오랑캐 **이**, 말할 **론**]: 중국이 천하의 중심인 화(華)이고 주변의 모든 민족은 오랑캐(夷)라는 중국 중심의 세계관

원 — 원나라[元]

元 으뜸 원

몽골 제국의 제5대 황제 쿠빌라이가 수도를 대도(베이징)로 옮기며 세운 나라예요 (1271~1368). 원은 1279년에 남송을 멸망시키고 중국 본토를 중심으로 몽골과 티베트까지 통합하여, 중국 역사상 처음으로 유목민이 전 중국을 지배하는 제국이 되었어요.

함께 알기
몽골 제국 帝國 [임금 **제**, 나라 **국**]: 13세기 초 몽골고원의 유목민을 통합한 테무친이 칭기즈 칸으로 추대되어, 활발한 정복 활동을 통해 아시아와 유럽 양 대륙에 걸쳐 세운 제국

몽골 제일주의 — 몽골인을 제일[第] 높은[一] 신분으로 하는 주의[主義]

第 차례 제 | 一 한 일 | 主 주인 주 | 義 옳을 의

원나라에서 지배층인 몽골족이 중국을 통치하기 위해 실시한 민족 차별 정책이에요. 몽골인이 제일 높은 관직을 맡고, 투르크인이나 아랍인, 유목인을 비롯한 색목인은 중간층으로 행정에 관한 사무를 처리했어요. 그 아래 한인과 남송인은 세금의 의무를 졌고 천대받았어요. 특히 몽골족에게 많이 저항했던 남송인 출신은, 남인이라고 하여 최하위 계급이 되었고 형벌까지도 차별받았어요.

함께 알기
색목인 色目人 [빛 **색**, 눈 **목**, 사람 **인**]: 유럽이나 서아시아, 중부 아시아 등지에서 온 외국인. 피부색이나 눈동자 색이 다르기 때문에 붙여진 이름

동방견문록 〉 동방[東方]을 여행하며 보고[見] 들은[聞] 것을 적은 기록 [錄]

東 동녘 동 | 方 모 방
見 볼 견 | 聞 들을 문 | 錄 기록할 록

이탈리아의 여행가 마르코 폴로가 동방을 여행한 체험담을 기록한 책이에요. 마르코 폴로는 원에서 색목인 관료로 근무하며 17년 동안(1271~1295) 중국 각지를 여행하고 귀국했어요. 이후 제노바 감옥에 갇혀 있을 때 같이 있던 사람이 받아쓰며 기록했어요. 이 책은 동양에 대한 유럽 사람들의 관심을 높였고, 콜럼버스의 신항로 개척에도 많은 영향을 끼쳤어요.

명 〉 명나라[明]

明 밝을 명

홍건적 출신의 주원장(홍무제)이 강남에서 일어나 원을 북쪽으로 몰아내고 세운 나라예요(1368~1644). 이로써 한족 왕조가 부활했어요. 명은 한족 전통의 유교 질서를 강화하고, 주변국들과 조공·책봉의 형식으로만 교류했어요. 제3대 황제인 영락제 때 난징에서 베이징으로 수도를 옮기고 몽골과 남해에 원정하여 전성기를 이루었어요.

함께 알기

- **홍건적** 紅巾賊 [붉을 **홍**, 수건 **건**, 도둑 **적**]: 중국 원나라 말기의 도둑 무리. 머리에 붉은 수건을 써서 이름 지어졌음
- **조공·책봉** 朝貢冊封 [아침 **조**, 바칠 **공**, 칙서 **책**, 봉할 **봉**]: 조공은 주변국들이 중국에 사절을 보내 예물을 바치는 일이고, 책봉은 그 대가로 중국의 황제가 주변국의 군주들에게 지배권을 인정해 주는 일

정화의 대항해

정화[鄭和]가 대규모[大]로 배[航]를 끌고 바다[海]를 다닌 일 🟢 정화의 남해 원정, 정화의 해외 원정

鄭 정나라 정 | 和 화할 화
大 큰 대 | 航 배 항 | 海 바다 해

명 영락제의 명령으로 환관 정화가 중심이 되어 떠난 남해 원정이에요. 29년 동안 (1405~1433) 7회에 걸쳐 이루어진 대규모 해상 활동으로서, 국위 선양과 해상 무역을 위해 동남아시아와 서남아시아, 아프리카 동해안까지 원정하였어요. 이를 통해 30개국이 명에 새로 조공하게 되었어요.

함께 알기　**국위 선양** 國威宣揚 [나라 국, 위엄 위, 베풀 선, 날릴 양]: 나라의 권위와 위력을 널리 알림

정화는 항해 때마다 2만여 명의 병사와 선원을 실은 수백 척의 함대를 이끌었어요. 정화의 대항해는 유럽의 신항로 개척보다 70여 년이 더 빠른 거예요.

양명학

왕양명[陽明]이 만든 유학[學]

陽 볕 양 | 明 밝을 명 | 學 배울 학

명대에 왕양명이 주창했던 새로운 유교 학설이에요. 왕양명은 형식에 치우친 성리학을 비판하며 지행합일(지식과 행동이 서로 맞음)의 실천을 강조하는 양명학을 제창했어요. 그는 인간이 본질적으로 모두 평등하다고 주장하여 서민들에게 많은 지지를 받았어요.

청

청나라[清]
🔵비 후금

清 맑을 **청**

중국의 마지막 왕조예요(1644~1912). 여진족(만주족)의 누르하치가 여러 부족을 통일하여 후금을 세우고(1616), 아들 태종이 내몽골을 복종하게 한 뒤 국호를 청으로 바꿨어요. 청은 농경 사회와 유목 사회를 통합한 대제국으로서, 소수의 만주족이 강경책과 회유책을 적절히 사용하여 압도적 다수의 한족을 다스렸어요.

함께 알기

- **강경책** 強硬策 [강할 **강**, 굳을 **경**, 꾀 **책**]: 청이 한족의 힘을 억누르기 위해 실시한 정책. 만주족 비판 금지, 변발·호복 강요 등
- **회유책** 懷柔策 [품을 **회**, 부드러울 **유**, 꾀 **책**]: 청이 한족을 달래기 위해 실시한 정책. 고위 관직에 만주족과 한족을 함께 등용하고 유교 문화를 존중함

네르친스크 조약

네르친스크에서 맺은 조약[條約]

條 가지 **조** | 約 맺을 **약**

1689년에 네르친스크에서 청나라와 러시아가 국경을 확정하며 맺은 조약이에요. 청은 이 조약을 맺은 강희제부터 옹정제, 건륭제에 이르는 130여 년 동안 전성기를 누렸어요. 이 시기에 형성된 청의 최대 영역은 대부분 현재의 중국으로 계승됐어요. 네르친스크 조약은 청나라가 유럽 국가와 최초로 대등하게 체결한 조약이에요.

고증학

옛 문헌을 살펴보고[考] 증거[證]를 통해 이론적으로 밝히는 유학[學]

考 살필 고 | **證** 증거 증 | **學** 배울 학

옛 문헌에서 확실한 증거를 찾아 경서(유교 사상과 교리를 써 놓은 책)를 설명하려고 한 학문이에요. 중국 명나라 말기에 일어나 청나라 때에 발전했어요. 청의 학자들은 정부의 사상 통제로 인해 현실 정치를 멀리하고 고증학에 몰두했어요.

역사

막부

무사 집단[幕]에 의한 정부[府]

비 무사 정권

幕 장막 막 | **府** 마을 부

쇼군(장군)을 중심으로 한 일본의 무사 정권이에요(1192~1868). 쇼군은 막부의 수장으로서 부하 무사와 토지를 매개로 주종 관계를 맺었어요. 일본의 3대 막부 정권은 최초의 무사 정권을 수립한 가마쿠라 막부, 명과 외교 관계를 수립한 무로마치 막부, 도쿠가와 이에야스가 수립한 에도 막부가 있어요.

에도 시대

에도 막부가 다스리던 시대[時代]

동 강호 시대, 도쿠가와 시대

時 때 시 | **代** 시대 대

일본의 에도 막부가 다스리던 시대예요. 에도 시대에 쇼군은 직할지만 다스리고, 나머지 지역은 다이묘(영주)가 다스렸어요. 하지만 엄격한 법률과 산킨코타이 제도를 통해 다이묘에 대한 통제력을 강화하여 중앙 집권적 봉건제를 실시했어요. 그리고 외국과의 교류는 철저히 통제했으나, 조선과 교류하고 중국과 네덜란드 상인에게는 무역을 허용했어요. 이때 난학이 발달했어요.

함께 알기
- **산킨코타이**: 에도에 다이묘의 처자식을 거주시키고, 다이묘는 정기적으로 에도와 자신의 영지를 왕복하게 함으로써 다이묘를 감시하는 제도
- **난학 蘭學** [난초 **난**, 배울 **학**]: 네덜란드 상인들에 의해 일본에 전래된 서양의 학문과 기술

조닌 문화 〉 조닌 계층에 의한 문화[文化]

文 글월 문 | 化 될 화

조닌 계급에 의해 형성된 에도 시대의 문화예요. 조닌은 에도 시대의 경제적 번영을 토대로 크게 성장한 상인·수공업자 계층을 말해요. 이들은 가부키, 우키요에 등의 조닌 문화를 발전시켰어요.

함께 알기
- **가부키**: 노래, 춤, 연기로 이루어진 일본의 고전 연극
- **우키요에**: 목판화로 제작된 일본의 풍속화

오스만 제국 〉 오스만 튀르크족이 세운 제국[帝國]

帝 임금 제 | 國 나라 국

오스만 튀르크족이 셀주크 제국을 무너뜨리고 소아시아에 세운 이슬람 제국이에요 (1299~1922). 이들은 1453년에 비잔티움 제국을 멸망시키고 수도를 콘스탄티노폴리스 (이스탄불)로 옮겨 번성했어요. 오스만 제국은 이슬람의 전통에 따라 제국 내의 이교도들에게 이슬람교를 강요하지 않고, 지즈야(인두세)만 내면 종교를 인정하고 자치를 허용하는 관용 정책을 폈어요.

함께 알기
지즈야: 비이슬람교도 성인 남자에게 부과되는 인두세(각 개인에게 매기는 세금)

예니체리 Janissary

오스만 제국 술탄(이슬람의 정치 지배자)의 친위 부대예요. 오스만 제국은 혈통·출신에 관계없이 유능한 이들을 등용했어요. 이 과정에서 발칸반도의 크리스트교도 청소년을 강제로 징발하여 개종시킨 후, 군대나 관료로 충당했어요. 이들로 구성된 예니체리는 오스만 제국의 팽창에 기여했고, 일부는 고위 관료가 되기도 했어요.

티무르 왕조 | 티무르가 세운 왕조[王朝]

王 임금 왕 | **朝** 아침 조

차가타이한국의 부족장 출신인 티무르가 중앙아시아에서 몽골 제국의 부활을 내걸고 세운 왕조예요(1369~1508). 티무르 왕조에서는 페르시아 문화와 튀르크·이슬람 문화 등을 융합한 학문과 문예가 발달했고, 수도 사마르칸트는 국제적인 상업 도시로 발전했어요.

사파비 왕조 | 사파비 가문에 세운 왕조[王朝]

王 임금 왕 | **朝** 아침 조

티무르 왕조가 쇠퇴한 후 이란 지역에서 사파비 가문의 이스마일 1세가 세운 왕조예요 (1502~1736). 사파비 왕조는 시아파 이슬람교를 국교로 삼고, 이란인의 민족의식을 일깨웠어요. 이후 사파비 왕조 제5대 황제인 아바스 1세는 이스파한으로 수도를 옮기고 상업을 발달시켰어요.

함께 알기 | **시아파**: 정통 칼리프 시대의 마지막 4대 칼리프 알리와 그 후손만을 정통으로 인정하고, 다른 칼리프는 인정하지 않는 이슬람교파

무굴 제국

인도의 마지막 이슬람 제국[帝國]

帝 임금 제 | 國 나라 국

인도의 마지막 이슬람 제국이에
요(1526~1858). 티무르의 후손
바부르가 중앙아시아에서 북인
도에 침입하여 세웠어요. 아크바
르 황제는 중앙 집권 체제를 확
립하고, 인두세 폐지 및 힌두교
도 등용을 통해 이슬람교와 힌두
교의 화해에 힘썼어요. 이후 아
우랑제브 황제 때 남인도까지 차
지하여 인도의 대부분을 차지했
어요. 하지만 그는 인두세를 부
활하고 힌두 사원을 파괴하며 무
굴 제국의 멸망을 앞당겼어요.

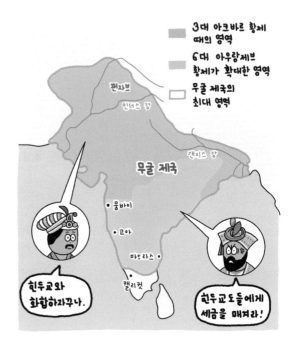

인도·이슬람 문화

인도[印度] 문화와 이슬람 문화가 융합된 문화
[文化]

印 도장 인 | 度 법도 도 | 文 글월 문 | 化 될 화

인도의 힌두 문화와 이슬람 문화가 융합된 문화예요. 무굴 제국 시대에 발전했어요. 종교
에서는 힌두교와 이슬람교가 융합된 시크교가 등장했고, 건축에서는 인도의 건축 양식과
이슬람의 건축 양식이 혼합된 타지마할 묘당이 세워졌어요.

**함께
알기**

• **시크교** 敎 [가르칠 교]: 구루(스승) 나나크가 창시한 종교로서, 유일신을 섬기고 우상 숭
　배(신 이외의 사람이나 사물을 숭배)와 카스트를 부정하며 인간 평등을 주장함
• **타지마할**: 무굴 제국의 5대 황제 샤자한이 왕비 뭄타즈 마할을 추모하여 세운 묘당

신항로 개척

새[新] 항로[航路]를 열어[開] 넓히는[拓] 것

新 새 신 | 航 배 항 | 路 길 로
開 열 개 | 拓 넓힐 척

15~16세기 유럽이 지중해를 거치지 않고 동방과 신대륙으로 가는 새로운 항로를 찾으려는 움직임이에요. 십자군 원정 이후 유럽에서 동방의 향신료와 비단 등이 큰 인기를 끌었어요. 그런데 15세기 중엽 오스만 제국이 비잔티움 제국을 멸망시키고 지중해 무역을 장악하자 동방 상품의 가격이 치솟았고, 이에 유럽인들은 동방과 직접 교역하기 위해 신항로 개척에 나섰어요.

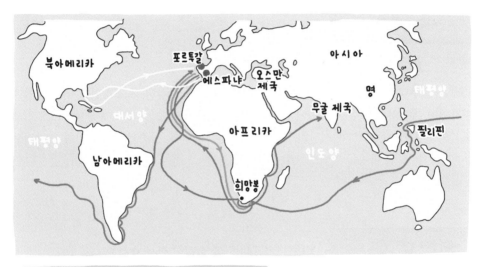

→ (1488) 바르톨로메우 디아스, 희망봉 발견
→ (1492) 콜럼버스 신대륙 발견
→ (1498) 바스쿠 다 가마, 인도 항로 개척
→ (1519~1522) 마젤란 세계일주

대서양 연안에 위치한 포르투갈과 에스파냐가 신항로 개척에 앞장서서 유럽 국가들 중 먼저 많은 식민지를 차지했어요.

노예 무역

노예[奴隷]를 사고팔고 교환하는 무역[貿易]

영 slave trade

奴 종 노 | 隷 부릴 예 | 貿 바꿀 무 | 易 바꿀 역

노예를 상품으로 거래한 근세 유럽의 무역 형태예요. 신항로 개척 이후 무역의 중심지가 지중해에서 대서양으로 이동했어요. 유럽인은 총과 직물을 아프리카로 싣고 가 흑인과 교환한 뒤 아메리카 농장에 노예로 팔았어요. 대서양의 노예 무역이 절정에 달한 18세기에는 해마다 7만 5천 명에서 9만 명에 이르는 아프리카 흑인들이 노예로 팔려갔어요.

가격 혁명

물건 값[價格]이 갑자기 치솟는 변화[革命]

영 price revolution

價 값 가 | 格 바로잡을 격 | 革 가죽 혁 | 命 목숨 명

15세기 말부터 17세기 초에 유럽 여러 나라에서 물가가 급격히 오르던 현상이에요. 아메리카에서 대량의 금과 은이 유럽에 들어옴으로써 물가가 치솟았어요. 가격 혁명으로 인해 도시의 상공업자들이 크게 성장하고 교역망이 확대되면서, 상공업과 금융업이 획기적으로 발달하는 **상업 혁명**이 일어났어요.

동인도 회사

동[東] 인도[印度]에 설립한 회사[會社]

東 동녘 동 | 印 도장 인 | 度 법도 도
會 모일 회 | 社 모일 사

17~19세기 사이에 영국·네덜란드·프랑스 등이 아시아 지역과의 무역을 위해 설립한 회사예요. 정부로부터 무역뿐만 아니라 군대를 보유하고 조약을 체결하는 권한까지 부여받았어요. 동인도 회사를 통해 유럽은 아시아에 대한 경제적 지배를 확대해 나갔어요.

절대 왕정

절대[絶對]적인 권한을 갖는 왕[王]에 의한 지배[政]

동 절대 군주제

絶 끊을 절 | 對 대할 대 | 王 임금 왕 | 政 정사 정

16~18세기 유럽에서 나타난 절대 군주에 의한 지배 체제예요. 절대 왕정의 군주는 왕권을 강화하기 위해 관료제와 국왕 직속 부대인 상비군을 갖추고 왕권신수설을 제시하여 자신의 권력을 정당화했어요. 중상주의 경제 정책으로 수입품에 높은 관세를 부과하여 수입을 줄이고, 국내의 상공업을 보호·육성했어요.

함께 알기

- **관료제 官僚制** [버슬 **관**, 동료 **료**, 만들 **제**]: 특권을 가진 관료가 국가 권력을 장악하고 지배하는 정치 제도. 권위적·획일적·형식적 경향을 지님
- **왕권신수설 王權神授說** [임금 **왕**, 권세 **권**, 귀신 **신**, 줄 **수**, 말씀 **설**]: 왕권은 신에게 받은 절대적인 권력이라는 주장

절대 왕정은 시민 계층의 상공업 활동을 보호해 주고 그들로부터 관료제와 상비군 유지에 필요한 재정 지원을 받았어요.

계몽사상

어둠[蒙]을 열어[啓] 빛을 비추어야 한다는 사상[思想]

동 계몽주의 영 enlightenment

啓 열 계 | 蒙 어두울 몽 | 思 생각 사 | 想 생각 상

이성의 힘으로 낡은 관습과 미신을 타파함으로써 사회가 진보할 수 있다는 사상이에요. 계몽이란 '아직 깨닫지 못한 상태를 깨우치다'는 뜻이에요. 대표적인 계몽사상가에는 몽테스키외, 루소, 볼테르가 있어요. 계몽사상은 미국 혁명과 프랑스 혁명을 일으키는 원동력이 되었어요.

마무리 퀴즈 Quiz

1~4 다음 내용에 해당하는 중국 왕조를 〈보기〉에서 고르세요.

〈보기〉 ㉠ 송   ㉡ 원   ㉢ 명   ㉣ 청

1 강경책과 회유책을 적절히 사용하여 한족을 다스렸다.   (   )

2 문신을 우대하는 문치주의 정책을 펼쳤다.   (   )

3 몽골 제일주의를 내세워 중국을 통치하였다.   (   )

4 환관 정화에게 남해 원정을 명령하여 조공국을 확대했다.   (   )

5~7 다음 학문에 대한 설명을 바르게 연결해 보세요.

5 성리학 ·   · ① 지행합일의 실천을 강조함

6 양명학 ·   · ② 인간의 본성과 우주의 원리를 탐구함

7 고증학 ·   · ③ 옛 문서에서 확실한 증거를 찾아 경서를 설명함

8~10 다음 빈칸에 들어갈 말을 〈보기〉에서 찾아 쓰세요.

〈보기〉 신항로, 동인도, 예니체리, 무굴 제국, 절대 왕정

8 발칸반도의 크리스트교 청소년을 강제로 징집하여 (   )를 구성했다.

9 유럽은 지중해를 거치지 않고 동방과 직접 교류하기 위해 (   )를 개척했다.

10 왕권신수설과 중상주의는 (   )을 떠받치는 두 사상적 기둥이다.

답안 1. ㉣ 2. ㉠ 3. ㉡ 4. ㉢ 5. ② 6. ① 7. ③ 8. 예니체리 9. 신항로 10. 절대 왕정

국민 국가로 가는 길, 근대

청교도 혁명 · 명예혁명 · 미국 혁명 · 프랑스 혁명 · 대륙 봉쇄령 · 빈 체제
국민 국가 · 차티스트 운동 · 철혈 정책 · 미국 남북 전쟁 · 먼로 선언
인클로저 운동 · 산업 혁명 · 러다이트 운동 · 사회주의 · 제국주의 · 파쇼다 사건
탄지마트 개혁 · 와하브 운동 · 수에즈 운하 · 세포이 항쟁 · 벵골 분할령
아편 전쟁 · 양무운동 · 변법자강 운동 · 신해혁명 · 메이지 유신

청교도 혁명

청교도[淸敎徒]가 중심이 되어 일으킨 혁명[革命]

淸 맑을 청 | 敎 가르칠 교 | 徒 무리 도
革 가죽 혁 | 命 목숨 명

영국에서 청교도가 중심이 되어 일으킨 시민 혁명이에요(1640~1660). 당시 왕이었던 찰스 1세가 권리 청원을 지키지 않고 의회를 무시하며 청교도를 탄압하자, 의회파가 들고일어나 왕당파를 물리치고 공화정을 세웠어요. 이때 의회파의 대다수가 청교도였어요. 그러나 의회파를 이끈 크롬웰이 죽자 왕정으로 돌아갔어요.

함께 알기

- **청교도**: 칼뱅주의를 바탕으로 모든 쾌락을 죄악시하고 철저한 금욕을 주장한 개신교의한 교파
- **권리 청원** 權利請願 [권세 **권**, 이로울 **리**, 청할 **청**, 원할 **원**]: 영국 의회가 찰스 1세에게과세, 재산권, 신체 자유의 기본권 보장에 대해 승인을 얻은 청원서

명예혁명

피를 흘리지 않고 명예[名譽]롭게 이루어진 혁명[革命]

🔵 무혈 혁명

名 이름 명 | 譽 기릴 예 | 革 가죽 혁 | 命 목숨 명

영국에서 의회에 의해 평화롭게 정권 교체가 이루어진 혁명이에요(1688). 당시 제임스 2세가 의회를 무시하고 전제 정치를 하자, 의회가 제임스 2세를 폐위하고 그의 딸 메리와 남편 윌리엄을 공동 왕으로 추대했어요. 두 사람은 의회가 제정한 권리 장전을 승인하였고, 이로써 입헌 군주제의 토대가 마련되었어요.

함께 알기

- **전제 정치** 專制政治 [오로지 **전**, 만들 **제**, 정사 **정**, 다스릴 **치**]: 국가 권력을 개인이 장악하여 민의나 법률에 제약을 받지 않고 실시하는 정치
- **권리 장전** 權利章典 [권세 **권**, 이로울 **리**, 글 **장**, 법 **전**]: 영국의 명예혁명의 결과 승인된, 인권 선언과 왕위 계승을 정한 의회 제정법
- **입헌 군주제** 立憲君主制 [설 **입**, 법 **헌**, 임금 **군**, 임금 **주**, 만들 **제**]: 군주가 헌법에서 정한 제한된 권력을 가지고 다스리는 정치 체제

미국 혁명

영국의 미국[美國] 식민지가 독립을 이룬 혁명[革命]

🔵 미국 독립 혁명

美 아름다울 미 | 國 나라 국 | 革 가죽 혁 | 命 목숨 명

영국의 세금 부과 정책에 반발하여 아메리카 식민지 주민들이 전쟁으로 독립을 이룬 혁명이에요. 식민지 주민들은 보스턴 차 사건을 일으켜 본격적으로 영국에 저항했어요. 이후 13주 식민지 대표들이 대륙 회의를 열어 워싱턴을 총사령관으로 임명하고 독립 선언문을 발표한 뒤(1776), 전쟁에서 승리했어요. 이로써 세계 최초의 민주 공화국인 아메리카 합중국이 탄생했어요.

함께 알기

- **보스턴 차 사건** 茶事件 [차 **차**, 일 **사**, 물건 **건**]: 인디언으로 변장한 아메리카 식민지 주민들이 영국 동인도 회사의 배에 침입하여 실려 있던 차를 바다에 버린 사건
- **민주 공화국** 民主共和國 [백성 **민**, 임금 **주**, 한가지 **공**, 화할 **화**, 나라 **국**]: 주권이 국민에게 있고 주권의 운용이 국민의 의사에 따라 이루어지는 나라

프랑스 혁명

프랑스에서 일어난 시민 혁명[革命]

동 프랑스 대혁명

革 가죽 혁 | 命 목숨 명

프랑스에서 시민 계급이 중심이 되어 귀족적이고 봉건적인 구제도를 무너뜨리고 공화정을 선포한 혁명이에요(1789~1799). 루이 16세가 국민 의회를 탄압하려 하자 분노한 파리 시민들이 바스티유 감옥을 습격했고, 국민 의회는 인간과 시민의 권리 선언(인권 선언)을 발표했어요. 이후 국민 공회가 구성되어 공화정을 선포하고 루이 16세를 처형했어요.

함께 알기 | **바스티유 감옥** 監獄 [볼 감, 옥 옥]: 왕권에 맞선 정치범을 가두는 감옥으로, 이곳에 대한 습격은 왕권에 대한 저항을 의미

역사

대륙 봉쇄령

대륙[大陸]을 봉쇄[封鎖]하는 법령[令]

大 큰 대 | 陸 뭍 륙
封 봉할 봉 | 鎖 쇠사슬 쇄 | 令 명령할 령

프랑스의 나폴레옹 1세가 영국을 경제적으로 봉쇄하여 굴복시키려고 했던 정책이에요. 유럽 대륙 국가들이 영국과 교역할 수 없게 항구를 봉쇄하고 영국 선박의 대륙 출입을 금지했어요. 그러나 유럽 국가들의 반발로 실패했어요.

빈 체제

빈 회의 이후 구제도로 돌아간 유럽의 체제[體制]

體 몸 체 | 制 만들 제

나폴레옹의 몰락 후 구제도로 돌아간 유럽의 국제 정치 체제예요. 오스트리아의 재상 메테르니히가 주도한 빈 회의에서 각국은 유럽의 영토와 정치 체제를 프랑스 혁명 이전으로 되돌리는 데 합의했어요. 빈 체제가 30년 동안 지속되면서 자유주의 운동과 민족주의 운동이 탄압을 받았어요.

함께 알기

• **자유주의 운동** 自由主義運動 [스스로 **자**, 말미암을 **유**, 주인 **주**, 옳을 **의**, 옮길 **운**, 움직일 **동**]: 개인의 자유와 평등을 바탕으로 의회 정치의 실현을 추구한 정치 운동
• **민족주의 운동** 民族 [백성 **민**, 겨레 **족**]: 민족의 독립과 통일을 추구한 민족 운동

국민 국가

나라 안의 모든 사람을 국민[國民]으로 아우르는 국가[國家] **비** 민족 국가

國 나라 국 | 民 백성 민 | 國 나라 국 | 家 집 가

일정한 영토와 그곳에 사는 국민으로 구성된 국가예요. 보통 근대 유럽에서 시민 혁명을 거쳐 형성된 근대 국가를 가리켜요. 국민 국가는 단일 국가의 형태를 가지며 통일된 법과 정부 체계를 갖추고 있어요.

차티스트 운동

차티스트들(노동자의 참정권 운동가)의 운동[運動]

運 옮길 운 | 動 움직일 동

영국에서 선거권을 얻지 못한 노동자들이 선거권 획득을 요구하며 전개한 운동이에요. 명예혁명 이후 영국은 자유주의가 점점 확대되어, 각종 차별이 철폐되고 상공업 계층까지 선거권을 갖게 되었어요. 그런데 노동자들은 제외되자 차티스트 운동이 일어났어요. 이 운동은 실패했지만 이후 선거법 개정에 영향을 끼쳤어요.

철혈 정책

무기[鐵]와 군대[血]로써 통일을 이루고자 한 정책[政策]

鐵 쇠 철 | 血 피 혈 | 政 정사 정 | 策 꾀 책

독일 통일을 위해 프로이센의 재상 비스마르크가 추진한 강력한 군비 확장 정책이에요. 비스마르크는 우수한 군사력을 바탕으로 외국과의 전쟁을 이끌었고, 이 과정에서 독일 국가들의 결속을 다지며 독일 연방을 결성했어요. 전쟁이 모두 끝난 후 프로이센의 왕 빌헬름 1세를 황제로 하는 독일 제국이 탄생했어요(1871).

역사

미국 남북 전쟁

미국[美國]의 남부[南]와 북부[北]가 벌인 전쟁[戰爭] 영 American Civil War

美 아름다울 미 | 國 나라 국
南 남녘 남 | 北 북녘 북 | 戰 싸울 전 | 爭 다툴 쟁

미국에서 노예제를 둘러싸고 남부와 북부가 벌인 내전이에요(1861~1865). 당시 링컨 대통령이 노예제 확대를 반대하자, 이에 반발하여 남부 7개 주가 미연방을 탈퇴하면서 전쟁이 시작됐어요. 전쟁 초기에는 남부가 우세했지만 링컨 대통령이 노예 해방을 선언하고 북부가 게티즈버그 전투에서 승리하면서 전쟁이 끝났어요.

먼로 선언

먼로 대통령이 밝힌 외교 선언[宣言]
비 먼로주의

宣 베풀 선 | 言 말씀 언

미국의 먼로 대통령이 아메리카 대륙의 국가들에 대해 밝힌 외교 방침이에요(1823). 먼로 대통령은 아메리카 대륙에 대한 유럽의 간섭이나 식민지 건설을 허용하지 않겠다고 선언했어요. 먼로 선언에 힘입어 라틴아메리카 지역의 독립 운동이 더욱 활발히 전개됐어요.

인클로저 운동

농장을 인클로저(울타리를 친)한 운동[運動]

영 enclosure movement

運 옮길 운 | 動 움직일 동

영국에서 지주들이 공동 경작지와 미개간지와 같은 공유지에 울타리를 치고 개인 소유지로 삼은 운동이에요. 16세기에는 양을 방목하기 위해 농경지를 목장으로 만들었고, 18세기에는 곡물 경작지를 확대하기 위해 이 운동을 벌였어요. 이 과정에서 많은 농민이 일터를 잃어 농촌을 떠날 수밖에 없었어요.

산업 혁명

산업[産業]의 발달로 나타난 대변혁[革命]

영 industrial revolution

産 낳을 산 | 業 업 업 | 革 가죽 혁 | 命 목숨 명

18세기 중엽 기계의 발명과 기술의 혁신으로 생산력이 급증함에 따라 나타난 사회·경제적 대변혁이에요. 산업 혁명은 영국의 면직물 공업에서 시작되었어요. 실을 뽑는 방적기와 옷감을 짜는 방직기 등이 개발되고 증기 기관을 동력으로 사용하면서, 면직물 공업은 가내 수공업을 벗어나 공장제 기계 공업으로 발전했어요. 이에 따라 면직물 생산량이 크게 늘었고, 다른 산업들도 발전하기 시작했어요.

러다이트 운동

러다이트(신기술 반대자)들의 운동[運動]

비 기계 파괴 운동

運 옮길 운 | 動 움직일 동

19세기 초반 영국 중·북부의 섬유 공업 지대에서 일어난 노동자의 반(反)자본주의 운동이에요. 산업 혁명으로 일자리를 잃은 영국의 노동자들은 실업의 원인을 기계 때문이라고 여겨 기계를 파괴하는 운동을 벌였어요. 이 일에 앞장섰던 네드 러드(Ned Lud)의 이름에서 러다이트(Luddite)라는 말이 생겼어요.

사회주의

> 생산 수단을 사회[社會]화하자는 사상[主義]
>
> (비) 공산주의　(영) socialism

社 모일 **사** | 會 모일 **회** | 主 주인 **주** | 義 옳을 **의**

사유 재산 제도를 폐지하고 생산 수단을 사회화하여 평등 사회를 건설하자는 사상이에요. 산업 혁명으로 인해 빈부 격차가 심해지고 많은 노동자들이 비참한 생활을 하자, 자본주의의 모순을 극복하기 위해 나타났어요. 자본가의 이윤 독점을 비판하고 공동 생산, 공동 분배를 주장했어요.

제국주의

> 강대국이 식민지를 지배하여 제국[帝國]이 되려는 경향[主義]　(영) imperialism

帝 임금 **제** | 國 나라 **국** | 主 주인 **주** | 義 옳을 **의**

우월한 군사력과 경제력으로 다른 나라나 민족을 정벌하여 식민지화하려는 침략주의적 경향이에요. 19세기 후반 산업화에 성공한 서구 열강들이 자본주의적 산업 생산을 계속 발전시키기 위해, 군사력을 앞세워 경쟁적으로 제국주의 정책을 펼쳤어요. 이로 인해 아프리카와 아시아의 많은 나라들이 식민 지배를 받았어요.

파쇼다 사건 〉 영국과 프랑스가 파쇼다에서 충돌한 사건[事件]

事 일 사 | **件** 사건 건

영국과 프랑스의 군대가 수단 남부의 파쇼다에서 아프리카 분할 문제로 충돌한 사건이
에요(1898). 영국은 이집트에서 케이프타운 식민지를 잇는 종단 정책을 추진했고, 프랑스
는 알제리와 마다가스카르섬을 연결하는 횡단 정책을 추진했어요. 파쇼다 사건은 제국주
의 열강들의 식민지 경쟁으로 인해 일어난 사건이에요.

탄지마트 개혁 〉 오스만 제국이 국가를 개조하기 위해 실시한 개혁 [改革]

改 고칠 개 | **革** 가죽 혁

오스만 제국이 대내외적인 위기를 극복하기 위해 시행한 근대적인 개혁 정책이에요. 탄
지마트는 터키어로 '개조'라는 뜻이에요. 오스만 제국은 중앙 집권적인 체제 강화, 징병제
실시, 유럽식 교육 제도 도입 등을 통하여 근대 국가로의 변화를 추진했어요. 하지만 보수
세력의 반발로 큰 성과는 거두지 못했어요.

| 함께 알기 | **징병제** 徵兵制 [부를 징, 병사 병, 만들 제]: 국가가 국민 모두에게 강제적으로 병역의 의무를 지우는 의무 병역 제도 |

와하브 운동

압둘 와하브가 주도한 이슬람 개혁 운동[運動]

運 옮길 운 | 動 움직일 동

18세기 중엽 오스만 제국 치하의 아라비아반도에서 일어난 이슬람 개혁 운동이에요. 압둘 와하브가 주도했어요. 그는 초기의 순수한 이슬람 정신으로 돌아가자고 주장하며 큰 지지를 얻었어요. 와하브 운동은 19세기 말부터 전개되는 아랍 민족 운동의 기반이 됐어요.

수에즈 운하

수에즈 지역에 건설된 운하[運河]

運 옮길 운 | 河 강 하

지중해와 홍해를 연결하는 운하예요. 운하는 배의 운항을 위해 육지에 만든 물길이에요. 이집트 정부가 자국민을 동원하여 10년에 걸쳐 건설하였으나, 재정난으로 영국에 주식의 일부를 헐값으로 넘겼어요. 영국은 수에즈 운하를 관리한다는 구실로 이집트에 군대를 주둔하는 등 제국주의 정책을 펼쳤어요. 다행히 1956년에 이집트가 완전히 국유화하여, 이집트 정부로 반환되었어요.

수에즈 운하의 개통으로 유럽과 아시아를 연결하는 항로가 아프리카를 돌아가는 것보다 약 1만km 단축되었어요.

세포이 항쟁 〉 세포이들이 일으킨 항쟁[抗爭]

抗 막을 항 | 爭 다툴 쟁

영국의 차별에 분노한 세포이들이 봉기하여 일어난 인도 최초의 대규모 민족 운동이에요. 세포이는 영국 동인도 회사가 고용한 용병이에요. 이들은 힌두교도와 이슬람교도가 대부분이었는데, 회사가 지급한 탄약 포장지에 소기름과 돼지기름이 칠해져 있다는 소문을 듣고 종교 탄압이라고 생각해 봉기했어요. 하지만 세포이 항쟁은 영국에 진압되었고, 이 과정에서 무굴 제국이 멸망했어요.

벵골 분할령 〉 벵골 지방을 나눈다는[分割] 명령[令]

分 나눌 분 | 割 나눌 할 | 令 명령할 령

영국이 벵골 지방을 힌두교도 지역과 이슬람교도 지역으로 분할한다는 조치예요(1905). 영국은 이를 통해 인도의 민족적 통합을 분열시키고자 했어요. 하지만 인도 국민 회의가 중심이 된 대규모 반영 운동이 일어나 영국은 마침내 벵골 분할령을 철회했어요.

함께 알기 | **인도 국민 회의** 印度國民會議 [도장 **인**, 법도 **도**, 나라 **국**, 백성 **민**, 모일 **회**, 의논할 **의**]: 영국이 인도의 반영 운동을 약화하려는 목적으로 조직한 정당. 하지만 벵골 분할령을 계기로 영국 상품 불매, 국산품 애용(스와데시), 자치 획득(스와라지), 민족 교육 등을 주장하며 반영 운동을 시작함

아편 전쟁

영국과 청나라 사이에 아편[阿片] 무역으로 인한 전쟁
[戰爭]

阿 언덕 **아** | 片 조각 **편** | 戰 싸움 **전** | 爭 다툴 **쟁**

청나라가 영국의 아편 밀수출을 단속하자 이를 빌미로 영국이 일으킨 전쟁이에요
(1840~1842). 영국은 대중 무역 적자가 생기자 이를 줄이기 위해 인도산 아편을 밀수출
했어요. 청나라가 이를 단속하자 영국이 자유 무역 원칙을 침해한다며 전쟁을 일으켰고,
청나라가 패배하여 영국과 불평등한 난징 조약을 체결했어요.

**함께
알기**

난징 조약 條約 [가지 **조**, 맺을 **약**]: 청의 영토 일부(홍콩)를 넘겨줌, 배상금 지불, 5개 항구
의 개항 등을 명시한 조약

양무운동

서양[洋]을 받아들이는 일[務]을 행함[運動]

洋 큰 바다 **양** | 務 힘쓸 **무** | 運 옮길 **운** | 動 움직일 **동**

**19세기 후반 청나라에서 서양의 문물과 기술을 수용해 부국강병을 이루고자 한 근대화
운동**이에요. 증국번, 이홍장 등의 한인 관료들이 중체서용을 주장하며 군사, 과학, 통신
분야에서 개혁을 시도했어요. 하지만 정부의 체계적인 계획이 뒷받침되지 않은 데다 청일
전쟁에서 패배하면서 성과를 거두지 못했어요.

**함께
알기**

- **부국강병** 富國強兵 [부유할 **부**, 나라 **국**, 강할 **강**, 군사 **병**]: 나라를 부유하게 하고 군대를
강하게 함
- **중체서용** 中體西用 [가운데 **중**, 몸 **체**, 서녘 **서**, 쓸 **용**]: 중국의 전통과 가치를 근본으로
하고 서양의 기술을 받아들여야 한다는 주장

변법자강 운동

법[法]을 고쳐[變] 국가를 부강[自強]하게 하려는 운동[運動]

變 변할 변 | 法 법 법 | 自 스스로 자 | 強 굳셀 강
運 옮길 운 | 動 움직일 동

청나라에서 일본의 메이지 유신을 본떠 근대적인 개혁을 이루고자 한 운동이에요(1898). 변법자강이란 법률이나 제도를 고쳐 국가를 부강하게 한다는 뜻이에요. 이를 위해 캉유웨이 등의 지식인들이 과거제 개혁, 서양식 교육 보급, 상공업 진흥 등을 추진했으나 보수파의 거센 반발에 부딪혀 중단되고 말았어요.

신해혁명

중국에서 신해[辛亥]년에 일어난 혁명[革命]

辛 매울 신 | 亥 돼지 해 | 革 가죽 혁 | 命 목숨 명

청 정부에 반대하여 일어난 민주 혁명이에요(1911). 혁명 세력은 난징을 점령한 뒤, 삼민주의(민족, 민권, 민생)를 제창한 쑨원을 임시 대총통으로 선출해 중화민국을 수립했어요(1912). 이후 군벌이었던 위안스카이가 혁명 세력과 타협하여 청을 멸망시킨 후 정식 대총통으로 취임했으나, 그가 죽은 후 군벌 간의 권력 투쟁이 심해져 혼란이 이어졌어요.

메이지 유신

메이지 정부가 제도를 고쳐[維] 새롭게[新] 한 정책

維 벼리 유 | 新 새 신

19세기 후반 일본에서 에도 막부를 무너뜨리고 수립된 천황 중심의 메이지 정부가 대대적으로 실시한 근대화 정책이에요. 메이지 정부는 부국강병을 목표로 서양 문물을 적극적으로 수용하고 중앙 집권 체제를 확립했어요. 그리고 신분 차별을 없애고 서양식 교육 제도를 실시하고 근대 산업과 군대를 육성했어요.

마무리 퀴즈 Quiz

1~3 제시된 초성과 뜻을 참고하여 괄호 안에 들어갈 어휘를 쓰세요.

1 ㄱㄹ ㅈㅈ : 영국의 명예혁명 결과 승인된 인권 선언

예 왕으로 추대된 메리와 윌리엄은 의회가 제정한 (   )을 승인했다.

2 ㅂ ㅊㅈ : 나폴레옹 몰락 후 구제도로 돌아간 유럽의 정치 체제

예 (   ) 하에서 자유주의 운동과 민족주의 운동이 탄압받았다.

3 ㅅㅇ ㅎㅁ : 18세기 중엽 기계 발명과 기술 혁신으로 나타난 사회·경제적 대변혁

예 (   )으로 가내 수공업에서 공장제 기계 공업으로 발전하였다.

4~6 다음을 바르게 연결해 보세요.

4 양무운동 •

    • ① 독일 통일을 위해 추진한 군비 확장 정책

5 철혈 정책 •

    • ② 오스만 제국이 시행한 근대적인 개혁 정책

6 탄지마트 •
   개혁

    • ③ 서양의 문물과 기술을 수용하자는 근대화
       운동

7~10 다음 설명이 맞으면 ○, 틀리면 ×로 표시하세요.

7 청교도 혁명으로 의회파가 왕당파를 물리치고 입헌 군주제를
수립했다.   (   )

8 아메리카 주민들은 독립 전쟁에서 승리하여 민주 공화국을
수립했다.   (   )

9 영국과 프랑스의 제국주의 정책으로 파쇼다 사건이 일어났다. (   )

10 벵골 분할령으로 인도의 힌두교도와 이슬람교도가 화합을
이루었다.   (   )

답안 1. 권리 장전 2. 빈 체제 3. 산업 혁명 4. ③ 5. ① 6. ② 7. X 8. O 9. O 10. X

세계 대전과 다변화, 현대

사라예보 사건 · 무제한 잠수함 작전 · 베르사유 조약 · 러시아 혁명 · 5·4 운동
대공황 · 전체주의 · 제2차 세계 대전 · 홀로코스트 · 국제 연합(유엔) · 마셜 계획
냉전 체제 · 베를린 장벽 · 아프리카의 해 · 베트남 전쟁 · 제3 세계
닉슨 독트린 · 신자유주의 · 탈권위주의 운동

사라예보 사건

보스니아의 사라예보에서 일어난 암살 사건[事件]

事 일 **사** | **件** 사건 **건**

1914년 6월 오스트리아·헝가리 제국의 황태자 부부가 보스니아의 수도 사라예보에서
세르비아계 청년에게 암살된 사건이에요. 이에 오스트리아·헝가리 제국이 세르비아에
선전 포고를 하자, 3국 동맹국과 3국 협상국들이 각 나라의 편을 들며 참전했어요. 이로써
제1차 세계 대전이 시작되었어요.

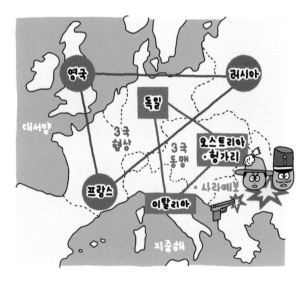

제1차 세계 대전 직전 제국주의
열강들은 식민지 쟁탈 이권에
따라 삼국 동맹과 삼국 협상을
맺어 서로 대립했어요.

무제한 잠수함 작전

잠수함[潛水艦]으로 제한[制限] 없이[無]
선박을 공격하는 작전[作戰]

無 없을 무 | 制 절제할 제 | 限 한할 한 | 潛 잠길 잠
水 물 수 | 艦 선박 함 | 作 지을 작 | 戰 싸움 전

제1차 세계 대전 때 독일이 연합국을 오가는 선박을 적국, 중립국 가리지 않고 경고 없이 공격한 작전이에요. 영국이 해상을 봉쇄하여 독일로 들어가는 물자를 통제하자 이에 맞서 실시했지만, 중립국이었던 미국 선박을 공격하여 미국이 연합국 편으로 참전하게 되었어요. 결국 연합국이 승리하고 전쟁이 끝이 났어요.

베르사유 조약

프랑스 파리의 베르사유 궁전에서 맺은 평화 조약
[條約] 동 베르사유 평화 조약

條 가지 조 | 約 맺을 약

파리 강화 회의에서 제1차 세계 대전의 전후 처리를 위하여 연합국과 독일이 맺은 평화 조약이에요(1919). 승전국의 정상들은 전쟁 책임이 독일에 있다고 규정하고 독일의 영토 축소, 군비 제한, 배상 의무, 해외 식민지 포기 등의 내용을 넣었어요. 이와 함께 국제 평화를 위해 국제 연맹의 설립 조항도 포함했어요.

함께 알기

- **강화 회의 講和會議** [익힐 **강**, 화할 **화**, 모일 **회**, 의논할 **의**]: 서로 전쟁을 하던 나라가 싸움을 그만두고 화해하기 위하여 여는 회의
- **국제 연맹 國際聯盟** [나라 **국**, 사이 **제**, 연결할 **연**, 맹세할 **맹**]: 제1차 세계 대전 후 국제 분쟁의 평화적 해결을 목적으로 창설된 국제기구. 그러나 미국과 소련이 참여하지 않았고 군사적 수단을 갖추지 못하여 실질적 기능을 행사하지 못함

러시아 혁명

러시아에서 일어난 사회주의 혁명[革命]

革 가죽 **혁** | **命** 목숨 **명**

러시아에서 1917년 3월과 11월(러시아력에서는 2월과 10월)에 일어난 세계 최초의 사회주의 **혁명**이에요. 3월 혁명에서는 노동자와 병사 대표들이 소비에트를 구성하여 차르(황제) 체제를 무너뜨리고 임시 정부를 수립했어요. 뒤이어 11월 혁명에서는 레닌이 주도한 볼셰비키가 무장봉기를 일으켜 임시 정부를 몰아내고 소비에트 정부를 수립했어요.

함께 알기

- **소비에트**: 소련에서 노동자, 병사, 농민의 대표자가 의견을 교환하기 위해 만든 모임
- **볼셰비키**: 러시아 혁명 당시 레닌을 지지한 급진파

5·4 운동

중국에서 5월[五] 4일에[四] 일어난 반제국주의 운동[運動]

五 다섯 **오** | **四** 넉 **사** | **運** 옮길 **운** | **動** 움직일 **동**

1919년 5월 4일 중국 베이징에서 일어난 전국적인 반제국주의·반군벌·반일 시위예요. 제1차 세계 대전 중 일본은 중국의 산둥반도를 차지했어요. 전쟁이 끝난 후 이 문제가 파리 강화 회의에서 올바로 해결되지 않고 거부되자, 베이징의 학생들이 크게 분노하여 시위를 일으켰어요.

대공황

경제에 닥친 큰[大] 위기[恐]와 혼란[慌]

동 세계 대공황 **영** Great Depression

大 큰 **대** | **恐** 두려울 **공** | **慌** 어리둥절할 **황**

제1차 세계 대전 후 10년 동안의 경제 호황이 끝나고 갑자기 미국의 주가가 폭락하면서 (1929.10.24) 시작된 세계 경제의 대침체기예요. 많은 기업과 은행이 폐업하였고 수많은 사람이 일자리를 잃었어요. 이때 미국은 대공황의 위기를 극복하기 위해 정부가 경제에 적극적으로 개입하는 뉴딜 정책을 추진했어요.

**함께
알기**

뉴딜 정책 政策 [정사 **정**, 꾀 **책**]:1933년에 미국의 루스벨트 대통령이 경제 공황에 대처하기 위하여 시행한 경제 부흥 정책. 은행에 대한 정부 통제를 확대하고 농업과 산업 생산량을 조절했으며, 노동자와 농민의 생계를 지원하고 공공사업을 통해 일자리를 창출함

전체주의

개인보다 전체[全體]를 우선시하는 주의[主義]

반 개인주의 **영** totalitarianism

全 온전할 **전** | **體** 몸 **체** | **主** 주인 **주** | **義** 옳을 **의**

개인보다 집단이나 국가를 더 우선시하는 주의예요. 대공황이 일어나자 사회적 불안을 틈타 전체주의가 확산됐어요. 이탈리아에서는 파시스트당이, 독일에서는 나치당이, 일본에서는 군부가 정권을 잡고 군국주의를 강화했어요. 전체주의 국가들은 강력한 독재 체제를 갖추고 대공황을 극복하기 위해 대외 팽창에 나섰어요.

**함께
알기**

군국주의 軍國 [군사 **군**, 나라 **국**]: 국가의 가장 중요한 목적을 군사력에 의한 대외 팽창에 두고, 전쟁과 그 준비를 위한 정책이나 제도를 우선시하는 이념

제2차 세계 대전

두 번째[第二次]로 일어난 세계[世界] 규모의 큰[大] 전쟁[戰] **영** the Second World War

第 차례 **제** | **二** 두 **이** | **次** 버금 **차**
世 인간 **세** | **界** 지경 **계** | **大** 큰 **대** | **戰** 싸움 **전**

1939~1945년 독일·이탈리아·일본을 중심으로 한 추축국과 영국·프랑스·미국·소련 등을 중심으로 한 연합국 사이에 벌어진 세계 규모의 전쟁이에요. 독일이 폴란드를 침공하면서 시작되었고, 1941년 일본은 태평양 전쟁을 일으켰어요. 하지만 연합국의 노르망디 상륙 작전 성공과 미국의 원자 폭탄 투하로 전쟁은 연합국의 승리로 끝이 났어요.

**함께
알기**

- **태평양 전쟁** 太平洋戰爭 [클 **태**, 평평할 **평**, 큰 바다 **양**, 싸울 **전**, 다툴 **쟁**]: 1941~1945년 일본의 진주만 기습으로 시작된 일본과 연합국 사이의 전쟁
- **노르망디 상륙 작전** 上陸作戰 [위 **상**, 뭍 **륙**, 지을 **작**, 싸울 **전**]: 1944년 6월 아이젠하워 장군의 지휘 아래, 연합군이 독일이 점령하던 프랑스의 노르망디 해안에 상륙한 작전. 이 작전이 성공하여 프랑스가 독일로부터 해방됨

홀로코스트

비 대학살   **영** Holocaust

제2차 세계 대전 중 나치 독일이 유대인을 계획적으로 학살한 사건이에요. 일반적으로는 인간이나 동물을 대량으로 태워 죽이거나 대학살하는 행위를 뜻해요. 1945년 1월 폴란드 아우슈비츠의 유대인 포로수용소가 해방될 때까지 600만 명에 이르는 유대인이 인종 청소라는 명목 아래 학살되었어요.

국제 연합(유엔)

세계의 여러 나라들[國際]이 모여 결성한 연합 기구[聯合] **영** UN(United Nations)

國 나라 국 | **際** 사이 제 | **聯** 연결할 연 | **合** 합할 합

제2차 세계 대전 후에 변치 않는 국제 평화와 안전 보장을 목적으로 결성된 범세계적인 국제기구예요. 세계 51개국의 대표가 모여 국제 연맹의 모순점을 해결하고 다시 한번 세계 평화를 이루자는 뜻으로 설립했어요. 국제 연합은 국제 분쟁을 조정하기 위해 안전 보장 이사회를 두고, 그 결정에 따라 분쟁 지역에 국제 연합군(유엔군)을 파견할 수 있어요.

마셜 계획

마셜 미 국무 장관이 발표한 유럽 원조 계획[計劃]

동 유럽 부흥 계획

計 계획 계 | **劃** 그을 획

제2차 세계 대전 후 미국이 서유럽의 경제를 다시 일으켜 세우기 위해 원조한 경제 부흥 계획이에요. 당시 미국의 국무 장관이던 마셜이 하버드 대학에서 행한 연설이 기초가 되어 마련됐어요. 이전까지 행하던 국가별 원조를 지양하고 서유럽 지역을 중심으로 폭넓게 원조하자는 내용을 담고 있어요.

냉전 체제

무력이 아닌 경제나 외교에서 대립하는[冷戰] 체제[體制]

영 cold war

冷 찰 냉 | 戰 싸움 전 | 體 몸 체 | 制 만들 제

제2차 세계 대전 후 미국과 소련이 각각 주변 나라들과 동맹하여 무력이 아닌 경제나 외교 등으로 대립한 체제예요. 미국이 주도하는 자본주의 진영과 소련이 주도하는 사회주의 진영으로 나뉘어 대결했어요. 미국과 서유럽은 서쪽에 위치해 있고, 소련과 동유럽은 동쪽에 있어서 동서 냉전 체제라고도 해요.

베를린 장벽

동베를린과 서베를린을 가로막은[障] 벽[壁]

영 Berlin Wall

障 가로막을 장 | 壁 벽 벽

1961년 8월에 동독이 동베를린과 서베를린 경계에 쌓은 콘크리트 벽이에요. 동독 정부는 서베를린으로 탈출하는 사람들이 많아지자 이를 차단하는 장벽을 세웠어요. 베를린 장벽은 1990년에 동독과 서독이 통합되면서 제거되었어요.

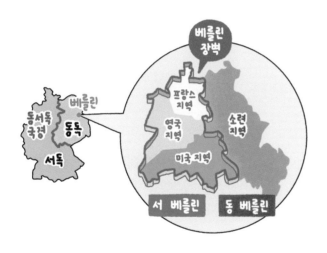

베를린은 동독 땅에 있어요. 소련과 서방 국가는 베를린을 각각 동서로 나누어 점령했어요.

아프리카의 해

1960년, 아프리카에서 여러 신흥 독립국이 탄생한 해예요. 제2차 세계 대전이 끝나고 아프리카에서는 유럽 국가의 식민 지배로부터 많은 독립이 이루어졌어요. 1951년 리비아가 이탈리아로부터 독립한 것을 시작으로 1960년에는 무려 17개국이 독립했어요.

베트남 전쟁

베트남의 통일 과정에서 미국과 벌인 전쟁[戰爭]

영 Vietnam War

戰 싸움 전 | **爭** 다툴 쟁

베트남의 통일 과정에서 미국과 벌인 전쟁이에요(1960~1975). 프랑스의 지배를 받던 베트남은 제네바 협정으로 독립을 인정받았지만 곧 남북으로 분단되어 전쟁을 시작했어요. 미국은 남베트남 정부를 지원하며 전쟁에 참가했어요. 오랜 전쟁 끝에 미군은 철수하고 통일을 이룬 베트남에는 공산주의 국가가 들어섰어요.

제3 세계

제1 세계와 제2 세계에 속하지 않고 제3[第三]의 중립 노선을 추구하는 국가들[世界] 비 중립국 영 third world

第 차례 제 | **三** 석 삼 | **世** 세대 세 | **界** 경계 계

냉전 체제 하에서 어느 편에도 가담하지 않고 비동맹 중립 노선을 추구한 국가들을 말해요. 대체로 아시아, 아프리카, 라틴 아메리카의 개발 도상국들이 속해요. 제3 세계 국가들은 제국주의와 식민주의에 반대하고 민족주의와 비동맹 중립주의를 내세우며 상호 협력을 다져 나갔어요.

닉슨 독트린

1969년 미국의 닉슨 대통령이 아시아의 군사적 분쟁에 더 이상 개입하지 않겠다고 밝힌 외교 정책이에요. 미국은 베트남전에서 패배하자 닉슨 독트린을 발표하여 베트남에 주둔한 미군을 철수시켰어요. 닉슨 독트린은 이후 동서 화해의 물꼬를 텄어요.

신자유주의 〉 새로운[新] 자유주의[自由主義]

新 새 **신** | 自 스스로 **자** | 由 말미암을 **유**
主 주인 **주** | 義 옳을 **의**

19세기에 유행했던 자유주의의 자유 경쟁 체제를 20세기 이후 새롭게 도입하여 확대하려는 사상이에요. 1970년대 석유 파동과 장기간의 경기 침체, 물가 상승 등으로 세계가 불황을 맞자, 이를 극복하기 위해 영국과 미국은 복지 예산을 줄이고 세금을 감면하였으며 기업의 자유로운 활동을 보장하는 정책들을 실시했어요. 이에 신자유주의 경제 체제가 형성돼 다른 나라들로 확산됐어요.

탈권위주의 운동 〉 권위주의[權威主義]에서 벗어나고자[脫] 하는 운동[運動] 영 post-authoritarianism

脫 벗을 **탈** | 權 권세 **권** | 威 위엄 **위**
主 주인 **주** | 義 옳을 **의** | 運 옮길 **운** | 動 움직일 **동**

제2차 세계 대전 이후 태어난 베이비붐 세대의 젊은 학생들이 중심이 되어, 기성세대가 만든 권위주의적인 질서와 체제에 저항하는 운동이에요. 쿠바 미사일 위기와 베트남 전쟁에 반대하는 반전·반핵 시위, 프랑스의 68 운동 등이 있어요.

**함께
알기**

- **쿠바 미사일 위기** 危機 [위태할 **위**, 틀 **기**]: 1962년 10월 22일~11월 2일의 11일간, 소련의 핵 탄도 미사일을 쿠바에 배치하려는 시도를 둘러싸고 미국과 소련이 대치하여 핵 전쟁 발발 직전까지 갔던 국제적 위기
- **68 운동** 六八 [여섯 **육**, 여덟 **팔**]: 1968년 5월 프랑스에서 학생과 근로자들이 연합하여 벌인 대규모의 사회 변혁 운동

마무리 퀴즈 Quiz

1~4 다음 내용에 해당하는 사건을 〈보기〉에서 고르세요.

〈보기〉 ㉠ 5·4 운동　　㉡ 68 운동　　㉢ 홀로코스트　　㉣ 사라예보 사건

1 세르비아 청년이 오스트리아 황태자 부부를 암살한 사건　　(　　)

2 중국 베이징에서 일어난 전국적인 반제국주의·반일 시위　　(　　)

3 나치 독일이 유대인을 계획적으로 학살한 사건　　(　　)

4 프랑스에서 학생과 근로자들이 연합하여 벌인 대규모 사회 운동 (　　)

5~7 다음을 바르게 연결해 보세요.

5 뉴딜 정책　·

6 마셜 계획　·

7 베르사유 조약 ·

· ① 제1차 세계 대전의 책임이 독일에 있다고 규정함

· ② 대공황의 위기를 극복하기 위해 정부가 개입함

· ③ 미국이 서유럽을 지역적으로 원조하기로 함

8~10 다음 빈칸에 들어갈 말을 〈보기〉에서 찾아 쓰세요.

〈보기〉 냉전 체제, 베를린 장벽, 닉슨 독트린, 태평양 전쟁

8 (　　　)로 자본주의 진영과 사회주의 진영이 오랫동안 대결하였다.

9 일본이 진주만을 기습 공격하면서 (　　　)이 발발했다.

10 미국은 (　　　) 발표 후 베트남전에서 미군을 철수시켰다.

답안 1. ㉣　2. ㉠　3. ㉢　4. ㉡　5. ②　6. ③　7. ①　8. 냉전 체제　9. 태평양 전쟁　10. 닉슨 독트린

우리 역사의 태동, 선사 시대~남북국 시대

토기 · 동검 · 8조법 · 연맹 왕국 · 제천 행사 · 제가 회의 · 민며느리제 · 소도
마립간 · 칠지도 · 태학 · 순수비 · 고분 · 살수 대첩 · 나당 동맹 · 집사부 · 관료전
독서삼품과 · 이두 · 해동성국 · 청해진 · 호족 · 풍수지리 사상

토기

> 흙[土]으로 만든 그릇[器]

土 흙 토 | 器 그릇 기

흙을 빚어 불에 구워 만든 그릇이에요. 신석기 시대부터 음식을 보관하고 조리하기 위해 만들어 사용했어요. 한반도에서 발견된 대표적인 토기에는 신석기 시대의 빗살무늬 토기와 청동기 시대의 민무늬 토기가 있어요.

(예) 빗살무늬 토기의 밑이 뾰족한 까닭은 땅바닥에 꽂아 두기 위해서이다.

동검

> 청동[銅]으로 만든 칼[劍]

銅 구리 동 | 劍 칼 검

청동기 시대의 대표적인 유물로서, 청동으로 만든 칼이에요. 청동은 구리에 주석이나 아연, 납을 섞어 합금한 것이에요. 만주와 한반도 지역에서 발견된 비파형 동검은 중국식 동검과 달리 칼날과 손잡이를 따로 만들어 조립한 것이 특징이에요. 비파형 동검이 발전하여 만들어진 세형 동검은 초기 철기 시대까지 한반도 이남에서 사용됐어요.

(예) 비파형 동검과 세형 동검을 통해 우리나라의 청동기 문화가 중국과 다른 독자적인 성격을 띤다는 사실을 알 수 있다.

8조법

여덟[八] 가지[條] 조항의 법[法]

[동] 8조법금

八 여덟 **팔** | 條 가지 **조** | 法 법 **법**

고조선 때에 시행한 8가지의 법이에요. 중국의 역사가 반고가 쓴 『한서』에 이 중 3가지 조항이 실려 있어요. 살인자는 사형에 처하고, 남을 다치게 한 자는 곡물로 배상하며, 도둑질한 자는 노비로 삼는다는 내용이에요. 8조법을 보면 고조선이 엄격한 법률로 사회 질서를 유지하려 했다는 것을 알 수 있어요.

연맹 왕국

여러[聯] 나라가 함께 행동하기로 약속하여[盟] 이룬 국가 [王國] [반] 중앙 집권 국가

聯 연이을 **연** | 盟 맹세 **맹** | 王 임금 **왕** | 國 나라 **국**

여러 성읍 국가들이 하나의 우두머리 국가를 중심으로 연합체를 이룬 국가예요. 각 성읍 국가는 군장(족장)이 독자적으로 다스렸고, 중대한 사안은 연맹을 통해 문제를 해결했어요. 우리나라에서는 부여와 가야, 삼국 시대 초기가 연맹 왕국이에요.

[예] 고구려·백제·신라는 왕을 중심으로 나라를 다스리는 중앙 집권 국가로 발전했지만, 부여·가야는 연맹 왕국 단계에 머물러 있다가 결국 멸망했다.

○ 철기 시대의 여러 나라

철기 시대가 되자 철제 무기를 잘 다루는 부족들이 주변 지역을 정복하고 통합하면서 국가로 성장했어요. 이 중 부여와 고구려는 연맹 왕국으로 성장했고, 고구려는 중앙 집권 국가로까지 발전했어요.

제천 행사

하늘[天]에 제사[祭]를 드리는 행사[行事]

🄳 제천 의식

祭 제사 제 | 天 하늘 천 | 行 다닐 행 | 事 일 사

하늘을 숭배하고 제사를 드리는 원시 종교 의식이에요. 부족 전체의 행사로서, 모두 함께 노래하고 춤추며 술을 마시고 즐겼어요. 우리나라의 대표적인 제천 행사로는 부여의 영고 (12월), 고구려의 동맹(10월), 동예의 무천(10월), 삼한의 시월제(10월) 등이 있어요.

제가 회의

모든[諸] 부족의 지배자[加]가 모인 회의[會議]

諸 모든 제 | 加 더할 가 | 會 모일 회 | 議 의논할 의

고구려 때 국가의 중요한 일을 의논하고 결정하던 귀족 회의예요. 초기 연맹 왕국 시절에 는 각 부족의 지배자들이 모인 부족장 회의였는데, 중앙 집권 체제로 정비되면서 귀족 회 의로 발전했어요. 제가 회의는 고구려가 멸망할 때까지 유지되었어요. 비슷한 제도로 백 제는 정사암 회의, 신라는 화백 회의가 있었어요.

🄴 제가 회의에서는 왕위 계승 문제나 대외 전쟁 등에 대해 논의하고 결정했다.

민며느리제

여자아이를 미리 데려다 기른 뒤 며느리로 삼는 제도[制]

🄱 서옥제

制 만들 제

며느리로 삼을 여자아이를 데려다 키운 뒤 성인이 되면 혼인을 시키는 옥저의 풍습이에 요. 딸이 없는 집에서 여성의 노동력이 필요하여 실시했다고 해요. 고구려에는 정반대의 서옥제가 있었어요.

함께 알기 **서옥제** 壻屋制 [사위 **서**, 집 **옥**, 만들 **제**]: 남자아이가 여성의 집에 서옥(사위의 집)을 짓고 살다가 혼인하는 고구려의 풍습

소도

되살아나는[蘇] 성스러운 지역[塗]

蘇 되살아날 소 | 塗 진흙 도

삼한 때 천신(天神)에게 제사를 지내던 신성한 지역이에요. 제사장인 천군이 직접 다스렸고, 군장의 권력이 미치지 못하는 곳이라 죄인이 소도로 달아나면 잡아가지 못했어요.

마립간

가장 높은 곳[麻]에 있는[立] 우두머리[干]

麻 삼 마 | 立 설 립 | 干 방패 간

신라 때 왕의 칭호 중 하나로, 대군장을 뜻해요. '왕(王)'이라는 한자식 이름을 쓰기 전 신라에서는 임금을 거서간, 차차웅, 이사금, 마립간 등으로 불렀어요. 거서간은 귀한 사람을 뜻하며, 차차웅은 제사를 주관하는 제사장을 가리켜요. 이사금은 나이가 많은 사람, 왕위를 잇는 사람이라는 뜻이에요.

> 예 마립간은 왕권이 성장한 제17대 내물왕부터 제22대 지증왕까지 사용했다.

칠지도

일곱[七] 개의 가지[支] 모양의 칼[刀]

七 일곱 칠 | 支 가지 지 | 刀 칼 도

백제의 왕이 왜왕에게 하사한 철제 칼이에요. 칼 몸 좌우에 곁가지 칼날이 각각 세 개씩 어긋나게 돌출해 있어요. 칠지도를 통해 백제와 왜(일본)의 정치적인 관계를 짐작할 수 있어요. 일본 이소노카미 신궁에 전해져 오며 1953년 일본의 국보로 지정되었어요.

칠지도를 하사하노라.

백제 왕은 복종하여 따르는 지역에 여러 가지 물품을 하사했어요. 칠지도 이런 연유로 왜왕에게 전해졌다고 추측해요.

태학

> 국가의 최고[太] 교육 기관[學]

太 클 태 | **學** 배울 **학**

고구려의 소수림왕 때 세운 국립 교육 기관이에요. 신분이 높은 귀족 자제들만 입학할 수 있었어요. 소수림왕은 태학에서 유교적 정치 이념에 충실한 인재를 교육하여 중앙 집권적 정치 제도에 적합한 관리를 양성하고자 했어요. 비슷한 제도로 통일 신라의 국학과 발해의 주자감이 있어요.

함께 알기

- **국학** 國學 [나라 **국**, 배울 **학**]: 귀족 자제들을 대상으로 유교 경전을 가르쳤던 통일 신라의 국립 교육 기관
- **주자감** 冑子監 [자손 **주**, 아들 **자**, 볼 **감**]: 유학 교육을 중심으로 산학(계산 학문) 등의 실무 과목도 가르쳤던 발해의 최고 교육 기관

역사

순수비

> 임금이 천하를 돌며[巡] 시찰한[狩] 곳을 기념하는 비석[碑]

巡 돌 순 | **狩** 사냥할 수 | **碑** 비석 비

왕이 살피며 돌아다닌 곳을 기념하기 위해 세운 비석이에요. 신라 진흥왕은 정복한 지역에 순수비를 세워 신라의 발전을 과시했어요. 창녕비, 단양 적성비, 북한산비, 황초령비 등 4개의 순수비가 있어요.

고분

고대[古]에 만들어진 무덤[墳]

古 옛 고 | 墳 무덤 분

역사적, 고고학적 자료가 될 수 있는 무덤이에요. 삼국은 다양한 형태의 고분을 만들었어요. 고구려의 강서 대묘는 돌을 쌓아 방을 만든 굴식 돌방무덤 양식으로 안에 벽화가 그려져 있어요. 신라의 천마총은 시신을 넣은 나무 덧널 위에 돌을 쌓은 후 흙으로 거대한 봉분을 만든 돌무지덧널무덤 양식이에요. 한편 백제의 무령왕릉은 벽돌을 쌓아 만든 벽돌무덤 양식이에요.

> 예 고분에서 발굴한 껴묻거리(시체를 매장할 때 함께 넣는 물건)와 벽화를 통해 당시 사람들의 풍속과 신앙 등을 알 수 있다.

ㅇ 백제의 무령왕릉

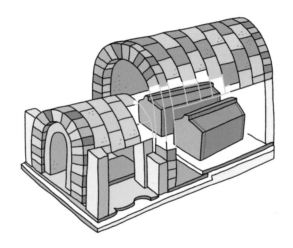

무령왕릉은 삼국의 전통적인 고분 양식과는 달리 중국 남조의 벽돌무덤 양식으로 만들어졌어요. 당시 동아시아의 활발한 문화 교류를 짐작할 수 있어요.

살수 대첩

고구려가 살수[薩水]에서 수나라를 크게[大] 이긴 싸움[捷]

薩 보살 살 | 水 물 수 | 大 큰 대 | 捷 이길 첩

고구려가 살수에서 수나라와 싸워 크게 이긴 전투예요. 고구려 영양왕 때 수나라 양제가 113만 대군을 이끌고 고구려를 침략했어요. 이때 을지문덕 장군이 군사를 이끌고 살수(청천강)에서 수나라의 별동대 30만여 명을 물리쳤어요. 고구려는 수의 뒤를 이은 당의 침략도 안시성 전투에서 막아냈어요.

나당 동맹

신라[羅]와 당나라[唐]가 맺은 군사 동맹[同盟]

羅 그물 나 | 唐 당나라 당 | 同 한가지 동 | 盟 맹세할 맹

신라가 고구려와 백제에 대항하기 위하여 당과 맺은 군사 동맹이에요(648). 나당 동맹군은 백제와 고구려를 차례로 멸망시켰어요. 그러나 당은 고구려와 백제의 수도에 각각 안동도호부와 웅진도독부를 설치하고, 신라에도 계림도독부를 설치하여 한반도를 차지하려고 했어요. 이에 신라와 당 사이에 전쟁이 벌어졌고, 신라가 매소성·기벌포 전투에서 당을 크게 격파한 뒤 마침내 삼국 통일을 이루었어요(676).

(예) 안시성 전투에서 패배한 당 태종은 김춘추의 요청을 받아들여 나당 동맹을 맺고 연합군을 결성했다.

집사부

나라의 일[事]을 맡아보는[執] 부서[部]

(동) 집사성

執 맡아 다스릴 집 | 事 일 사 | 部 거느릴 부

신라 때 왕의 명령을 집행하고 중요한 업무를 맡아보던 중앙 행정 기관이에요. 집사부는 원래 왕의 비서 기구였는데 태종 무열왕 때 독립시켜 그 책임자인 시중의 역할을 강화했어요. 이로써 귀족 회의의 기능이 축소되고 상대등의 권한도 약화되었어요.

함께 알기 상대등 上大等 [위 상, 큰 대, 계급 등]: 귀족 세력을 대표하고 화백 회의를 이끈 신라의 최고 관직

관료전

> 관료[官僚]에게 지급한 밭[田]

官 벼슬 관 | 僚 동료 료 | 田 밭 전

통일 신라 때 관료에게 지급한 토지예요. 관료전 전에는 귀족에게 녹읍을 지급했어요. 녹읍은 농민에게 조세를 걷고 노동력을 쓸 수 있는 권리가 있어요. 하지만 관료전은 토지로부터 조세만 얻을 수 있고 해당 지역 사람들의 노동력을 쓸 수는 없었어요. 관료전은 귀족의 지배력을 제한시키는 의도가 있었기에 왕권 강화에 기여했어요.

예 관료전은 오늘날 공무원의 월급 제도와 같은 제도이다.

독서삼품과

> 독서[讀書] 능력을 상중하 삼품[三品]으로 나누는 과거[科]
> 동 독서출신과

讀 읽을 독 | 書 글 서
三 석 삼 | 品 물건 품 | 科 과목 과

통일 신라 때 국학 학생들의 독서 능력을 상·중·하로 나누어 성적을 매긴 뒤 관리 선발에 참고하던 제도예요. 유교 정치사상에 입각해 정치를 운영하기 위해 유교 경전으로 시험을 치렀어요. 하지만 국학에는 귀족 자제들만 입학할 수 있었기 때문에 신분이 낮은 6두품 출신들은 당나라로 건너가 빈공과에 응시했어요.

> **함께 알기**
>
> **빈공과** 賓貢科 [손님 빈, 바칠 공, 과목 과]: 당에서 외국 학생들을 대상으로 실시한 과거

이두

> 관리들[吏]이 한문 원전[讀]을 읽기 위해 사용한 표기법
> 비 향찰, 구결

吏 벼슬아치 이 | 讀 구절 두

한자의 음과 뜻을 빌려 우리말을 적는 표기법이에요. 신라의 학자 설총이 창안했다고 알려져 있어요. 설총은 국학에서 학생들을 가르치기 위하여 이두를 이용해 유교 경전을 우리말로 풀이했어요.

해동성국

바다[海] 건너 동쪽[東]의 융성한[盛] 나라[國]

동 발해

海 바다 해 | **東** 동녘 동 | **盛** 성할 성 | **國** 나라 국

중국에서 발해를 이르던 말이에요. 영토를 넓히고 정치적 안정을 이룬 선왕 때부터 당은 발해를 '바다 동쪽의 융성한 나라'라는 뜻에서 해동성국이라고 칭송했어요. 발해는 고구려가 멸망한 뒤, 고구려의 장군이었던 대조영이 고구려 유민과 말갈족, 거란족을 이끌고 건국한 나라예요.

◦ 신라와 발해의 남북국 시대

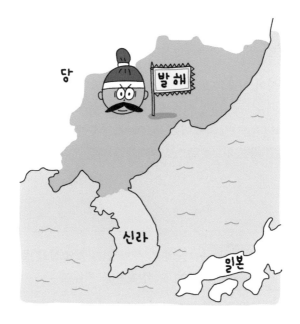

신라가 삼국을 통일할 무렵, 대조영이 고구려 땅에 발해를 건국했어요. 이로써 남북국 시대가 열렸고, 발해를 통해 고구려의 문화가 계승되었어요.

청해진

청해[淸海]에 설치한 진[鎭]

淸 맑을 **청** | 海 바다 **해** | 鎭 진압할 **진**

통일 신라 말에 장보고가 지금의 전라남도 완도에 설치한 진(군대가 있는 구역)이에요. 장보고는 이곳을 중심으로 해상권을 장악하고 해적들을 없애 버렸어요. 그리고 중국과 일본 사이의 중계 무역을 주도하여 큰 부를 축적했어요. 이를 기반으로 왕위 계승 분쟁에 개입하였으나 결국 암살당하고 말았어요.

호족

지방에서 재산이 많고 세력이 강한[豪] 집안[族]

豪 호걸 **호** | 族 겨레 **족**

중앙의 귀족과 대비되어 지방의 토착 세력을 일컫는 말이에요. 우리나라에서는 보통 통일 신라 말~고려 초에 활동한 지방 세력을 가리켜요. 신라 말에 왕권이 흔들리면서 중앙의 지방 통제가 약화되자, 지방 세력이 호족으로 성장하여 스스로 성주나 장군이라 칭하며 지방을 다스렸어요. 대표적인 호족으로 후백제를 세운 견훤과 후고구려를 세운 궁예가 있어요.

풍수지리 사상

땅의 기운[風水]과 형세[地理]를 따져 터를 찾는 사상[思想] 🖲 풍수지리설

風 바람 **풍** | 水 물 **수** | 地 땅 **지** | 理 다스릴 **리**
思 생각 **사** | 想 생각 **상**

땅의 성격을 파악하여 좋은 터전을 찾는 사상이에요. 지형과 방위 등의 환경적인 요인을 인간의 길흉화복과 관련지어, 집과 도읍 및 묘지를 알맞은 곳에 위치시켜야 한다는 세계관이에요. 풍수지리 사상은 우리나라에 삼국 시대 때 도입되어 신라 말 승려 도선에 의하여 발전한 후 고려 시대에 전성기를 이루었어요.

**함께
알기**

길흉화복 吉凶禍福 [길할 **길**, 흉할 **흉**, 재앙 **화**, 복 **복**]: 길흉(운이 좋고 나쁨)과 화복(재앙과 복)을 이르는 말

마무리 퀴즈 Quiz

1~3 제시된 초성과 뜻을 참고하여 괄호 안에 들어갈 어휘를 쓰세요.

1 ㅌㄱ: 흙을 빚어 불에 구워 만든 그릇

　　예 빗살무늬 (　　　　)의 밑이 뾰족한 이유는 땅바닥에 꽂아 두기 위해서이다.

2 ㅎㄷㅅㄱ: 바다 동쪽의 융성한 나라

　　예 당은 발해를(　　　　)이라고 부르며 칭송하였다.

3 ㅊㅎㅈ: 장보고가 지금의 전라남도 완도에 설치한 진

　　예 장보고는 (　　　　)을 중심으로 해상권을 장악하고 중계 무역을 주도하였다.

4~6 다음 유물들에 대한 설명을 바르게 연결해 보세요.

4 세형 동검　·　　　　　·　① 백제와 왜의 정치적인 관계를 보여 줌

5 칠지도　·　　　　　·　② 우리나라의 청동기 문화의 독자성을 보여 줌

6 강서 대묘　·　　　　　·　③ 고구려 사람들의 풍속과 신앙을 보여 줌

7~10 다음 설명이 맞으면 ○, 틀리면 ×로 표시하세요.

7 8조법은 고조선 때 시행한 법률이다.　　　　　　　　　　(　　　)

8 죄인이 소도로 달아나면 군장도 함부로 잡을 수 없었다.　　(　　　)

9 신라 진흥왕은 정복한 지역에 전쟁을 참회하기 위해 순수비를
세웠다.　　　　　　　　　　　　　　　　　　　　　　　　(　　　)

10 풍수지리 사상은 불교 교리에 어긋나 크게 비판받았다.　　(　　　)

답안 1. 토기　2. 해동성국　3. 청해진　4. ②　5. ①　6. ③　7. ○　8. ○　9. ×　10. ×

부처님의 힘으로, 고려 시대

사심관 제도 · 훈요 10조 · 노비안검법 · 과거 제도 · 시무 28조 · 5도 양계
향·소·부곡 · 거란의 침입 · 동북 9성 · 이자겸의 난 · 벽란도 · 서경 천도 운동
무신 정변 · 망이·망소이의 난 · 대몽 항쟁 · 정동행성 · 권문세족 · 쌍성총관부
신진 사대부 · 신흥 무인 세력

사심관 제도

> 지방의 일[事]을 살피기 위해[審] 관리[官]를 둔 제도[制度]

事 일 사 | 審 살필 심 | 官 벼슬 관
制 만들 제 | 度 법도 도

고려 태조(왕건) 때 지방 호족 세력을 약화시키기 위해 실시한 왕권 강화책이에요. 사심관은 지방 행정을 관리하고 감독하는 일을 해요. 태조는 중앙의 고위 관리를 출신 지역의 사심관으로 임명하여 해당 지방에서 반역이 일어나면 연대 책임을 묻게 했어요. 이 외에도 기인 제도를 실시하여 지방 세력을 통제했어요.

**함께
알기**

기인 제도 其人 [그 기, 사람 인]: 지방 호족의 자제를 중앙에 인질로 둔 제도

훈요 10조
전해야 할 핵심적인[要] 교훈[訓] 10가지[十條]

訓 가르칠 훈 | 要 요긴할 요 | 十 열 십 | 條 가지 조

태조가 그의 후손에 전한, 열 가지로 된 교훈이에요. 불교를 숭배하고, 왕위는 적자(큰아들)에게 물려주며, 거란의 제도를 배격하고, 서경(평양)을 중히 여기며, 연등회와 팔관회를 성대히 하라는 등의 내용이 담겨 있어요.

함께 알기
- **연등회** 燃燈會 [탈 연, 등 등, 모일 회]: 정월 대보름날에 등을 켜고 부처에게 복을 비는 불교 행사
- **팔관회** 八關會 [여덟 팔, 관계할 관, 모일 회]: 토속신에게 제사를 지내던 행사

역사

노비안검법
노비[奴婢]가 된 사람을 자세히 조사한[按檢] 법[法]

奴 종 노 | 婢 여자종 비
按 누를 안 | 檢 검사할 검 | 法 법 법

광종 때, 양인이었다가 노비가 된 사람을 조사하여 다시 양인이 될 수 있도록 조처한 법이에요. 고려 사회에서 노비는 토지와 함께 호족의 경제적, 군사적 힘의 기반이었어요. 광종은 호족 세력을 약화하기 위해, 고려 건국 과정에서 강제로 노비가 된 양인들을 조사하여 원래 신분으로 돌아가게 했어요.

과거 제도
과목[科]을 시험 쳐 관리를 뽑는[擧] 제도[制度]

科 과목 과 | 擧 들 거 | 制 만들 제 | 度 법도 도

시험을 통해 관리를 선발하는 제도예요. 광종은 왕권 강화를 위해 중국에서 귀화한 쌍기의 건의를 받아들여 문과(문관), 잡과(기술관), 승과(승려 자격)로 나눠 과거 시험을 실시했어요. 하지만 귀족 자제는 음서에 의해 관리가 되었어요.

함께 알기
음서 蔭敍 [그늘 음, 펼 서]: 5품 이상 관리의 자제는 무시험으로 관리가 되게끔 한 제도

시무 28조

이 시대[時]에 중요하게 힘쓸[務] 이십팔[二十八] 개 조항 [條]

時 때 시 | 務 힘쓸 무
二 두 이 | 十 열 십 | 八 여덟 팔 | 條 가지 조

성종 때 문신 최승로가 왕에게 올린 상소문이에요. 최승로는 유교 사상에 입각하여 정치·사회 질서를 바로잡아야 한다고 건의했어요. 성종은 최승로의 시무 28조를 받아들여 유교를 국가의 통치 이념으로 삼았어요.

(예) 최승로는 시무 28조에서 중국과 신라의 제도를 본받자고 했다.

5도 양계

다섯[五] 도[道]와 두[兩] 계[界]

五 다섯 오 | 道 길 도 | 兩 두 양 | 界 지경 계

고려의 지방 행정 구역이에요. 고려는 전국을 5도(서해도, 교주도, 양광도, 경상도, 전라도)와 양계(동계, 북계)로 나누었어요. 도에는 군현을 설치하여 지방관을 파견했고, 양계는 군사 행정 구역으로 북쪽 국경을 방어하도록 했어요. 세금은 군현을 기준으로 토지와 인구를 조사하여 부과했어요.

고려는 전국을 5도 양계로 나누고, 지방의 거점에 12목을 두었어요. 목은 지방관이 다스리는 행정 구역을 말해요. 개경을 둘러싼 지역은 경기로 두어 개경에 필요한 물자를 공급하게 했어요.

향·소·부곡 〉 향[鄕]과 소[所]와 부곡[部曲]

鄕 시골 향 | 所 바 소 | 部 거느릴 부 | 曲 굽을 곡

하급 주민들이 살던 고려의 특수 행정 구역이에요. 신분은 양인이었으나 일반 군현의 주민들에 비해 차별을 받으며 더 많은 세금과 공물을 바쳐야 했어요. 향·부곡의 주민들은 주로 농사를 지었고, 소의 주민들은 광산물, 수산물, 수공업품 등 국가에 필요한 특정 물품을 생산했어요.

예 향·소·부곡은 신라 때부터 조선 전기까지 있었다.

거란의 침입 〉 거란이 고려를 침범해[侵] 들어온[入] 사건

侵 침노할 침 | 入 들 입

거란이 고려를 세 차례 침입한 사건이에요. 거란은 고려가 송과 연합하려 하자 이를 막기 위해 고려를 침입했어요. 1차 침입은 고려의 서희가 거란의 장수 소손녕과 외교 담판을 벌여 오히려 강동 6주를 획득했어요(993). 2차 침입 때에는 거란과 외교 관계를 회복하기로 하고 거란군을 철수시켰어요. 3차 침입 때에는 강감찬이 지휘한 고려군이 귀주 대첩에서 큰 승리를 거둬 마침내 전쟁을 끝냈어요(1019). 이후 고려는 천리장성을 쌓아 북방 민족의 침입에 대비했어요.

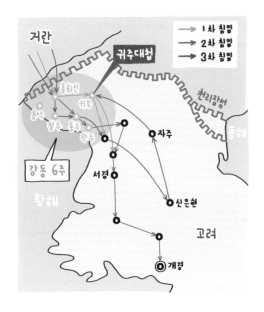

예 고려는 거란의 침입을 물리친 후 거란과 외교 관계를 맺고 교류했다.

동북 9성

천리장성 너머 동북[東北] 지역의 여진을 몰아내고 쌓은 9성[九城]

東 동녘 **동** | 北 북녘 **북** | 九 아홉 **구** | 城 성 **성**

예종 때 윤관이 별무반을 이끌고 국경 너머 여진족을 몰아낸 후 쌓은 9개의 성이에요. 그러나 여진이 고려에 조공을 약속하며 9성의 반환을 계속 요청하자 고려 왕실이 들어주고 말았어요. 이후 세력이 막강해진 여진은 금을 건국하고 고려에 군신 관계를 요구했어요. 당시 권력을 잡고 있던 이자겸은 이를 수용했어요.

함께 알기

별무반 別武班 [나눌 **별**, 무사 **무**, 나눌 **반**]: 여진을 몰아내기 위해 윤관이 특별히 훈련시킨 기병 중심의 부대

이자겸의 난

이자겸이 일으킨 반역[亂]

亂 어지러울 **난**

인종 때 이자겸이 왕권을 위협하며 일으킨 난이에요. 이자겸의 경원 이씨 집안은 대표적인 문벌 귀족으로 여러 차례 왕실과 혼인을 맺으며 권력을 독점했어요. 이자겸은 인종의 외할아버지이자 장인이 되자 궁궐을 불태우며 스스로 왕이 되려고 했어요. 이에 인종은 이자겸 세력의 내부 분열을 이용하여 난을 진압했어요.

함께 알기

문벌 귀족 門閥貴族 [문 **문**, 문벌 **벌**, 귀할 **귀**, 친족 **족**]: 고려 전기의 지배 세력으로, 5품 이상의 고위 관직을 여러 대에 걸쳐 배출한 문신 가문

벽란도

벽란정[碧瀾]이 있던 나루[渡]

碧 푸를 벽 | 瀾 물결 란 | 渡 나루 도

예성강 하류에 있던 고려의 국제 무역항이에요. 송의 상인뿐만 아니라 일본, 동남아시아, 아라비아 상인들까지 벽란도를 드나들며 고려와 교역했어요. 여기서 국가의 공식 무역뿐만 아니라 상인들 사이의 사무역도 활발히 이루어졌어요. 이때 우리나라 이름이 세계에 알려져 '코리아(KOREA)'가 되었을 거라고 추정해요.

고려는 주변 나라들뿐만 아니라 멀리 아라비아 상인들과도 교류했어요. 특히 송과는 공식적으로 외교를 맺고 유학생과 유학승을 파견하여 선진 문물을 받아들였어요.

서경 천도 운동

서경[西京]으로 도읍[都]을 옮기자는[遷] 운동[運動]

동 묘청의 난

西 서녘 서 | 京 서울 경 | 遷 옮길 천 | 都 도읍 도
運 옮길 운 | 動 움직일 동

서경(평양) 출신의 관리들이 승려 묘청과 함께 고려 수도를 서경으로 옮기고자 한 정치운동이에요. 이자겸의 난으로 개경이 혼란스러워지자 서경 세력은 묘청을 앞세워 왕에게 금나라 정벌과 황제 칭호를 주장하며 수도를 서경으로 옮기자고 했어요. 그러나 개경 세력의 강한 반발로 결국 관군에 진압되고 말았어요.

무신 정변 〉 무신[武臣]에 의한 정권[政] 교체[變]

武 무사 무 | 臣 신하 신 | 政 정사 정 | 變 변할 변

의종 때 무신들의 반란에 의해 일어난 정권 교체 사건이에요(1170). 무신들은 고려 초부터 문신에게 차별 대우를 받으며 온갖 잡일에 시달렸어요. 이에 큰 불만과 부당함을 느껴 왕 주변의 문신 세력을 제거하고 권력을 차지했어요. 이로써 고려는 문벌 귀족에서 무신으로 지배층이 바뀌었어요. 최종 권력자가 된 최씨 무신 정권(최충헌)은 교정도감과 정방을 설치하여 국정을 운영했고, 삼별초를 두었어요.

함께 알기

- **교정도감** 敎定都監 [가르칠 **교**, 정할 **정**, 도읍 **도**, 볼 **감**]: 최충헌이 반대 세력을 감시하고 국가의 중요 정책을 결정하기 위해 설치한 관청
- **정방** 政房 [정사 **정**, 방 **방**]: 최충헌의 아들 최우가 자기 집에 설치한 인사 행정 기관
- **삼별초** 三別抄 [석 **삼**, 나눌 **별**, 노략질할 **초**]: 좌별초·우별초·신의군으로 구성된, 최씨 정권을 지키는 사병 조직

망이·망소이의 난 〉 망이[亡伊]와 망소이[亡所伊] 형제가 일으킨 난[亂]

亡 망할 **망** | 伊 저 **이** | 亡 망할 **망**
所 바 **소** | 伊 저 **이** | 亂 어지러울 **난**

무신 정권 초기에 충남 공주 명학소를 중심으로 일어난 농민 봉기예요. 무신 정변 이후 '소'에 대한 수탈이 더욱 심해지자 공주 명학소의 망이·망소이 형제가 난을 일으켜 공주 지역을 장악했어요. 하지만 끝내 관군에게 진압되고 말았어요.

대몽 항쟁

몽골[蒙]에 대항하여[對] 맞선[抗] 전쟁[爭]

對 대할 대 | 蒙 몽골 몽 | 抗 겨룰 항 | 爭 다툴 쟁

고려가 몽골의 침략에 맞서 싸운 전쟁이에요. 몽골은 1231년부터 40여 년 간 수차례에 걸쳐 고려를 침입했어요. 이에 박서는 귀주성에서 몽골군을 막아냈고, 김윤후는 처인성에서 적장 살리타를 사살했어요. 최씨 무신 정권도 강화도로 도읍을 옮겨 항전을 계속하며 팔만대장경을 제작해 백성들의 마음을 하나로 모으려고 했어요. 하지만 계속 사치를 일삼고 세금을 많이 걷자 민심을 잃어 무너지고 말았어요. 무신 정권이 무너지자 고려 왕실은 몽골과 강화를 맺고 개경으로 환도했어요. 그러나 삼별초가 이를 거부하고 진도와 제주도로 옮겨가며 백성들의 적극적인 지원 속에 끝까지 맞서 싸웠어요. 하지만 끝내 고려·몽골 연합군에 진압되면서 1273년에 몽골과의 40년 전쟁이 끝이 났어요.

함께 알기

팔만대장경 八萬大藏經 [여덟 **팔**, 일만 **만**, 큰 **대**, 감출 **장**, 글 **경**]: 고려 고종 때 부처의 힘으로 몽골을 물리치기 위해 만든 대장경(1236~1251). 경판의 수가 8만 1258판에 이르며 현재 합천 해인사에 보관하고 있음

○ 고려와 몽골의 전쟁

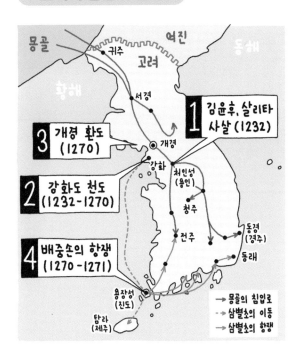

고려군과 백성들은 삶의 터전을 지키기 위해 몽골군에 맞서 저항했어요. 고려 왕실이 개경으로 환도한 후 배중손이 삼별초를 이끌어 끝까지 항전했어요.

179

정동행성 〉 일본[東] 정벌[征]에 관한 일을 하는[行] 기관[省]

征 칠 정 | 東 동녘 동 | 行 다닐 행 | 省 살필 성

고려 후기에 원(몽골)이 개경에 두었던 관청이에요. 본래 일본 정벌을 위해 설치했으나 원정에 실패한 후에도 철수하지 않고 원의 관리를 두어 고려의 내정을 간섭했어요. 원은 이 외에도 고려에 특산물과 공녀를 요구했어요. 이 시기에 고려에서는 변발, 몽골식 복장 등 몽골풍이 유행하기도 했어요.

함께 알기 | **내정 간섭** 內政干涉 [안 **내**, 정사 **정**, 방패 **간**, 건널 **섭**]: 남의 나라의 정치에 간섭하거나 강압적으로 그 주권을 속박·침해하는 일

권문세족 〉 권세[權]가 높은 집안[門]과 세력[勢]이 큰 집안[族]
(동) 권문세가

權 권세 권 | 門 문 문 | 勢 형세 세 | 族 겨레 족

대몽 항쟁 이후 새로 형성된 고려의 지배 세력이에요. 권문세족은 국왕의 측근, 원과 밀접한 관계를 맺은 사람들, 원에서 과거에 합격한 사람들로 이루어져 있어요. 이들은 권력을 독점하여, 마음대로 관직을 사고팔았어요. 또 불법적으로 백성의 토지를 빼앗아 대농장을 경영하여 세금을 내지 않았어요. 공민왕은 전민변정도감을 설치하여 이를 바로잡게 했으나 권문세족의 반발에 부딪혀 실패했어요.

함께 알기 | **전민변정도감** 田民辨整都監 [밭 **전**, 백성 **민**, 분별할 **변**, 가지런할 **정**, 도읍 **도**, 볼 **감**]: 권문세족이 빼앗은 토지와 부당하게 노비가 된 양인을 올바로 정리하기 위해, 공민왕이 신돈을 등용하여 만든 임시 개혁 기구

쌍성총관부

쌍성[雙城] 지역을 지배하기[摠] 위해 두었던 관청[管府]

雙 두 쌍 | 城 성 성
摠 다 총 | 管 주관할 관 | 府 마을 부

원이 고려 동북부 지역을 지배하기 위해 함경도 화주 지역에 설치했던 통치 기구예요. 공민왕이 반원 개혁 정치를 실시하면서 쌍성총관부를 공격하여 원에 빼앗겼던 영토를 되찾았어요. 이때 쌍성총관부에서 작은 벼슬을 하던 이자춘이라는 사람이 공민왕을 도왔고, 그 공로로 그의 아들 이성계가 중앙으로 진출했어요.

○ 공민왕의 영토 회복

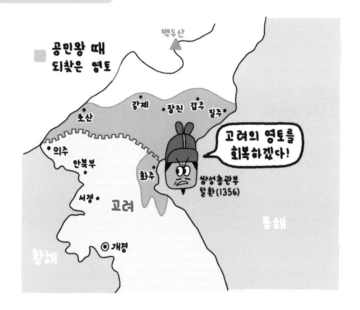

공민왕은 몽골의 쌍성총관부를 공격하여 철령 이북 땅을 회복했어요.

신진 사대부 〉 새로운[新] 사회로 나아가는[進] 사대부[士大夫]

新 새 신 | 進 나아갈 진
士 선비 사 | 大 큰 대 | 夫 지아비 부

고려 말 성리학을 공부하고 과거 시험을 통해 중앙으로 진출한 새로운 정치 세력이에요.
공민왕은 국자감을 성균관으로 고쳐 국왕이 직접 과거 시험을 주관하도록 했어요. 이 과
정에서 신진 사대부가 관직에 진출했어요. 이들은 성리학을 사상적 기반으로 삼아 고려
사회의 모순을 지적하며 조선 건국의 디딤돌이 됐어요.

함께 알기 **국자감** 國子監 [나라 **국**, 아들 **자**, 볼 **감**]: 고려 때 유능한 관리를 기르기 위해 중앙에 설치
한 최고 국립 교육 기관

신흥 무인 세력 〉 새롭게[新] 등장한[興] 무인[武人] 세력[勢力]

新 새 신 | 興 일으킬 흥 | 武 무사 무 | 人 사람 인
勢 형세 세 | 力 힘 력

공민왕 때 홍건적과 왜구의 침입을 물리치면서 새롭게 등장한 무인 세력이에요. 최영, 최
무선, 이성계, 박위 등의 인물이 있어요. 이들은 신진 사대부와 함께 고려 사회를 개혁하
는 데 노력했어요.

예 고려 말 신흥 무인 세력으로 성장한 이성계와 최영은 서로 다른 길을 갔다.

마무리 퀴즈 Quiz

1~4 다음 내용에 해당하는 사건을 〈보기〉에서 고르세요.

〈보기〉 ㉠ 무신 정변 ㉡ 이자겸의 난 ㉢ 망이·망소이의 난 ㉣ 서경 천도 운동

1 묘청은 금나라 정벌을 내걸며 수도를 옮겨야 한다고 주장하였다. (   )

2 이 사건으로 고려는 문벌 귀족에서 무신으로 지배층이 바뀌었다. (   )

3 인종의 외할아버지이자 장인이 왕권을 위협하며 난을 일으켰다. (   )

4 무신 정변 후 공주 명학소에서 일어난 농민 봉기이다.   (   )

5~7 다음을 바르게 연결해 보세요.

5 음서 제도 •
  • ① 지방 호족의 자제를 중앙에 인질로 둔 제도

6 노비안검법 •
  • ② 귀족의 자제는 무시험으로 관직에 등용한 제도

7 기인 제도 •
  • ③ 노비가 된 양인들을 원래 신분으로 돌아가게 한 제도

8~10 다음 빈칸에 들어갈 말을 〈보기〉에서 찾아 쓰세요.

〈보기〉 훈요 10조, 시무 28조, 강동 6주, 동북 9성, 쌍성총관부

8 서희는 거란의 장수 소손녕과 외교 담판을 벌여 (   )를 획득했다.

9 성종은 최승로의 (   )를 받아들여 유교를 통치 이념으로 삼았다.

10 공민왕은 (   )를 공격하여 철령 이북 땅을 되찾았다.

답안 1. ㉣ 2. ㉠ 3. ㉡ 4. ㉢ 5. ② 6. ③ 7. ① 8. 강동 6주 9. 시무 28조 10. 쌍성총관부

성리학적 질서와 변화, 조선 시대

위화도 회군 · 과전법 · 호패법 · 경연 · 의정부 · 3사 · 사대교린 · 훈구
사림 · 붕당 · 임진왜란 · 중립 외교 · 병자호란 · 북벌 운동 · 대동법 · 예송
사색당파 · 탕평책 · 균역법 · 수원 화성 · 세도 정치 · 납속책 · 삼정의 문란
실학 · 서학 · 동학 · 통신사 · 모내기법 · 서민 문화

위화도 회군

위화도[威化島]에서 군사[軍]를 돌린[回] 사건

威 위엄 위 | 化 될 화 | 島 섬 도
回 돌아올 회 | 軍 군사 군

요동 정벌을 명령 받고 출정한 이성계가 위화도에서 군대를 돌려 우왕과 최영을 몰아내고 정권을 장악한 사건이에요(1388). 우왕과 최영은 중국 대륙에 새로 등장한 명이 철령 이북 땅을 요구하자 이성계에게 요동 정벌을 명령했어요. 하지만 이성계는 명령을 어기고 위화도에서 회군했고, 이후 조선을 건국했어요(1392).

예 이성계는 작은 나라는 큰 나라(명)를 거스를 수 없다는 등의 이유를 들며 위화도 회군를 감행하였다.

과전법

관리에게 등급[科]에 따라 토지[田]를 나누어 세금을 걷게 한 법[法]

科 과목 과 | 田 밭 전 | 法 법 법

전·현직 관리에게 등급에 따라 수조권(토지에서 조세를 거두는 권리)을 나누어 준 제도예요. 위화도 회군 이후 이성계는 신진 사대부들과 함께 고려의 토지 제도를 개혁했어요. 전국의 논밭을 국유화하여 백성에게 경작하게 하고, 관리들에게는 경기 지역의 토지에서 세금을 거두게 하는 과전법을 시행한 거예요.

예 과전법의 시행으로 이성계는 권문세족을 통제하고 국가 재정을 확충하여 새 왕조(조선)의 경제적 기반을 마련할 수 있었다.

호패법

이름[號]이 적힌 패[牌]를 지니고 다니게 한 법[法]

號 이름 호 | **牌** 패 패 | **法** 법 법

16세 이상의 양인 남자에게 호패를 가지고 다니게 하던 제도예요. 호패는 현재의 주민등록증과 같은 것으로, 그 사람의 이름, 직업, 신분 등이 기록되어 있어요. 전국의 인구 동태를 파악하고 조세 징수와 군역 부과에 활용하기 위해서 조선 태종 때 처음 실시했어요. 신분에 따라 호패의 재료와 기재 내용이 달랐어요.

호패에는 개인 정보가 담겨 있어요. 양반은 이름, 관직, 주소 정도만 적었지만, 양인 이하는 얼굴 생김새도 적었어요.

경연

경전[經]을 공부하는 자리[筵]

經 글 경 | **筵** 좌석 연

조선 시대 왕이 유교 경전과 역사를 공부하던 제도예요. 경전은 성현의 가르침을 담은 글이에요. 조선은 유교적 이상 정치를 실현하기 위하여 경연을 열어 왕과 신하가 모여 유학을 공부하며 국가 정책을 논의했어요.

의정부

나라의 정책[政]을 의논하는[議] 최고 기관[府]

議 의논할 **의** | **政** 정사 **정** | **府** 관청 **부**

조선의 최고 행정 기관이에요. 의정부에서는 영의정, 좌의정, 우의정이 합의하여 국가 정책을 결정했으며, 그 아래에 6조를 두어 국가 행정을 집행하도록 했어요. 임진왜란 이후 비변사의 기능이 강화되면서 의정부는 유명무실해졌으나, 대원군 때 비변사를 없애면서 권한을 되찾았어요.

함께 알기

- **6조** 六曹 [여섯 **육**, 관아 **조**]: 조선 시대에 나랏일을 나누어 맡아 처리하던 중앙 관청. 이조, 호조, 예조, 병조, 형조, 공조로 이루어져 있음
- **비변사** 備邊司 [갖출 **비**, 가 **변**, 맡을 **사**]: 중종 때 군사와 관련된 중요 업무를 의논·결정하기 위해 설치한 회의 기구

3사

조선 시대 세[三] 언론 기관[司]을 합하여 부르는 말

三 석 **삼** | **司** 맡을 **사**

조선 시대 언론을 담당한 사헌부, 사간원, 홍문관을 가리키는 말이에요. 사헌부는 정치를 논의하고 풍속을 바로잡으며 관리를 감찰했어요. 사간원은 임금의 잘못을 간언하고, 홍문관은 왕궁 서고에 보관된 도서를 관리하고 임금의 자문에 응하는 일을 했어요. 3사는 권력 독점과 관리의 부정을 막는 역할을 했어요.

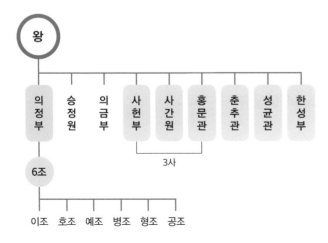

조선의 중앙 정치는 의정부와 6조를 중심으로 운영되었어요. 그 외 왕의 비서 기구인 승정원, 큰 죄를 다스리는 의금부, 언론 역할을 한 3사, 역사서 편찬을 담당한 춘추관, 최고 국립 교육 기관인 성균관, 한양의 행정과 치안을 담당한 한성부 등이 있었어요.

사대교린

> 큰 나라[大]는 섬기고[事] 이웃 나라[鄰]는 사귄다[交]는 원칙

事 섬길 **사** | **大** 큰 **대** | **交** 사귈 **교** | **鄰** 이웃 **린**

큰 나라는 섬기고 이웃 나라와는 대등하게 사귄다는 조선의 외교 정책이에요. 조선은 명과는 사대 관계를 맺어 정치적으로 왕권의 안정을 꾀하고, 조공 무역으로 문화적·경제적 이익을 추구했어요. 여진과 일본 등 이웃 나라와는 평화 시기에는 교역을 허락하고, 국경을 침입하면 강경하게 대응했어요.

훈구

> 공[勳]을 세워 높은 관직을 얻은 기득권[舊] 세력

 훈신, 척신 훈구파

勳 공 **훈** | **舊** 옛 **구**

조선 초기에 조선 건국과 각종 정변에서 공을 세워, 높은 벼슬을 차지한 관료층이에요. 특히 세조가 왕위에 오르는 것을 도왔던 공신들이 정치적 실권을 장악하면서 훈구 세력의 중심이 되었어요. 이들은 왕실과 혼인 관계를 맺으면서 권력을 강화하였고 주요 관직을 독차지하며 점점 부패해 갔어요.

함께 알기

공신 功臣 [공 **공**, 신하 **신**]: 나라를 위해 특별한 공을 세운 신하

 **사림**

유학을 공부하는 사람들[士]의 모임[林]

비 유림, 유생 동 사림파

士 선비 **사** | 林 수풀 **림**

조선 건국에 협력하지 않고 향촌에서 성리학을 연구하던 학자들을 계승한 사람들이에요. 성종과 중종은 훈구 세력을 견제하고 왕권을 강화하기 위하여 사림 세력을 대거 등용했어요. 이들은 왕권과 신권의 조화를 강조하며 훈구 세력을 강하게 비판했어요. 이 과정에서 사림 세력이 사화를 입기도 했으나, 서원과 향약을 기반으로 꾸준히 세력을 키워 선조 때부터 중앙 정치의 주도권을 잡았어요.

함께 알기
- **사화 士禍** [선비 **사**, 재앙 **화**]: 사림 세력이 훈구 세력 등 정치적 반대파에게 몰리어 죽임을 당하는 등 큰 피해를 입은 참혹한 사건. 무오·갑자·기묘·을사사화의 4대 사화가 있음
- **서원 書院** [글 **서**, 집 **원**]: 사림 세력이 훌륭한 유학자를 제사 지내고 지방 양반 자제를 교육하기 위해 세운 기관
- **향약 鄉約** [시골 **향**, 맺을 **약**]: 사림 세력이 상부상조의 전통과 성리학의 윤리를 결합하여 만든 향촌의 자치 규약

 붕당

학문적, 정치적인 뜻을 함께 하는 사람들[朋]의 무리[黨]

비 당파

朋 벗 **붕** | 黨 무리 **당**

학문적, 정치적 입장에 따라 이루어진 사림의 집단이에요. 중앙 정치로 진출한 사림 세력은 점차 내부에서 정치적 의견 대립이 일어났어요. 이는 이조 전랑의 임명을 둘러싸고 더욱 심화되어 마침내 동인과 서인으로 붕당이 형성됐어요. 동인은 이황과 조식 등을 계승한 당파이고, 서인은 이이와 성혼을 계승한 당파예요.

함께 알기
이조 전랑 吏曹銓郞 [벼슬아치 **이**, 무리 **조**, 사람 가릴 **전**, 사내 **랑**]: 육조 중 이조에 속한 벼슬자리로, 품계는 낮았지만 관리를 추천하는 권한을 가지고 있음

임진왜란

임진[壬辰]년에 왜[倭]가 침입하여 일으킨 난리[亂]

壬 북방 임 | 辰 별 진 | 倭 왜나라 왜 | 亂 어지러울 란

1592년(임진년)에 일본이 조선을 침입한 전쟁이에요. 일본의 도요토미 히데요시는 자국 내의 정치적 혼란을 수습하고 명을 정벌한다는 구실로 조선을 침략했어요. 전쟁 대비에 미흡했던 조선군은 초반에 속수무책으로 당하고, 선조 임금은 의주로 피란했어요. 그러나 이순신이 이끄는 수군과 전국에서 일어난 의병의 활약으로 전세를 뒤집었어요. 명나라 에서 지원군까지 오자 일본은 휴전을 요청했어요. 하지만 1597년에 재침략하며 정유재란을 일으켰어요. 이에 이순신이 다시 일본군을 크게 격파하며 마침내 일본군은 철수했어요 (1598).

예 한산도 대첩, 행주 대첩, 진주 대첩은 임진왜란 3대 대첩이라고 불린다.

함께 알기

의병 義兵 [옳을 의, 군사 병]: 외적의 침입을 물리치기 위하여 백성들이 자발적으로 조직 한 군대, 혹은 그 군대의 병사

임진왜란이 일어나자 전국 각지에서 의병과 승병이 일어나 왜군에 맞서 싸웠어요. 이들은 익숙한 지리를 활용해 적은 병력으로 일본군에게 큰 타격을 주었어요.

중립 외교

어느 한 나라에 치우치지 않고 중립[中立]을 지키는 외교
[外交] 영 neutral diplomacy

中 가운데 중 | 立 설 립 | 外 바깥 외 | 交 사귈 교

명과 후금(청) 사이에서 어느 한 나라에 치우치지 않고 실리를 추구한 광해군의 외교 정책이에요. 후금이 세력을 확장하며 명을 위협하고 전쟁을 일으키자 명이 조선에 지원군을 요청했어요. 광해군은 강성해진 후금과 쇠퇴하던 명 사이에서 실리적인 중립 외교를 펼쳐 후금과의 충돌을 피하려고 했어요.

예 광해군의 중립 외교는 대의명분을 중시한 서인 세력의 비판을 받았다.

병자호란

병자[丙子]년에 청[胡]이 침입하여 일으킨 난리[亂]

丙 남녘 병 | 子 아들 자 | 胡 오랑캐 이름 호 | 亂 어지러울 란

1636년(병자년)에 청이 조선을 침입한 전쟁이에요. 서인 세력이 인조반정을 일으키자 후금이 이를 문제 삼아 조선을 침략했어요(정묘호란, 1627). 조선과 후금은 형제 관계를 맺기로 하고 전쟁을 멈추었으나, 이후 국력이 더욱 강성해진 후금이 청으로 명칭을 바꿔 조선에 군신 관계를 요구하며 다시 침략했어요. 이 두 번째 침략이 병자호란이에요. 조선은 이를 막아내지 못했고, 인조는 45일 만에 삼전도에서 굴욕적인 항복 선언을 했어요.

함께 알기 인조반정 仁祖反正 [어질 인, 조상 조, 되돌릴 반, 바를 정]: 1623년에 서인 세력이 광해군을 몰아내고 인조를 왕으로 추대한 사건

1637년 1월 30일 인조는 삼전도에서 청의 황제에게 무릎을 꿇고 항복한다는 뜻으로 삼배구고두(세 번 절하고 아홉 번 머리를 조아리는 의식)를 했어요.

북벌 운동

청[北]을 치고자[伐] 한 운동[運動]

北 북녘 북 | 伐 칠 벌 | 運 옮길 운 | 動 움직일 동

병자호란의 수치를 씻고 청에 복수해야 한다는 운동이에요. 청에 인질로 끌려갔다가 돌아온 효종은 이완, 송시열 등과 더불어 군사력을 강화하여 청을 정벌하자는 계획을 세웠어요. 그러나 현실적으로 막강한 청을 공격하는 것은 어려웠어요. 북벌 운동은 효종이 죽은 뒤 사실상 중단됐어요.

대동법

공물을 쌀 등으로 크게[大] 통일하여[同] 거두어들이는 법[法]

大 큰 대 | 同 한가지 동 | 法 법 법

공납을 쌀, 베, 면포, 동전 등으로 바치게 한 조선 후기의 납세 제도예요. 공납은 집집마다 특산물을 바치는 조세 제도예요. 그런데 하급 관리나 상인들이 공납을 대신 납부하고 과도한 대가를 챙기는 방납이 성행했어요. 백성들의 고통이 심해지자 이를 바로잡기 위해 토지를 기준으로 쌀 등을 거두는 대동법을 시행했어요.

예 대동법이 실시되면서 국가에 필요한 물품을 조달하는 공인이 생겨났다.

예송

예법[禮]에 관한 논란[訟]

禮 예도 예 | 訟 송사할 송

현종 때 궁중 의례의 적용 문제를 둘러싸고 서인과 남인이 크게 논쟁한 두 차례의 사건이에요. 임진왜란 후 붕당 간의 대립이 심화하면서, 서인과 남인은 효종과 효종비의 사망 후 대비의 상복 입는 기간을 둘러싸고 대립했어요. 효종 사망 때는 서인의 1년 주장이, 효종비 사망 때는 남인의 1년 주장이 받아들여졌어요. 붕당 간의 대립은 숙종 대에 이르러 여러 차례 환국이 발생하면서 더욱 격화되었어요.

함께 알기

환국 換局 [바꿀 환, 판 국]: 권력을 잡은 붕당이 급격히 바뀌는 상황

사색당파

네 개[四色]의 붕당[黨]으로 나누어짐[派]

四 넉 사 | 色 빛 색 | 黨 무리 당 | 派 갈래 파

붕당이 분화하면서 생긴 네 개의 당파예요. 선조 때 사림 세력이 동인과 서인으로 나뉜 뒤, 동인은 다시 남인과 북인으로 나누어지고, 서인은 노론과 소론으로 나누어졌어요. 이 노론, 소론, 남인, 북인의 4대 당파를 사색당파라고 해요. 이 중 조선 후기에는 노론의 정치적 힘이 막강했어요.

○ 붕당의 분화와 사색당파

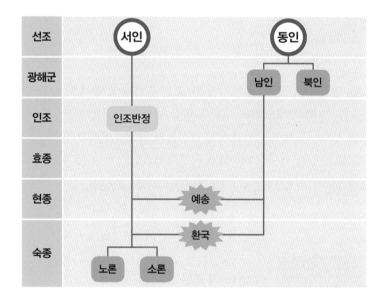

사림 세력은 중앙 정치에 진출해 붕당을 이루어 활동했어요. 이 과정에서 서로 뜻이 맞지 않아 분화를 거듭한 결과 네 개의 붕당이 만들어졌어요.

탕평책

어느 한 붕당에 치우치지 않고[蕩] 공평하게[平] 하려는 정책[策] 〔통〕 탕평 정치

蕩 털어 없앨 **탕** | 平 평평할 **평** | 策 꾀 **책**

영·정조 대에 당쟁을 막기 위해 당파 간의 정치 세력에 균형을 맞추려는 정책이에요. 영조는 붕당의 근거지로 변질된 서원을 대폭 정리하고, 같은 관청에 여러 붕당의 인물이 함께 근무하게 하여 균형을 이루고자 했어요. 정조는 여기서 나아가 붕당에 관계없이 능력이 출중한 인재를 고루 등용하고, 집권 세력인 노론뿐만 아니라 소론과 일부 남인에게까지 관직을 주었어요.

균역법

군역[役]의 의무를 균등하게[均] 하는 법[法]

均 고를 **균** | 役 부릴 **역** | 法 법 **법**

영조 때 군역의 부담을 줄여 주기 위해 만든 세법이에요. 군역은 16세 이상 60세 미만의 양인 남자가 군대에 가야 하는 의무예요. 그런데 이로 인해 농사지을 일손이 부족해지는 등 백성의 부담이 커지자, 쌀이나 옷감으로 군역을 대신하게 했어요. 영조는 여기서 1년에 2필하던 군포를 줄여 1포만 내게 하는 균역법을 실시했어요.

함께 알기

군포 軍布 [군사 **군**, 베 **포**]: 조선 시대에 병역을 면제하여 주는 대신으로 받아들이던 베

수원 화성

수원[水原]에 건설된 화성[華城]

水 물 **수** | 原 근원 **원** | 華 꽃 **화** | 城 성 **성**

정조의 개혁 정치를 뒷받침하기 위해 수원에 만들어진 성곽 도시예요. 정조는 친아버지 사도 세자의 묘를 수원으로 이장하고, 신도시 화성을 건설하여 새로운 정치를 하고자 했어요. 처음부터 계획적으로 거주지인 읍성과 방어용 산성을 합하여 만들었어요. 화성 건설 과정에서 거중기 등 새로운 과학 기술을 활용하여 공사 기간을 줄이고 경비를 절감했어요.

세도 정치

> 세력[勢]을 행사하는[道] 이에 의한 정치[政治]

비 척신 정치

勢 형세 **세** | **道** 길 **도** | **政** 정사 **정** | **治** 다스릴 **치**

왕실의 친척이나 외척, 신하가 강력한 권세를 잡고 온갖 마음대로 하는 정치예요. 정조 때 홍국영에서 비롯하여 순조, 헌종, 철종의 3대 60여 년 동안 왕의 외척인 안동 김씨, 풍양 조씨 가문에 의해 세도 정치가 이루어졌어요.

예 세도 정치로 붕당 정치는 사라지고 왕권이 크게 약화되었다.

납속책

> 곡식[粟]을 받고[納] 상이나 벼슬을 내려 주던 정책[策]

納 들일 **납** | **粟** 조 **속** | **策** 꾀 **책**

국가 재정이나 구호 대책을 보조하기 위하여 곡물을 받고, 그 대가로 상이나 벼슬을 주던 정책이에요. 임진왜란과 병자호란 이후 부유한 상민들은 납속책과 공명첩을 통해 양반 신분이 되었어요. 이에 양반의 수가 크게 늘어나고 상민의 수가 줄어들면서 양반의 권위가 떨어지는 등 신분 질서가 크게 흔들렸어요.

함께 알기 **공명첩** 空名帖 [빌 **공**, 이름 **명**, 문서 **첩**]: 관아에서 돈이나 곡식 등을 받고 부유한 평민에게 관직을 팔고는 그 사람의 이름을 써 주는 임명장

삼정의 문란

국가 재정을 담당하는 삼정[三政]의 운영이 부패해짐 [紊亂]

三 석 삼 | 政 정사 정 | 紊 어지러울 문 | 亂 어지러울 란

조선 후기에 세금 제도인 전정, 군정, 환곡의 운영이 변질되어 부정부패로 나타난 현상이에요. 전정은 토지에 매기는 세금이고, 군정은 병사로 일하는 대신 군포를 납부할 수 있도록 한 제도이며, 환곡은 흉년이나 식량이 떨어진 춘궁기에 나라에서 곡식을 빌려주는 제도예요. 이 중 환곡의 폐해가 가장 심각했어요. 지나치게 높은 이자를 받는 바람에 백성들의 생활이 더욱 고달파졌어요.

예 세도 정치로 사회가 불안해지고 삼정의 문란으로 백성의 고통이 커지자 홍경래의 난과 같은 민중 봉기가 일어났어요.

역사

실학

실제로 쓰이는[實] 학문[學]

實 열매 실 | 學 배울 학

유교 경전을 연구하되 관념적이고 경직된 성리학에서 벗어나 현실 문제를 해결하는 데 관심을 기울인 실용적 학문이에요. 유형원·이익·정약용 등의 실학자는 토지 제도를 개혁하여 농촌 사회를 안정시키고자 하였고, 박지원·박제가·홍대용 등의 북학파는 상공업의 진흥을 위해 청의 선진 문물을 받아들이자고 주장했어요. 한편 국학 연구에 헌신한 실학자들도 있었어요.

함께 알기 | **국학** 國學 [나라 **국**, 배울 **학**]: 조선 후기 실학의 한 분파로 중국 중심의 세계관에서 벗어나 조선의 전통적인 역사, 지리, 언어, 풍속 등을 연구하는 학문

서학

서양[西]의 학문[學]

반 동학 동 천주학

西 서녘 서 | **學** 배울 학

조선 후기에 천주교를 부르던 말이에요. 청의 수도를 방문한 조선의 연행사를 통해 천주교가 조선에 전래됐어요. 당시 사람들은 천주교를 서양 학문 중 하나로 생각했어요. 서학은 인간 평등을 강조하고 제사를 부정하여 유학자들의 반발을 일으켰어요. 이에 조선 정부는 서학을 금하고 신자들을 박해했어요.

함께 알기 **연행사** 燕行使 [연회 **연**, 다닐 **행**, 심부름꾼 **사**]: 조선 후기에 청 황제의 생일 등에 맞춰 청의 수도인 연경(베이징)에 파견한 조선의 사신

동학

서학에 맞서[東] 창시한 종교[學]

반 서학 동 천도교

東 동녘 동 | **學** 배울 학

서학인 천주교에 반대하여, 최제우가 창시한 종교예요. 제3대 교주 손병희 때 천도교로 이름을 바꿨어요. 동학은 유교와 불교, 도교뿐만 아니라 우리나라의 여러 민간 신앙이 융합된 종교예요. 인내천(사람이 곧 하늘) 사상을 내세워 모든 인간이 평등한 세상을 바랐어요. 이러한 교리가 많은 백성의 공감을 얻어 짧은 시간에 세력을 크게 넓혀나갔어요.

통신사

외교 문서[信]를 일본에 전달한[通] 조선의 사신[使]

동 수신사

通 통할 통 | **信** 믿을 신 | **使** 심부름꾼 사

조선 시대에 우리나라에서 일본으로 보내던 사신이에요. 고종 13년(1876)에 수신사로 고쳤어요. 임진왜란 이후 조선은 일본과 국교를 단절했으나, 에도 막부의 요청으로 다시 통신사를 파견하여 교류했어요. 통신사는 일본에서 인기가 아주 많았고, 외교 사절의 역할뿐만 아니라 조선의 선진 문화를 전하는 역할도 했어요.

196

모내기법

> 모내기(모를 논에 옮겨 심는 일)로 벼농사를 짓는 법[法]
> (반) 직파법 (동) 이앙법

法 법 **법**

못자리에서 모를 어느 정도 키운 다음 논으로 옮겨 심는 **벼농사 방법**이에요. 조선 후기 논농사에 모내기법이 도입되면서 잡초 뽑는 수고는 덜고 수확량은 크게 늘어났어요. 일부 농가는 담배, 목화, 채소 등 상품 작물을 재배하여 시장에 팔아 소득을 늘렸어요.

서민 문화

> 일반[庶] 백성[民]이 함께 향유하는 문화[文化]
> (비) 기층문화

庶 여러 서 | 民 백성 민 | 文 글월 문 | 化 될 화

조선 후기에 평민들을 중심으로 새롭게 등장한 문화와 예술 활동이에요. 농업과 상업의 발달로 일부 서민들의 경제력이 향상되고 서당 교육의 보급으로 글을 읽고 쓸 줄 아는 사람이 늘어나면서 서민 문화가 등장했어요. 서민들은 양반 중심의 문화에서 벗어나 생각과 감정을 자유롭게 표현하고, 사회 문제를 거침없이 풍자했어요. 대표적으로 한글 소설과 사설시조, 판소리와 탈춤, 민화 등이 있어요.

함께 알기

- **사설시조** 辭說時調 [말씀 **사**, 말씀 **설**, 때 **시**, 고를 **조**]: 시조 중에서 초장과 중장이 길어져 산문적이며 서민적인 시조의 형식
- **민화** 民畫 [백성 **민**, 그림 **화**]: 조선 후기에 유행한 민예적인 그림. 정통 회화의 조류를 모방하여 생활 공간의 장식을 위하거나 민속적인 풍습에 따라 제작된 실용화

마무리 퀴즈 Quiz

1~3 제시된 초성과 뜻을 참고하여 괄호 안에 들어갈 어휘를 쓰세요.

1 ㅂㄷ : 학문적, 정치적 입장에 따라 이루어진 사림 집단

예 이조 전랑의 임명을 둘러싸고 동인과 서인으로 (   )이 형성됐다.

2 ㄷㄷㅂ : 공납을 쌀, 베, 면포, 동전 등으로 바치게 한 납세 제도

예 (   )이 실시되면서 국가에 필요한 물품을 조달하는 공인이 생겨났다.

3 ㅌㅍㅊ : 당쟁을 막기 위해 당파 간의 정치 세력에 균형을 꾀하는 정책

예 정조는 붕당에 관계없이 능력이 출중한 인재를 등용하는 (   )을 썼다.

4~6 다음 학문에 대한 설명을 바르게 연결해 보세요.

4 실학 •

5 서학 •

6 동학 •

• ① 조선 시대에 천주교를 부르던 이름

• ② 최제우가 인내천 사상을 바탕으로 창시한 종교

• ③ 성리학과 달리 현실 문제에 관심을 가진 실용적 학문

7~10 다음 설명이 맞으면 ○, 틀리면 ×로 표시하세요.

7 이성계는 명나라를 정벌하기 위해 위화도에서 회군하였다.   (   )

8 광해군은 명과 청 사이에서 실리를 추구하는 외교 정책을 펼쳤다. (   )

9 조선 후기 세금 제도가 안정되어 백성들의 생활이 편안하였다.   (   )

10 조선 후기 대표적인 서민 문화에는 사설시조, 탈춤, 민화 등이 있다.   (   )

답안 1. 붕당 2. 대동법 3. 탕평책 4. ③ 5. ① 6. ② 7. × 8. ○ 9. × 10. ○

수난과 극복,
일제 강점기와 근현대

강화도 조약 · 갑오개혁 · 독립 협회 · 대한 제국 · 을사늑약 · 국채 보상 운동
무단 통치 · 토지 조사 사업 · 3·1 운동 · 대한민국 임시 정부 · 문화 통치
산미 증식 계획 · 물산 장려 운동 · 광주 학생 항일 운동 · 병참 기지화 정책
민족 말살 정책 · 조선어 학회 · 8·15 광복 · 5·10 총선거 · 6·25 전쟁
삼백 산업 · 4·19 혁명 · 경제 개발 5개년 계획 · 유신 체제 · 5·18 민주화 운동
6월 민주 항쟁 · 7·4 남북 공동 성명 · IMF 경제 위기

강화도 조약

조선과 일본이 강화도[江華島]에서 맺은 조약[條約]

동 조일 수호 조규, 병자수호조약

江 강 강 | 華 빛날 화 | 島 섬 도
條 가지 조 | 約 맺을 약

운요호 사건을 계기로 고종 13년에 조선과 일본이 체결한 불평등 조약이에요(1876). 일본은 군사력을 동원하여 조선 정부를 압박해 강제적으로 강화도 조약을 맺었어요. 이 조약에 따라 조선은 부산항, 인천항, 원산항을 개항했어요. 강화도 조약의 내용 중에는 일본의 치외법권을 인정하는 불평등한 조항도 있어요.

함께 알기

• **운요호 사건** 號事件 [이름 호, 일 사, 물건 건]: 일본 군함 운요호가 강화도에 불법으로 침입해 조선군이 방어하는 과정에서 일본군과 충돌한 사건
• **치외법권** 治外法權 [다스릴 치, 밖 외, 법 법, 권세 권]: 다른 나라의 영토 안에 있으면서도 그 나라 국내법의 적용을 받지 않는 국제법에서의 권리

갑오개혁

갑오[甲午]년에 실시한 근대식 개혁[改革] 운동

동 갑오경장

甲 갑옷 갑 | 午 낮 오 | 改 고칠 개 | 革 가죽 혁

고종 때 일본의 간섭 아래 개화당이 정권을 잡고 추진한 개혁 운동이에요(1894~1896). 개화당은 개화 지식인들과 동학 농민 운동을 일으킨 농민군의 요구를 받아들여 신분제 및 낡은 악습을 폐지하고, 사회·정치·경제 전반에 걸쳐 근대식 제도를 도입했어요. 이 와중에 일본은 을미사변을 일으키기도 했어요.

개화파 정부는 신분제 폐지, 과부의 재가 허용, 과거제 폐지 등의 근대화 정책을 펼쳤지만 일본의 간섭에 의한 개혁이라는 한계로 국민적 지지를 받지 못했어요.

함께 알기

- **동학 농민 운동** 東學農民運動 [동녘 동, 배울 학, 농사 농, 백성 민, 옮길 운, 움직일 동]: 갑오년(1894)에 전라도 고부의 동학 접주 전봉준 등의 통솔 하에 동학도와 농민들이 합세하여 일으킨 농민 운동
- **을미사변** 乙未事變 [새 을, 아닐 미, 일 사, 변할 변]: 을미년(고종 32년, 1895)에 일본 공사 미우라 등이 명성 황후를 시해한 사건

독립 협회

> 자주독립[獨立]을 지키기 위해 설립한 협회[協會]
>
> 영 Independence Club

獨 홀로 독 | 立 설 립 | 協 화합할 협 | 會 모일 회

1896년 서재필, 이상재, 윤치호 등이 우리나라의 자주독립과 내정 개혁을 위하여 조직한 최초의 근대적인 사회 정치 단체예요. 독립 협회는 《독립신문》을 발간하고 독립문을 건립했으며, 근대적인 대중 집회인 만민 공동회를 열어 열강들의 이권 침탈을 규탄하고 자유 민권 의식을 확산시켰어요. 하지만 기득권 정치 세력의 모함과 정부와의 정치적 갈등으로 1899년 해산되고 말았어요.

예 독립 협회가 발간한 《독립신문》은 한글판과 영문판이 함께 발간되었다.

대한 제국

> 대한[大韓]이라는 이름의 전제[帝] 국가[國]
>
> 영 Korean Empire

大 큰 대 | 韓 나라 한 | 帝 임금 제 | 國 나라 국

1897년 고종이 새로 정한 우리나라의 국호예요. 고종은 아관 파천 후 덕수궁으로 돌아와 왕을 황제라 하고 연호를 광무(光武)라고 하는 대한 제국을 선포했어요. 대한 제국은 황제의 권한이 막강한 전제 군주국을 지향했어요. 고종은 스스로 황제가 되어 상공업 진흥, 실업 학교 설립 등의 광무개혁을 단행했어요. 하지만 1910년 일제의 국권 피탈로 멸망하고 말았어요.

함께 알기 **아관 파천** 俄館播遷 [러시아 **아**, 집 **관**, 뿌릴 **파**, 옮길 **천**]: 을미사변 후 약 1년간 고종과 세자가 러시아 공관으로 몸을 피신하여 거처한 사건

을사늑약

> 을사[乙巳]년에 일본과 강제적으로[勒] 맺은 외교 조약[約]
>
> **통** 한일협상조약, 제2차 한일협약, 을사5조약, 을사조약

乙 새 **을** | 巳 뱀 **사** | 勒 굴레 **늑** | 約 맺을 **약**

1905년 일본이 우리나라의 외교권을 빼앗기 위하여 강제적으로 맺은 조약이에요. 고종 황제가 끝까지 재가하지 않았기 때문에 무효라고 할 수 있어요. 이 조약으로 대한 제국은 명목상 일본의 보호국이 되었으나 사실은 식민지가 되었어요. 일본은 대한 제국을 통치하기 위해 통감부를 설치했어요.

함께 알기 **통감부** 統監府 [거느릴 **통**, 볼 **감**, 마을 **부**]: 일제가 한국을 완전히 식민 지배할 목적으로 정치를 장악하기 위해 설치한 감독 기관

국채 보상 운동

> 나라[國]의 빚[債]을 갚기[報償] 위해 전개한 운동 [運動]

國 나라 **국** | 債 빚 **채** | 報 갚을 **보** | 償 갚을 **상**
運 옮길 **운** | 動 움직일 **동**

대한 제국 때 일본으로부터 빌려 쓴 1,300만 원을 갚기 위하여 자발적으로 벌인 거족적인 애국 운동이에요. 1907년부터 이듬해까지 국권 회복을 위한 투쟁의 일환으로, 대구의 서상돈 등이 처음 제창하고 《대한매일신보》 등이 적극 추진했어요. 하지만 통감부의 압력과 일진회의 방해로 중지됐어요.

예 백성들은 담배를 끊고 반지와 비녀를 팔아 **국채 보상 운동**에 동참했다.

함께 알기 **일진회** 一進會 [한 **일**, 나아갈 **진**, 모일 **회**]: 일제의 대한 제국 강점을 도와준 친일적 정치 단체

무단 통치

무력[武]으로 일을 처리하는[斷] 통치[統治]

武 무사 무 | 斷 끊을 단 | 統 거느릴 통 | 治 다스릴 치

1910년부터 1919년까지 일제가 군대와 경찰로 한국을 통치한 방법이에요. 대한 제국을 강제 병합한 일제는 조선 총독부를 설치하고 헌병 경찰을 앞세워 무단 통치를 했어요. 정치·언론·집회의 자유를 박탈하고, 민족 신문의 발행을 막고, 많은 애국지사들을 체포·투옥했어요. 이 시기에는 교사들도 제복을 입고 칼을 찼어요. 수업 시간에는 우리말을 금지하고 일본어로 가르쳤어요.

일본어 말고 우리말로 수업 듣고 싶다..

함께 알기   조선 총독부 朝鮮總督府 [아침 조, 고울 선, 다 총, 감독할 독, 마을 부]: 1910년 국권 피탈로부터 1945년 8·15 광복까지 만 35년간 한반도를 식민 통치하며 수탈한 기관

토지 조사 사업

토지[土地]의 소유 관계를 조사[調査]한 일[事業]

영 land survey project

土 흙 토 | 地 땅 지 | 調 고를 조 | 査 조사할 사
事 일 사 | 業 업 업

일제가 우리나라의 토지를 빼앗기 위하여 벌인 대규모의 조사 사업이에요. 1910년부터 준비하여 1912년에서 1918년까지 시행했어요. 이때 조선 총독부는 토지 소유자에게 토지의 주소와 쓰임새, 소유 관계 등을 신고하도록 했어요. 이 과정에서 국유지와 신고가 안 된 많은 토지가 조선 총독부의 소유가 됐어요.

3·1 운동

1919년 3월[三] 1일[一]에 일어난 독립 운동[運動]

동 기미독립운동, 삼일 만세 운동

三 석 삼 | 一 한 일 | 運 옮길 운 | 動 움직일 동

1919년 3월 1일을 기해 일제의 무단 통치에 맞서 일어난 거족적인 독립 만세 운동이에요. 제1차 세계 대전 후 확산된 민족 자결주의에 입각하여, 손병희 등 민족 대표 33인이 '독립 선언서'에 서명하고 민족의 자주독립을 선언했어요. 학생들과 시민들은 탑골 공원(파고다 공원)에 모여 이 선언서를 낭독하고 '대한 독립 만세'를 외쳤어요. 평화 시위로 시작된 만세 운동은 전국적으로 퍼져 많은 한국인이 참여했어요. 3·1운동으로 우리 민족은 세계만방에 독립 의지를 알렸어요.

탑골 공원의 팔각정에서 독립 선언서를 낭독하자 주위에 모여든 시민들과 학생들이 태극기를 꺼내 들고 만세를 불렀어요.

함께 알기 | **독립 선언서 獨立宣言書** [홀로 **독**, 설 **립**, 베풀 **선**, 말씀 **언**, 글 **서**]: 3·1 운동 당시 민족 대표 33인이 공동으로 서명한 독립 선언문으로, 최남선이 작성하고 한용운이 태화관에서 낭독함

대한민국 임시 정부

대한민국[大韓民國]의 광복을 위해 임시[臨時]로 조직한 정부[政府] 🔵 상해 임시 정부

大 큰 **대** | **韓** 나라 **한** | **民** 백성 **민** | **國** 나라 **국**
臨 임할 **임** | **時** 때 **시** | **政** 정사 **정** | **府** 마을 **부**

1919년 4월 13일에 중국 상하이(상해)에서 안창호, 이승만, 김구 등이 대한민국의 광복을 위하여 임시로 조직한 정부예요. 3·1 운동 후 독립운동가들은 통일된 독립운동을 전개하기 위하여 임시 정부를 수립했어요. 초대 대통령에는 이승만이 선출되었고 마지막에는 김구가 주석이 되어 임시 정부를 이끌었어요. 대한민국 임시 정부는 광복 때까지 항일 민족 운동의 구심점 역할을 했어요.

예 우리 헌법 전문에는, 대한민국이 3·1 운동으로 건립된 대한민국 임시 정부의 법통을 잇고 있다고 쓰여 있다.

문화 통치

문화[文化]의 자유를 허용하는 통치[統治]

文 글월 **문** | **化** 될 **화** | **統** 거느릴 **통** | **治** 다스릴 **치**

3·1 운동 후 일제가 시행한 통치 방법이에요. 3·1 운동을 겪은 일본은 무력적으로 우리 민족을 지배하기 어렵다는 것을 깨달았어요. 그래서 우리 문화와 관습을 존중하고 한국인의 이익을 위한다며 문화 통치를 실시했어요. 헌병 경찰을 보통 경찰로 바꾸고 교육 기회를 확대하고 민족 신문의 간행을 허가했어요. 그러나 실제로는 친일파를 양성하여 우리 민족을 이간·분열시키려는 회유 정책이었어요.

산미 증식 계획

쌀[米] 생산을[産] 늘리는[增殖] 계획[計劃]

産 낳을 산 | **米** 쌀 미 | **增** 더할 증 | **殖** 불릴 식
計 셀 계 | **劃** 그을 획

1920년부터 1934년까지 일제가 한국을 식량 공급지로 만들기 위하여 실시한 식민지 농업 정책이에요. 제1차 세계 대전 후 일본 내 농민들이 도시로 이주하면서 일본 농촌의 쌀 생산량이 감소했어요. 일본은 이 문제를 해결하기 위해 산미 증식 계획을 세워 우리나라의 쌀 생산량을 높인 뒤 일본으로 빼앗아 갔어요. 여기에 드는 비용까지 모두 우리나라 농민들에게 떠넘겨 생활이 더욱 힘들어졌어요.

예 산미 증식 계획 때문에 일본으로 유출되는 쌀의 양이 늘어나 한국인은 도리어 식량 부족에 허덕였다.

물산 장려 운동

물건[物] 생산[産]의 자립을 위해 힘쓰는[獎勵] 운동 [運動] 통 조선 물산 장려 운동

物 물건 물 | **産** 낳을 산 | **獎** 장려할 장 | **勵** 힘쓸 려
運 옮길 운 | **動** 움직일 동

1920년대 일제의 경제적 수탈 정책에 맞서 우리 민족이 펼친 경제 자립 운동이에요. 전국적 규모의 조선 물산 장려회가 조직되어 국산품 애용, 절약, 자급자족, 민족 기업의 육성 등을 위해 다양한 노력을 전개했어요. 그러나 1932년 이후 일제의 탄압으로 명맥만 유지하다가, 1940년 조선 물산 장려회가 강제로 해산되어 끝이 났어요.

광주 학생 항일 운동

광주[光州]에서 학생[學生]들이 일제의 식민지 차별 교육에 저항하여[抗日] 일으킨 운동[運動]
통 광주 학생 사건, 광주 학생 운동

光 빛 광 | **州** 고을 주 | **學** 배울 학 | **生** 날 생
抗 겨룰 항 | **日** 날 일 | **運** 옮길 운 | **動** 움직일 동

1929년 전라남도 광주에서 일어난 학생들의 항일 투쟁 운동이에요. 광주에서 기차 통학을 하던 한국 학생과 일본 학생 사이에 싸움이 일어났는데 한국 학생만 부당하게 처벌받자 광주의 2,000여 학생이 궐기하여 저항했어요. 이 운동은 전국으로 확산되어 전국의 학생들이 시위에 동참했어요. 광주 학생 항일 운동은 3·1 운동 이후 최대의 항일 운동이었어요.

병참 기지화 정책

병사[兵]를 지원·관리하는[站] 근거지[基地]
로 만드는[化] 정책[政策]

동 대륙 병참 기지화 정책

兵 병사 병 | 站 역마을 참
基 터 기 | 地 땅 지 | 化 될 화 | 政 정사 정 | 策 꾀 책

일제가 한반도를 대륙 침략과 태평양 전쟁을 위한 병참 기지로 이용하기 위하여 실시한
정책이에요. 일본은 1931년 만주 사변을 일으켜 중국 침략을 시작한 후부터 1945년 8월
태평양 전쟁이 끝날 때까지 한반도를 전쟁 및 군수 물자의 공급 기지로 이용했어요.

함께 알기 **만주 사변** 滿洲事變 [찰 만, 섬 주, 일 사, 변할 변]: 1931년 일본 관동군이 만주를 침략해
중국과 싸운 전쟁. 이를 계기로 일본은 만주를 점령하고 1932년 만주국을 세움

민족 말살 정책

우리의 민족성[民族]을 지워[抹] 없애려[殺] 한 일제
의 지배 정책[政策] 비 민족 동화 정책

民 백성 민 | 族 겨레 족 | 抹 지울 말 | 殺 죽일 살
政 정사 정 | 策 꾀 책

우리 민족의 전통과 문화의 뿌리를 말살
하려 한 일본의 식민지 지배 정책이에요.
1937년 중·일 전쟁을 일으킨 일제는 전시
체제를 강화하며 한국인을 침략 전쟁에 동
원하기 위해 황국 신민화 정책을 폈어요. 일
본과 한국(조선)은 하나라는 '내선일체'를
내세우며 신사 참배, 일본식 성명 사용(창
씨개명) 등을 강요했어요. 또한 한국 학생
들에게 황국 신민(일본 왕의 백성)이 되기
를 강요하며 황국 신민 서사를 강제적으로
암송하게 했어요.

함께 알기 **신사 참배** 神社參拜 [귀신 신, 모일 사, 참여할 참, 절 배]: 일제가 천황(일왕) 숭배를 주입
하기 위해 곳곳에 신사를 세우고 한국인들로 하여금 강제로 참배하게 한 일

조선어 학회

조선[朝鮮]의 언어[語]를 연구하는[學] 모임[會]

🔵동 한글 학회

朝 아침 조 | **鮮** 고울 선 | **語** 말씀 어
學 배울 학 | **會** 모일 회

일제의 민족 문화 탄압에 맞서 우리말과 글을 연구하기 위해 만든 단체예요. 1921년 처음 결성될 당시에는 '조선어 연구회'라는 이름으로 활동했고, 1931년에 '조선어 학회'로 이름을 고쳤어요. 조선어 학회의 가장 큰 업적은 1933년 한글 맞춤법 통일안을 발표한 거예요. 이는 오늘날에도 한글 표기의 기준이 되고 있어요.

예 광복 후 조선어 학회는 한글 학회로 이름을 바꾸고 이전부터 작업해 온 우리말 큰사전 편찬을 마무리했다.

8·15 광복

1945년 8월[八] 15일[一五]에 빛[光]을 되찾음[復]

八 여덟 팔 | **一** 한 일 | **五** 다섯 오
光 빛 광 | **復** 돌아올 복

1945년 8월 15일 **우리나라가 일제의 식민 통치에서 벗어나 독립한 일**이에요. 일제는 제2차 세계 대전에서 연합군에게 패배해 무조건적인 항복을 선언했어요. 이에 따라 우리 민족도 광복을 맞이했어요. 그러나 연합국은 우리나라를 북위 38도선을 기준으로 남북으로 분할하였고, 미군과 소련군이 각각 점령 통치를 했어요.

5·10 총선거

1948년 5월[五] 10일[十]에 치러진 국회의원[總] 선거 [選擧]

五 다섯 오 | **十** 열 십
總 다 총 | **選** 가릴 선 | **擧** 들 거

1948년 5월 10일에 치러진 제1대 국회의원 총선거예요. 21세 이상의 대한민국 성인 남녀에게 모두 1표씩 동등하게 투표권이 주어졌어요. 이 선거에서 당선된 198명의 국회의원이 우리나라 최초의 헌법인 제헌 헌법을 만들었고, 1948년 7월 17일, 공식적으로 공포했어요. 이 헌법에 따라 국회의원들의 간접 선거로 이승만이 초대 대통령으로 선출되었고, 그해 8월 15일 대한민국 정부가 수립되었어요.

6·25 전쟁

1950년 6월[六] 25일[二五]에 일어난 한국 전쟁[戰爭]

🔵동 한국 전쟁, 6·25 사변, 6·25 동란 🟢영 Korean War

六 여섯 육 | 二 두 이 | 五 다섯 오
戰 싸움 전 | 爭 다툴 쟁

1950년 6월 25일 새벽에 북한군이 북위 38도선 이남으로 불법 남침하여 일어난 전쟁이에요. 전쟁 초반에는 사전에 계획하여 군사력을 키운 북한군이 침공 3일 만에 서울을 점령하는 등 매우 우세했으나, 연합군(유엔군)의 참전과 인천 상륙 작전의 성공으로 역전되었어요. 하지만 중국군의 참전으로 다시 엎치락뒤치락하며 전쟁이 지속됐어요. 3년 동안 이런 상황이 이어지다 1953년 7월 27일 북한과 연합국이 휴전 협정을 맺었어요.

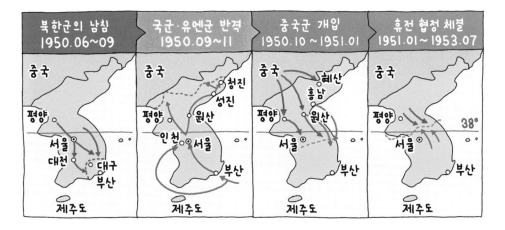

북한군의 남침으로 시작된 6·25 전쟁은 세계 각국이 참전하는 큰 전쟁이 되었어요.

🔴예 6·25 전쟁으로 많은 사람들이 죽고 국토가 황폐화되었으며 대부분의 산업 시설이 파괴되고 이산가족이 생겼다.

삼백 산업 〉 세[三] 가지 흰 색[白]을 띠는 제품을 생산하는 산업[産業]

三 석 삼 | 白 흰 백 | 産 낳을 산 | 業 일 업

1950년대 한국 산업에서 중추적 역할을 했던 밀가루, 설탕, 면직물의 세 가지 산업이에요. 이들 제품이 흰색을 띠어서 '삼백'이라는 이름이 붙여졌어요. 전쟁 후 열악한 경제 상황 속에서 원료의 구입과 생산 비용은 대부분 미국의 경제 원조에 의존했어요. 그래서 이후 미국의 원조 정책이 바뀌자 삼백 산업도 성장을 멈췄어요.

(예) 삼백 산업은 정부의 보호 아래 독점적으로 성장한 대표적인 산업이다.

4·19 혁명 〉 1960년 4월[四] 19일[一九]에 일어난 민주주의 혁명[革命]

(동) 4·19 의거, 4·19 민주화 운동

四 넉 사 | 一 한 일 | 九 아홉 구
革 가죽 혁 | 命 목숨 명

1960년 4월, 이승만 정부의 부정 선거와 장기 집권에 항의하여 벌인 국민적 항쟁이에요. 이승만의 자유당 정부는 장기 집권을 위해 여러 차례 헌법을 개정하였고, 3·15 부정 선거까지 자행했어요. 이에 학생들을 중심으로 시위가 일어났고 곧 전국으로 확산됐어요. 결국 이승만 대통령은 대통령직에서 물러났어요.

함께 알기 **3·15 부정 선거 三一五不正選擧** [석 **삼**, 한 **일**, 다섯 **오**, 아닐 **부**, 바를 **정**, 가릴 **선**, 들 **거**]: 1960년 3월 15일에 자유당의 이기붕을 당선시키기 위해 투표함을 바꾸는 등의 부정을 저지른 선거

경제 개발 5개년 계획

경제[經濟] 개발[開發]을 위해 5년[五個年] 단위로 수립한 계획[計劃]

經 지날 경 | 濟 건널 제 | 開 열 개 | 發 필 발
五 다섯 오 | 個 낱 개 | 年 해 년 | 計 셀 계 | 劃 그을 획

역사

박정희 정부가 추진한 국가 주도의 성장 중심 경제 정책이에요. 박정희 정부는 수출 주도형 성장 전략으로 5개년 계획을 수립하고 1차부터 4차까지 추진했어요. 1960년대에는(제1·2차) 섬유·식품 등의 경공업을, 1970년대에는(제3·4차) 철강·기계·조선업 등 중화학공업을 중점적으로 발전시켰어요. 그 결과 수출이 크게 늘고 국민 소득도 높아졌어요.

유신 체제

낡은 제도를 고쳐[維] 새롭게[新] 한다는 명분으로 국민의 기본권을 제한한 체제[體制] 🔵통 제4 공화국

維 벼리 유 | 新 새 신 | 體 몸 체 | 制 만들 제

1972년 10월 박정희 대통령이 전국에 비상계엄령을 선포하고 수립한 공화국이에요. 박정희 대통령은 장기 집권을 목적으로 10월 유신을 단행하고 대통령에게 막강한 권한을 부여하는 유신 헌법을 공포했어요. 이에 학생, 지식인, 종교인 등이 저항했고, 1979년에는 부·마 민주 항쟁이 일어났어요. 이를 탄압하는 과정에서 1979년 10월 26일 박정희 대통령이 피살되었고, 유신 체제는 막을 내렸어요.

🔵예 유신 체제 하에서 대통령은 자신의 필요에 따라 국민의 자유와 권리를 정지할 수 있는 긴급 조치권을 가졌다.

5·18 민주화 운동

1980년 5월[五] 18일[一八]에 광주에서 일어난 민주화[民主化] 운동[運動]

五 다섯 오 | 一 한 일 | 八 여덟 팔 | 民 백성 민
主 주인 주 | 化 될 화 | 運 옮길 운 | 動 움직일 동

1980년 5월 18일에서 27일까지 전라남도 및 광주 시민들이 민주주의의 회복을 요구하며 벌인 운동이에요. 박정희 대통령이 피살된 후 전두환의 신군부가 무력으로 정권을 장악했어요. 이에 시민들은 신군부의 퇴진을 요구하며 전국 곳곳에서 대규모 시위를 벌였어요. 그러자 신군부는 비상계엄을 선포하며 시위를 탄압했고, 광주에서는 계엄 철회와 민주 정치 지도자 석방 등을 요구하며 저항했어요. 신군부는 계엄군을 투입하여 이를 폭력으로 진압했고 광주 시민들은 시민군을 결성하여 맞섰으나 많은 사람이 희생되었어요.

6월 민주 항쟁

1987년 6월[六月]에 전국에서 일어난 민주[民主] 시위[抗爭] 동 6·10 민주 항쟁

六 여섯 육 | 月 달 월
民 백성 민 | 主 주인 주 | 抗 막을 항 | 爭 다툴 쟁

1987년 6월 10일부터 6월 29일까지 전국에서 일어난 반독재, 민주화 시위예요. 전두환 군사 정권이 장기 집권을 위해 간접 선거를 유지하겠다고 선언하자, 학생들을 중심으로 직접 선거를 요구하며 시위에 들어갔어요. 시위 도중 이한열 학생이 최루탄에 맞아 숨지면서 6월 10일 이후 많은 시민들이 참여하는 전국적인 시위로 확산됐어요. 이에 6월 29일 노태우가 수습안을 발표하면서 대통령 직선제로 개헌이 이루어졌어요.

예 6월 민주 항쟁 이후 국민의 민주주의 의식이 크게 성장하여 노동, 환경, 여성 등 다양한 분야에서 시민운동이 활발히 전개되었다.

7·4 남북 공동 성명

1972년 7월 4일에[七四] 남한과 북한이[南北] 함께[共同] 발표한 성명[聲明]

七 일곱 칠 | 四 넉 사 | 南 남녘 남 | 北 북녘 북
共 한가지 공 | 同 한가지 동 | 聲 소리 성 | 明 밝을 명

1972년 7월 4일 남북한 당국이 분단 이후 최초로 통일과 관련하여 서울과 평양에서 동시에 발표한 공동 성명이에요. 남북한은 '자주, 통일, 민족 대단결'이라는 기본 원칙에 합의했어요. 하지만 이후 남북 대화는 제대로 이루어지지 않았어요. 그러다 2000년 6월 14일에 분단 이후 최초로 남북한 정상 회담을 열었고, 다음 날 6·15 공동 선언을 발표했어요.

2000년 처음 남북한 정상 회담 때의 모습이에요. 이후 2007년과 2018년에도 남북 정상이 만나 회담을 열었어요.

IMF 경제 위기

IMF에 외화를 빌릴 상황의 경제[經濟] 위기[危機]

비 외환 위기

經 지날 경 | 濟 건널 제 | 危 위태할 위 | 機 틀 기

1997년 우리 정부가 IMF(국제 통화 기금)에 자금 지원을 요청한 사건이에요. 우리나라는 경제 개발 과정에서 외환 관리를 제대로 못하여 외환 보유고가 바닥나는 위기를 겪었어요. 이로써 외국에 빚을 갚지 못하게 되자 국가 신용도가 떨어지고 국제적 경제 활동도 어려운 상황이 되었어요. 그러자 국내 금융 기관과 크고 작은 기업들이 망하고 실업자도 많이 생기면서 경제 위기를 맞았어요. 정부는 이를 극복하기 위해 1997년 12월 3일 IMF 등에 외화를 지원받았어요.

예 금 모으기 등의 전 국민적인 노력과 정부의 각종 경제 개혁 정책으로 IMF 경제 위기를 극복했다.

마무리 퀴즈 Quiz

1~4 다음 내용에 해당하는 사건을 〈보기〉에서 고르세요.

〈보기〉 ㉠ 3·1 운동   ㉡ 4·19 혁명   ㉢ 5·18 민주화 운동   ㉣ 6월 민주 항쟁

1 탑골 공원에 모여 독립 선언서를 낭독하고 만세 운동을 펼쳤다. (   )

2 대통령 직선제를 요구하며 다수 시민이 시위에 참여하였다.   (   )

3 이승만 정부의 부정 선거에 항의하여 전국적인 시위가 일어났다.(   )

4 신군부 퇴진을 요구하며 광주 시민들이 계엄군에 맞섰다.   (   )

5~7 다음 일제의 통치 방법에 대한 설명을 바르게 연결해 보세요.

5 무단 통치   •   • ① 친일파를 양성하기 위한 회유 정책

6 문화 통치   •   • ② 헌병 경찰을 앞세워 무력으로 통치한
                              방법

7 민족 말살 정책 •   • ③ 신사 참배, 일본식 성명 사용 등을 강요
                              한 정책

8~10 다음 빈칸에 들어갈 말을 〈보기〉에서 찾아 쓰세요.

〈보기〉 강화도 조약, 을사늑약, 유신 헌법, 토지 조사 사업, 산미 증식 계획

8 일제는 강제로 (   )을 맺어 대한 제국의 외교권을 빼앗았다.

9 (   )으로 인해 많은 양의 쌀이 일본으로 유출되었다.

10 박정희 정권은 장기 집권을 위해 (   )을 공포하였다.

답안 1. ㉠ 2. ㉣ 3. ㉡ 4. ㉢ 5. ② 6. ① 7. ③ 8. 을사늑약 9. 산미 증식 계획 10. 유신 헌법

수학

수마다 빛깔이 있어, 수의 성질

자연수 · 소수 · 에라토스테네스의 체 · 합성수 · 거듭제곱 · 소인수분해 · 최대공약수
최소공배수 · 정수 · 유리수 · 수직선 · 절댓값 · 교환법칙 · 결합법칙 · 분배법칙
역수 · 유한소수 · 무한소수 · 순환소수 · 제곱근 · 무리수 · 실수 · 분모의 유리화

자연수

자연[自然]스러운 수[數]

동 양의 정수

自 스스로 **자** | 然 그러할 **연** | 數 셈 **수**

1부터 시작하여 하나씩 더하여 얻는 수로, 1, 2, 3, 4, … 등이 있어요. 자연수는 사물의 개수를 셀 때 쓰이는 수여서 가장 '자연스러운 수'라고 할 수 있어요. 자연수는 짝수와 홀수로 구분할 수 있어요. 2·4·6·8과 같이 2로 나누어떨어지는 수를 **짝수**, 1·3·5·7과 같이 2로 나누어떨어지지 않는 수를 **홀수**라고 해요.

예 0은 자연수에 포함되지 않는다.

소수

하얀[素] 천처럼 바탕이 되는 수[數]

반 합성수

素 흴 **소** | 數 셈 **수**

1보다 큰 자연수 중에서 1과 자기 자신만을 약수로 가지는 수예요. 2, 3, 5, 7, 11, … 등이 있어요. 2는 1과 2만을 약수로 가지고, 3은 1과 3만을 약수로 가져요. 이처럼 소수는 약수가 2개뿐이에요. 소수는 다른 수를 만들 수 있는 바탕이 되는 수예요. 소수가 아닌 자연수는 소수끼리의 곱으로 나타낼 수 있어요.

예 6은 소수 2와 소수 3의 곱으로 나타낼 수 있다.

함께 알기 | **약수** 約數 [맺을 **약**, 셈 **수**]: 어떤 수를 나누어떨어지게 하는 수. 6의 약수는 1, 2, 3, 6임

에라토스테네스의 체

고대 그리스의 수학자 에라토스테네스가 생각해 낸, 소수를 찾는 방법이에요. 1부터 100 까지의 자연수를 적은 다음, 먼저 소수가 아닌 1을 지워요. 그다음 2를 남기고 2의 배수를 모두 지워요. 그다음 3을 남기고 3의 배수를 모두 지워요. 이와 같은 방법으로, 남은 수 중 에서 처음 수는 남기고 그 수의 배수를 모두 지우면서 소수를 찾는 거예요.

	②	③		⑤		⑦			
⑪		⑬				⑰		⑲	
		㉓						㉙	
㉛						㊲			
㊶		㊳				㊼			
		㊾				㋒		㋙	
㋑						㋦			
㋱		㋭						㋯	
		㋵						㋹	
						㋷			

합성수

둘 이상[合成]의 소수를 곱한 수[數]

🔵반 소수

合 합할 합 | **成** 이룰 성 | **數** 셈 수

둘 이상의 소수를 곱한 수예요. 예를 들어 4, 6, 8, 9, 12, … 등이 있어요. 4는 1과 4 외에 2를 약수로 가지며, 6은 1과 6 외에 2와 3을 약수로 가져요. 이처럼 합성수는 약수가 3개 이상이에요. 모든 합성수는 2개 이상의 소수의 곱으로 나타낼 수 있어요.

📙예 합성수 12는 소수의 곱인 '2×2×3'으로 나타낼 수 있다.

거듭제곱

같은 수나 같은 문자를 여러 번 곱하는 거예요. 2를 두 번 곱하면 '2×2=2²'으로, 세 번 곱하면 '2×2×2=2³'으로 나타내요. 이때 '2²'을 '2의 제곱'이라고 읽고, '2³'을 '2의 세제곱'이라고 읽어요. 거듭제곱은 밑과 지수로 나타내는데, '2³'에서 2를 **밑**이라고 하고, 밑이 곱해지는 횟수 3을 **지수**라고 해요.

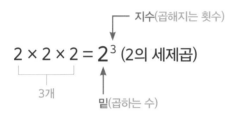

(예) 2×2×2×3×3을 거듭제곱을 써서 나타내면 $2^3 \times 3^2$이다.

소인수분해   자연수를 소인수[素因數]로 나누어[分解] 표현

素 흴 소 | 因 인할 인 | 數 셈 수
分 나눌 분 | 解 풀 해

자연수를 소인수들의 곱으로 나타낸 거예요. 소인수는 소수인 인수를 말하며, 인수는 약수를 뜻해요. 예를 들어 12의 약수 1, 2, 3, 4, 6, 12가 인수이고, 그중 2, 3과 같이 소수인 인수를 소인수라고 해요. 12를 소인수분해하면 2와 3의 곱으로 나타낼 수 있어요. 12=2×2×3=$\underline{2^2 \times 3}$이에요.

(예) 소인수분해를 이용하여 약수를 구할 수 있다.

◦ 소인수분해 방법

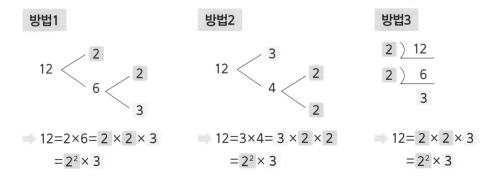

방법1

$12 = 2 \times 6 = \boxed{2} \times \boxed{2} \times 3$
$\quad = \boxed{2^2} \times 3$

방법2

$12 = 3 \times 4 = 3 \times \boxed{2} \times \boxed{2}$
$\quad = \boxed{2^2} \times 3$

방법3

$12 = \boxed{2} \times \boxed{2} \times 3$
$\quad = \boxed{2^2} \times 3$

소인수를 차례로 나누어 마지막 몫이 소수가 되면, 나눈 소인수들과 마지막 몫을 곱셈 기호를 사용하여 나타내요.

최대공약수

가장[最] 큰[大] 공약수[公約數]

통 GCD **영** greatest common denominator

最 가장 최 | **大** 클 대
公 공평할 공 | **約** 맺을 약 | **數** 셈 수

두 개 이상의 자연수의 공약수 가운데 가장 큰 수예요. 공약수는 공통되는 약수를 말해요. 12와 18의 약수는 각각 1, 2, 3, 4, 6, 12와 1, 2, 3, 6, 9, 18이에요. 이 중 공약수는 1, 2, 3, 6이고, 최대공약수는 6이에요. 한편, 5와 12처럼 최대공약수가 1인 두 자연수를 **서로소**라고 해요.

12의 약수 ⟨1, 2, 3,⟩4,⟨6,⟩12
18의 약수 ⟨1, 2, 3, 6,⟩9, 18

공약수
1, 2, 3,⟨6⟩ ⟶ 최대공약수

예 두 개 이상의 자연수의 공약수는 **최대공약수**의 약수이다.

최소공배수

> 가장[最] 작은[小] 공배수[公倍數]
>
> 동 LCM   영 least common multiple

最 가장 최 | 小 작을 소
公 공평할 공 | 倍 곱 배 | 數 셈 수

두 개 이상의 자연수의 공배수 가운데 가장 작은 수예요. 공배수는 공통되는 배수를 말해요. 2와 3의 배수는 각각 2, 4, 6, 8, 10, 12, …와 3, 6, 9, 12, 15, …예요. 이 중 공배수는 6, 12, …이고, 최소공배수는 6이에요.

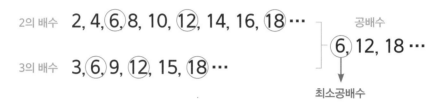

예 두 개 이상의 자연수의 공배수는 **최소공배수의 배수이다.**

정수

> 0을 기준으로 1씩 가지런하게[整] 나열된 수[數]
>
> 영 integer

整 가지런할 정 | 數 셈 수

양의 정수, 0, 음의 정수를 통틀어 부르는 말이에요. 양의 정수는 자연수 1, 2, 3, …에 양의 부호 +를 붙인 수 +1, +2, +3, …을 말하고, 음의 정수는 음의 부호 −를 붙인 수 −1, −2, −3, …을 말해요. 이때 양의 정수는 +를 생략하여 1, 2, 3, …과 같이 나타낼 수 있어요. 양의 정수는 자연수와 같아요.

예 0은 정수에 포함되지만 양의 정수도 아니고, 음의 정수도 아니다.

유리수

이치[理]가 있는[有] 수[數]

영 rational number

有 있을 유 | **理** 다스릴 리 | **數** 셈 수

양의 유리수, 0, 음의 유리수를 통틀어 부르는 말이에요. 양의 유리수는 분자·분모가 자연수인 유리수에 양의 부호 +를 붙인 $+\frac{1}{3}, +\frac{9}{4}, +\frac{7}{2}$과 같은 수를 말하고, 음의 유리수는 음의 부호 −를 붙인 $-\frac{1}{3}, -\frac{9}{4}, -\frac{7}{2}$과 같은 수를 말해요. 이때 양의 부호는 생략할 수 있어요.

(예) 정수도 $2=\frac{4}{2}, -3=-\frac{9}{3}$와 같이 나타낼 수 있으므로 모든 정수는 유리수이다.

○ 유리수의 분류

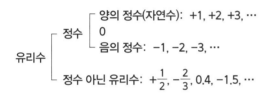

수직선

실수[數]를 대응시킨 직선[直線]

영 number line

數 셈 수 | **直** 곧을 직 | **線** 줄 선

직선 위의 한 기준점 O와 단위 길이를 정한 다음, 각 점에 하나의 실수를 대응한 직선이에요. 보통 기준점 O에 정수 0을 대응시키고, 좌우에 일정한 간격으로 점을 잡아 오른쪽에 양의 정수를, 왼쪽에 음의 정수를 차례로 대응시켜요. 이때 기준점 O를 원점이라고 해요.

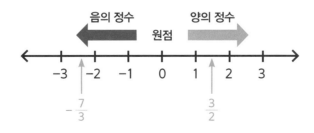

(예) 정수와 마찬가지로 유리수도 수직선 위에 나타낼 수 있다.

절댓값

> 수직선에서 거리만 따진[絶對] 값
>
> **영** absolute value

絕 끊을 절 | **對** 대할 대

수직선 위에서 원점으로부터 어떤 수를 나타내는 점까지의 거리예요. 곧, 양 또는 음의 부호를 떼어 버린 수가 절댓값이에요. +4의 절댓값은 4이고, −4의 절댓값도 4예요. 둘 다 원점에서 거리 4에 있기 때문이에요. 절댓값은 기호 | |를 사용하여 나타내요. +4의 절댓 값은 |+4|=4이고, −4의 절댓값은 |−4|=4예요.

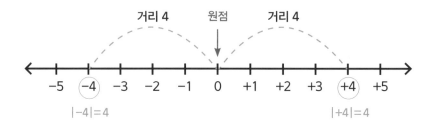

예 0의 절댓값은 |0|=0이다.

교환법칙

> 두 수의 계산에서 순서를 바꾸어[交換] 계산하는 법칙
> [法則] **영** commutative law

交 사귈 교 | **換** 바꿀 환 | **法** 법 법 | **則** 법칙 칙

두 수의 덧셈이나 곱셈에서 두 수의 순서를 바꾸어 계산해도 그 결과는 같다는 법칙이에 요. (−2)+3과 3+(−2)는 모두 값이 1로 같고, (−2)×3과 3×(−2)는 모두 값이 −6으로 같아 요. 이를 각각 식으로 나타내면, (−2)+3=3+(−2)=1, (−2)×3=3×(−2)=−6으로 나타낼 수 있어요.

예 교환법칙을 정리하면, a+b=b+a, a×b=b×a로 나타낼 수 있다.

결합법칙

> 세 수의 계산에서 결합[結合] 순서를 바꾸어 계산하는
> 법칙[法則] 영 associative law

結 맺을 결 | 合 합할 합 | 法 법 법 | 則 법칙 칙

세 수의 덧셈이나 곱셈에서 앞의 두 수 또는 뒤의 두 수를 먼저 계산한 후에 나머지 수를 계산해도 그 결과는 같다는 법칙이에요.

예를 들어, 덧셈의 결합법칙은

$\{(-2)+(+3)\}+(+5)=(-2)+\{(+3)+(+5)\}=(+1)+(+5)=(-2)+(+8)=6$이고,

곱셈의 결합법칙은

$\{(-2)\times(+3)\}\times(+5)=(-2)\times\{(+3)\times(+5)\}=(-6)\times(+5)=(-2)\times(+15)=-30$이에요.

(예) 결합법칙을 정리하면, $(a+b)+c=a+(b+c)$, $(a\times b)\times c=a\times(b\times c)$로 나타낼 수 있다.

분배법칙

> 세 수에 대하여 두 개의 연산을 분배[分配]한 값이 같은
> 법칙[法則] 영 distributive law

分 나눌 분 | 配 나눌 배 | 法 법 법 | 則 법칙 칙

덧셈과 곱셈이 섞인 세 수의 계산에서, 어떤 수에 두 수의 합을 곱한 것은 어떤 수에 두 수를 각각 곱하여 더한 것과 같다는 법칙이에요.

예를 들어 $3\times(2+4)=(3\times2)+(3\times4)=3\times6=6+12=18$이에요.

(예) 분배법칙을 정리하면, $a\times(b+c)=(a\times b)+(a\times c)$, $(a+b)\times c=(a\times c)+(b\times c)$로 나타낼 수 있다.

역수

> 분자와 분모를 바꾸어[逆] 나타낸 수[數]

逆 거스를 역 | 數 셈 수

두 수의 곱이 1이 될 때, 한 수를 다른 수에 대하여 이르는 말이에요. 예를 들어 $3\times\frac{1}{3}=1$ 이므로 3의 역수는 $\frac{1}{3}$이고, $\frac{1}{3}$의 역수는 3이에요. 역수를 이용하여 나눗셈을 할 수 있어요. 이때 나누는 수를 역수로 바꾸고 곱셈으로 계산해요. 예를 들어 $2\div\frac{2}{3}=2\times\frac{3}{2}=3$이에요.

(예) 소수의 역수를 구할 때는 소수를 분수로 고쳐서 구한다.

유한소수 | 소수점 아래 숫자가 유한[有限]개 있는 소수[小數]

반 무한소수 영 finite decimal

有 있을 유 | 限 한할 한 | 小 작을 소 | 數 셈 수

소수점 아래에 0이 아닌 숫자가 유한개 나타나는 소수예요. 예를 들어 −2.7, −0.3, 0.7, 3.14 등이 유한소수예요. 유한소수는 기약분수로 나타냈을 때, 분모의 소인수가 2나 5만 있어요. 3.14를 기약분수로 고치면 $\frac{157}{50}$인데, 분모 50을 소인수분해하면 2×5×5로 나타낼 수 있어요. 소인수가 2와 5만 나왔어요.

예 모든 유한소수는 분수로 나타낼 수 있으므로 유리수이다.

함께 알기 **기약분수** 既約分數 [이미 기, 맺을 약, 나눌 분, 셈 수]: 분모와 분자 사이의 공약수가 1뿐 이어서 더 이상 약분되지 않는 분수

무한소수 | 소수점 아래 숫자가 한없이[無限] 계속되는 소수[小數]

반 유한소수 영 infinite decimals

無 없을 무 | 限 한할 한 | 小 작을 소 | 數 셈 수

소수점 아래에 0이 아닌 숫자가 무한히 나타나는 소수예요. 예를 들어 0.3333⋯, 3.141592⋯ 등이 무한소수예요. 이때 소수점 아래의 수들이 일정하게 되풀이되는 무한소수는 분수로 나타낼 수 있는 반면, 불규칙적인 무한소수는 분수로 나타낼 수 없어요.

예 원주율 π는 무한소수이다.

순환소수 | 소수점 아래 숫자가 일정하게 순환[循環]하는 무한소수 [小數] 영 recurring decimal

循 돌 순 | 環 고리 환 | 小 작을 소 | 數 셈 수

무한소수 중에서 소수점 아래의 어떤 자리에서부터 일정한 숫자의 배열이 한없이 되풀이 되는 소수예요. 예를 들어 0.3333⋯, 1.5252⋯ 등이 순환소수예요. 이때 3, 52와 같이 숫자의 배열이 되풀이되는 가장 짧은 부분을 순환마디라고 하고, 0.3̇, 1.5̇2̇와 같이 나타내요.

예 모든 순환소수는 분수로 나타낼 수 있으므로 유리수이다.

제곱근

> 제곱하여 어떤 수가 될 때, 제곱한 수[根]를 어떤 수에 대하여 이르는 말 영 square root

根 뿌리 근

제곱하면 a가 되는 수를 a의 제곱근이라고 해요. 곧, $x^2=a$일 때, x는 a의 제곱근이에요. 이때 a는 제곱해서 얻어진 값이므로 양수이고, x는 절댓값이 같은 양수와 음수 두 개가 있어요. 예를 들어 9의 제곱근은 3과 −3이에요. 제곱근은 기호 $\sqrt{}$ (근호)를 사용해서 나타내요. 양의 제곱근은 $\sqrt{a}$, 음의 제곱근은 $-\sqrt{a}$와 같이 나타내요. 이를 '제곱근 a' 또는 '루트 a'라고 읽어요. 한꺼번에 $\pm\sqrt{a}$(플러스 마이너스 루트 a)로 나타내기도 해요.

(예) 양수나 음수를 제곱하면 항상 양수가 되므로 음수의 제곱근은 생각하지 않는다.

수학

무리수

> 유리수가 아닌[無理] 수[數]
> 반 유리수 영 irrational number

無 없을 무 | 理 다스릴 리 | 數 셈 수

유리수가 아닌 수예요. 무리수는 '순환소수가 아닌 무한소수'로 나타나요. 순환하지 않는 무한소수는 분수로 나타낼 수 없고, 분수로 나타낼 수 없는 수는 유리수가 아니에요. 예를 들어 $\sqrt{2}$, $\pi=3.14159\cdots$ 등이 무리수예요. 그렇다고 제곱근이 전부 무리수는 아니에요. $\sqrt{9}=3$이므로 유리수예요.

(예) $1+\sqrt{2}$와 같이 유리수와 무리수의 합도 무리수이다.

○ 수직선 위에 무리수 표시하기

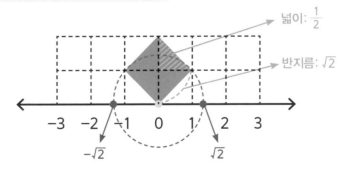

색칠한 정사각형의 넓이는 2예요. 그렇다면 이 정사각형의 한 변의 길이는 $\sqrt{2}$가 되지요. 원점을 중심으로 이 $\sqrt{2}$를 반지름으로 하는 원을 그리면 수직선과 두 점에서 만나요. 이때 수직선의 양의 방향에서 만나는 점이 $\sqrt{2}$이며, 음의 방향에서 만나는 점이 $-\sqrt{2}$예요.

실수

수직선 위에 실제로[實] 나타낼 수 있는 수[數]

(반) 허수 (영) real number

實 열매 실 | **數** 셈 수

유리수와 무리수를 통틀어 이르는 말이에요. 실수는 모두 수직선 위에 나타낼 수 있어요. 양수, 음수, 0의 구분이 있으며, 사칙연산이 가능하고 크기의 차례가 있어요.

○ 실수의 분류

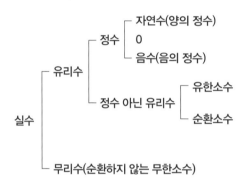

분모의 유리화

분모[分母]가 근호가 들어가 있는 무리수일 때 유리수[有理]로 만드는[化] 것 (영) rationalization

分 나눌 분 | **母** 어미 모
有 있을 유 | **理** 다스릴 리 | **化** 될 화

분수의 분모가 근호($\sqrt{\ }$)가 있는 무리수일 때, 분모와 분자에 각각 0이 아닌 같은 수를 곱하여 분모를 유리수로 고치는 거예요. 예를 들어 $\frac{\sqrt{2}}{\sqrt{5}}$의 분모를 유리화하면 분모와 분자에 각각 $\sqrt{5}$를 곱하여, $\frac{\sqrt{2}\times\sqrt{5}}{\sqrt{5}\times\sqrt{5}}=\frac{\sqrt{10}}{5}$으로 나타내요. 분모의 유리화 공식은, $a>0$, $b>0$일 때, $\frac{\sqrt{a}}{\sqrt{b}}=\frac{\sqrt{a}\sqrt{b}}{\sqrt{b}\sqrt{b}}=\frac{\sqrt{ab}}{b}$예요.

(예) 분모의 유리화에서 '유리화'란 '유리수로 만든다'는 뜻이다.

마무리 퀴즈 Quiz

1~4 다음 내용에 해당하는 용어를 〈보기〉에서 고르세요.

〈보기〉 ㉠ 거듭제곱 ㉡ 서로소 ㉢ 절댓값 ㉣ 실수

1 유리수와 무리수를 통틀어 이르는 말이다. (   )

2 수직선에서 거리만 따져 양 또는 음의 부호를 떼어 버린 수이다. (   )

3 같은 수나 같은 문자를 여러 번 곱한 것이다. (   )

4 5와 9처럼 최대공약수가 1인 두 자연수를 이르는 말이다. (   )

5~7 다음 법칙을 바르게 연결해 보세요.

5 교환법칙 · · ① $(a+b)+c=a+(b+c)$, $(a×b)×c=a×(b×c)$

6 결합법칙 · · ② $a×(b+c)=(a×b)+(a×c)$, $(a+b)×c=(a×c)+(b×c)$

7 분배법칙 · · ③ $a+b=b+a$, $a×b=b×a$

8~10 다음 빈칸에 들어갈 말을 〈보기〉에서 찾아 쓰세요.

〈보기〉 소수, 합성수, 0, 유한소수, 무한소수

8 소인수분해는 (   )인 인수들의 곱으로 나타낸 것이다.

9 정수는 양의 정수, (   ), 음의 정수를 통틀어 부르는 말이다.

10 무리수는 순환하지 않는 (   )로 나타난다.

답안 1. ㉣ 2. ㉢ 3. ㉠ 4. ㉡ 5. ③ 6. ① 7. ② 8. 소수 9. 0 10. 무한소수

항

식을 구성하는 요소[項]

영 term

項 항목 항

식을 구성하는 기본적인 요소예요. 예를 들어 $4x^2+2y-3$에서 $4x^2$, $2y$, -3을 각각 항이라고 해요. 이때 -3과 같이 수로만 이루어진 항을 **상수항**이라고 하고, 문자에 곱한 수를 **계수**라고 해요. x^2의 계수는 4이고, y의 계수는 2예요.

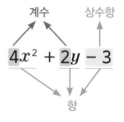

> **함께 알기** **상수** 常數 [항상 **상**, 셈 **수**]: 변하지 않는 일정한 값을 가진 수

다항식

한 개 이상[多]의 항[項]의 합으로 이루어진 식[式]

영 polynomial

多 많을 다 | **項** 항목 항 | **式** 법 식

한 개 이상의 단항식을 합으로 연결한 식이에요. 단항식은 한 개의 항으로만 이루어진 식을 뜻하며, 다항식도 포함돼요. 예를 들어 다항식에는 $2x$, $3x-3$, $2x-3y+4$ 등이 있어요. 이때 $2x$는 단항식이기도 해요.

예 다항식 $2x-2y-3$의 항과 계수를 찾을 때, $2x+(-2y)+(-3)$으로 나타내면 찾기 쉽다.

일차식

> 차수가 1차[一次]인 다항식[式]
>
> 영 linear expression

一 한 일 | 次 버금 차 | 式 법 식

다항식에서 차수가 가장 큰 항의 차수가 1인 다항식이에요. 차수란, 문자를 포함한 항에서 어떤 문자가 곱해진 개수를 말해요. $2x$의 차수는 1이고, $-3x^2$의 차수는 2예요. 따라서 $2x$, $2x-3$, $2x+3y-4$는 모두 일차식이에요. 하지만 $2x^2+3x-5$는 차수가 가장 큰 항이 $2x^2$이므로 이차식이에요.

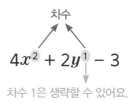

차수

$$4x^2 + 2y^1 - 3$$

차수 1은 생략할 수 있어요.

동류항

> 다항식에서 문자와 차수가 같은[同類] 항[項]
>
> 영 similar terms

同 한가지 동 | 類 무리 류 | 項 항목 항

다항식에서 문자와 차수가 같은 항이에요. 상수항끼리도 모두 동류항이에요. 동류항끼리의 덧셈, 뺄셈은 분배법칙을 이용하여 할 수 있어요. 예를 들어 다항식 $3x+3-2x-7$에서 동류항은 $3x$와 $-2x$, 그리고 3과 -7이에요. 따라서 이 식을 계산하면 $3x+3-2x-7=3x-2x+3-7=(3-2)x-4=x-4$예요.

예 다항식의 덧셈, 뺄셈은 동류항끼리 모아서 계산한다.

등식

> 등호[等]가 있는 식[式]
>
> 반 부등식 영 equality

等 같을 등 | 式 법 식

등호 '='를 사용하여 나타낸 식이에요. 예를 들어 3+2=5, $2x-3=1$ 등이에요. 이때 등식에서 등호 왼쪽 부분을 '좌변'이라고 하고, 오른쪽 부분을 '우변'이라고 해요. 좌변과 우변을 합하여 '양변'이라고 불러요.

$$x + 2 = 2x + 4$$

좌변   우변

양변

예 2+5, $x-3$, $2x+1<4$ 등은 등호가 없기 때문에 등식이 아니다.

방정식

과거 중국에서 수들을 네모[方] 모양으로 늘어놓고 계산하던[程] 풀이 방식[式] 영 equation

方 모 **방** | 程 한도 **정** | 式 법 **식**

미지수의 값에 따라 참이 되기도 하고 거짓이 되기도 하는 등식이에요. 미지수는 아직 값이 정해지지 않은 수이기 때문에 보통 문자 x, y 등으로 표기해요. $2x+1=3$, $x-3y=5$, $x^2-3x+2=0$ 등이 모두 방정식이에요. 이때 방정식을 참이 되게 하는 미지수의 값을 해 또는 근이라고 해요.

(예) 방정식의 해를 구하는 것을 방정식을 푼다고 한다.

항등식

문자에 어떤 값을 넣어도 항상[恒] 성립하는 등식[等式]

恒 항상 **항** | 等 같을 **등** | 式 법 **식**

미지수 x에 어떤 값을 대입해도 항상 참이 되는 등식이에요. 예를 들어 $3x-x=2x$ 등식에 $x=-2$, -1, 0, 1, 2, 3, $\cdots$을 차례로 대입해 보면, 어느 값을 대입해도 좌변의 값과 우변의 값이 항상 같아요. 항등식은 좌변과 우변을 각각 간단히 정리했을 때 양변의 식이 같아요.

일차방정식

미지수의 최고차항의 차수가 일차[一次]인 방정식[方程式] 영 linear equation

一 한 **일** | 次 버금 **차**
方 모 **방** | 程 한도 **정** | 式 법 **식**

미지수의 최고차항의 차수가 일차인 **방정식**이에요. 우변의 항을 좌변으로 이항하여 동류항끼리 정리하면 (x에 대한 일차식)=0의 꼴로 나타내어져요. 예를 들어 방정식 $3x-2=x+1$에서 우변에 있는 항 x와 1을 모두 좌변으로 이항하여 정리하면 $2x-3=0$의 꼴로 나타내어져요.

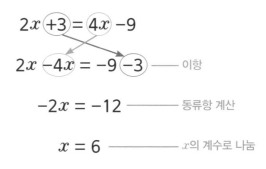

$$2x\,\boxed{+3}=\boxed{4x}\,-9$$

$$2x\,\boxed{-4x}=-9\,\boxed{-3} \quad\text{── 이항}$$

$$-2x=-12 \quad\text{── 동류항 계산}$$

$$x=6 \quad\text{── } x\text{의 계수로 나눔}$$

함께 알기 | **이항 移項** [옮길 **이**, 항목 **항**]: 방정식의 한 변에 있는 항을 부호를 바꾸어 다른 변으로 옮기는 것

지수법칙

거듭제곱으로 나타난 수의 계산에서 지수[指數] 사이의 연산 법칙[法則] 영 law of exponent

指 가리킬 지 | 數 셈 수 | 法 법 법 | 則 법칙 칙

같은 문자 또는 수의 거듭제곱의 곱셈이나 나눗셈을 지수의 덧셈과 뺄셈으로 계산할 수 있다는 법칙이에요. 예를 들어 $2^2×2^3=(2×2)×(2×2×2)=2×2×2×2×2=2^5$과 같이 간단히 나타낼 수 있어요. 이때 2^5의 지수 5는 $2^2×2^3$의 두 지수 2와 3의 합과 같아요. 지수법칙은 다음의 네 가지가 있어요.

$a≠0$, $b≠0$, n, m은 자연수일 때,

① $a^m×a^n=a^{m+n}$

② $(a^m)^n=a^{mn}$

③ $(ab)^n=a^n b^n$

④ $a^m÷a^n = \begin{cases} a^{m-n} & (m>n) \\ 1 & (m=n) \\ \dfrac{1}{a^{n-m}} & (m<n) \end{cases}$

예 지수법칙을 활용하면 거듭제곱으로 나타낸 수의 계산을 쉽게 할 수 있다.

부등식

부등호[不等]를 사용하여 나타낸 식[式]

영 inequality

不 아닐 부 | 等 같을 등 | 式 법 식

부등호 <, >, ≤, ≥를 사용하여 수 또는 식의 대소 관계를 나타낸 식이에요. $2<5$, $x>-1$, $2x+4≤0$, $x^2-3x-2≥2$ 등이 부등식이에요. 부등식에서 부등호의 왼쪽 부분을 '좌변', 오른쪽 부분을 '우변'이라고 하고, 좌변과 우변을 통틀어 '양변'이라고 해요. 미지수 x가 포함된 부등식에서 이 부등식이 참이 되게 하는 x의 값을 그 부등식의 해라고 해요.

예 부등식의 해를 구하는 것을 부등식을 푼다고 한다.

일차부등식 〉 미지수의 차수가 일차[一次]인 부등식[不等式]

영 linear inequality

一 한 **일** | 次 버금 **차**
不 아닐 **부** | 等 같을 **등** | 式 법 **식**

최고차항 미지수의 차수가 일차인 부등식이에요. $x+1>2$, $3x-4<x+2$ 등이 있어요. 일차부등식은 좌변으로 모든 항을 옮겨 x에 관한 식으로 정리하면, (x에 관한 일차식)<0, (x에 관한 일차식)>0, (x에 관한 일차식)≤0, (x에 관한 일차식)≥0 중 하나의 꼴로 나타나요.

예 **일차부등식의 해는 $x<$(수), $x>$(수), $x\leq$(수) $x\geq$(수) 꼴로 나타낼 수 있다.**

연립방정식 〉 일차방정식을 2개 이상 묶어[聯] 구성한[立] 방정식[方程式] 영 simultaneous equations

聯 연이을 **연** | 立 설 **립**
方 모 **방** | 程 한도 **정** | 式 법 **식**

2개 이상의 미지수를 포함하는 일차방정식이 2개 이상 묶인 거예요. 연립일차방정식이라고도 해요. 이때 연립방정식을 이루는 일차방정식들을 동시에 참이 되게 하는 미지수들의 값을 연립방정식의 해라고 해요. 예를 들어 x, y에 관한 두 일차방정식 $x+y=3$, $2x-2y=2$를 묶어 연립방정식이라고 하고, 이를 참이 되게 하는 x, y의 값인 $x=2$, $y=1$을 연립방정식의 해라고 해요.

예 **연립방정식의 해는 x, y의 순서쌍 (x, y)로 나타내기도 한다.**

인수분해

다항식을 몇 개의 간단한 인수[因數]의 곱의 꼴로 바꾸어 [分解] 나타내는 일 ^영 factorization

因 인할 인 | 數 셈 수 | 分 나눌 분 | 解 풀 해

하나의 다항식을 두 개 이상의 다항식의 곱으로 나타내는 일이에요. 이때 각각의 다항식을 처음 다항식의 인수라고 해요. 예를 들어 아래의 인수분해 기본 공식 ④를 이용하면, $x^2+3x+2=(x+1)(x+2)$로 인수분해할 수 있어요. 여기서 두 다항식 $x+1$, $x+2$가 x^2+3x+2의 인수예요.

예 다항식을 인수분해할 때에는 공통으로 들어 있는 인수가 남지 않도록 모두 묶어 낸다.

○ 인수분해의 기본 공식

① $ma+mb+mc=m(a+b+c)$
② $a^2+2ab+b^2=(a+b)^2$, $a^2-2ab+b^2=(a-b)^2$
③ $a^2-b^2=(a+b)(a-b)$
④ $x^2+(a+b)x+ab=(x+a)(x+b)$
⑤ $acx^2+(ad+bc)x+bd=(ax+b)(cx+d)$

완전제곱식

인수분해 시 하나의[完全] 다항식의 제곱으로 표현된 식[式]

^영 perfect square expression

完 완전할 완 | 全 온전할 전 | 式 법 식

다항식의 제곱 또는 그러한 식에 상수를 곱하여 표현된 식이에요. 예를 들어 $(a+b)^2$, $2(a+b)^2$, $-3(x-3)^2$ 등이 있어요. $a^2+2ab+b^2$ 또는 $a^2-2ab+b^2$은 각각 완전제곱식 $(a+b)^2$과 $(a-b)^2$의 꼴로 인수분해돼요.

예 완전제곱식은 인수분해의 가장 간단한 형태이며 이차방정식의 풀이에서 중요한 역할을 한다.

이차방정식

가장 높은 차수가 2차[二次]인 방정식[方程式]

(영) quadratic equation

二 두 이 | 次 버금 차
方 모 방 | 程 한도 정 | 式 법 식

미지수의 최고차항의 차수가 이차이며 두 개의 근을 갖는 방정식이에요. 이차방정식은 $ax^2+bx+c=0$(단, $a\neq0$)의 꼴로 나타내요. 이때 이차방정식을 참이 되게 하는 x의 값을 그 이차방정식의 해 또는 근이라 하고, 이차방정식의 해를 모두 구하는 것을 이차방정식을 푼다고 해요.

(예) 인수분해를 이용하여 이차방정식을 풀 수 있다.

중근

이차방정식의 근에서 중복[重]되는 근[根]

(영) multiple root

重 거듭 중 | 根 뿌리 근

이차방정식의 두 근이 같을 때 이를 일컫는 말이에요. 예를 들어 이차방정식 $x^2-4x+4=0$ 을 인수분해하면 $(x-2)^2$으로 나타낼 수 있어요. 이는 $(x-2)(x-2)=0$이므로 x의 값은 둘 다 2예요. 이때 두 근이 같으므로 이를 중근이라고 해요.

(예) 이차방정식을 인수분해하여 (완전제곱식)=0의 꼴로 나타내어지면 이 이차방정식은 중근을 갖는다.

근의 공식

이차방정식의 근[根]을 구하는 공식[公式]

(영) quadratic formula

根 뿌리 근 | 公 공평할 공 | 式 법 식

이차방정식의 근을 구하는 공식이에요. 이차방정식의 근은 2개가 있어요. 이를 쉽게 구할 수 있도록 공식으로 정리한 거예요. 이차방정식 $ax^2+bx+c=0$(단, $a\neq0$)의 근의 공식은 $x=\dfrac{-b\pm\sqrt{b^2-4ac}}{2a}$(단, $b^2-4ac\geq0$)예요. 이때 $b^2-4ac=0$이면 중근을 가져요.

(예) 이차방정식의 근의 공식에서 ±는 근을 구할 때 한 번은 +로, 한 번은 −로 적용하여 2개의 근을 구한다.

마무리 퀴즈 Quiz

1~3 제시된 초성과 뜻을 참고하여 괄호 안에 들어갈 용어를 쓰세요.

1 ㄷㄹㅎ : 다항식에서 문자와 차수가 같은 항

> **예** 다항식의 덧셈, 뺄셈은 (   )끼리 모아서 계산한다.

2 ㅎㄷㅅ : 미지수에 어떤 값을 대입해도 항상 참이 되는 등식

> **예** $3x-x=2x$는 x에 어떤 값을 대입해도 항상 참이 되는 (   )이다.

3 ㅈㄱ : 방정식의 해 가운데서 두 개 이상 중복되는 근

> **예** 완전제곱식으로 나타내어지는 이차방정식은 (   )을 갖는다.

4~7 다음을 바르게 연결해 보세요.

4 지수법칙 •

5 인수분해 •

6 완전제곱식 •

7 근의 공식 •

• ① $x=\dfrac{-b\pm\sqrt{b^2-4ac}}{2a}$ (단, $b^2-4ac\geq0$)

• ② $a^2+2ab+b^2=(a+b)^2$

• ③ $x^2+3x+2=(x+1)(x+2)$

• ④ $2^2\times2^3=2^{2+3}=2^5$

8~10 다음 설명이 맞으면 ○, 틀리면 ×로 표시하세요.

8 등호(=)가 없어도 등식이 될 수 있다.   (   )

9 방정식을 참이 되게 하는 미지수의 값을 해 또는 근이라고 한다. (   )

10 부등식은 등식이 아니므로 해가 없다.   (   )

답안 1. 동류항 2. 항등식 3. 중근 4. ④ 5. ③(완전제곱식도 인수분해의 일종이므로 ②를 함께
골라도 됨) 6. ② 7. ① 8. × 9. ○ 10. ×

변화를 수학으로 나타내기,
함수

좌표 · 좌표평면 · 사분면 · 그래프 · 정비례 · 반비례 · 함수 · 일차함수
절편 · 기울기 · 평행이동 · 직선의 방정식 · 이차함수 · 이차함수의 그래프

좌표

점의 위치[座]를 나타내는[標] 수
영 coordinate

座 자리 **좌** | 標 표할 **표**

수직선 위의 한 점에 대응하는 수예요. 수직선 위의 점 P에 대응하는 수가 *a*라면, 수 *a*가
점 P의 좌표이며 기호로 P(*a*)와 같이 나타내요. 수직선 위의 기준이 되는 점 O의 좌표는 0
이므로 이를 기호로 나타내면 O(0)이에요.

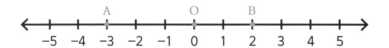

점 A의 좌표는 −3이고, 점 B의 좌표는 2예요. 각각 A(−3), B(2)로 나타내요.

(예) 평면이나 공간 안의 점의 위치를 **좌표**로 나타낼 수 있다.

좌표평면

좌표축[座標]이 정해져 있는 평면[平面]

영 coordinate plane

座 자리 좌 | 標 표할 표 | 平 평평할 평 | 面 낯 면

가로축과 세로축을 포함하는 **평면**이에요. 이때 가로축을 x**축**, 세로축을 y**축**, 가로축과 세로축이 만나는 점 O를 **원점**이라고 해요. 좌표평면 위의 한 점 P의 위치는 그 점의 x좌표와 y좌표의 순서쌍으로 나타내요. 점 P의 x좌표가 a, y좌표가 b라면 순서쌍은 (a, b)이고, 기호로 P(a, b)와 같이 나타내요.

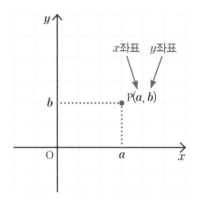

(예) 좌표평면 위의 점을 순서쌍으로 나타낼 때 반드시 x좌표를 먼저 쓴 다음 y좌표를 쓴다.

함께 알기　**순서쌍** 順序雙 [순할 **순**, 차례 **서**, 쌍 **쌍**]: 두 수의 순서를 정하여 짝 지어 나타낸 것

사분면

네[四] 부분으로 나누어지는[分] 좌표평면의 한 평면[面]

영 quadrant

四 넉 사 | 分 나눌 분 | 面 낯 면

좌표평면에서 좌표축에 의해 네 부분으로 나누어졌을 때, 한 **평면**이에요. 이때 각 부분을 제1사분면, 제2사분면, 제3사분면, 제4사분면이라고 해요. 각 사분면 위에 있는 점의 x좌표와 y좌표의 부호를 순서쌍으로 나타내면, 제1사분면은 $(+, +)$, 제2사분면은 $(-, +)$, 제3사분면은 $(-, -)$, 제4사분면 $(+, -)$예요.

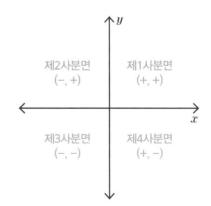

(예) 좌표축 위의 점은 어느 **사분면**에도 속하지 않는다.

그래프

서로 관계있는 두 변수 x, y의 값을 좌표평면 위에 모두 나타낸 것 영 graph

서로 관계있는 두 변수 x, y의 순서쌍 (x, y)를 좌표로 하는 점을 좌표평면 위에 모두 나타낸 거예요. 그래프는 점, 직선, 곡선 등으로 나타날 수 있어요. 그래프를 통해 x의 값에 따라 y의 값이 어떻게 변하는지 한눈에 알아볼 수 있어요.

○ 여러 가지 모양의 그래프

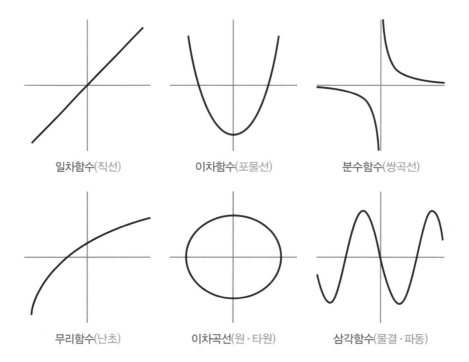

일차함수(직선)   이차함수(포물선)   분수함수(쌍곡선)

무리함수(난초)   이차곡선(원·타원)   삼각함수(물결·파동)

정비례

> 두 양이 같은[正] 비율[比]로 변하는 관계[例]
>
> (반) 반비례 (영) direct proportion

正 바를 정 | 比 견줄 비 | 例 법식 례

어떤 값 x가 2배, 3배, 4배, …로 변함에 따라 다른 값 y도 2배, 3배, 4배, …로 변하는 관계예요. 예를 들어 1개에 200원인 연필을 2개 사면 400원, 3개 사면 600원, 4개 사면 800원이에요. 연필 수 x를 2배, 3배, 4배로 늘리자, 전체 가격 y도 2배, 3배, 4배로 증가했어요. 이때 연필 수 x와 전체 가격 y가 정비례 관계에 있어요.

(예) x와 y가 정비례하면 x와 y 사이의 관계식은 $y=ax(a≠0)$로 나타내어진다.

○ 정비례 그래프

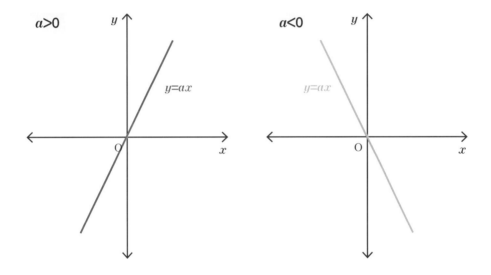

정비례 그래프는 원점을 지나는 직선 형태예요. 정비례 그래프의 관계식 $y=ax$에서 x의 계수 a가 양수이면, x의 값이 증가할 때 y의 값도 증가해요. 반대로 a가 음수이면 x의 값이 증가할 때 y의 값은 감소해요.

반비례

한쪽 양이 커질 때 다른 쪽은 역수[反]의 비율[比]로 변하는 관계[例] 📵 정비례 📵 inverse proportion

反 되돌릴 반 | 比 견줄 비 | 例 법식 례

어떤 값 x가 2배, 3배, 4배, …로 변함에 따라 다른 값 y는 $\frac{1}{2}$배, $\frac{1}{3}$배, $\frac{1}{4}$배, …로 변하는 관계예요. 예를 들어 전체 60개의 사탕을 똑같이 나눌 때, 사람 수 x가 늘어날 때마다 한 사람이 차지하는 몫 y는 점점 줄어들어요. 1명일 때는 60개, 2명일 때는 $60 \times \frac{1}{2}$=30개, 3명일 때는 $60 \times \frac{1}{3}$=20개씩 차지해요. 이때 사람 수 x와 한 사람에게 돌아가는 사탕의 수 y가 반비례 관계에 있어요.

(예) x와 y가 반비례하면 x와 y 사이의 관계식은 $y=\frac{a}{x}(a \neq 0)$로 나타내어진다.

○ 반비례 그래프

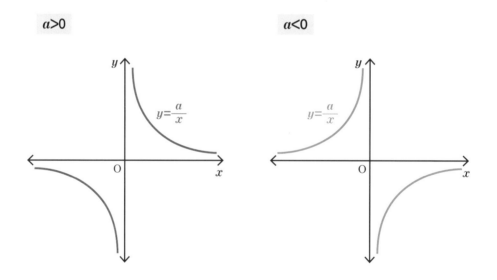

반비례 그래프는 원점을 지나지 않는 쌍곡선 형태예요. 반비례 그래프의 관계식 $y=\frac{a}{x}$에서 x의 계수 a가 양수이면 그래프는 제1사분면과 제3사분면에 있고, a가 음수이면 그래프는 제2사분면과 제4사분면에 있어요.

함수

> 어떤 규칙 안에 변수를 넣었을 때[函], 그 값에 따라 결정되는 수[數] ㉲ function

函 상자 함 | 數 셈 수

두 변수 x, y에 대하여 x의 값이 정해짐에 따라 y의 값이 오직 하나씩 정해지는 관계일 때, y를 x의 함수라고 해요. 기호로는 $y=f(x)$로 나타내요. 이때 x의 값에 따라 정해지는 y의 값 $f(x)$를 x에서의 **함숫값**이라고 해요. 예를 들어 y가 x의 함수이고 $y=2x$의 관계가 있을 때, 이 함수를 $f(x)=2x$와 같이 나타낼 수 있어요. 여기서 $x=1$일 때의 함숫값을 구하면, $f(1)=2$예요.

⟮예⟯ 함수를 좌표평면에 그래프로 나타내면 x의 값에 대응하는 y의 값을 한눈에 확인할 수 있다.

일차함수

> 함수를 나타내는 식이 일차[一次]식인 함수[函數]
> ㉲ linear function

一 한 일 | 次 버금 차 | 函 상자 함 | 數 셈 수

함수 $y=f(x)$에서 y가 x에 대한 일차식으로 표시된 함수예요. 이때 함수식은 $y=ax+b$(단, a, b는 상수, $a\neq0$)로 나타내요. 예를 들어 $y=2x$, $y=-x+3$, $y=\frac{1}{3}x-1$ 등이 있어요. $y=\frac{2}{x}$, $y=x^2+2x+1$은 일차함수가 아니에요. 한편 일차함수의 그래프는 직선이에요.

⟮예⟯ 일차함수의 그래프는 이 그래프가 지나는 서로 다른 두 점을 찾아 직선으로 이으면 쉽게 그릴 수 있다.

절편

> 좌표평면에서 직선이 x축, y축과 만나는[截] 점의 좌표[片]
> ㉲ intercept

截 끊을 절 | 片 조각 편

일차함수의 그래프가 축과 만나는 교점의 좌표예요. x축과 만나는 점의 x좌표를 x**절편**이라 하고, y축과 만나는 점의 y좌표를 y**절편**이라 해요. x절편은 $y=0$일 때의 x의 값이고, y절편은 $x=0$일 때의 y의 값이에요. 따라서 일차함수 $y=ax+b$에서 x절편의 좌표는 $(-\frac{b}{a},\ 0)$이고, y절편의 좌표는 $(0,\ b)$예요.

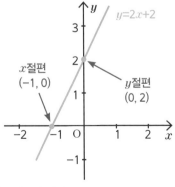

⟮예⟯ x절편의 좌표와 y절편의 좌표를 직선으로 이으면 일차함수의 그래프가 된다.

기울기

영 gradient

일차함수의 그래프에서 직선이 기울어진 정도예요. 일차함수 그래프의 기울기는 x값의 증가량에 대한 y값의 증가량의 비율로 구할 수 있어요. 이 비율은 일차함수 $y=ax+b$에서 x의 계수 a와 같아요. 이를 식으로 나타내면 (기울기)$=\dfrac{(y\text{값의 증가량})}{(x\text{값의 증가량})}=a$예요.

(예) y절편과 기울기를 이용하여 일차함수의 그래프를 그릴 수 있다.

○ 일차함수의 기울기와 y절편

$$y = \underset{\text{기울기}}{2}\,x + \underset{y\text{절편}}{1}$$

① 기울기가 2이면,
→ x값이 1 증가할 때, y값이 2 증가한다.
→ 기울기가 양수이기 때문에 그래프가 오른쪽 위를 향한다.

② y절편이 1이면,
→ x값이 0일 때, y값이 1이다.
→ y축과 y절편값에서 만난다.

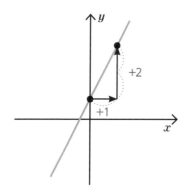

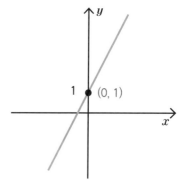

평행이동

한 도형을 같은 방향으로 같은 거리만큼[平行] 옮기는[移動] 것

平 평평할 **평** | 行 다닐 **행** | 移 옮길 **이** | 動 움직일 **동**

한 도형을 일정한 방향으로 일정한 거리만큼 옮기는 거예요. 일차함수 $y=ax+b$의 그래프는 일차함수 $y=ax$의 그래프를 y축의 방향으로 b만큼 평행이동한 직선이에요. 예를 들어 $y=2x+3$은 $y=2x$의 그래프를 y축의 양의 방향으로 3만큼 평행이동한 직선이에요. 서로 평행한 두 일차함수의 그래프의 기울기는 같아요.

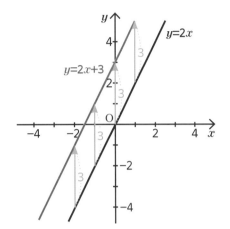

(예) y절편이 양수이면 양의 방향으로 **평행이동**을 하고, 음수이면 음의 방향으로 **평행이동**을 한다.

직선의 방정식

좌표평면 위의 직선[直線]을 나타내는 식[方程式]

直 곧을 **직** | 線 줄 **선**
方 모 **방** | 程 단위 **정** | 式 법 **식**

좌표평면 위의 직선을 식으로 나타낸 거예요. 직선의 방정식은 $ax+by+c=0$(단, a, b, c는 상수, $a \neq 0$ 또는 $b \neq 0$)의 꼴로 나타내요. 이때 $a \neq 0$, $b=0$이면 y축에 평행한 직선이 되고, $a=0$, $b \neq 0$이면 x축에 평행한 직선이 돼요.

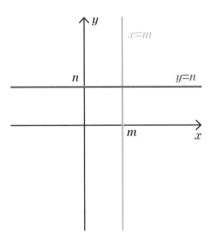

(예) **직선의 방정식**은 기울기와 절편, 또는 기울기와 지나는 점, 또는 지나는 두 점이 주어지면 구할 수 있다.

이차함수 〉 함수를 나타내는 식이 이차[二次]식인 함수[函數]

二 두 이 | 次 버금 차 | 函 함 함 | 數 셈 수

함수 $y=f(x)$에서 y가 x에 대한 이차식 $y=ax^2+bx+c$(단, a, b, c는 상수, $a\neq0$)로 나타내지는 함수예요. 예를 들어 $y=x^2+1$, $y=-2x^2+3x+7$ 등이 있어요. 한편 이차함수의 그래프는 매끈한 곡선이에요.

(예) 이차함수가 되려면 함수식에 x^2항이 최고차항으로 반드시 있어야 한다.

이차함수의 그래프 〉 좌표평면에 이차함수[二次函數]를 나타낸 그래프

二 두 이 | 次 버금 차 | 函 함 함 | 數 셈 수

이차함수를 좌표평면에 나타낸 곡선 형태의 그래프예요. 이 곡선을 포물선이라고 하며, 대칭축을 포물선의 축이라고 해요. 그리고 포물선과 축의 교점을 포물선의 꼭짓점이라고 해요. 이차함수 $y=ax^2+bx+c$의 그래프에서 $a>0$이면 아래로 볼록하고, $a<0$이면 위로 볼록한 포물선 모양이에요.

(예) 이차함수의 그래프에서 a의 절댓값이 클수록 그래프의 폭이 좁아진다.

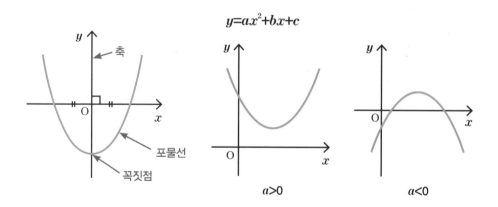

$$y=ax^2+bx+c$$

마무리 퀴즈 Quiz

1~4 다음 설명에 해당하는 용어를 〈보기〉에서 고르세요.

〈보기〉 ㉠ 사분면   ㉡ 순서쌍   ㉢ 평행이동   ㉣ 직선의 방정식

1 한 도형을 일정한 방향으로 일정한 거리만큼 옮기는 것이다. (   )

2 좌표평면에서 좌표축에 의하여 네 부분으로 나누어지는 한 평면이다. (   )

3 좌표평면 위의 직선을 $ax+by+c=0$의 꼴로 나타낸 것이다. (   )

4 좌표평면 위의 한 점 P의 위치를 나타내는 방법이다. (   )

5~7 다음에 해당하는 관계식을 바르게 연결해 보세요.

5 반비례 •   • ① $y=ax^2+bx+c$(단, a, b, c는 상수, $a\neq0$)

6 일차함수 •   • ② $y=\dfrac{a}{x}(a\neq0)$

7 이차함수 •   • ③ $y=ax+b(a\neq0)$

8~10 다음 일차함수의 그래프가 나타내는 것을 〈보기〉에서 고르세요.

〈보기〉 x축, y축, 기울기, x절편, y절편,

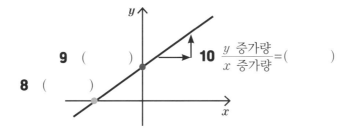

9 (   )

8 (   )

10 $\dfrac{y\ \text{증가량}}{x\ \text{증가량}}=($)

답안 1. ㉢ 2. ㉠ 3. ㉣ 4. ㉡ 5. ② 6. ③ 7. ① 8. x절편 9. y절편 10. 기울기

모양과 크기의 법칙, 도형

도형의 기본 요소 · 선분 · 중점 · 각 · 맞꼭지각 · 직교 · 수직이등분선
수선의 발 · 위치 관계 · 평행선 · 동위각 · 엇각 · 작도 · 삼각형의 합동 조건
다각형 · 내각 · 외각 · 호 · 현 · 부채꼴 · 다면체 · 각뿔대 · 정다면체
회전체 · 원뿔대

도형의 기본 요소

도형[圖形]을 구성하는 기본 요소[基本要素]

圖 그림 도 | 形 모양 형
基 터 기 | 本 근본 본 | 要 중요할 요 | 素 본디 소

도형을 구성하는 기본인 점, 선, 면이에요. 점이 연속적으로 움직인 자리는 선이 되고, 선이 연속적으로 움직인 자리는 면이 돼요. 이처럼 선은 무수히 많은 점으로 이루어져 있고, 면은 무수히 많은 선으로 이루어져 있어요. 한편 점과 선은 두 도형이 만날 때도 생기는데, 이를 각각 교점, 교선이라고 해요.

함께 알기
- **교점** 交點 [사귈 **교**, 점 **점**]: 선과 선 또는 선과 면이 만나서 생기는 점
- **교선** 交線 [사귈 **교**, 줄 **선**]: 면과 면이 만나서 생기는 선

○ **교점과 교선**

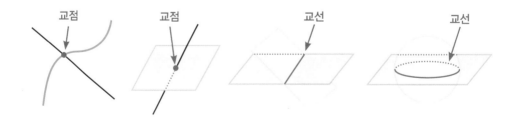

교점   교점   교선   교선

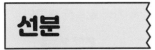

직선[線]의 일부분[分]

영 line

線 줄 선 | 分 나눌 분

직선 AB 위의 점 A에서 점 B까지의 **부분**이에요. 선분 AB는 기호로 $\overline{AB}$와 같이 나타내요. 선분은 직선의 일부분이고, 선분을 양쪽으로 끝없이 곧게 늘이면 **직선**이 돼요. 한편 **반직선**은 직선 AB 위의 점 A에서 시작하여 한쪽으로 무한히 뻗어나가는 선이에요.

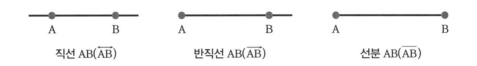

직선 AB($\overleftrightarrow{AB}$)　　반직선 AB($\overrightarrow{AB}$)　　선분 AB($\overline{AB}$)

예 선분 AB의 길이를 두 점 A, B 사이의 거리라고 한다.

선분을 이등분하는 정중앙[中]에 위치한 점[點]

영 midpoint

中 가운데 중 | 點 점 점

선분 AB를 이등분하는 점이에요. 선분 AB의 중점을 M이라고 하면, $\overline{AM}=\overline{BM}$이 돼요. 그리고 $\overline{AM}=\frac{1}{2}\overline{AB}$이기도 해요. 한편 직선이나 반직선은 양쪽 혹은 한쪽으로 무한히 뻗어나가기 때문에 중점을 구할 수 없어요.

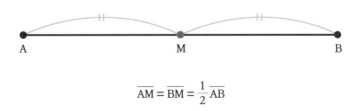

$$\overline{AM} = \overline{BM} = \frac{1}{2}\overline{AB}$$

예 선분의 중점은 양 끝 점에서 정확히 같은 거리에 위치한다.

수학

각

角 모 각

두 반직선으로 이루어져 모퉁이[角]처럼 뾰족한 모양의 도형 영 angle

한 점에서 시작하는 두 반직선으로 이루어진 도형이에요. 두 반직선 OA와 OB로 이루어진 각 AOB를 기호로 ∠AOB라고 나타내요. 또 ∠BOA, ∠O, ∠*a* 등으로도 나타낼 수 있어요. 이때 점 O를 각의 꼭짓점, 두 반직선 OA, OB를 각의 변이라고 해요. 한편, 크기가 180°인 각을 **평각**, 90°인 각을 **직각**이라고 해요.

(예) 각을 기호로 나타낼 때 꼭짓점은 항상 가운데 써야 한다.

○ **각의 기호와 종류**

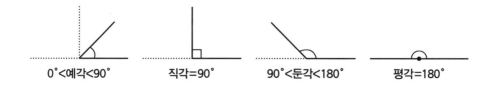

맞꼭지각 〉 마주 보는 두 각[角]

角 모 각

두 직선이 한 점에서 만나 생기는 네 각 중에서 서로 마주 보는 두 각이에요. 두 직선이 한 점에서 만날 때 생기는 네 각을 두 직선의 교각이라고 하고, 네 교각 중에서 서로 마주 보는 두 각을 맞꼭지각이라고 하는 거예요. 이때 맞꼭지각의 크기는 서로 같아요.

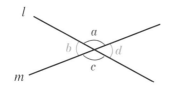
∠a와 ∠c, ∠b와 ∠d는 맞꼭지각으로, 크기가 서로 같아요.
(∠a = ∠c, ∠b = ∠d)

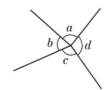
∠a와 ∠c, ∠b와 ∠d는 마주 보고 있지만 맞꼭지각이 아니에요.

예 마주 보는 모든 각이 맞꼭지각인 것은 아니다.

직교 〉 두 직선이 직각[直]을 이루며 만나는[交] 것
비 수직

直 곧을 직 | **交** 사귈 교

두 직선이 직각을 이루며 만나는 거예요. 두 직선 AB와 CD의 교각이 직각일 때, 이 두 직선을 직교한다고 해요. 기호로는 $\overrightarrow{AB} \perp \overrightarrow{CD}$와 같이 나타내요. 두 직선 AB와 CD는 서로 수직이고, 한 직선은 다른 직선에 대한 수선이에요.

$\overrightarrow{AB}$와 $\overrightarrow{CD}$는 서로 직교한다. ($\overrightarrow{AB} \perp \overrightarrow{CD}$)

함께 알기 **수선 垂線** [드리울 **수**, 줄 **선**]: 직선이나 평면과 직각을 이루는 선

249

수직이등분선

> 선분을 수직[垂直]으로 이등분[二等分]하는 직선 [線]

垂 드리울 수 | 直 곧을 직
二 두 이 | 等 무리 등 | 分 나눌 분 | 線 줄 선

선분의 중점을 지나면서 수직인 직선이에요. 곧, 선분 AB의 중점 M을 지나고 선분 AB에 수직인 직선 l을 선분 AB의 수직이등분선이라고 해요. 이를 기호로 나타내면 $\overline{AM}=\overline{BM}$, $\overline{AB} \perp l$이에요.

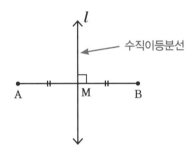

(예) 마름모나 정사각형의 한 대각선은 다른 대각선의 **수직이등분선**이다.

수선의 발

> 수선[垂線]과 직선이 만나는 점

垂 드리울 수 | 線 줄 선

직선 위에 있지 않은 점에서 직선에 수선을 그었을 때, 그 교점을 이르는 말이에요. 곧, 직선 l 위에 있지 않은 점 P에서 직선 l에 수선을 그었을 때 만나는 점을 H라고 하면, H가 바로 점 P에서 직선 l에 내린 수선의 발이에요. 이때 선분 PH의 길이를 점 P와 직선 l 사이의 거리라고 해요.

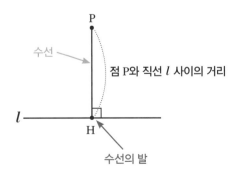

위치 관계

점, 직선, 평면 등의 자리[位置]에 따른 관계[關係]

영 location situation

位 자리 위 | 置 둘 치 | 關 관계할 관 | 係 맬 계

점, 직선, 평면 등이 서로 어떤 위치에 있는지에 관한 거예요. 공간에 있는 두 직선의 위치 관계, 직선과 평면의 위치 관계, 두 평면의 위치 관계에 따라 나눌 수 있어요.

수학

○ 공간에서 두 직선의 위치 관계

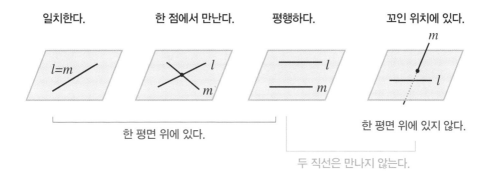

○ 공간에서 직선과 평면의 위치 관계

○ 공간에서 두 평면의 위치 관계

평행선

한 평면 위에 있는 둘 이상의 평행[平行]한 직선[線]

(영) parallel lines

平 평평할 평 | 行 다닐 행 | 線 줄 선

한 평면 위에 있는 둘 이상의 평행한 직선이에요. 평행선은 아무리 길게 늘여도 서로 만나지 않아요. 꼬인 위치에 있는 두 직선도 서로 만나지 않지만 한 평면 위에 있지 않기 때문에 평행선이 아니에요. 한편 평행선 사이의 거리는 평행선 사이의 수직인 선분의 길이예요.

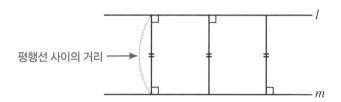

(예) 두 직선 *l*과 *m*이 평행선이면 기호로 *l*∥*m*이라고 나타낸다.

동위각

같은[同] 쪽에 위치한[位] 두 각[角]

(영) corresponding angle

同 한가지 동 | 位 자리 위 | 角 뿔 각

한 평면 위의 두 직선이 다른 한 직선과 만나서 생기는 8개의 교각 중에서 같은 쪽에 위치한 두 각이에요. 이때 두 직선이 평행하면 동위각의 크기는 서로 같고, 동위각의 크기가 서로 같으면 두 직선은 평행해요.

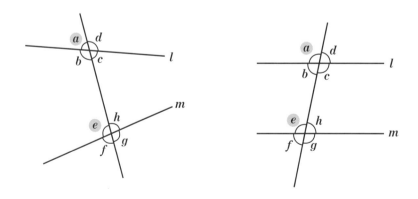

동위각: ∠*a*와 ∠*e*, ∠*b*와 ∠*f*, ∠*c*와 ∠*g*, ∠*d*와 ∠*h*
– 두 직선이 평행할 때, 동위각의 크기는 서로 같다.
– 두 직선이 평행하지 않으면 동위각의 크기가 같지 않다.

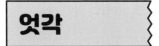

엇갈린 쪽에 위치한 두 각[角]

영 alternate angle

角 뿔 각

한 평면 위의 두 직선이 다른 한 직선과 만나서 생기는 8개의 교각 중에서 엇갈린 위치에 있는 두 각이에요. 이때 두 직선이 평행하면 엇각의 크기는 서로 같고, 엇각의 크기가 서로 같으면 두 직선은 평행해요.

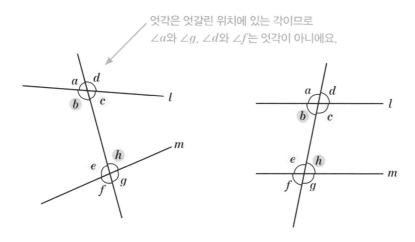

엇각은 엇갈린 위치에 있는 각이므로
∠a와 ∠g, ∠d와 ∠f는 엇각이 아니에요.

엇각: ∠b와 ∠h, ∠c와 ∠e
– 두 직선이 평행할 때, 엇각의 크기는 서로 같다.
– 두 직선이 평행하지 않으면 엇각의 크기가 같지 않다.

작도

어떤 조건에 적합한 도형[圖]을 그리는[作] 일

영 construction

作 지을 작 | 圖 그림 도

눈금 없는 자와 컴퍼스만을 사용하여 도형을 그리는 거예요. 이때 눈금 없는 자는 두 점을 연결하여 선분을 그리거나 주어진 선분을 연장하는 데 사용하고, 컴퍼스는 원을 그리거나 주어진 선분의 길이를 재어서 옮기는 데 사용해요. 삼각형은 ①세 변의 길이가 주어질 때 ②두 변의 길이와 그 끼인각의 크기가 주어질 때 ③한 변의 길이와 그 양 끝 각의 크기가 주어질 때 작도할 수 있어요.

(예) 작도를 할 때 순서를 지키는 것이 중요하다.

○ 삼각형의 작도

세 변의 길이가 a, b, c로 주어질 때, △ABC를 작도할 수 있어요.

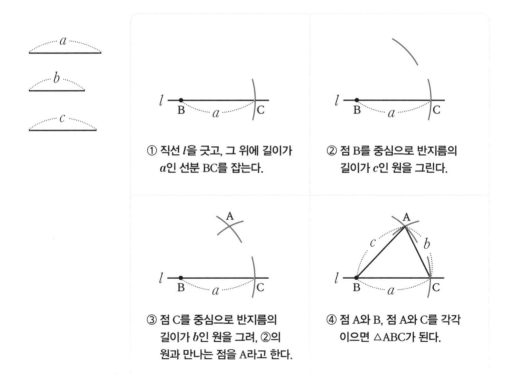

① 직선 l을 긋고, 그 위에 길이가 a인 선분 BC를 잡는다.

② 점 B를 중심으로 반지름의 길이가 c인 원을 그린다.

③ 점 C를 중심으로 반지름의 길이가 b인 원을 그려, ②의 원과 만나는 점을 A라고 한다.

④ 점 A와 B, 점 A와 C를 각각 이으면 △ABC가 된다.

삼각형의 합동 조건

두 삼각형[三角形]의 크기와 모양이 동일한[合同] 요건[條件]

三 석 삼 | 角 뿔 각 | 形 모양 형
合 합할 합 | 同 한가지 동 | 條 가지 조 | 件 사건 건

두 삼각형의 크기와 모양이 서로 동일한지, 즉 합동하는지 판별하는 방법이에요. 삼각형은 다음의 세 가지 경우에 서로 합동이에요.

① 대응하는 세 변의 길이가 각각 같을 때
($\overline{AB}=\overline{DE}$, $\overline{BC}=\overline{EF}$, $\overline{AC}=\overline{DF}$)

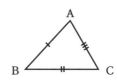 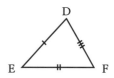

② 대응하는 두 변의 길이가 각각 같고, 그 끼인 각의 크기가 같을 때
($\overline{AB}=\overline{DE}$, $\angle B=\angle E$, $\overline{BC}=\overline{EF}$)

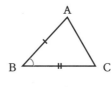 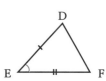

③ 대응하는 한 변의 길이가 같고, 그 양 끝 각의 크기가 각각 같을 때
($\angle B=\angle E$, $\overline{BC}=\overline{EF}$, $\angle C=\angle F$)

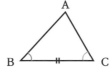 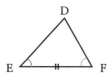

➡ 두 삼각형은 합동이다. △ABC≡△DEF

예 삼각형의 합동 조건을 'Side(변)'와 'Angle(각)'의 첫 글자를 사용하여 각각 ① SSS 합동 ② SAS 합동 ③ ASA 합동으로 간단히 나타낼 수도 있어요.

다각형

세 개 이상[多]의 선분으로 둘러싸인[角] 평면도형[形]

영 polygon

多 많을 다 | 角 뿔 각 | 形 모양 형

세 개 이상의 선분으로 둘러싸인 평면도형이에요. 다각형은 그것을 이루고 있는 선분의 개수에 따라 삼각형, 사각형, …n각형이라고 해요. 다각형을 만드는 선분을 변, 두 선분이 만나는 점을 꼭짓점이라 하고, 다각형의 이웃하지 않는 두 꼭짓점을 잇는 선분을 대각선이라고 해요.

예 모든 변의 길이와 각의 크기가 같은 다각형을 정다각형이라고 한다.

수학

내각

> 다각형의 안쪽[内]에 있는 각[角]
>
> (반) 외각 (영) internal angle

内 안 내 | 角 뿔 각

다각형에서 이웃한 두 변이 다각형 안쪽에서 만드는 각이에요. 다각형의 내각의 개수는 다각형의 변의 개수와 같아요. 그리고 다각형의 내각의 크기의 합은 '180°×(삼각형의 수)'로 구할 수 있어요. 이때 n각형의 삼각형의 수는 'n−2'이므로 정리하면, '180°×(n−2)'가 돼요.

(예) 오각형의 내각의 합은 180°×(5−2)=540°이다.

외각

> 다각형의 바깥쪽[外]에 있는 각[角]
>
> (반) 내각 (영) external angle

外 바깥 외 | 角 뿔 각

다각형에서 한 변과 그것에 이웃한 변의 연장선이 이루는 다각형의 바깥 각이에요. 다각형에서 한 내각에 대한 외각은 2개가 있어요. 이 두 외각은 맞꼭지각으로 그 크기가 같기 때문에 둘 중 하나만 생각하면 돼요. 한 꼭짓점에서 내각과 외각의 크기의 합은 180°이고, 다각형의 외각의 크기의 합은 모두 360°예요.

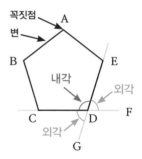

○ 삼각형의 내각과 외각 사이의 관계

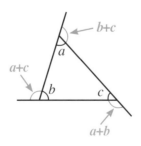

삼각형의 한 외각의 크기는 그와 이웃하지 않은 두 내각의 크기의 합과 같다.

원둘레(원주)의 일부분인 곡선[弧]

영 arc

弧 활 호

원 위의 두 점 사이의 부분이에요. 원은 그 위에 있는 두 점에 의하여 두 개의 곡선으로 나뉘는데, 각각의 곡선을 호라고 해요. 두 곡선 중 짧은 쪽을 열호, 긴 쪽을 우호라고 해요. 기호로 $\overset{\frown}{AB}$와 같이 나타내고, 일반적으로 길이가 짧은 쪽의 호를 뜻해요.

 호의 길이는 중심각의 크기에 비례한다.

원 위의 두 점을 있는 선분[弦]

영 chord

弦 활시위 현

원 위의 두 점을 잇는 선분이에요. 수많은 현 중에서 원의 중심을 지나는 현은 다름 아닌 원의 지름이에요. 한편 한 직선이 원과 두 점에서 만날 때, 이 직선을 원의 **할선**이라고 해요.

 지름은 현 중에서 길이가 가장 길다.

부채꼴 영 sector

원에서 두 반지름과 그 사이에 있는 호로 이루어진 도형이에요. 부채꼴에서 두 반지름이 이루는 각을 **중심각**이라고 해요. 중심각이 180°인 부채꼴은 반원이에요. 한편 현과 호가 이루는 도형을 **활꼴**이라고 해요.

 한 원에서 중심각의 크기가 같은 두 **부채꼴**의 넓이와 호의 길이는 각각 같다.

○ **원의 호, 현, 부채꼴**

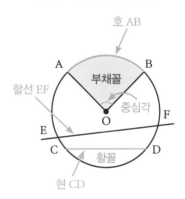

다면체

여러[多] 다각형의 면[面]으로 둘러싸인 입체도형[體]

영 polyhedron

多 많을 다 | 面 낯 면 | 體 몸 체

삼각뿔, 사각기둥과 같이 다각형인 면으로만 둘러싸인 입체도형이에요. 이때 다면체를 둘러싸고 있는 다각형을 다면체의 면, 다각형의 변을 다면체의 모서리, 다각형의 꼭짓점을 다면체의 꼭짓점이라고 해요. 다면체는 둘러싸인 면의 개수에 따라 사면체, 오면체, 육면체, …n면체라고 해요.

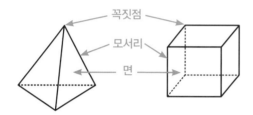

 원기둥과 원뿔은 다각형 이외의 면으로 둘러싸여 있으므로 다면체가 아니다.

> **함께 알기**
> • **각뿔** 角 [뿔 각] : 밑면은 다각형이고, 옆면은 삼각형인 뿔 모양의 입체도형
> • **각기둥**: 위아래에 있는 면이 서로 평행이고 합동인 다각형으로 이루어진 입체도형

○ 여러 가지 다면체

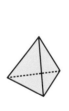

사면체

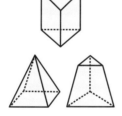

오면체

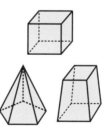

육면체

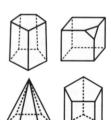

칠면체

각뿔대

각[角]뿔에서 꼭짓점이 있는 부분을 없애고 남은 부분[臺]

영 prismoid

角 뿔 각 | **臺** 대 대

각뿔을 밑면에 평행한 평면으로 자를 때 꼭짓점이 있는 부분이 아닌 쪽의 다면체예요. 이 때 각뿔대에서 서로 평행한 두 면을 밑면, 밑면이 아닌 면을 옆면, 각뿔대의 두 밑면에서 수직인 선분의 길이를 각뿔대의 높이라고 해요. 각뿔대의 옆면은 모두 사다리꼴이에요.

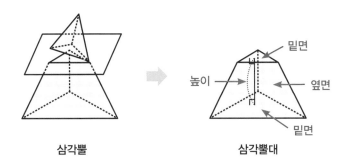

삼각뿔   삼각뿔대

여러 가지 각뿔대

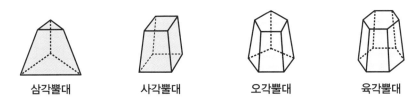

삼각뿔대   사각뿔대   오각뿔대   육각뿔대

각뿔대는 밑면의 모양에 따라 삼각뿔대, 사각뿔대, 오각뿔대, 육각뿔대 등으로 부른다.

수학

정다면체

각 면이 모두 합동이고[正] 각 꼭짓점에 모인 면의 개수가
모두 같은 다면체[多面體] 영 regular polyhedron

正 바를 정 | 多 많을 다 | 面 낯 면 | 體 몸 체

각 면이 모두 합동인 정다각형이고, 각 꼭짓점에 모인 면의 개수가 모두 같은 다면체예
요. 정다면체는 정사면체, 정육면체, 정팔면체, 정십이면체, 정이십면체 다섯 가지뿐이에
요. 여기서 정사면체, 정팔면체, 정이십면체는 면이 정삼각형이고, 정육면체는 정사각형,
정십이면체는 정오각형이에요.

예 정다면체의 이름은 면의 모양이 아니라 개수에 따른 것이다.

정다면체	정사면체	정육면체	정팔면체	정십이면체	정이십면체
면의 모양	정삼각형	정사각형	정삼각형	정오각형	정삼각형
한 꼭짓점에 모인 면	3	3	4	3	5
면	4	6	8	12	20
꼭짓점	4	8	6	20	12
모서리	6	12	12	30	30

260

회전체

평면도형을 회전[回轉]시킬 때 생기는 입체도형[體]

回 돌아올 회 | 轉 구를 전 | 體 몸 체

평면도형의 한 직선을 축으로 하여 1회전 시킬 때 생기는 입체도형이에요. 이때 축으로 사용한 직선을 **회전축**이라고 하고, 회전하면서 옆면을 만드는 선분을 그 회전체의 **모선**이라고 해요.

(예) 직사각형, 직각삼각형, 반원을 회전시킨 회전체는 각각 원기둥, 원뿔, 구이다.

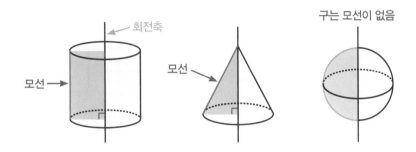

원뿔대

원[圓]뿔에서 꼭짓점이 있는 부분을 없애고 남은 부분[臺]

圓 둥글 원 | 臺 대 대

원뿔을 밑면에 평행한 평면으로 자를 때 꼭짓점이 있는 부분이 아닌 쪽의 입체도형이에요. 이때 원뿔대에서 서로 평행한 두 면을 밑면, 밑면이 아닌 곡면을 옆면, 원뿔대의 두 밑면에 수직인 선분의 길이를 원뿔대의 높이라고 해요.

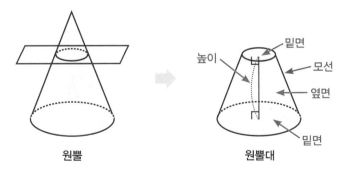

(예) 원뿔대의 부피를 구하는 방법은 전체 원뿔 부피에서 잘린 원뿔의 부피를 빼는 것이다.

마무리 퀴즈 Quiz

1~3 제시된 초성과 뜻을 참고하여 괄호 안에 들어갈 어휘를 쓰세요.

1 ㅈㄷ : 눈금 없는 자와 컴퍼스만을 사용하여 도형을 그리는 것

　　예 세 변의 길이가 주어지면 삼각형을 (　　　　)할 수 있다.

2 ㅎ : 원 위의 두 점을 잇는 선분

　　예 지름은 (　　　　) 중에서 길이가 가장 길다.

3 ㅎㅈㅊ : 평면도형의 한 직선을 축으로 하여 1회전 시킬 때 생기는 입체도형

　　예 반원을 회전시킨 (　　　　)는 구이다.

4~6 다음 삼각형의 합동 조건을 바르게 연결해 보세요.

4 SSS합동 ·　　　　　　　　· ① 세 대응변의 길이가 각각 같을 때

5 SAS합동 ·　　　　　　　　· ② 한 대응변의 길이가 같고, 그 양 끝 각의
　　　　　　　　　　　　　　　　크기가 같을 때

6 ASA합동 ·　　　　　　　　· ③ 두 대응변의 길이가 같고, 그 끼인각의
　　　　　　　　　　　　　　　　크기가 같을 때

7~10 다음 설명이 맞으면 ○, 틀리면 ×로 표시하세요.

7 마주 보는 모든 각은 맞꼭지각이다. 　　　　　　　　　(　　　)

8 꼬인 위치에 있는 두 직선은 만나지 않는다. 　　　　　(　　　)

9 두 직선이 평행하면 동위각의 크기가 서로 같다. 　　　(　　　)

10 중심각의 크기가 같은 모든 부채꼴은 호의 길이가 같다. (　　　)

답안 1. 작도　2. 현　3. 회전체　4. ①　5. ③　6. ②　7. ×　8. ○　9. ○　10. ×

복잡하면서도 단순한, 도형의 응용

이등변삼각형 · 직각삼각형의 합동 조건 · 외심 · 접선 · 내심 · 평행사변형
직사각형 · 마름모 · 정사각형 · 사다리꼴 · 닮음 · 닮음비 · 삼각형의 닮음 조건
무게중심 · 피타고라스의 정리 · 삼각비 · 원주각

이등변삼각형

두[二] 변의 길이가 같은[等邊] 삼각형[三角形]

영 isosceles triangle

二 두 이 | 等 같을 등 | 邊 가 변
三 석 삼 | 角 뿔 각 | 形 모양 형

두 변의 길이가 같은 삼각형이에요. 이때 길이가 같은 두 변이 이루는 각을 꼭지각이라고 해요. 이등변삼각형의 두 밑각의 크기는 같고, 꼭지각을 이등분하는 선은 밑변을 수직이 등분해요.

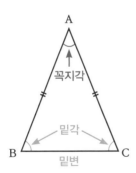
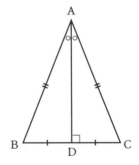

예 두 내각의 크기가 같은 삼각형은 **이등변삼각형**이다.

직각삼각형의 합동 조건 〉 두 직각삼각형[直角三角形]이 서로 합동 [合同]하는 요건[條件]

直 곧을 직 | 角 뿔 각 | 三 석 삼 | 角 뿔 각 | 形 모양 형
合 합할 합 | 同 한가지 동 | 條 가지 조 | 件 사건 건

두 직각삼각형을 서로 포갰을 때 모양과 크기가 일치하는지, 즉 서로 합동하는지 판별하는 **방법**이에요. 두 직각삼각형은 다음의 두 가지 경우에 서로 합동이에요.

① 빗변의 길이와 한 예각의 크기가 각각 같을 때

　(∠C=∠F=90°, $\overline{AB}=\overline{DE}$, ∠B=∠E)

　△ABC≡△DEF (RHA 합동)

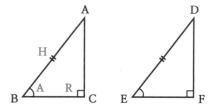

② 빗변의 길이와 다른 한 변의 길이가 각각 같을 때

　(∠C=∠F=90°, $\overline{AB}=\overline{DE}$, $\overline{AC}=\overline{DF}$)

　△ABC≡△DEF (RHS 합동)

 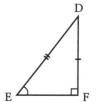

예 **직각삼각형의 합동 조건을 간단히 말할 때 사용하는 R, H, A, S는 각각 right angle(직각),
hypotenuse(빗변), angle(각), side(변)의 첫 글자를 딴 것이다.

외심

삼각형의 외접원[外]의 중심[心]

영 circumcenter

外 밖 **외** | **心** 마음 **심**

삼각형의 세 변의 수직이등분선이 만나는 점이에요. 외심에서 세 꼭짓점에 이르는 거리는 모두 같아요. 이 외심을 중심으로 삼각형의 세 꼭짓점을 지나는 원을 그릴 수 있는데, 이 원을 삼각형의 **외접원**이라고 해요. 외심에서 세 꼭짓점에 이르는 거리는 외접원의 반지름과 같아요.

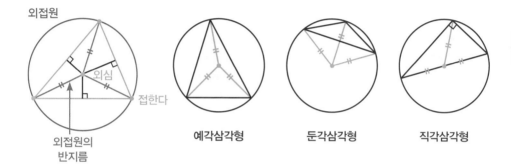

| 외접원 | 접한다 | 외접원의 반지름 | 예각삼각형 | 둔각삼각형 | 직각삼각형 |

예각삼각형의 외심은 삼각형의 내부에, 둔각삼각형의 외심은 삼각형의 외부에, 직각삼각형의 외심은 빗변의 중점에 위치한다.

수학

접선

원이나 곡선 위의 한 점에 접하는[接] 직선[線]

영 tangent

接 이을 **접** | **線** 줄 **선**

원이나 곡선 위의 한 점에 접하는 직선이에요. 이때 원이나 곡선이 접선과 만나는 점을 접점이라고 해요. 원의 접선은 접점을 지나는 반지름에 수직이에요. 그리고 어느 한 접점을 지나는 접선은 1개뿐이에요.

예 원 밖의 한 점(P)에서 원에 두 접선을 그을 때, 그 점에서 두 접점까지의 거리는 서로 같다.

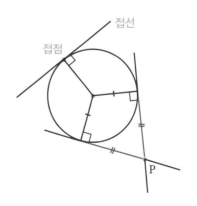

접선
접점
P

내심 삼각형의 내접원[內]의 중심[心]

영 incenter

內 안 내 | **心** 마음 심

삼각형의 세 내각의 이등분선이 만나는 점이에요. 내심에서 세 변에 이르는 거리는 모두 같아요. 이 내심을 중심으로 삼각형의 세 변에 접하는 원을 그릴 수 있는데, 이 원을 삼각형의 **내접원**이라고 해요.

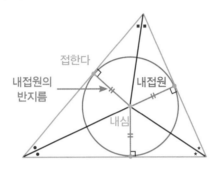

예 삼각형의 내심에서 세 변에 이르는 거리는 내접원의 반지름과 같다.

평행사변형 마주 보는 두 쌍의 변이 각각 평행[平行]인 사각형[四邊形]

平 평평할 **평** | **行** 다닐 **행**
四 넉 **사** | **邊** 가 **변** | **形** 모양 **형**

서로 마주 대하는 두 쌍의 변이 각각 평행인 사각형이에요. 평행사변형에서 두 쌍의 대변의 길이는 각각 같고, 두 쌍의 대각의 크기도 각각 같아요. 그리고 평행사변형의 두 대각선은 서로 다른 것을 이등분해요.

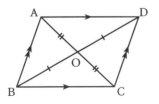

① 두 쌍의 대변의 길이는 각각 같다. ➡ $\overline{AB}=\overline{DC}$, $\overline{AD}=\overline{BC}$

② 두 쌍의 대각의 크기는 각각 같다. ➡ $\angle A=\angle C$, $\angle B=\angle D$

③ 두 대각선은 서로 다른 것을 이등분한다. ➡ $\overline{OA}=\overline{OC}$, $\overline{OB}=\overline{OD}$

 함께 알기

• **대변** 對邊 [대할 **대**, 가 **변**]: 다각형에서, 한 변이나 한 각과 마주 대하고 있는 변
• **대각** 對角 [대할 **대**, 뿔 **각**]: 다각형에서, 한 변이나 한 각과 마주 대하고 있는 각

직사각형 | 네 각이 모두 직각[直]인 사각형[四角形]

영 rectangle

直 곧을 직 | 四 넉 사 | 角 뿔 각 | 形 모양 형

네 각이 모두 직각(90°)인 사각형이에요. 직사각형은 평행사변형에 속해요. 그러므로 두 쌍의 대변의 길이가 각각 같고, 두 대각선은 서로 다른 것을 이등분해요. 그리고 이 두 대각선은 길이가 서로 같아요.

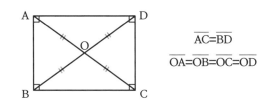

$$\overline{AC} = \overline{BD}$$

$$\overline{OA} = \overline{OB} = \overline{OC} = \overline{OD}$$

예 두 대각선의 길이가 서로 같고 두 대각선이 서로 다른 것을 이등분하는 사각형은 **직사각형**이다.

마름모

영 rhombus

네 변의 길이가 모두 같은 사각형이에요. 마름모는 평행사변형이에요. 그러므로 두 쌍의 대각의 크기가 각각 같고, 두 대각선은 서로 다른 것을 이등분해요. 그리고 이 두 대각선은 중점에서 서로 수직으로 만나요.

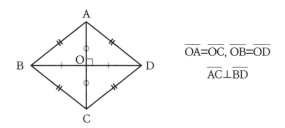

$$\overline{OA} = \overline{OC}, \overline{OB} = \overline{OD}$$

$$\overline{AC} \perp \overline{BD}$$

예 두 대각선이 서로 다른 것을 수직이등분하는 사각형은 **마름모**이다.

수학

정사각형

네 변의 길이와 네 각의 크기가 모두 같은[正] 사각형[四角形] **영** square

正 바를 정 | 四 넉 사 | 角 뿔 각 | 形 모양 형

네 변의 길이가 모두 같고 네 꼭지각이 모두 직각인 사각형이에요. 정사각형은 평행사변형의 성질, 직사각형의 성질, 마름모의 성질을 모두 가지고 있어요. 정사각형의 두 대각선은 길이가 서로 같고 서로 다른 것을 수직이등분해요.

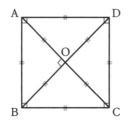

$$\overline{AB}=\overline{BC}=\overline{CD}=\overline{DA}$$
$$\angle A=\angle B=\angle C=\angle D$$
$$\overline{AC}=\overline{BD},\ \overline{AC}\perp\overline{BD}$$
$$\overline{OA}=\overline{OB}=\overline{OC}=\overline{OD}$$

사다리꼴

영 trapezoid

한 쌍의 대변이 평행한 사각형이에요. 사다리꼴 중에서 또 다른 한 쌍의 대변이 평행한 사각형은 평행사변형이고, 평행사변형 중에서 한 내각이 직각인 것은 직사각형, 이웃하는 두 변의 길이가 같은 것은 마름모예요. 직사각형이면서도 동시에 마름모인 것은 정사각형이에요.

○ 사각형 사이의 관계

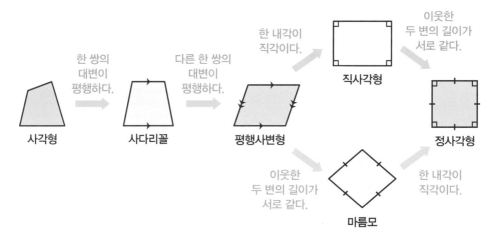

닮음

 similarity

두 개의 도형 중 한쪽을 일정한 비율로 축소 또는 확대하여 다른 한쪽과 모양과 크기가 같을 때를 이르는 말이에요. 이렇게 서로 닮음인 관계에 있는 두 도형을 닮은 도형이라고 해요. 삼각형 ABC와 삼각형 A′B′C′가 닮은 도형일 때, 기호로 △ABC∽△A′B′C′와 같이 나타내요. 이때 꼭짓점의 기호는 대응하는 순서대로 써요.

(예) 닮음을 나타내는 기호 ∽은 닮음을 뜻하는 라틴어 Similis의 첫 글자 S를 옆으로 뉘어서 쓴 것이다.

닮음비

닮은 도형에서 대응하는 변의 길이의 비[比]

영 ratio of similitude

比 견줄 **비**

닮은 두 도형에서 대응하는 변의 길이의 비예요. 닮은 평면도형은 대응하는 변의 길이의 비가 모두 일정하고, 대응하는 각의 크기는 서로 같아요. 예를 들어 △ABC∽△A′B′C′일 때, $\overline{AB} : \overline{A′B′}$=1:2이면, $\overline{BC} : \overline{B′C′}=\overline{CA} : \overline{C′A′}$=1:2예요. 이때 삼각형 ABC와 삼각형 A′B′C′의 닮음비는 1:2예요.

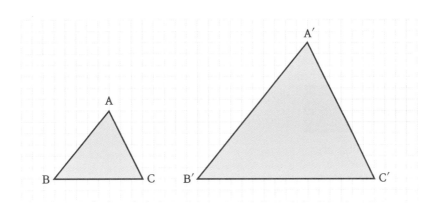

△ABC∽△A′B′C′
$\overline{AB} : \overline{A′B′}=\overline{BC} : \overline{B′C′}=\overline{CA} : \overline{C′A′}$=1:2
∠A=∠A′, ∠B=∠B′, ∠C=∠C′

(예) 닮은 두 입체도형에서도 대응하는 모서리의 길이의 비를 닮음비라고 한다.

삼각형의 닮음 조건

> 두 삼각형[三角形]이 서로 닮은 요건[條件]

三 석 삼 | 角 뿔 각 | 形 모양 형
條 가지 조 | 件 사건 건

두 삼각형이 서로 닮음 관계에 있는지 판별하는 방법이에요. 두 삼각형은 다음의 세 가지 경우에 닮음이에요.

① 세 쌍의 대응변의 길이의 비가 같을 때

$(a:a'=b:b'=c:c')$

△ABC ∽ △A′B′C′ (SSS 닮음)

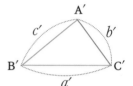

② 두 쌍의 대응변의 길이의 비가 같고,
그 끼인 각의 크기가 같을 때

$(a:a'=c:c', \angle B=\angle B')$

△ABC ∽ △A′B′C′ (SAS 닮음)

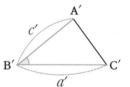

③ 두 쌍의 대응각의 크기가 각각 같을 때

$(\angle B=\angle B', \angle C=\angle C')$

△ABC ∽ △A′B′C′ (AA 닮음)

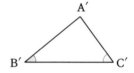

무게중심

> 세 개의 중선이 만나는[中] 점[心]
>
> 영 center of a triangle

中 가운데 중 | 心 마음 심

삼각형의 세 중선이 만나는 점이에요. 삼각형의 세 중선은 한 점에서 만나는데, 이 점을 손가락 끝으로 받쳐 보면 삼각형이 평형을 이루어요. 그래서 이 점을 무게중심이라고 하는 거예요. 삼각형의 무게중심은 세 중선의 길이를 꼭짓점으로부터 각각 2:1로 나누어요.

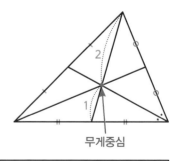

무게중심

 함께 알기 **중선 中線** [가운데 중, 줄 선]: 삼각형의 한 꼭짓점과 그 대변의 중점을 이은 선분

피타고라스의 정리

피타고라스가 발견한 직각삼각형 변의 관계에 관한 법칙[定理]

定 정할 정 | 理 다스릴 리

직각삼각형에서 직각을 낀 두 변의 길이의 제곱의 합은 빗변의 길이의 제곱과 같다는 법칙이에요. 직각삼각형 ABC에서 직각을 낀 두 변의 길이를 각각 a, b라고 하고, 빗변의 길이를 c라고 하면 $a^2+b^2=c^2$이 성립해요.

○ 유클리드의 피타고라스 정리 증명

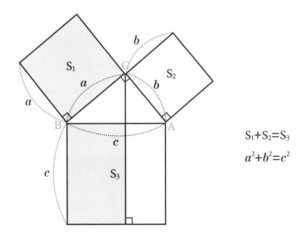

$$S_1+S_2=S_3$$
$$a^2+b^2=c^2$$

유클리드는 직각삼각형의 세 변을 각각 한 변으로 하는 정사각형의 넓이 사이의 관계를 통해 피타고라스의 정리를 증명했어요.

삼각비

> 직각삼각형[三角]의 세 변 중에서 어느 두 변을 선택하여 만든 비[比]의 값

三 석 삼 | 角 뿔 각 | 比 견줄 비

직각삼각형을 이루는 세 변인 밑변, 빗변, 높이 중에서 두 변을 선택하여 그 길이의 비를 계산한 거예요. $\angle B=90°$인 직각삼각형에서 $\angle A$의 크기가 정해지면 직각삼각형의 크기와 관계없이 $\frac{(높이)}{(빗변)}=\frac{a}{b}$, $\frac{(밑변)}{(빗변)}=\frac{c}{b}$, $\frac{(높이)}{(밑변)}=\frac{a}{c}$의 값이 일정해요. 각각의 값을 사인, 코사인, 탄젠트라고 하고, 이를 기호로 sinA, cosA, tanA와 같이 나타내요.

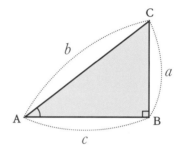

$(1)\ \sin A = \dfrac{높이}{빗변} = \dfrac{a}{b}$

$(2)\ \cos A = \dfrac{밑변}{빗변} = \dfrac{c}{b}$

$(3)\ \tan A = \dfrac{높이}{밑변} = \dfrac{a}{c}$

(예) $\angle A=30°$인 직각삼각형의 삼각비의 값은, $\sin 30°=\dfrac{1}{2}$, $\cos 30°=\dfrac{\sqrt{3}}{2}$, $\tan 30°=\dfrac{\sqrt{3}}{3}$이다.

원주각

원주[圓周] 위의 한 점에서 그은 두 개의 현이 만드는 각[角]

圓 둥글 원 | **周** 두루 주 | **角** 뿔 각

원주 위의 한 점에서 그은 두 현 사이의 끼인각이에요. 한 호에 대한 중심각은 하나로 정해지지만 원주각은 원주 위의 한 점의 위치에 따라 무수히 많아요. 이때 하나의 호가 만드는 여러 원주각의 크기는 모두 같아요. 그리고 원주각의 크기는 그 호의 중심각 크기의 $\frac{1}{2}$이에요.

함께 알기   **원주**: 원둘레. 한 점(O)에서 같은 거리에 있는 점의 자취

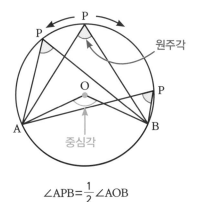

$$\angle APB = \frac{1}{2} \angle AOB$$

마무리 퀴즈 Quiz

1~4 다음 설명에 해당하는 용어를 〈보기〉에서 고르세요.

〈보기〉 ㉠ 피타고라스의 정리   ㉡ RHS 합동   ㉢ AA 닮음   ㉣ 삼각비

1 두 삼각형이 서로 대응하는 두 쌍의 각의 크기가 각각 같다.   (   )

2 두 직각삼각형이 빗변의 길이와 다른 한 변의 길이가 각각 같다. (   )

3 직각삼각형의 두 변의 길이의 비로서, 사인, 코사인, 탄젠트
등이 있다.   (   )

4 직각삼각형의 세 변의 길이 사이에는 $a^2+b^2=c^2$(c는 빗변)이
성립한다.   (   )

5~7 다음 각 교점에 대한 설명을 바르게 연결해 보세요.

5 외심   ·   · ① 삼각형의 세 중선이 만나는 점

6 내심   ·   · ② 삼각형의 세 내각의 이등분선이 만나는 점

7 무게중심 ·   · ③ 삼각형의 세 변의 수직이등분선이 만나는 점

8~10 다음 빈칸에 들어갈 사각형의 종류를 〈보기〉에서 고르세요.

〈보기〉 마름모, 직사각형, 평행사변형

한 내각이
직각이다.

9
(   )

이웃한
두 변의 길이가
서로 같다.

한 쌍의
대변이
평행하다.

다른 한 쌍의
대변이
평행하다.

8
(   )

사각형   사다리꼴

정사각형

이웃한
두 변의 길이가
서로 같다.

10
(   )

한 내각이
직각이다.

답안 1. ㉢ 2. ㉡ 3. ㉣ 4. ㉠ 5. ③ 6. ② 7. ① 8. 평행사변형 9. 직사각형 10. 마름모

생활 속 수학, 확률과 통계

변량 · 도수분포표 · 히스토그램 · 도수분포다각형 · 상대도수 · 사건
경우의 수 · 합의 법칙 · 곱의 법칙 · 확률 · 대푯값 · 중앙값 · 최빈값
산포도 · 편차 · 분산 · 산점도

변량

> 변화하는[變] 수량[量]
> 영 variance

變 변할 변 | 量 양 량

자료를 수량으로 나타낸 거예요. 점수, 키, 몸무게 등 변화하는 값이 모두 변량이에요. 변량은 줄기와 잎 그림으로 나타낼 수 있어요. 이것은 자료의 각 변량을 큰 자리의 수와 작은 자리의 수로 구분하여 세로선의 왼쪽에는 큰 자리의 수를, 세로선의 오른쪽에는 큰 자리의 수에 해당하는 작은 자리의 수를 나타낸 그림이에요. 이때 잎의 개수와 자료의 개수는 같아요.

예 점수는 구분된 값을 갖는 **변량**이고, 온도·키 등은 연속적인 값을 갖는 **변량**이다.

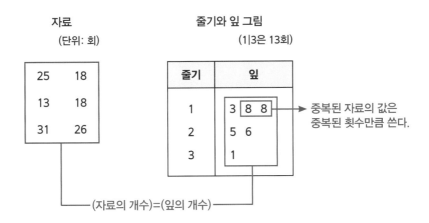

자료
(단위: 회)

25	18
13	18
31	26

줄기와 잎 그림
(1|3은 13회)

줄기	잎
1	3 8 8
2	5 6
3	1

→ 중복된 자료의 값은 중복된 횟수만큼 쓴다.

(자료의 개수)=(잎의 개수)

도수분포표

도수[度數]의 분포[分布] 상태를 나타내는 도표[表]

영 frequency table

度 법도 도 | 數 셈 수 | 分 나눌 분 | 布 펼 포 | 表 표 표

주어진 자료를 몇 개의 계급으로 나누고 각 계급에 속하는 도수를 조사하여 나타낸 표예요. 이때 변량을 일정한 간격으로 나눈 구간을 **계급**, 구간의 너비를 **계급의 크기**, 각 계급에 속하는 자료의 수를 그 계급의 **도수**라고 해요.

예 도수분포표는 자료의 값들이 어떻게 퍼져 있는지를 요약하여 보여 준다.

도수분포표 – 학생들의 키

키(cm)	학생 수(명)
120^{이상} ~ 130^{미만}	2
130 ~ 140	4
140 ~ 150	6
150 ~ 160	5
160 ~ 170	3
합계	20

계급 ← 120^{이상} ~ 130^{미만}

계급의 크기: 10 ← 130 ~ 140

140 ~ 150 → 도수

히스토그램

비 막대그래프 영 histogram

도수분포를 막대 모양의 도형으로 나타낸 그래프예요. 도수분포표의 각 계급의 양 끝 값을 가로축에 표시하고 그 계급의 도수를 세로축에 표시하여 직사각형 모양으로 나타내요. 이때 직사각형의 가로가 각 계급의 크기이고, 세로가 도수예요.

예 도수분포표를 히스토그램으로 나타내면 자료의 분포 상태를 한눈에 알아볼 수 있다.

히스토그램 – 학생들의 키

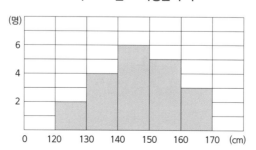

276

도수분포다각형

도수분포[度數分布]를 다각형[多角形]으로 나타낸 것 영 frequency polygon

度 법도 도 | 數 셈 수 | 分 나눌 분 | 布 펼 포
多 많을 다 | 角 뿔 각 | 形 모양 형

히스토그램에서 각 계급의 직사각형의 윗변의 중점을 차례로 선분으로 연결하여 만든 그래프예요. 이때 양 끝에 도수가 0인 계급을 하나씩 추가하여 그 중점도 선분으로 연결하여 완성해요. 도수분포다각형은 자료의 분포 상태를 연속적으로 관찰할 수 있어요.

예 도수분포다각형은 두 개 이상 자료의 분포 상태를 비교할 때 편리하다.

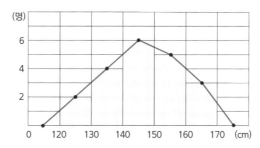

도수분포다각형 – 학생들의 키

상대도수

> 자료의 총 도수에 대한[相對] 각 계급의 도수[度數]의 비율
>
> 영 relative frequency

相 서로 상 | 對 대할 대 | 度 법도 도 | 數 셈 수

도수분포표에서 도수의 총합에 대한 각 계급의 도수의 비율이에요. 도수의 총합이 서로 다른 두 자료를 비교할 때, 각 계급의 도수 대신 상대도수를 비교하는 것이 더 바람직해요. 상대도수는 일반적으로 각 계급에 해당하는 도수의 비율을 쉽게 비교하기 위해 소수로 나타내요. 상대도수를 구하는 식은 (어떤 계급의 상대도수) $= \dfrac{(각 계급의 도수)}{(도수의 총합)}$ 예요.

(예) **상대도수의 총합은 항상 1이다.**

상대도수 분포표 – 100미터 달리기 기록

시간(초)	학생 수(명)	상대도수
14^{이상} ~ 15^{미만}	4	0.2
15 ~ 16	6	0.3
16 ~ 17	5	0.25
17 ~ 18	5	0.25
18 ~ 19	0	0
합계	20	1

도수의 값이 클수록 상대도수도 크다.   총합은 1이다.

사건

> 되풀이되는 일[事]의 결과[件]
>
> 영 event

事 일 사 | 件 사건 건

같은 조건에서 반복되는 실험이나 관찰에 의하여 나타나는 결과예요. 예를 들어 주사위를 던질 때 1이 나온다든가, 짝수가 나온다든가, 5 이상이 나온다든가 하는 것이 사건이에요.

(예) **가위바위보를 할 때 일어나는 사건은 비기거나 승부가 나는 2가지 경우가 있다.**

경우의 수

어떤 사건이 일어나는[境遇] 가짓수[數]

영 number of cases

境 지경 **경** | 遇 만날 **우** | 數 셈 **수**

한 번 시행으로 일어날 수 있는 어떤 사건의 가짓수예요. 예를 들어 주사위를 던지는 실험에서 짝수의 눈이 나오는 사건은 2, 4, 6의 3가지 경우가 있어요. 이때 경우의 수는 3이에요.

예 주사위를 한 번 던졌을 때 홀수가 나오는 경우의 수는 3이다.

합의 법칙

사건 A 또는 사건 B가 일어나는 경우의 수는 각각의 사건이 일어날 경우의 수의 합[合]과 같다는 수 법칙[法則]

合 합할 **합** | 法 법 **법** | 則 법칙 **칙**

두 사건 A, B가 동시에 일어나지 않을 때, 사건 A 또는 사건 B가 일어나는 경우의 수는 각각의 사건이 일어날 경우의 수의 합과 같다는 법칙이에요. 즉, 두 사건 A, B가 일어나는 경우의 수가 각각 m, n이면, (사건 A 또는 사건 B가 일어나는 경우의 수)=m+n이에요.

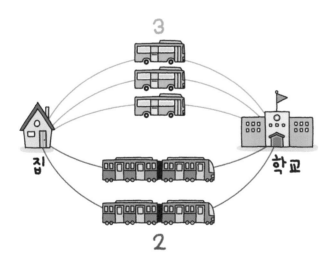

① 집에서 학교로 버스를 타고 가는 경우의 수: 3
② 집에서 학교로 지하철을 타고 가는 경우의 수: 2
③ 집에서 학교로 버스나 지하철을 타고 가는 경우의 수: 3+2=5

곱의 법칙

> 사건 A와 사건 B가 동시에 일어나는 경우의 수는 각각의 사건이 일어날 경우의 수의 곱과 같다는 수 법칙[法則]

法 법 **법** | 則 법칙 **칙**

두 사건 A, B가 서로 영향을 끼치지 않을 때, 사건 A와 사건 B가 동시에 일어나는 경우의 수는 각각의 사건이 일어날 경우의 수의 곱과 같다는 법칙이에요. 즉, 두 사건 A, B가 일어나는 경우의 수가 각각 m, n이면, (사건 A와 사건 B가 동시에 일어나는 경우의 수)=m×n이에요.

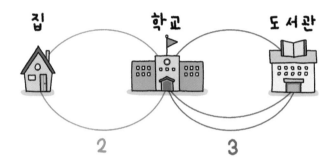

① 집에서 학교로 가는 경우의 수: 2
② 학교에서 도서관으로 가는 경우의 수: 3
③ 집에서 학교를 거쳐 도서관으로 가는 경우의 수: 2×3=6

확률

> 어떤 일이 일어날 확실성[確]의 정도[率]
>
> 영 probability

確 굳을 **확** | 率 비율 **률**

하나의 사건이 일어날 수 있는 가능성을 수로 나타낸 거예요. 어떤 실험이나 관찰에서 각각의 경우가 일어날 가능성이 같다고 할 때, 일어날 수 있는 모든 경우의 수를 n, 어떤 사건 A가 일어나는 경우의 수를 a라고 하면 사건 A가 일어날 확률 p는 다음과 같이 구할 수 있어요. $p = \dfrac{(\text{사건 A가 일어나는 경우의 수})}{(\text{모든 경우의 수})} = \dfrac{a}{n}$

 주사위 한 개를 던질 때 2의 배수가 나올 확률은, 일어나는 모든 경우의 수가 6이고 2의 배수가 나오는 경우의 수가 3이므로 $\dfrac{3}{6} = \dfrac{1}{2}$이다.

대푯값

> 통계 자료의 특징을 대표[代表]적으로 나타내는 값
>
> 영 representative value

代 대신할 대 | **表** 겉 표

자료 전체의 특징을 대표적으로 나타내는 값이에요. 대푯값에는 평균, 중앙값, 최빈값 등이 있는데, 이 중 평균이 가장 많이 쓰여요. **평균**은 변량의 총합을 변량의 개수로 나눈 값이에요. 예를 들어 심사위원 4명에게 각각 4점, 3점, 3.5점, 4.3점을 받았다면 변량은 4, 3, 3.5, 4.3이고 평균은 $\frac{4+3+3.5+4.3}{4}$=3.7이에요.

예 **대푯값은 통계 자료의 특징이나 경향을 하나의 값으로 나타내 준다.**

중앙값

> 크기순으로 나열한 변량의 중앙[中央]에 있는 값
>
> 영 median value

中 가운데 중 | **央** 가운데 앙

통계 자료에서 변량을 작은 값부터 크기 순서대로 나열했을 때 중앙에 있는 값이에요. 전체 항을 이등분한 위치에 있는 값으로 통계 자료에서 대푯값의 하나예요. 이때 변량의 개수가 짝수이면 중앙에 놓이는 값이 2개이므로 두 값의 평균을 중앙값으로 해요. 변량 중매우 크거나 매우 작은 값이 있는 경우에는 평균이 그 값의 영향을 많이 받으므로, 평균보다는 중앙값을 대푯값으로 사용해요.

1, 3, 3, 6, 7, 8, 9

중앙값 = 6

1, 2, 3, 4, 5, 6, 8, 9

중앙값 = (4+5)÷2
= 4.5

수학

최빈값

변량 중 가장[最] 자주[頻] 나타나는 값

最 가장 최 | **頻** 자주 빈

통계 자료의 변량 중 가장 많이 나타나는 값이에요. 최빈값은 값이 하나로 정해지는 평균과 중앙값과는 달리 자료에 따라 두 개 이상일 수 있어요. 예를 들어 자료가 1, 2, 3, 3, 4, 5, 5이면 3과 5가 최빈값이에요.

(예) 변량에 같은 값이 가장 많이 나오는 **최빈값**이 있다면 그 값을 대푯값으로 한다.

산포도

변량이 흩어져[散] 퍼진[布] 정도[度]

散 흩을 산 | **布** 펼 포 | **度** 법도 도

변량이 흩어져 있는 정도를 하나의 수로 나타낸 값이에요. 두 자료의 평균이 같아도 흩어져 있는 정도는 다를 수 있으므로 자료의 분포 상태를 알아보려면 대푯값 이외에 산포도를 살펴봐야 해요. 변량이 대푯값에 모일수록 산포도가 작아지고, 변량이 대푯값에서 멀리 흩어질수록 산포도가 커져요.

(예) **산포도**에는 여러 가지가 있으나 분산과 표준편차가 대표적이다.

편차

각 변량에서 평균을 뺀[偏差] 값

偏 치우칠 편 | **差** 다를 차

어떤 자료가 있을 때, 각 변량에서 평균을 뺀 값이에요. 평균보다 큰 변량의 편차는 양수이고, 평균보다 작은 변량의 편차는 음수예요. 그런데 편차의 총합은 항상 0이고, 편차의 평균도 0이기 때문에 이 값으로는 변량이 평균을 중심으로 흩어져 있는 정도를 알 수 없어요. 그래서 편차를 제곱한 값들을 평균으로 내어 산포도로 이용해요.

분산

> 변량이 평균으로부터 떨어져[分] 흩어진[散] 정도를 나타내는 값

分 나눌 분 | 散 흩을 산

어떤 자료의 편차의 제곱의 평균이에요. 그리고 분산의 양의 제곱근을 **표준편차**라고 해요. 식으로 쓰면 다음과 같아요.

$$(분산)=\frac{\{(편차)^2의\ 총합\}}{(변량의\ 개수)},\ (표준편차)=\sqrt{(분산)}$$

예를 들어 어느 두 학생의 시험 점수의 평균이 같다고 하더라도 분산이 다를 수 있어요. 이때 분산이 더 작은 학생이 과목 점수가 더 고르다고 할 수 있어요.

(예) 자료의 분산과 표준편차가 클수록 그 자료의 분포 상태는 평균을 중심으로 더 멀리 흩어져 있다고 할 수 있다.

수학

○ 분산의 산포도

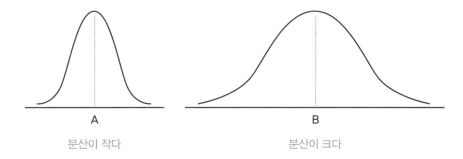

A
분산이 작다

B
분산이 크다

분산이 작으면 산포도가 평균으로 모인 형태가 되고, 분산이 크면 평균에서 멀리 흩어진 형태가 돼요.

산점도

두 변량의 흩어진[散] 정도를 점[點]으로 그린 그래프[圖]

통 상관도 영 scatter plot

散 흩을 산 | 點 점 점 | 圖 그림 도

좌표평면 위에 두 변량의 순서쌍을 좌표로 하는 점을 나타낸 그래프예요. 예를 들어 날마다 기온과 습도를 조사하여 x축은 기온을, y축은 습도로 하는 좌표평면 위에 표시하는 거지요. 그러면 기온과 습도의 관계를 알 수 있어요. 한쪽 변량이 증가함에 따라 다른 쪽 변량이 증가하거나 감소하는 경향이 있을 때, 두 변량 사이에 **상관관계**가 있다고 해요.

◦ 변량의 여러 가지 상관관계

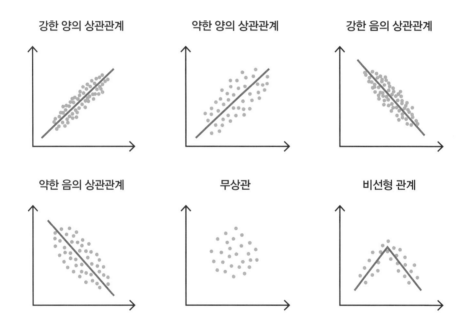

강한 양의 상관관계   약한 양의 상관관계   강한 음의 상관관계

약한 음의 상관관계   무상관   비선형 관계

마무리 퀴즈 Quiz

1~3 제시된 초성과 뜻을 참고하여 괄호 안에 들어갈 어휘를 쓰세요.

1 ㅂㄹ: 자료를 수량으로 나타낸 것

예 점수, 키, 몸무게 등 변화하는 값이 모두 (   )이다.

2 ㅅㅍㄷ: 변량이 흩어져 있는 정도를 하나의 수로 나타낸 값

예 변량이 대푯값에 모일수록 (   )가 작아진다.

3 ㅂㅅ: 어떤 자료의 편차의 제곱의 평균

예 (   )의 양의 제곱근을 표준편차라고 한다.

4~6 다음 대푯값들에 대한 설명을 바르게 연결해 보세요.

4 평균 •   • ① 변량 중 가장 많이 나타나는 값

5 중앙값 •   • ② 변량의 총합을 개수로 나눈 값

6 최빈값 •   • ③ 변량을 순서대로 나열했을 때 중앙에 있는 값

7~10 다음 설명이 맞으면 ○, 틀리면 ×로 표시하세요.

7 상대도수의 총합은 항상 100이다.   (   )

8 두 개 이상 자료의 분포 상태를 비교할 때 도수분포다각형이
편리하다.   (   )

9 사건 A 또는 사건 B가 일어나는 경우의 수는 각 경우의 수의
곱이다.   (   )

10 산점도를 통해 두 변량 사이의 상관관계를 파악할 수 있다.   (   )

답안 1. 변량 2. 산포도 3. 분산 4. ② 5. ③ 6. ① 7. × 8. ○ 9. × 10. ○

사회

자연환경과 인문 환경, **지리**

지도 · 자연환경 · 인문 환경 · 위치 · 지리 정보 · 위도 · 경도 · 기후
열대 우림 기후 · 지중해성 기후 · 서안 해양성 기후 · 건조 기후 · 툰드라 기후
산지 지형 · 해안 지형 · 석회 동굴 · 화산 지형 · 자연재해 · 열대 저기압 · 홍수
가뭄 · 내진 설계 · 자원 · 자원의 편재성 · 자원의 유한성 · 자원 민족주의
윤리적 소비 · 지속 가능한 자원 · 기후 변화 · 환경 정의 · 환경 이슈 · 로컬 푸드

지도

지구의 표면[地]을 그린 그림[圖]

영 map

地 땅 **지** | **圖** 그림 **도**

지구 표면의 일부나 전부를 평면에 나타낸 그림이에요. 정확한 지리 정보를 전달하기 위해 일정한 비율로 땅의 크기를 줄이고 약속된 기호나 문자를 사용해야 해요. 또 동서남북을 나타내는 방위(4)도 정확히 표시해야 해요.

자연환경

사람의 힘을 더하지 않은 자연 그대로[自然]의 환경[環境]

반 인문 환경   영 natural environment

自 스스로 **자** | **然** 그럴 **연** | **環** 고리 **환** | **境** 경계 **경**

인간을 둘러싼 환경 중 지형, 기후, 식생 등 자연계의 모든 요소가 이루는 환경을 뜻해요. 이에는 평야, 산, 하천, 계곡, 갯벌, 바람, 햇빛, 초원, 나무 등이 있어요. 등고선이나 색의 변화를 통해 지도에 자연환경을 표현할 수 있어요.

함께 알기 | **등고선** 等高線 [무리 **등**, 높을 **고**, 줄 **선**]: 지도에서 해발 고도가 같은 지점을 연결하여 땅의 높낮이를 나타내는 곡선

인문 환경

> 인간 활동의 결과[人文]로 만들어진 환경[環境]
>
> **반** 자연환경 **영** human environment

人 사람 **인** | **文** 글월 **문** | **環** 고리 **환** | **境** 경계 **경**

인간이 자연을 토대로 다양한 활동을 하여 만들어 낸 환경을 뜻해요. 이에는 학교·공장·지하철 등의 시설과 인구·도시·산업·문화·교통 등이 있어요. 인문 환경을 지도에 표현할 때 선이나 색깔, 도형 등을 활용할 수 있어요.

예 공업 지대, 인구 밀도, 인구 이동 등 구체적인 인문 환경을 지도에 나타낸다.

위치

> 사람이나 사물이 차지하는[置] 자리[位]
>
> **비** 자리, 지점 **영** location

位 자리 **위** | **置** 배치할 **치**

사람이나 사물이 차지하는 장소를 뜻해요. 공간의 규모에 따라 전달하는 정보가 달라지는데, 지역 규모에서는 랜드마크를, 세계 규모에서는 대륙·해양, 위도·경도 등을 이용하여 위치를 나타낼 수 있어요.

예 우리나라의 위치는 아시아 대륙의 동쪽이고, 태평양과 접하는 곳이다.

> **함께 알기**   **랜드마크**: 한 지역을 대표하거나 구별하게 하는 건축물 등의 상징물

지리 정보

> 지역의 모든 환경[地理]에 관한 정보[情報]
>
> **영** geographic information

地 땅 **지** | **理** 다스릴 **리** | **情** 뜻 **정** | **報** 알릴 **보**

지역의 자연환경과 인문 환경에 관한 모든 정보를 뜻해요. 공간과 관련한 위도·경도, 지역의 특성과 관련한 기후·인구·산업, 다른 지역과의 관계를 나타내는 교통 등이 모두 지리 정보예요. 한편, 지리 정보를 컴퓨터에 입력, 저장, 분석하여 그 결과를 사용자에게 종합적으로 제공하는 것을 **지리 정보 시스템(GIS)**이라고 해요.

사회

위도

> 적도를 기준으로 지구를 가로로[緯] 일정하게 나눈 정도[度]
> (반) 경도 (영) latitude

緯 가로 위 | 度 법도 도

남북의 위치를 나타내는 수치예요. 적도를 0°로 하고, 남극(S)과 북극(N)을 각각 90°로 하여 나누었어요. 위도에 따라 기후가 달라져요. 위도가 낮은 저위도의 적도 부근은 열대 기후, 고위도의 극지방은 추운 한대 기후예요.

(예) 햇빛을 비스듬히 받는 중위도의 온대 기후 지역에 사람이 많이 산다.

경도

> 본초 자오선을 기준으로 지구를 세로로[經] 일정하게 나눈 정도[度] (반) 위도 (영) longitude

經 날실 경 | 度 법도 도

동서의 위치를 나타내는 수치예요. 남극과 북극을 잇는 자오선 중에서 런던 그리니치 천문대를 지나는 본초 자오선을 기준으로 동서로 떨어진 각도를 나타내요. 경도의 차이는 시차의 원인이 돼요. 본초 자오선에서 동쪽으로 갈수록 시간이 빨라지고 서쪽으로 갈수록 시간이 늦어져요.

(예) 경도 15°마다 1시간의 시차가 발생한다.

○ 위도와 경도

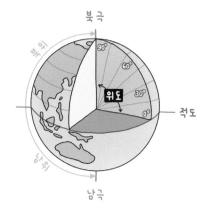

위도는 적도를 기준으로 남쪽으로는 남극점까지, 북쪽으로는 북극점까지 각각 90°로 나누어져 있어요.

경도는 영국의 그리니치 천문대를 기준으로 동쪽과 서쪽 방향으로 각각 180°로 나누어져 있어요.

기후

> 기온, 눈, 비, 바람 등 대기[氣]의 평균적인 상태[候]

🔵 날씨 🟢 climate

氣 기운 기 | 候 기후 후

어느 지역에서 오랜 기간에 걸쳐 평균적으로 나타나는 날씨를 뜻해요. 한 지역의 기후는 기온, 강수량, 바람 등의 기후 요소를 통해 나타낼 수 있어요. 세계의 기후 지역은 기온과 강수량을 기준으로 열대-건조-온대-냉대-한대 기후로 구분해요. 기후에 따라 식생과 사람들의 생활 모습이 달라져요.

함께 알기 | **식생** 植生 [심을 식, 날 생]: 어느 지역에서 생활하는 식물 집단

열대 우림 기후

> 매우 덥고[熱帶] 강수량이 많아[雨] 밀림[林]을 이루는 기후[氣候]

🔵 적도 우림 기후 🟢 tropical rainforest climate

熱 더울 열 | 帶 띠 대 | 雨 비 우 | 林 수풀 림
氣 기운 기 | 候 기후 후

적도 부근에서 나타나는 기후예요. 일 년 내내 덥고 강수량이 많아 매우 습하여 다양한 종류의 나무들이 밀림을 이루고 있어요. 이 지역에서는 이동식 화전 농업이나 플랜테이션 농업을 해요.

함께 알기 |
- **이동식 화전 농업** 移動式火田農業 [옮길 이, 움직일 동, 법 식, 불 화, 밭 전, 농사 농, 업 업]: 숲에 불을 질러 만든 밭에서 농사를 지은 뒤 땅이 척박해지면 다른 곳으로 옮겨 농사를 짓는 전통적 농업 방식
- **플랜테이션**: 열대 기후 지역에서 선진국의 기술과 자본, 원주민의 노동력을 결합하여 천연고무나 카카오 등의 상품 작물을 재배하는 농업 방식

지중해성 기후

지중해 지역[地中海]의 특성[性]을 갖는 기후[氣候]

영 mediterranean climate

地 땅 지 | 中 가운데 중 | 海 바다 해 | 性 성질 성
氣 기운 기 | 候 기후 후

지중해 연안과 위도 30~40° 지역(미국의 캘리포니아, 남아메리카의 칠레)에서 나타나는 기후예요. 우리나라와 같은 온대 기후이지만, 우리나라는 여름이 고온 다습하고 겨울은 춥고 건조한 반면, 지중해성 기후는 여름이 고온 건조하고 겨울은 따뜻하고 비가 내려요. 이 지역에서는 수목 농업을 해요.

**함께
알기**
수목 농업 樹木農業 [나무 **수**, 나무 **목**, 농사 **농**, 업 **업**]: 덥고 건조한 여름에 잘 견디는 올리브, 포도, 오렌지 등의 작물을 재배하는 농업

서안 해양성 기후

대륙의 서쪽[西岸]에서 바다[海洋]의 영향을 받는[性] 기후[氣候]

영 west coast oceanic climate

西 서녘 서 | 岸 언덕 안
海 바다 해 | 洋 큰 바다 양 | 性 성질 성
氣 기운 기 | 候 기후 후

위도 40~60° 사이인 중위도 대륙 서쪽 지역에서 대서양의 영향을 받아 나타나는 온대 기후예요. 여름은 서늘하고 흐린 편이고, 겨울은 따뜻해요. 서부 유럽 지역이 이 기후에 속하는데, 대체로 혼합 농업과 낙농업을 해요.

**함께
알기**
• **혼합 농업** 混合農業 [섞을 **혼**, 합할 **합**, 농사 **농**, 업 **업**]: 곡물 재배와 가축 사육을 함께 하는 농업
• **낙농업** 酪 [소젖 **낙**]: 젖소나 염소를 기르고 그 젖을 이용하는 농업

건조 기후

강수량이 적어 매우 건조[乾燥]한 기후[氣候]

영 dry climate

乾 마를 건 | 燥 마를 조 | 氣 기운 기 | 候 기후 후

강수량이 적어 나무가 자라기 힘든 기후예요. 이 기후에 속하는 사막에서는 오아시스를 중심으로 생활하고, 초원 지대에서는 초원을 찾아 유목 생활을 해요.

툰드라 기후

알래스카 등 툰드라 지역에 나타나는 기후[氣候]

영 tundra climate

氣 기운 기 | 候 기후 후

북반구 고위도의 툰드라 지역에 나타나는 한대 기후예요. 툰드라는 '나무가 없는 땅'이라는 뜻이에요. 이 지역은 기온이 매우 낮아 지표 아래에 여름에도 녹지 않고 얼어 있는 영구 동토층이 있어요. 주민들은 동물을 사냥하여 생활하고, 순록의 가죽으로 만든 천막집이나 고상 가옥에서 살아요.

함께 알기 **고상 가옥** 高床家屋 [높을 **고**, 마루 **상**, 집 **가**, 집 **옥**]: 땅바닥에서 약간 띄워 지어진 집

산지 지형

산[山]이 많은 지대[地]에 발달한 지형[地形]

영 mountain regions

山 산 산 | 地 땅 지 | 地 땅 지 | 形 모양 형

산이 많은 지대에 나타나는 지형이에요. 지각 운동의 영향으로 지각판이 높게 솟아오르면 산맥과 같은 산지가 형성돼요. 빙하의 영향을 받은 산지에서는 유(U)자곡, 호른(뾰족한 산봉우리), 빙하호 등의 지형이 나타나요. 알프스 산지에서는 방목이나 이목을 하고, 안데스 산지에서는 감자나 옥수수를 재배해요.

함께 알기
• **방목** 放牧 [놓을 **방**, 가축 기를 **목**]: 가축을 목초지에 놓아기르는 목축 방식
• **이목** 移牧 [옮길 **이**, 가축 기를 **목**]: 계절에 따라 목초지를 옮겨 다니는 목축 방식

사회

해안 지형

바다[海]에 접한 육지[岸]에 발달한 지형[地形]

영 coastal landform

海 바다 해 | 岸 언덕 안 | 地 땅 지 | 形 모양 형

바다와 육지가 맞닿은 해안선을 중심으로 발달한 지형이에요. 모래사장, 산호섬, 해안 절벽, 시 스택, 갯벌 등의 지형이 있어요. 해안 지형은 관광지로 인기를 끄는 곳이 많아요.

함께 알기

- **산호섬 珊瑚** [산호 **산**, 산호 **호**]: 산호초가 지각 운동으로 높아지거나 오랜 시간 동안 모래나 흙이 쌓여 육지처럼 변한 섬. 몰디브가 유명함
- **시 스택**: 파도의 침식으로 해안 절벽의 약한 부분이 뚫려 결국 암석의 단단한 부분만 기둥 모양처럼 남은 바위섬

석회 동굴

석회암[石灰]이 지하수에 녹아 생긴 동굴[洞窟]

비 카르스트 지형 **영** limestone cave

石 돌 석 | 灰 재 회 | 洞 골 동 | 窟 굴 굴

땅속의 석회암이 빗물이나 지하수에 녹아 만들어진 동굴이에요. 우리나라 삼척의 환선굴, 영월의 고씨동굴, 단양의 고수동굴 등이 대표적이에요.

화산 지형

화산[火山] 활동에 의해 생기는 지형[地形]

영 volcanic landform

火 불 화 | 山 산 산 | 地 땅 지 | 形 모양 형

지하의 마그마가 분출하는 화산 활동을 통해 만들어진 지형이에요. 온천, 간헐천, 분화구, 용암 동굴 등이 있어요. 우리나라는 제주도와 울릉도, 독도 등의 화산섬이 있어요. 제주도의 특별한 화산 지형으로는 오름이 있어요.

함께 알기

- **간헐천 間歇泉** [사이 **간**, 쉴 **헐**, 샘 **천**]: 일정한 간격을 두고 주기적으로 뜨거운 물이나 수증기를 뿜어내는 온천
- **오름**: 큰 화산 주변에 생기는 작은 화산(측화산)을 제주도에서 부르는 이름

자연재해

> 태풍, 가뭄, 지진 등의 자연 현상[自然]으로 인하여 일어나는 재해[災害] **비** 기상 재해 **영** natural disaster

自 스스로 **자** | **然** 그럴 **연** | **災** 재앙 **재** | **害** 해할 **해**

인간이 피할 수 없는 자연 현상으로 인하여 일어나는 재해를 뜻해요. 태풍·홍수·가뭄·폭설 등 기상 현상에 의한 자연재해와, 지진·화산 활동·지진 해일 등 지각 운동에 의한 자연재해가 있어요.

함께 알기 **지진 해일** 地震海溢 [땅 **지**, 우레 **진**, 바다 **해**, 넘칠 **일**]: 해양에서 지진이나 화산 활동이 일어나 해수면이 급격히 상승하여 바닷물이 육지로 밀려오는 현상. 쓰나미

열대 저기압

> 열대 지방[熱帶]에서 발생하는 저기압[低氣壓]
> **통** 태풍, 허리케인, 사이클론 **영** tropical cyclone

熱 더울 **열** | **帶** 띠 **대**
低 낮을 **저** | **氣** 기운 **기** | **壓** 누를 **압**

적도 부근의 바다에서 형성되어 많은 수증기를 머금은 저기압이에요. 고위도로 이동하여 강한 바람과 비로 큰 피해를 끼쳐요. 하지만 가뭄을 해소하고, 더위를 식히고, 적조 현상을 줄여 주기도 해요. 지역에 따라 태풍(북태평양 서부), 허리케인(북아메리카), 사이클론(인도양) 등으로 불려요.

함께 알기 **적조** 赤潮 [붉을 **적**, 바닷물 **조**]: 플랑크톤이 비정상적으로 많이 번식하여 바닷물이 붉게 물들어 보이는 현상

홍수

> 비가 많이 와서 강이나 개천에 갑자기 크게[洪] 불은 물[水]
> **비** 물바다 **영** flood

洪 넓을 **홍** | **水** 물 **수**

짧은 시간에 비가 집중적으로 많이 와서 생활 터전이 물에 잠기는 재해예요. 우리나라에서 여름철 장마 전선과 태풍으로 인해 집중 호우가 발생하면, 집과 농경지가 침수되고 산사태가 일어나는 등 피해가 심각해요.

가뭄

반 장마   영 drought

오랫동안 비가 내리지 않아 땅이 메마르고 물이 부족하여 나타나는 재해예요. 가뭄이 오래 지속되면 농사를 지을 수 없어서 사람들이 굶주리고 토양도 황폐해져요. 최근에는 지구 온난화로 곳곳에서 홍수와 가뭄이 더욱 심각해지고 있어요. 녹색 댐이라 불리는 숲을 잘 가꾸어 홍수와 가뭄에 대비해야 해요.

내진 설계

지진[震]을 견디어[耐] 낼 수 있도록 건축물을 설계[設計]하는 일

耐 견딜 내 | 震 우레 진 | 設 세울 설 | 計 셀 계

건물이나 다리를 지진에 견딜 수 있게 설계하는 거예요. 지진이 일어났을 때 피해를 입지 않기 위함이에요.

자원

인간 생활에 가치 있게[資] 쓰이는 원료[源]

비 물자   영 resources

資 재물 자 | 源 근원 원

인간 생활 및 경제 생산에 가치 있게 이용되는 모든 것을 통틀어 이르는 말이에요. 이에는 에너지·광물·식량 등의 천연자원과, 노동력·기술·창의성 등의 인적 자원, 전통·제도·조직 등의 문화적 자원이 있어요.

예 물 자원은 생활용수, 농업용수, 공업용수 등에 이용된다.

자원의 편재성

자원[資源]이 고루 분포하지 않고 치우쳐[偏] 있는 [在] 특성[性]

資 재물 자 | 源 근원 원 | 偏 치우칠 편 | 在 있을 재 | 性 성질 성

자원이 지구상에 고르게 분포하지 않고 일부 지역에 치우쳐 분포하는 특성이에요. 이로 인해 자원이 많은 곳과 부족한 곳이 생겨요. 그래서 자원의 생산지와 소비지가 일치하지 않는 경우가 많아, 자원이 풍부한 곳에서 부족한 곳으로 이동하게 돼요.

예 석유는 서남아시아에 전체 석유의 약 60% 이상이 매장되어 있어 자원의 편재성이 매우 크다.

자원의 유한성

> 자원[資源]의 매장 및 사용에 한계[限]가 있다는[有] 특성[性] 영 limitation of resources

資 재물 자 | 源 근원 원
有 있을 유 | 限 한정할 한 | 性 성질 성

천연자원의 매장량이 한정되어 있어 사용할 수 있는 양에 한계가 있고, 재생이 불가능하다는 특성이에요. 석유를 비롯하여 철광석, 구리 등 대부분의 천연자원은 그 양이 한정되어 있어 필요한 자원을 확보하려는 국가 간의 경쟁이 치열해요.

함께 알기   매장량 埋藏量 [묻을 매, 감출 장, 양 량]: 지하자원이 땅속에 묻혀 있는 양

자원 민족주의

> 천연자원[資源]을 소유한 국가가 자국[民族]의 이익을 위해 이를 정치적으로 이용하려는 사상[主義] 영 resource nationalism

資 재물 자 | 源 근원 원
民 백성 민 | 族 겨레 족 | 主 주인 주 | 義 옳을 의

천연자원을 소유한 국가들이 자국의 이익을 위해 이를 정치적으로 이용하려는 사상이에요. 오랜 세월 선진국들에게 식민 지배를 받았거나 경제적으로 예속된 개발 도상국들이 자국의 천연자원에 대한 주권을 지키려는 움직임에서 비롯되었어요. 자원 민족주의가 강화되면 공급이 감소하거나 생산이 중단될 수 있어서 자원 확보를 둘러싼 국가 간 갈등이 심각해져요.

윤리적 소비

> 인간적인 도리[倫理]를 생각하며 공익을 위해 실천하는 [的] 소비[消費] 영 ethical consumption

倫 인륜 윤 | 理 다스릴 리 | 的 과녁 적
消 사라질 소 | 費 쓸 비

개인의 소비 활동이 타인과 사회, 환경에 어떤 영향을 끼치는지 고려하여 공공의 이익을 위해 바람직한 방향으로 소비하는 것을 말해요. 물건 하나를 만드는 데도 여러 자원이 이용되는 만큼 세계가 자원으로 연결되어 있기 때문에 개인의 소비는 그것을 생산하고 유통하는 과정에 영향을 미치게 돼요.

(예) 동물이나 환경에 해를 끼치지 않는 상품을 사는 것도 윤리적 소비이다.

사회

지속 가능한 자원

지속적으로[持續] 이용 가능한[可能] 자원[資源]

영 sustainable resources

持 가질 지 | 續 이을 속 | 可 옳을 가 | 能 능할 능
資 재물 자 | 源 근원 원

고갈할 염려 없이 계속 이용할 수 있고, 이 과정에서 오염 물질을 거의 배출하지 않아 환경에도 해를 끼치지 않는 자원이에요. 태양열 에너지, 풍력 에너지, 바이오 에너지 등이 있어요. 지속 가능한 자원을 개발하면 화석 연료의 고갈 문제와 환경 오염 문제를 해결할 수 있어요.

함께 알기

- **바이오 에너지**: 식물, 동물, 미생물의 유기물 따위를 연료로 하여 얻는 에너지
- **화석 연료** 化石燃料 [될 화, 돌 석, 탈 연, 헤아릴 료]: 지질 시대에 땅속에 묻힌 생물이 화석처럼 굳어져 만들어진 연료. 석유, 석탄, 천연가스 등이 있음

기후 변화

기후[氣候]가 변화[變化]하는 것

동 기후 변동 영 climate change

氣 기운 기 | 候 기후 후 | 變 변할 변 | 化 될 화

기후의 평균 상태가 오랜 시간에 걸쳐 변화하는 것을 말해요. 기후는 태양 활동과 지구 환경이 상호 작용하는 중에 자연적으로 변하기도 하지만, 최근에는 산업 발달과 인구 증가 등 인위적 원인에 의해 변하고 있어요. 생산과 소비 활동이 늘어나면서 온실가스가 다량 배출되어 지구 온난화 현상이 심화되고, 그 결과 지구의 평균 기온이 올라가 이상 기후가 나타나고 있지요.

함께 알기

이상 기후 異常 [다를 이, 항상 상]: 기온이나 강수량 등이 정상적인 상태를 벗어난 상태

환경 정의

환경[環境] 불평등을 없애 올바르게[正義] 나누는 것

영 environmental justice

環 고리 환 | 境 경계 경 | 正 바를 정 | 義 옳을 의

지역 간의 환경 불평등을 바로잡아 환경을 이용하는 혜택뿐만 아니라 그 피해까지도 공평하게 나누는 것을 말해요. 환경이 오염되었을 때 개발 도상국이나 저개발국이 유독 더 많은 피해를 입게 되는데, 이를 국제 사회가 함께 나서서 해결하려고 노력해야 해요.

환경 이슈

환경[環境]과 관련하여 다툼이 있는 문제

비 환경 문제 영 environmental issue

環 고리 환 | 境 경계 경

여러 가지 환경 문제 중에서 원인이나 해결 방법이 달라 서로 논쟁이 벌어지는 문제를 말해요. 예를 들어 원자력 발전소 건설 문제, 쓰레기 소각장 장소 문제, 유전자 변형 식품 문제 등의 환경 이슈가 있어요.

함께 알기 **유전자 변형 식품** 遺傳子變形食品 [남길 **유**, 전할 **전**, 자식 **자**, 고칠 **변**, 모양 **형**, 음식 **식**, 물건 **품**]: 농산물의 유전자를 조작하여 생산한 농산물이나 그것으로 만든 식품. GMO

로컬 푸드

비 지역 먹거리 반 글로벌 푸드 영 local food

자신이 사는 곳과 가까운 지역(local)에서 생산하는 먹거리(food)를 말해요. 그래서 장거리 운송을 거치지 않아요. 이와 반대로 전 세계적으로 생산하여 운송하는 음식을 글로벌 푸드(global food)라고 해요.

예 로컬 푸드는 소규모로 생산되는 제철 음식이 대부분이다.

사회

마무리 퀴즈 Quiz

1~3 제시된 초성과 뜻을 참고하여 괄호 안에 들어갈 어휘를 쓰세요.

1 ㅇㅁ ㅎㄱ : 인간이 자연을 토대로 다양한 활동을 하여 만들어 낸 환경

예 (   )에는 학교, 공장, 지하철, 인구, 도시, 산업, 문화 등이 있다.

2 ㅈㅇ : 인간 생활에 가치 있게 쓰이는 모든 것을 통틀어 이르는 말

예 물 (   )은 생활용수, 농업용수, 공업용수 등에 이용된다.

3 ㅇㄹㅈ ㅅㅂ : 공공의 이익을 위해 바람직한 방향으로 소비하는 것

예 동물이나 환경에 해를 끼치지 않는 상품을 사는 것도 (   )이다.

4~7 다음 기후에 관한 설명을 바르게 연결해 보세요.

4 열대 우림 기후 •   • ① 사막에서는 오아시스를 중심으로 생활한다.

5 지중해성 기후 •   • ② 일 년 내내 덥고 강수량이 매우 많아 습하다.

6 건조 기후 •   • ③ 올리브, 오렌지 등의 수목 농업을 한다.

7 툰드라 기후 •   • ④ 여름에도 녹지 않는 영구 동토층이 있다.

8~10 다음 설명이 맞으면 ○, 틀리면 ×로 표시하세요.

8 기후는 시시각각 변하는 순간적인 대기 현상이다.   (   )

9 석유는 서남아시아에 절반 이상이 매장되어 있어 자원의
편재성이 크다.   (   )

10 로컬 푸드는 계절에 상관없이 전 세계적으로 생산되고 유통된다. (   )

답안 1. 인문 환경 2. 자원 3. 윤리적 소비 4. ② 5. ③ 6. ① 7. ④ 8. × 9. ○ 10. ×

다양한 삶의 방식, 문화

문화 · 문화 지역 · 문화 전파 · 문화 변용 · 문화 공존 · 문화 갈등
문화의 보편성 · 문화 다양성 · 문화의 공유성 · 문화의 학습성 · 문화의 축적성
문화의 변동성 · 문화의 총체성 · 자문화 중심주의 · 문화 사대주의 · 문화 상대주의
대중 매체 · 대중문화 · 획일화

문화

인간이 만든 삶의 무늬[文]들로 이루어진 것[化]

🔵 문명, 문물 🔵 자연 🔵 culture

文 글월 **문** | **化** 될 **화**

한 지역의 주민이나 집단이 공유하는 특정한 생활 양식이에요. 좁은 의미로는 예술 활동·교양·문명 등을 가리키고, 넓은 의미로는 의식주·언어·종교·관습·제도·사고방식 등 인간이 만든 무형·유형의 모든 공통의 삶의 방식을 가리켜요. 한편 자연 현상이나 본능적인 행동은 문화가 아니에요. 문화는 인간이 창조한 생활 양식이에요.

**함께
알기**   **문명 文明 [글월 문, 밝을 명]:** 인간의 지혜로 자연적 제약을 극복하여 사회가 물질적·정신적으로 발전해 간 상태

문화 지역

공통된 문화[文化]가 나타나는 일정한 땅[地]의 구역[域]

🔵 문화권 🔵 cultural area

文 글월 **문** | **化** 될 **화** | **地** 땅 **지** | **域** 구역 **역**

유사한 문화적 특징을 공유하는 일정한 지리적 범위예요. 언어, 민족, 의식주, 종교 등으로 문화 지역을 구분할 수 있어요. 예를 들어 종교를 기준으로 유럽을 구분하면 남부는 가톨릭, 동부는 그리스 정교, 북부는 개신교 지역으로 구분돼요.

🔵 세계의 **문화 지역**을 넓게 구분하면, 유럽 문화 지역, 동아시아 문화 지역, 아프리카 문화 지역, 아메리카 문화 지역 등으로 나눌 수 있다.

문화 전파

> 한 지역의 문화[文化]가 다른 지역으로 전파[傳播]되는 것
>
> 영 culture diffusion

文 글월 문 | 化 될 화 | 傳 전할 전 | 播 뿌릴 파

한 지역의 문화가 다른 지역으로 이동하거나 주변으로 퍼져 나가는 현상이에요. 사람들의 이동과 무역, 정복 활동, 대중 매체와 인터넷 등을 통해 문화 전파가 이루어져요. 이때 문화가 서서히 전파되는 것을 **문화 확산**이라고 하고, 일정 거리를 뛰어넘어 멀리까지 전해지는 것을 **문화 이식**이라고 해요.

예 문화 전파로 특정 문화 지역이 넓어지기도 한다.

문화 변용

> 문화 전파로 인해 문화[文化]의 형태[容]가 변하는[變] 것

文 글월 문 | 化 될 화 | 變 변할 변 | 容 얼굴 용

둘 이상의 서로 다른 문화가 접촉했을 때, 한쪽 또는 양쪽의 문화 형태가 변화하는 현상이에요. 예를 들어 서양의 케이크와 우리나라의 떡 문화가 만나 떡 케이크가 만들어졌어요. 최근에는 세계화로 인해 문화 교류가 활발해지면서 넓은 지역에 걸쳐 문화 변용이 나타나고 있어요.

문화 공존

> 여러 문화[文化]가 함께[共] 존재하는[存] 것

文 글월 문 | 化 될 화 | 共 함께 공 | 存 있을 존

서로 다른 문화가 교류하면서 특정 지역 내에 다양한 문화가 함께 존재하는 현상이에요. 우리나라에는 세계 각국의 음식 문화가 공존하고 있어요. 차이를 인정하고 상대의 문화를 존중하면 다양한 문화가 공존할 수 있어요.

예 문화 공존으로 서로 다른 문화 사이에 상호 작용이 활발히 일어나 새로운 문화가 창조될 수 있다.

문화 갈등

서로 다른 문화[文化] 사이에 일어나는 갈등[葛藤]

영 culture conflict

文 글월 문 | 化 될 화 | 葛 칡 갈 | 藤 등나무 등

한 지역 내의 서로 다른 문화 사이에 일어나는 **대립과 충돌**이에요. 상대의 문화를 인정하지 않고 자신만의 문화를 강요하거나 주장하면 문화 갈등이 일어나요. 특히 종교, 언어, 사고방식의 차이로 갈등이 발생하는 경우가 많아요.

(예) 인도(힌두교)와 파키스탄(이슬람교)의 카슈미르 분쟁은 종교 차이로 인한 대표적인 **문화 갈등** 사례이다.

문화의 보편성

문화[文化]가 널리[普] 두루[遍] 퍼져 있다는 특징[性]

文 글월 문 | 化 될 화
普 넓을 보 | 遍 두루 편 | 性 성질 성

어느 시대, 어느 사회에나 문화에는 **공통적인 성질이 있다는 특징**이에요. 왜냐하면 인간은 신체적, 심리적으로 공통된 특성이 있기 때문이에요. 그래서 어디에 살든 기본적으로 옷을 입고 음식을 먹으며 집을 짓고 살아요. 또 생일을 축하하는 문화 등도 어느 지역에서나 나타나요.

문화 다양성

문화[文化]가 여러[多] 형태[樣]를 띤다는 특징[性]

文 글월 문 | 化 될 화
多 많을 다 | 樣 모양 양 | 性 성질 성

각 사회와 집단이 가지고 있는 문화가 서로 다른 **고유한 모습을 가지고 있다는 특징**이에요. 어느 사회에서나 인간은 음식을 먹지만, 음식의 종류와 요리법 등은 달라요. 전통과 관습, 종교, 언어 등도 지역마다 차이가 나요.

(예) **문화 다양성**은 창조적인 사고를 북돋우고 사회를 발전시킨다.

사회

문화의 공유성

문화[文化]는 함께[共] 소유[有]한다는 속성[性]

文 글월 문 | 化 될 화 | 共 함께 공 | 有 있을 유 | 性 성질 성

한 사회의 구성원들은 그 사회만의 공통적인 문화를 공유한다는 속성이에요. 예를 들어 우리나라에서는 설날에 웃어른께 '새해 복 많이 받으세요.'라고 세배하는 것을 당연하게 여겨요. 이처럼 같은 문화를 가진 사람끼리는 서로 생각이나 행동을 이해하고 예측할 수 있으며 상호 작용도 활발히 이루어져요.

문화의 학습성

문화[文化]는 배우고[學] 익혀서[習] 습득된다는 속성[性]

文 글월 문 | 化 될 화 | 學 배울 학 | 習 익힐 습 | 性 성질 성

문화는 타고나는 것이 아니라 후천적으로 배워서 습득된다는 속성이에요. 인간은 학습을 통해 언어와 예절, 규범 등 살아가는 방식을 익혀요. 예를 들어 어린아이가 젓가락질을 배우며 식사 문화를 익히는 거지요.

문화의 축적성

문화[文化]는 모여서[蓄] 쌓인다[積]는 속성[性]

文 글월 문 | 化 될 화 | 蓄 모을 축 | 積 쌓을 적 | 性 성질 성

문화는 말과 글 등을 통해 다음 세대로 전해진다는 속성이에요. 이로써 기존 문화에 새로운 것들이 추가되면서 문화가 더욱 풍성해지고 발전해요. 예를 들어 의료 지식이 쌓이면서 의료 기술이 발달하는 거지요.

문화의 변동성

문화[文化]는 변하고[變] 움직인다[動]는 속성[性]

文 글월 문 | 化 될 화 | 變 변할 변 | 動 움직일 동 | 性 성질 성

문화는 고정불변하는 것이 아니라 시간이 지나면서 변한다는 속성이에요. 다른 문화와 접촉하거나 새로운 기술이나 지식이 등장하면서 원래 있던 것이 없어지기도 하고, 새로운 것이 생겨나기도 해요.

문화의 총체성

> 문화[文化]의 요소들이 다 합하여[總] 하나의 체계[體]를 이룬다는 속성[性] ⑧ 문화의 전체성

文 글월 문 | 化 될 화
總 다 총 | 體 몸 체 | 性 성질 성

문화의 다양한 요소들이 별개로 존재하는 것이 아니라 서로 밀접하게 관련되어 전체로서 하나의 체계를 이룬다는 속성이에요. 예를 들어 인터넷의 발달이 유통 문화, 교육 문화, 게임 산업, 음악 산업 등 생활 전반에 영향을 끼치는 거지요.

자문화 중심주의

> 자신[自]이 속한 문화[文化]가 중심[中心]이라고 여기는 태도[主義]
> ⓑ 자민족 우월주의 ⓐ 문화 사대주의

自 스스로 자 | 文 글월 문 | 化 될 화
中 가운데 중 | 心 마음 심 | 主 주인 주 | 義 옳을 의

자신이 속한 집단의 문화만 우월하고 다른 집단의 문화는 열등하다고 보는 태도나 관점이에요. 이러한 태도로 다른 문화를 대하면 문화 갈등이 일어나거나 국제 사회에서 고립될 수 있어요. 반면 긍정적인 면도 있어요. 자문화 중심주의는 구성원들을 하나로 뭉치게 하여 사회 통합에 기여하기도 해요.

⑩ 세계화 시대에 **자문화 중심주의**는 활발한 문화 교류에 걸림돌이 된다.

문화 사대주의

> 큰 나라[大]의 문화[文化]를 섬기는[事] 태도[主義]
> ⓐ 자문화 중심주의

文 글월 문 | 化 될 화
事 섬길 사 | 大 큰 대 | 主 주인 주 | 義 옳을 의

자기 문화가 다른 문화보다 열등하다고 생각하여 타 문화를 무조건 추종하는 태도예요. 이러면 자기 문화에 대한 자부심을 잃고, 자신의 상황에 맞지 않는 문화를 따르게 될 수 있어요. 그러나 한편으로는 장점도 있어요. 새로운 문화를 받아들이는 열린 태도는 문화 발전에 도움이 되기도 해요.

⑩ 조선은 중국의 명나라에 대해 **문화 사대주의**를 가지고 있었다.

사회

문화 상대주의

문화[文化]는 각각 상대[相對]적 가치가 있다는 태도[主義] 반 문화 절대주의 영 cultural relativism

文 글월 문 | 化 될 화
相 서로 상 | 對 대할 대 | 主 주인 주 | 義 옳을 의

각 사회의 독특한 환경과 역사적·사회적 배경 등을 고려하여 문화를 이해하는 태도예요.
문화적 차이를 인정하고 어떤 문화 요인도 나름대로 존재 이유가 있다고 생각하기 때문에
다양한 문화가 공존할 수 있는 기초가 돼요.

예 문화 상대주의라 하더라도 인간의 존엄성을 훼손하는 문화는 존중받을 수 없다.

손으로 음식을 먹는 문화도 존중받을 가치가 있어요. 하지만 악플을 쓰는 행위는 존중받을 수 없어요.

대중 매체

많은[大] 사람들[衆]과 정보 등을 매개하는[媒] 수단[體]

통 매스 미디어 영 mass media

大 큰 대 | 衆 무리 중 | 媒 매개할 매 | 體 몸 체

많은 사람에게 대량으로 정보와 지식을 전달하는 수단이에요. 책·신문과 같은 인쇄 매체, 라디오 같은 음성 매체, 텔레비전 같은 영상 매체, 인터넷 같은 뉴 미디어 등으로 구분할 수 있어요.

함께 알기 | **뉴 미디어**: 정보 통신 기술의 발달로 등장한 새로운 전달 매체로서, 인터넷과 같이 쌍방향 적 소통을 가능하게 함

대중문화

대중[大衆]이 누리는 문화[文化]

반 고급문화 영 popular culture

大 큰 대 | 衆 무리 중 | 文 글월 문 | 化 될 화

다수의 사람이 공통으로 누리는 문화예요. 전통 사회에서는 신분에 따라 향유하는 문화 가 달랐어요. 귀족들은 연극이나 발레, 클래식 음악과 같은 고급문화를 향유했어요. 하지 만 신분제가 사라지고 경제가 발달하면서 대중 사회가 등장하였고, 이에 따라 TV 프로그 램, 영화, 프로 스포츠 등과 같은 대중문화가 나타났어요.

함께 알기 | **대중 사회** 社會 [모일 **사**, 모일 **회**]: 대중이 정치·경제·사회·문화의 모든 분야에 진출하 여 활동하는 사회

획일화

한[一] 가지 모습을 띠는[劃] 현상[化]

반 다양화 영 standardization

劃 그을 획 | 一 한 일 | 化 될 화

대중문화의 발달로 사람들의 생각이나 행동이 점차 비슷해지거나 같아지는 현상이에요. 텔레비전이나 영화, 인터넷 등을 통해 특정 옷차림이나 음식 문화 등이 소개되면 전 세계 적으로 확산되어 어느새 똑같은 옷을 입고 음식을 먹지요.

사회

마무리 퀴즈 Quiz

1~4 다음 내용에 해당하는 문화의 속성을 〈보기〉에서 고르세요.

<보기>
㉠ 문화의 공유성   ㉡ 문화의 학습성   ㉢ 문화의 변동성   ㉣ 문화의 축적성

1 문화는 후천적으로 배워서 습득된다.   (   )

2 문화는 말과 글을 통해 다음 세대로 전해진다.   (   )

3 한 사회의 구성원들은 그 사회의 공통적인 문화를 공유한다. (   )

4 문화는 고정불변하는 것이 아니라 시간이 지나면서 변한다. (   )

5~6 다음 문화 현상에 알맞은 예시를 바르게 연결해 보세요.

5 문화 갈등 ·   · ① 떡 케이크

6 문화 변용 ·   · ② 카슈미르 분쟁

7~10 다음 설명이 가리키는 용어를 고르세요.

7 한 지역의 주민이나 집단이 공유하는 특정한 생활 양식이다. (문화, 문명)

8 대중문화의 발달로 사람들의 생각이나 행동이 비슷해지는 현상이다.
(문화 전파, 획일화)

9 각 문화는 서로 다른 고유한 모습을 가진다. (문화의 보편성, 문화 다양성)

10 자기 문화보다 타 문화가 더 우월하다고 생각하여, 타 문화를 무조건 추종
하는 태도이다. (자문화 중심주의, 문화 사대주의)

답안 1. ㉡ 2. ㉣ 3. ㉠ 4. ㉢ 5. ② 6. ① 7. 문화 8. 획일화 9. 문화 다양성 10. 문화 사대주의

더불어 모여 사는 곳, 사회

사회화 · 재사회화 · 사회화 기관 · 질풍노도기 · 자아 정체성
사회적 지위 · 역할 · 역할 갈등 · 사회 집단 · 1차 집단 · 2차 집단
공동 사회 · 이익 사회 · 내집단 · 외집단 · 준거 집단 · 차별 · 적극적 우대 조치
사회 변동 · 산업화 · 정보화 · 세계화 · 저출산·고령화 · 다문화 사회
사회 문제 · 계층 양극화

사회화

인간이 사회[社會]의 한 구성원으로 되어가는[化] 과정

영 socialization

社 모일 사 | 會 모일 회 | 化 될 화

인간이 자신이 속한 사회에서 살아가는 데 필요한 언어, 지식, 관습, 가치 등을 배우고 익히는 일이에요. 사회화 과정에서 타인과 소통하고 관계를 맺으며 자신의 정체성을 형성해요. 사회화로 인하여 사회가 안정적으로 유지되고 발전해요.

예 사회화에 실패하면 타인을 무시하거나 홀로 고립될 수 있다.

재사회화

다시[再] 새롭게 사회화[社會化]하는 과정

영 resocialization

再 다시 재 | 社 모일 사 | 會 모일 회 | 化 될 화

사회가 급격히 변하거나 다른 환경에 적응해야 할 때 새로운 생활 양식을 다시 배우고 익히는 일이에요. 예를 들어 정보 통신 기술의 발달로 스마트폰이 등장하면서 그 사용법을 새로 배우는 거지요. 사회화는 이렇게 일생에 걸쳐 이루어져요.

사회화 기관 ⟩ 사회화[社會化]를 담당하는 기관[機關]

社 모일 사 | **會** 모일 회 | **化** 될 화
機 틀 기 | **關** 관계할 관

개인의 사회화에 도움을 주는 사회적 관계나 기관이에요. 1차 사회화 기관과 2차 사회화 기관으로 나눌 수 있어요. **1차 사회화 기관**은 가정·또래 집단같이 자연 발생적으로 이루어진 집단이고, **2차 사회화 기관**은 학교·대중 매체·직장과 같이 인위적이고 공식적인 단체예요.

(예) 청소년기에는 또래 집단이 중요한 사회화 기관 역할을 한다.

질풍노도기 ⟩ 병든[疾] 바람[風]과 성난[怒] 물결[濤]과 같은 시기[期]
(비) 과도기, 사춘기

疾 병 질 | **風** 바람 풍
怒 성낼 노 | **濤** 물결 도 | **期** 기약할 기

혼란스럽고 감정적으로 불안한 청소년기를 일컫는 용어예요. 질풍노도의 원래 뜻은, '강한 바람과 무섭게 소용돌이치는 큰 물결'이에요. 청소년기는 신체적으로는 성인과 같이 성숙해지지만 아직 판단력이나 자기 이해가 충분하지 않아 혼란과 불안을 겪어요. 아동기와 성인기 사이에 있는 과도기라고 할 수 있어요.

자아 정체성 ⟩ 자아[自我]의 참모습[正體]을 인식하는 특성[性]
(동) 자아 정체감 (영) ego identity

自 스스로 자 | **我** 나 아
正 바를 정 | **體** 몸 체 | **性** 성품 성

행동이나 사고, 느낌의 변화에도 불구하고 자기 자신을 일관되게 인식하는 거예요. '나는 누구인가?'라는 물음에 '나는 나 자신'임을 깨닫는 거지요. 자아 정체성을 형성하려면 타인을 무작정 따라하거나 자신과 비교하기보다 주체성을 가지고 자신의 참모습을 발견하려고 노력해야 해요.

(예) 청소년기에는 자아 정체성을 형성하는 것이 매우 중요하다.

사회적 지위

사회[社會] 속에서[的] 차지하는[地] 자리[位]

영 social position

社 모일 사 | 會 모일 회 | 的 과녁 적
地 땅 지 | 位 자리 위

타인과 맺게 되는 다양한 사회적 관계 속에서 차지하는 위치예요. 예를 들어 한 가정에서 여성으로 태어나면 '딸'이라는 사회적 지위가 생기고, 한 회사를 차리면 '사장'이라는 사회적 지위가 생겨요. 사회적 지위에는 딸·아들·왕자 같은 귀속 지위와, 학생·교사·연예인 같은 성취 지위가 있어요.

함께 알기

- **귀속 지위** 歸屬 [돌아갈 귀, 무리 속]: 개인의 선택이나 재능과 상관없이 태어나면서부터 당연히 주어지는 지위
- **성취 지위** 成就 [이룰 성, 나아갈 취]: 개인적으로 노력하거나 경쟁하여 얻는 지위

역할

일[役] 중에서 나누어[割] 맡은 일

비 직분, 몫 영 role

役 일 역 | 割 나눌 할

사회적 지위에 따라 자기가 마땅히 해야 하는 일정한 행동 방식이에요. 예를 들어 학생은 학생으로서의 역할이, 교사는 교사로서의 역할이 있어요. 그런데 여기서 하나의 지위에 따른 역할은 일정하지만, 개개인의 구체적인 행동은 다를 수 있어요.

예 사회가 변하면서 같은 지위일지라도 요구하는 역할이 달라질 수 있다.

사
회

역할 갈등

둘 이상의 역할[役割]이 서로 충돌하여 갈등[葛藤]하는 것

영 role conflict

役 일 역 | 割 나눌 할 | 葛 칡 갈 | 藤 등나무 등

여러 개의 역할을 동시에 요구받을 때, 각각의 역할이 서로 충돌하여 갈등을 일으키는 거예요. 예를 들어 직장에서 일을 해야 하는 상황과 집에서 아이들을 돌보아야 하는 상황을 동시에 겪을 때 역할 갈등이 발생해요.

부모로서의 역할과 회사 직원으로서의 역할이 달라 갈등이 일어날 수 있어요.

사회 집단

두 사람 이상이 모여서[社會] 이룬 다양한 형태의 모임

[集團] 영 social group

社 모일 사 | 會 모일 회 | 集 모을 집 | 團 둥글 단

둘 이상의 사람이 모여서 비슷한 관심을 가지고 공동의 목적을 지향하며, 소속감을 갖고 지속적으로 상호 작용하는 집단이에요. 사회 집단은 구성원의 접촉 방식에 따라 1차 집단과 2차 집단, 구성원의 결합 의지에 따라 공동 사회와 이익 사회, 구성원의 소속감에 따라 내집단과 외집단 등으로 나눌 수 있어요.

예 야구팀은 사회 집단이지만 야구 경기를 관람하는 사람들은 소속감과 관계의 지속성이 없기 때문에 사회 집단이라고 보기 어렵다.

1차 집단

첫[一] 번째[次] 집단[集團]

(반) 2차 집단　(영) primary group

一 한 **일** | 次 다음 **차** | 集 모을 **집** | 團 둥글 **단**

오랜 시간에 걸쳐 일상적인 관계를 가지며 서로 인격적인 접촉을 강조하는 사회 집단이에요. 친밀감과 연대감이 강해요. 대표적으로 가족, 또래 집단이 있어요.

2차 집단

두[二] 번째[次] 집단[集團]

(반) 1차 집단　(영) secondary group

二 두 **이** | 次 다음 **차** | 集 모을 **집** | 團 둥글 **단**

집단 구성원 간의 접촉이 목적 달성을 위해 간접적이고 형식적이며 수단적으로 이루어지는 사회 집단이에요. 학교, 회사, 국가, 군대, 정당 등이 있어요.

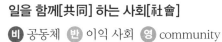

공동 사회

일을 함께[共同] 하는 사회[社會]

(비) 공동체　(반) 이익 사회　(영) community

共 한가지 **공** | 同 한가지 **동** | 社 모일 **사** | 會 모일 **회**

개인의 결합 의지와 상관없이 자연 발생적으로 만들어진 집단이에요. 구성원들은 운명을 함께 하며 상호 의존적인 생활을 해요. 가족, 촌락, 민족 등이 있어요.

이익 사회

> 이익[利益]을 추구하는 사회[社會]
>
> (반) 공동 사회 (영) profit society

利 이로울 이 | 益 더할 익 | 社 모일 사 | 會 모일 회

어떤 목적이나 이해관계에 따라 개인의 결합 의지가 반영되어 구성된 집단이에요. 어떤 이익을 얻기 위해 개인이 선택한 집단이지요. 회사, 정당 등이 있어요.

가족
1차 집단, 공동 사회

학교
2차 집단, 이익 사회

가족은 1차 집단이면서 공동 사회이고, 학교는 2차 집단이면서 이익 사회예요.

내집단

> 심리적[內]으로 일체감을 느끼는 집단[集團]
>
> (동) 우리 집단 (반) 외집단 (영) in-group

內 안 내 | 集 모을 집 | 團 둥글 단

가치관과 행동 양식이 비슷하여 소속감을 느끼고 '우리'라는 의식을 강하게 가지는 집단이에요. 예를 들어 올림픽에서 한마음으로 우리나라 국가 대표 팀을 응원하는 거지요. 우리 가족, 우리 학교, 우리나라 등이 있어요.

외집단

자신의 바깥[外]에 있는 집단[集團]

(동) 그들 집단 (반) 내집단 (영) out-group

外 바깥 외 | 集 모을 집 | 團 둥글 단

개인이 소속되어 있지 않은 집단이에요. 소속감을 지니지 않으며, 이질감 혹은 적대감을 느껴요. 다른 가족, 다른 학교, 다른 나라 등이 있어요.

준거 집단

기준[準]으로 근거[據]하는 집단[集團]

(비) 관계 집단, 표준 집단 (영) reference group

準 준할 준 | 據 근거 거 | 集 모을 집 | 團 둥글 단

개인이 행위나 가치, 규범 등을 선택하고 결정하는 데 기준으로 삼는 집단이에요. 예를 들어 교사의 꿈을 키우며 친구들에게 모르는 것을 가르쳐 주는 것은 준거 집단을 고려한 행동이에요.

차별

차등[差]을 두어 구별함[別]

(비) 구별, 차이 (반) 평등 (영) discrimination

差 다를 차 | 別 나눌 별

정당한 이유 없이 특정 사람이나 집단을 다르게 대우하는 거예요. 사람들 사이의 외모, 능력, 종교, 속한 집단 등의 차이를 존중하지 않고 차별하면 갈등이 생길 수 있어요. 차별은 같은 사회 집단 안에서 생기기도 하고, 다른 사회 집단에 대해 생기기도 해요.

(예) 차별을 받는 사람은 고통을 느끼고 사회 적응에 어려움을 겪는다.

적극적 우대 조치

적극적[積極的]으로 후하게[優] 대우하는[待] 조치[措置]

통 차별 수정 조치 영 affirmative action

積 쌓을 **적** | 極 극진할 **극** | 的 과녁 **적**
優 후할 **우** | 待 대접할 **대** | 措 둘 **조** | 置 둘 **치**

취업이나 입학 시, 차별 받는 집단에 우선권이나 가산점을 주는 정책이에요. 장애인, 저소득층, 탈북민 등의 사회적 약자와 소수자에게 특혜를 주는 거지요. 여성 할당제, 장애인 할당제, 탈북민 입시 전형 같은 정책이 있어요. 이런 정책을 세울 때는 사회적 합의가 필요하고 역차별이 일어나지 않도록 해야 해요.

**함께
알기**

역차별 逆差別 [거스를 **역**, 다를 **차**, 나눌 **별**]: 부당한 차별을 받는 쪽을 보호하기 위하여 마련한 제도나 장치가 너무 강하여 오히려 반대편이 차별을 받음

사회 변동

사회[社會]의 질서가 바뀌어[變] 달라짐[動]

영 social change

社 모일 **사** | 會 모일 **회** | 變 변할 **변** | 動 움직일 **동**

사회 전반적으로 생활 양식, 가치관, 의식 구조, 제도 등이 달라지는 거예요. 과학 기술의 발전, 인구 변화, 경제 위기, 혁명, 전쟁, 자연환경의 변화 등의 요인으로 사회 변동이 일어나요.

예 증기 기관의 발명으로 농업 사회에서 산업 사회로 경제 구조가 변하는 **사회 변동**이 일어났다.

산업화

상품을 대량으로 생산하는[産] 일[業]이 퍼지는 현상[化]

영 industrialization

産 낳을 산 | 業 업 업 | 化 될 화

전체 산업 중에서 제조업(2차 산업)과 서비스업(3차 산업)의 비율이 증가하는 현상이에요. 18~19세기 유럽에서 과학 기술의 발전으로 산업 혁명이 일어나면서 시작되었어요. 산업화로 대량 생산, 대량 소비가 가능해지면서 물질적으로 풍요로워졌으나 환경 오염, 빈부 격차, 인간 소외 등의 문제가 나타났어요.

함께 알기

인간 소외 人間疏外 [사람 **인**, 사이 **간**, 트일 **소**, 바깥 **외**]: 기계 문명의 발달로 인간도 수단화되면서 인간성이 훼손되는 현상

○ 산업의 구조

1차 산업
농업, 축산업, 수산업 등

2차 산업
공업, 건설업 등

3차 산업
상업, 금융업, 관광업
등의 서비스업

사회

정보화

> 정보[情報]가 사회의 중심이 되는 현상[化]
>
> 영 informatization

情 뜻 정 | 報 알릴 보 | 化 될 화

정보 통신 기술의 발달로 지식과 정보가 생활의 중심이 되는 현상이에요. 이런 사회를 지식 정보 사회라고 해요. 이에 따라 인터넷을 기반으로 한 산업이 발달하고, 사람들의 다양한 요구와 개성을 고려한 다품종 소량 생산 방식도 나타나요.

예 정보화 사회에서는 정보 격차, 인터넷 중독, 개인 정보 유출, 사이버 범죄 등의 문제가 발생할 수 있다.

세계화

> 세계[世界]적으로 되는 현상[化]
>
> 비 지구촌화 영 globalization

世 인간 세 | 界 지경 계 | 化 될 화

교통·통신의 발달로 세계 여러 나라가 정치, 경제, 사회, 문화, 과학 등 다양한 분야에서 활발하게 교류하는 현상이에요. 세계화로 서양의 민주주의, 인권 등의 가치가 다른 지역에 전파되고, 다국적 기업의 상품이 곳곳에서 소비되고 있어요.

예 세계화 과정에서 영향력이 작은 집단의 고유문화가 사라지기도 하고, 국가 간 불평등이 심화되기도 한다.

저출산·고령화

> 아이는 적게[低] 낳고[出産] 나이 많은[高齡] 인구는 많아지는 것[化]

低 낮을 저 | 出 날 출 | 産 낳을 산
高 높을 고 | 齡 나이 령 | 化 될 화

출산율은 낮아지는 반면, 평균 수명은 증가하여 노인 인구의 비율이 높아지는 거예요. 이로 인해 생산 가능 인구가 줄어들면, 노동력이 부족해져 노인 부양에 대한 사회적 부담이 증가하고 국가 경쟁력이 약해질 수 있어요. 이를 극복하기 위해 출산 장려 정책을 펴고, 노인 복지 정책을 시행해요.

함께 알기 **생산 가능 인구** 生産可能人口 [날 **생**, 낳을 **산**, 옳을 **가**, 능할 **능**, 사람 **인**, 입 **구**]: 생산 활동이 가능한 15~64세에 해당하는 인구

다문화 사회

> 다양한[多] 문화[文化]가 있는 사회[社會]
>
> 영 multicultural society

多 많을 다 | 文 글월 문 | 化 될 화
社 모일 사 | 會 모일 회

성격이 다른 다양한 문화가 섞여 있는 사회예요. 우리나라는 국제결혼, 직업, 북한 이탈, 유학 등으로 이주민이 늘어나면서 다문화 사회로 변화하였어요. 이에 단일 민족 국가라는 인식에서 벗어나 다원화를 추구하는 열린 태도가 필요해요.

함께 알기	**다원화** 多元化 [많을 **다**, 으뜸 **원**, 될 **화**]: 사회 구성원 각각의 가치, 목적, 생활 양식 등이 다를 수 있음을 인정하고 존중해 주는 것

사회 문제

> 사회[社會]에서 꾸준히 발생하는 문제[問題]
>
> 영 social issue

社 모일 사 | 會 모일 회 | 問 물을 문 | 題 제목 제

사회 제도의 결함이나 모순으로 발생하는 모든 문제예요. 실업 문제, 교통 문제, 주택 문제, 공해 문제, 청소년 문제 등이 있어요. 사회 문제는 어느 사회에나 있지만 모든 사회가 같은 문제를 겪는 것은 아니에요.

 최근 우리 사회는 노동 문제, 사회 불평등 문제 등의 사회 문제가 심각해지고 있다.

계층 양극화

> 계층[階層]이 양[兩] 극[極]으로 더 멀어지는 현상[化]

階 계단 계 | 層 층 층
兩 두 양 | 極 다할 극 | 化 될 화

경제적으로 잘사는 계층과 어려운 계층 간의 빈부 격차가 더욱 커지는 현상이에요. 이러한 사회 불평등이 해소되지 않으면 사회 안전과 통합이 어렵고 갈등이 심각해질 수 있어요.

마무리 퀴즈 Quiz

1~3 제시된 초성과 뜻을 참고하여 괄호 안에 들어갈 어휘를 쓰세요.

1 ㅅㅎㅎ : 인간이 사회의 구성원으로 살아가는 데 필요한 언어, 지식, 가치 등을 배우고 익히는 일

　예 (　　　　)에 실패하면 홀로 고립될 수 있다.

2 ㅈㅇ ㅈㅊㅅ : 자기 자신을 불변하는 실체로 인식하는 개인의 느낌

　예 청소년기에는 (　　　　)을 형성하는 것이 매우 중요하다.

3 ㅇㅎ : 사회적 지위에 따라 기대되는 일정한 행동 방식

　예 사회가 변하면서 같은 지위일지라도 요구하는 (　　　　)이 달라질 수 있다.

4~6 다음 단어에 해당하는 예시를 바르게 연결해 보세요.

4 2차 집단　·　　　　　· ① 가족, 촌락, 민족

5 공동 사회　·　　　　　· ② 우리 가족, 우리 학교, 우리나라

6 내집단　·　　　　　· ③ 학교, 회사, 군대, 정당

7~10 다음 설명이 맞으면 ○, 틀리면 ×로 표시하세요.

7 교사의 꿈을 가진 학생이 친구들에게 모르는 것을 가르쳐 주는 것은 준거 집단을 고려한 행동이라고 볼 수 있다. 　　　(　　　)

8 취업이나 입학 시 사회적 약자에게 특혜를 주는 정책은 일종의 적극적 우대 조치이다. 　　　(　　　)

9 생산 가능 인구는 만 20세 이상의 모든 성인이다. 　　　(　　　)

10 계층 양극화는 사회가 두 계층으로만 나누어지는 현상이다. 　　　(　　　)

답안 1. 사회화　2. 자아 정체성　3. 역할　4. ③　5. ①　6. ②　7. ○　8. ○　9. ×　10. ×

갈등의 합리적 해결, 정치

정치 · 정치권력 · 직접 민주 정치 · 대의 민주 정치 · 국민 주권 · 인간의 존엄성
국민 자치 · 권력 분립 · 입헌주의 · 정치 과정 · 의원 내각제 · 대통령제
정치 주체 · 선거 · 선거 관리 위원회 · 선거 공영제 · 선거구 법정주의
지방 자치 제도 · 지방 의회 · 지방 자치 단체장 · 지방 선거 · 국제 사회
주권 평등 · 국제기구 · 외교 정책

정치

나랏일[政]을 다스림[治]

비 통치 영 politics

政 정사 정 | 治 다스릴 치

사람들 사이에서 의견 차이나 이해관계를 둘러싼 다툼이 있을 때, 그것을 공동으로 해결
하는 **과정**이에요. 나라를 다스리는 일뿐만 아니라 학급 회의, 주민 회의 등 일상생활에서
함께 결정을 내리는 모든 과정이 정치라고 할 수 있어요.

예 정치를 통해 사회의 여러 가지 문제를 해결하고 행복한 공동체를 만들 수 있다.

함께 알기 **이해관계** 利害關係 [이로울 이, 해할 해, 관계할 관, 맬 계]: 서로 이익과 손해가 걸려 있는 관계

정치권력

나라[政]를 다스리는[治] 권세[權]를 가진 힘[力]

비 정권 영 political authority

政 정사 정 | 治 다스릴 치 | 權 권세 권 | 力 힘 력

국가 기관이 정치적 기능을 수행하기 위해 행사하는 힘이에요. 정치 활동을 통해 조정하
고 합의한 내용을 실현하려면 개인과 집단에게 이를 강제해야 해요. 국가가 정치권력을 가
지고 이 역할을 함으로써 시민의 기본권을 지키고 사회를 안정적으로 유지해요.

예 민주 국가는 정치권력을 행사하는 과정에서 시민의 의사를 존중해야 한다.

직접 민주 정치

백성[民]이 주인[主]으로 직접[直接] 나랏일[政]을 다스림[治] (영) direct democracy

直 곧을 직 | **接** 이을 접
民 백성 민 | **主** 주인 주 | **政** 정사 정 | **治** 다스릴 치

시민 모두가 주권을 행사하여 나라의 중요한 일을 직접 결정하는 정치 형태예요. 고대 그리스의 아테네에서 시작되었어요. 하지만 당시 시민의 자격은 남성에게만 주어졌고, 여성·노예·외국인은 정치에 참여할 수 없었어요. 이 점에서 아테네의 민주 정치는 제한적 민주 정치라고 할 수 있어요.

대의 민주 정치

백성[民主]을 대신하여[代] 의논하는[議] 정치[政治]
(동) 간접 민주 정치 (영) representative democracy

代 대신할 대 | **議** 의논할 의
民 백성 민 | **主** 주인 주 | **政** 정사 정 | **治** 다스릴 치

시민이 선출한 대표자가 나라를 다스리는 정치 형태예요. 시민이 직접 주권을 행사하는 것이 아니라, 선거로 대표를 선출하여 간접적으로 국가의 의사 결정에 참여하는 방식이에요. 대의 민주 정치를 실시하는 대부분의 국가에서는 일정한 나이에 도달한 국민이면 누구나 선거에 참여할 수 있어요.

(예) 우리나라는 대의 민주 정치 아래서 시민의 선거 참여 기회를 늘리기 위해 사전 투표제를 시행하고 있다.

국민 주권

국민[國民]에게 주인[主]으로서의 권리[權]가 있음

國 나라 국 | **民** 백성 민 | **主** 주인 주 | **權** 권세 권

민주주의 국가의 주인은 국민이며, 국가의 의사를 결정하는 주권은 국민에게 있다는 원리예요. 따라서 민주주의 국가에서의 정치권력은 국민의 동의와 지지를 바탕으로 행사되어야 정당성이 생겨요.

인간의 존엄성

> 모든 사람[人間]은 높고[尊] 위엄[嚴]이 있다는 특성
> [性] **영** human dignity

人 사람 **인** | **間** 사이 **간**
尊 높을 **존** | **嚴** 엄할 **엄** | **性** 성질 **성**

모든 사람은 인간이라는 이유만으로 존중받아야 한다는 생각이에요. 민주주의의 기본 이념으로서, 민주주의 사회에서는 인간의 존엄성을 실현하기 위해 개인의 자유와 평등을 보장해요.

함께 알기
- **자유** 自由 [스스로 **자**, 말미암을 **유**]: 모든 개인이 타인이나 국가 권력의 부당한 간섭을 받지 않고 자신의 의사대로 행동하는 것
- **평등** 平等 [평평할 **평**, 무리 **등**]: 성별, 인종, 재산, 신분 등에 따라 부당하게 차별받지 않고 동등한 인격체로 대우받는 것

국민 자치

> 국민[國民]이 스스로[自] 나라를 다스림[治]

國 나라 **국** | **民** 백성 **민** | **自** 스스로 **자** | **治** 다스릴 **치**

민주주의 국가는 주권을 가진 국민이 스스로 나라를 다스려야 한다는 원리예요. 오늘날 대부분의 국가에서는 선거를 통해 국민이 선출한 대표가 나라를 다스려요. 하지만 일부 중요한 사안은 국민 투표 등으로 국민이 직접 결정해요.

권력 분립

> 권력[權力]을 따로 나누어서[分] 세움[立]
> **비** 삼권 분립 **영** separation of powers

權 권세 **권** | **力** 힘 **력** | **分** 나눌 **분** | **立** 설 **립**

국가 권력을 각각 다른 기관으로 나누어 서로 견제하고 균형을 이루는 원리예요. 민주주의 국가에서는 국민의 자유와 권리를 보장하기 위하여 권력 분립을 원칙으로 삼고 있어요. 보통 행정부, 입법부, 사법부의 3권으로 분립해요.

예 국가 권력이 한 곳에 집중되면 권력을 남용하여 국민의 기본권을 침해할 수 있으므로 **권력 분립**을 이루어야 한다.

입헌주의

제정한[立] 헌법[憲]에 따라 나라를 운영하는 사상[主義]

立 설 입 | 憲 법 헌 | 主 주인 주 | 義 옳을 의

구성원의 합의로 제정된 헌법에 따라 국가를 운영하는 원리예요. 헌법은 민주주의 국가의 최고 법으로서 국민의 기본권과 국가의 기본 구조 및 운영 원리를 규정해요. 민주주의 국가에서 모든 권력자는 헌법에 따라 나라를 다스려야 해요.

정치 과정

정치[政治]가 이루어지는 과정[過程]

영 political process

政 정사 정 | 治 다스릴 치 | 過 지날 과 | 程 한도 정

사회 구성원의 다양한 요구를 하나로 모아 조정하여 정책을 결정하고 집행하는 과정이에요. 사회의 각 개인과 집단은 추구하는 이익과 가치가 달라요. 사회를 안정적으로 유지하기 위해서는 이러한 차이로 인해 갈등이 발생하지 않도록 각 요구를 받아들여 조정하고 정책에 반영해야 해요.

함께 알기

정책 政策 [정사 정, 계책 책]: 공공 문제를 해결하기 위해 결정된 정부의 해결 방법이나 방향

의원 내각제

의원[議院]이 내각[內閣]을 구성하는 제도[制]

동 내각 책임제

議 의논할 의 | 院 집 원
內 안 내 | 閣 집 각 | 制 만들 제

입법부(의회)와 행정부(내각)가 밀접한 관계를 맺고 협력하면서 총리(수상)를 중심으로 국정을 운영하는 제도예요. 국민이 선거로 국회의원을 선출하면, 다수당의 대표가 총리가 되고 의원들이 내각을 구성하여 나라를 다스려요. 의회와 내각의 관계가 밀접하기 때문에 정책 결정과 집행이 빠르고 효율적이에요.

예 영국과 일본은 의원 내각제를 채택하고 있다.

대통령제

> 대통령[大統領]이 중심이 되는 제도[制]
>
> 통 대통령 중심제   영 presidential system

大 큰 대 | 統 거느릴 통 | 領 거느릴 령 | 制 만들 제

입법부와 행정부가 엄격하게 분리되고 대통령이 중심이 되어 국정을 운영하는 제도예요. 국민은 선거로 행정부의 수반인 대통령과 의회의 의원(국회의원)을 각각 선출해요. 대통령제에서는 대통령이 의회에 대해 책임을 질 필요가 없으므로 정해진 임기 동안 안정적으로 정책을 수행할 수 있어요.

(예) 미국과 우리나라의 정부 형태는 **대통령제**이다.

함께
알기

수반 首班 [머리 **수**, 나눌 **반**]: 행정부의 가장 높은 자리에 있는 사람

○ **정부의 형태**

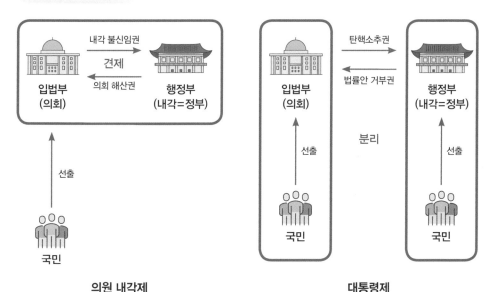

의원 내각제   대통령제

· **내각 불신임권**: 내각이 정치를 못할 경우 내각 구성원을 사퇴하게 할 수 있는 권한
· **탄핵 소추권**: 고위 공직자가 헌법을 위반하였을 때 파면시키거나 책임을 묻는 제도

민주주의 국가의 정부 형태는 의원 내각제와 대통령제로 구분해요.

사
회

정치 주체

정치[政治] 과정에 영향력을 미치는 각 주체[主體]

(비) 정치 참여자 (영) politics participant

政 정사 정 | 治 다스릴 치 | 主 주인 주 | 體 몸 체

정치 과정에 참여하는 국가 기관이나 개인 및 집단이에요. 공식적 정치 주체와 비공식적 정치 주체로 나눌 수 있어요. 공식적 정치 주체는 공식적으로 정책을 결정할 수 있는 권한을 가진 국회, 정부, 법원 등의 국가 기관이에요. 반면 비공식적 정치 주체는 공식적으로 정책을 결정할 권한은 없지만, 정치 과정에서 영향력을 행사할 수 있는 언론, 정당, 이익 집단, 시민 단체, 개인 등이에요.

(예) 정치 주체로서의 개인은 선거에 직접 출마하거나 투표, 서명, 집회 등에 참여하면서 자신의 주장을 알릴 수 있다.

선거

가려 뽑아서[選] 대표로 들어 올림[擧]

(비) 투표 (영) election

選 가릴 선 | 擧 들 거

시민을 대신하여 공직에서 일할 대표자를 뽑는 일이에요. 우리나라 헌법에서는 민주적인 선거를 위해 4가지 기본 원칙을 규정하고 있어요. **보통 선거**(일정한 나이 이상의 모든 국민에게 선거권을 주는 원칙), **평등 선거**(지위, 재산, 성별, 학력 등 조건에 관계없이 한 사람이 한 표씩 투표할 수 있는 원칙), **직접 선거**(자신이 직접 투표해야 하는 원칙), **비밀 선거**(누구에게 투표했는지 알지 못하도록 하는 원칙)예요.

(예) 선거는 가장 기본적이고 중요한 정치 참여 활동이라는 점에서 '민주주의의 꽃'이라고 할 수 있다.

함께 알기

투표 投票 [던질 **투**, 표 **표**]: 어떤 결정을 하고자 자신의 의사를 표현하는 것. 보통은 선거 과정에서 투표를 하지만, 선거와 관계없는 투표도 있음

선거 관리 위원회

선거[選擧]를 주관하고[管] 운영하는[理] 일을
맡은[委] 사람들[員]의 기관[會]

選 가릴 **선** | 擧 들 **거** | 管 주관할 **관** | 理 다스릴 **리**
委 맡길 **위** | 員 인원 **원** | 會 모일 **회**

선거와 국민 투표를 공정하게 관리하기 위하여 설치된 국가 기관이에요. 선거 관리 위원
회는 특정 정당이나 개인의 편에 서지 않고 중립적인 위치에서 선거 운동, 투표, 개표 등
을 관리해요. 불법적인 선거 운동을 단속하고 투표 참여를 홍보하기도 해요.

선거 공영제

선거[選擧]를 공평[公]하게 운영하는[營] 제도[制]

選 가릴 **선** | 擧 들 **거**
公 공평할 **공** | 營 경영할 **영** | 制 만들 **제**

**공정한 선거를 위하여 정부가 선거 과정을 관리하고, 정부와 지방 자치 단체가 선거 비용
의 일부를 지원하는 제도**예요. 이를 통해 선거 운동이 과열되는 것을 막고, 누구에게나 선
거 운동의 기회를 균등하게 보장해요.

선거구 법정주의

선거구[選擧區]를 법[法]으로 정한다는[定]
원칙[主義]

選 가릴 **선** | 擧 들 **거** | 區 구분할 **구**
法 법 **법** | 定 정할 **정** | 主 주인 **주** | 義 옳을 **의**

선거구를 법률로 정하는 제도예요. 공정한 선거를 위해 특정 정당이나 후보가 선거구를
자신에게 유리하게 정하는 것을 막으려고 만들었어요. 선거구 조작을 의미하는 게리맨더
링(Gerrymandering)을 방지하기 위해 생겨난 원칙이에요.

**함께
알기** **선거구**: 국회의원, 지방 의원 등을 뽑기 위해 선거가 실시되는 하나의 단위가 되는 지역

지방 자치 제도

지방[地方] 정부 스스로[自] 행정을 다스리는[治] 제도[制度] 图 지방 자치제

地 땅 지 | 方 모 방
自 스스로 자 | 治 다스릴 치 | 制 만들 제 | 度 법도 도

지방의 행정을 지방 주민이 선출한 기관을 통하여 자율적으로 처리하는 제도예요. 지방 자치를 통해 주민은 지역 상황에 맞는 방식으로 지역 문제를 해결할 수 있어요. 지방 자치 제도는 주민의 실질적인 이익과 행복을 추구해요.

예 지방 자치 제도는 주민 스스로 이를 통하여 자신의 문제를 해결하면서 민주주의를 배운다는 점에서 '민주주의의 학교'라고 불린다.

지방 의회

지방[地方] 정부가 할 일을 의결하는[議] 기관[會]

영 local council

地 땅 지 | 方 모 방 | 議 의논할 의 | 會 모일 회

지방 자치 단체의 의결 기관이에요. 시·도·군·구 의회 등이 있으며, 지역 주민들이 선출한 지방 의원으로 구성되어 있어요. 지방 의회는 지방 자치 단체가 사용할 예산을 심의·의결하고 지역에 필요한 조례 등을 제정해요.

함께 알기
지방 자치 단체 自治團體 [스스로 자, 다스릴 치, 둥글 단, 몸 체]: 일정 지역 안에서 중앙 정부 대신 그 지역의 살림살이를 맡는 단체. 지방 의회와 지방 자치 단체장으로 구분됨

지방 자치 단체장

지방[地方] 자치[自治] 단체[團體]의 우두머리 [長] 영 local government head

地 땅 지 | 方 모 방 | 自 스스로 자 | 治 다스릴 치
團 둥글 단 | 體 몸 체 | 長 어른 장

지방 자치 단체의 집행 기관이에요. 시장, 도지사, 구청장, 군수 등이 이에 속해요. 이들은 지방 자치 단체를 대표하고, 지방 의회에 예산안을 제출하며, 지방 의회가 결정한 정책을 집행해요. 또 지역에 필요한 규칙을 제정해요.

예 지방 의원과 지방 자치 단체장은 4년에 한 번씩 열리는 지방 선거를 통해 선출된다.

지방 선거

지방[地方]의 대표를 뽑는 선거[選擧]

영 local election

地 땅 지 | 方 모 방 | 選 가릴 선 | 擧 들 거

지방 자치법에 따라 지방 의회 의원 및 지방 자치 단체의 장을 뽑는 선거예요. 지역 주민은 지방 선거를 통해 지방 자치에 참여할 수 있어요. 그 외 주민 청원제, 주민 투표제, 주민 소환제, 주민 참여 예산제 등과 같은 방식으로 지역 문제 해결을 위한 지방 정치에 참여할 수 있어요.

> **함께 알기**
> - **주민 청원제** 住民請願制 [살 **주**, 백성 **민**, 청할 **청**, 원할 **원**, 만들 **제**]: 지역 행정에 관한 요구 사항 등을 주민이 직접 제출하는 것
> - **주민 투표제** 投票制 [던질 **투**, 표 **표**, 만들 **제**]: 지역 사회의 중요한 문제를 주민의 투표로 직접 결정하는 것
> - **주민 소환제** 召還制 [부를 **소**, 돌아올 **환**, 만들 **제**]: 지역의 대표자가 주민 의사를 거스르거나 직무를 잘 수행하지 못했을 때 그에 대한 해임 여부를 주민이 직접 결정하는 것
> - **주민 참여 예산제** 參與豫算制 [참여할 **참**, 더불 **여**, 미리 **예**, 셈 **산**, 만들 **제**]: 일부 예산 편성 시 주민이 직접 참여하여 그 항목과 중요도 등을 결정하는 것

사회

국제 사회

나라[國]가 만나[際] 이루어진 사회[社會]

영 international society

國 나라 국 | 際 만날 제 | 社 모일 사 | 會 모일 회

개인이 아니라 국가들로 이루어진 사회예요. 여러 나라가 서로 교류하고 의존하면서 공존하는 특성이 있어요. 그래서 국제 사회에는 개별 국가를 강제하는 힘을 가진 중앙 정부가 없고, 각 국가들은 자국의 이익을 우선으로 추구하는 경향이 강해요. 이 과정에서 강대국이 큰 영향력을 행사하지만, 공동의 문제를 해결하기 위해 모두 함께 협력하기도 해요.

주권 평등

주권[主權]이 평등[平等]하다는 원칙

主 주인 주 | **權** 권세 권 | **平** 평평할 평 | **等** 무리 등

모든 국가는 국제법상 평등하다는 원칙이에요. 각 국가는 겉으로 보기에 인구, 면적, 군사력, 경제력 등의 차이가 있지만, 모두 주권을 가지고 있다는 점에서 법적으로 평등하다는 거지요.

국제기구

나라[國]가 모여[際] 구성한[機] 조직[構]

🔵비 국제기관 🟢영 international organization

國 나라 국 | **際** 만날 제 | **機** 틀 기 | **構** 기업 구

국제적인 목적이나 활동을 위해 두 나라 이상의 회원국으로 구성된 조직체예요. 국제 연합(UN), 경제 협력 개발 기구(OECD)와 같이 정부로 구성된 정부 간 국제기구와 그린피스, 국경 없는 의사회, 국제 사면 위원회 등과 같이 개인과 민간단체로 구성된 국제 비정부 기구(NGO)로 나누어져요.

🔵예 국제 사회의 행위 주체로는 국가, 국제기구, 다국적 기업, 개인 등이 있다.

함께 알기

- **국제 연합** 聯合 [연이을 **연**, 합할 **합**]: UN. 제2차 세계 대전 후 전쟁 방지와 평화 유지를 위해 설립된 국제기구
- **세계 무역 기구** 世界貿易 [인간 **세**, 지경 **계**, 무역할 **무**, 바꿀 **역**]: 자유 무역을 통해 전 세계의 경제 발전을 이루고자 하는 국제기구

외교 정책

다른[外] 나라와의 교제[交]를 위한 정책[政策]

🟢영 diplomatic policy

外 바깥 외 | **交** 사귈 교 | **政** 정사 정 | **策** 계책 책

자국의 정치적 목적이나 이익을 위하여 다른 나라에 취하는 정책이에요. 동맹, 조약, 협력 등이 있어요. 다른 나라와 갈등이 발생하면 외교 정책을 총동원해 상대국과 갈등을 해결해야 하지만, 이것이 어려울 경우 국제법에 따라 해결하거나 국제기구의 도움을 받을 수 있어요.

마무리 퀴즈 Quiz

1~4 다음 내용에 해당하는 민주 정치의 기본 원리를 〈보기〉에서 고르세요.

〈보기〉 ㉠ 국민 주권   ㉡ 국민 자치   ㉢ 권력 분립   ㉣ 입헌주의

1 국가의 의사를 결정하는 주권은 국민에게 있다는 원리   (   )

2 주권을 가진 국민이 스스로 나라를 다스려야 한다는 원리   (   )

3 구성원의 합의로 제정된 헌법에 따라 국가를 운영하는 원리   (   )

4 국가 권력을 각각 다른 기관에 분담시켜 서로 견제하고
　 균형을 이루게 하는 원리   (   )

5~6 다음 국제기구에 속하는 단체를 바르게 연결해 보세요.

5 정부 간 국제기구   ·   · ① 그린피스, 국경 없는 의사회

6 국제 비정부 기구   ·   · ② 국제 연합, 경제 협력 개발 기구

7~10 다음 설명이 가리키는 용어를 고르세요.

7 시민이 선출한 대표자가 나라를 다스린다.
　 (직접 민주 정치, 대의 민주 정치)

8 입법부와 행정부가 엄격하게 분리되어 있다. (의원 내각제, 대통령제)

9 정부가 선거 과정을 관리하고, 선거 비용의 일부를 지원한다.
　 (선거 공영제, 선거구 법정주의)

10 지방 자치 단체의 예산을 심의·의결하고 지역에 필요한 조례 등을 제정한
　 다. (지방 의회, 지방 자치 단체장)

답안 1. ㉠ 2. ㉡ 3. ㉣ 4. ㉢ 5. ② 6. ① 7. 대의 민주 정치 8. 대통령제 9. 선거 공영제
　　 10. 지방 의회

강력한 사회적 약속, 법

사회 규범 · 법 · 사법 · 공법 · 사회법 · 재판 · 민사 재판 · 형사 재판
사법권의 독립 · 심급 제도 · 국민 참여 재판 · 인권
기본권 · 평등권 · 자유권 · 참정권 · 청구권 · 사회권 · 기본권 제한
인권 침해 · 국가 인권 위원회 · 근로자 · 노동조합 · 부당 노동 행위
입법권 · 국회 · 행정권 · 대통령 · 행정부 · 사법권 · 법원 · 헌법 재판소

사회 규범

사회[社會]의 규범[規範]

영 social norm

社 모일 사 | 會 모일 회 | 規 법 규 | 範 법 범

사회의 질서를 유지하고 사회생활을 바람직하게 이끄는 여러 규범이에요. 사회 규범은 사회 구성원 간의 분쟁과 갈등을 예방하고 해결하기 위해 지켜야 할 행동 기준을 제시해요. 대표적으로 도덕, 관습, 법 등이 있어요.

법

법[法]

영 law

法 법 법

국가 권력에 의하여 강제되는 사회 규범이에요. 즉, 법을 어겼을 때 일정한 제재나 처벌을 받아요. 법은 다른 사회 규범보다 다스리는 내용이 명확해요. 개인의 권리가 무엇인지 분명히 밝혀 이를 보장하고, 분쟁 해결의 기준을 제시해 줘요. 모든 법의 궁극적인 목적은 정의의 실현이에요.

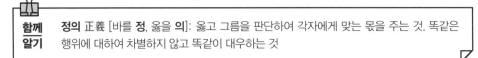

함께 알기
정의 正義 [바를 정, 옳을 의]: 옳고 그름을 판단하여 각자에게 맞는 몫을 주는 것. 똑같은 행위에 대하여 차별하지 않고 똑같이 대우하는 것

사법

사적인[私] 영역을 다루는 법[法]
영 private law

私 사사로운 사 | 法 법 법

개인과 개인 간의 사적인 생활 관계를 규율하는 법이에요. 결혼, 출생, 사망, 거래 등 일상생활에 관한 내용을 규정하여, 사람들 사이에서 발생할 수 있는 갈등을 예방하고 해결해요. 개인의 가족 관계와 재산 관계를 정해 놓은 민법, 기업의 경제생활을 다스리는 상법 등이 있어요.

공법

공적인[公] 영역을 다루는 법[法]
영 public law

公 공평할 공 | 法 법 법

개인과 국가, 또는 국가 기관 간의 공적인 관계를 다스리는 법이에요. 공법은 국가를 통치하는 중요한 수단으로서, 세금, 선거, 병역, 관공서의 행정 업무 등 국가나 공공 단체가 공권력을 행사하는 것과 관련한 내용을 규정해요. 국가의 조직 등을 정한 헌법, 범죄와 형벌을 규정한 형법, 행정의 조직과 작용 및 구제를 다루는 행정법, 재판의 절차를 규정한 소송법 등이 있어요.

예 사법은 당사 간의 합의를 우선시하는 데 반해, 공법은 정해진 법의 내용을 반드시 따르도록 한다.

사회법

사회[社會]적 공익을 위한 법[法]
영 social law

社 모일 사 | 會 모일 회 | 法 법 법

사법의 영역인 개인 간의 관계에 국가가 개입하여 사회적 약자의 권리를 보호하는 법이에요. 산업화에 따른 경제 성장 과정에서 빈부 격차 같은 불평등 문제가 발생하면서, 모든 사람에게 최소한의 인간다운 삶을 보장하기 위해 등장했어요. 노동자의 보호를 위한 노동법, 인간다운 생활을 보장하기 위한 사회 보장법 등이 있어요.

사회

재판

옳고 그름을 따져서[裁] 판단함[判]

 영 trial

裁 분별할 재 | 判 판단할 판

구체적인 소송 사건을 해결하기 위해 법원이나 법관이 법을 적용하여 옳고 그름을 판단하는 **과정**이에요. 재판은 일정한 절차를 거쳐서 이루어져요. 민사 재판, 형사 재판, 행정 재판, 선거 재판 등이 있어요.

함께 알기
- **행정 재판** 行政 [다닐 **행**, 정사 **정**]: 국가나 행정 기관을 상대로 권리 구제를 요구하는 등의 소송에 관한 재판
- **선거 재판** 選擧 [가릴 **선**, 들 **거**]: 선거에 대한 소송을 다루는 재판

민사 재판

개인[民] 간에 일어난 일[事]에 관한 재판[裁判]

영 civil trial

民 백성 민 | 事 일 사 | 裁 분별할 재 | 判 판단할 판

재산 문제나 손해 배상 등 개인 간에 분쟁이 발생했을 때 이를 해결하기 위한 **재판**이에요. 이때 소를 제기한 사람을 원고, 소를 제기 당한 사람을 피고라고 해요. 원고와 피고는 모두 소송 대리인(변호사)을 선임할 수 있고, 법관은 양측의 주장을 듣고 판결을 내려요.

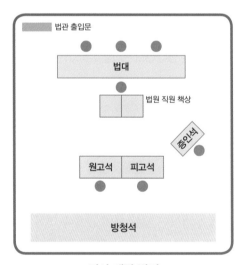

민사 재판 법정

함께 알기
소 訴 [호소할 **소**]: 원고가 특정 소송 사항에 관하여 법원에 정당성 여부를 심판하여 권리를 보호해 달라고 요구하는 신청

형사 재판

형사[刑] 사건[事]에 관한 재판[裁判]

영 criminal trial

刑 형벌 형 | 事 일 사 | 裁 분별할 재 | 判 판단할 판

범죄가 발생했을 때, 범죄자를 가려내어 형벌을 가하는 재판이에요. 검사가 범죄 사건을 수사하고 처벌을 요구하는 공소를 제기해요. 이것을 기소라고 해요. 기소된 사람을 피고인이라고 하고, 피고인은 변호인의 도움을 받을 수 있어요. 법관은 검사와 피고인의 주장을 듣고 피고인의 죄의 유무와 그에 따른 형벌을 결정해요.

형사 재판 법정

사법권의 독립

법[法]을 맡은[司] 권한[權]을 독립[獨立]시키는 것

영 independence of the judiciary

司 맡을 사 | 法 법 법 | 權 권세 권
獨 홀로 독 | 立 설 립

공정한 재판을 위해 법원의 독립을 보장하는 헌법상의 규정이에요. 헌법 제103조에 따르면, 법관은 헌법과 법률에 의하여 그 양심에 따라 독립하여 심판하도록 되어 있어요. 이에 더하여 우리나라에서는 더욱 공정한 재판을 위해 공개 재판주의와 증거 재판주의를 채택하고 있어요.

함께 알기

- **공개 재판주의** 公開裁判主義 [공평할 공, 열 개, 분별할 재, 판단할 판, 주인 주, 옳을 의]: 법원의 재판 과정과 판결을 일반인들에게도 공개해야 한다는 것
- **증거 재판주의** 證據 [증거 증, 근거 거]: 구체적인 증거에 따라 사실을 인정하고 판결을 내려야 한다는 것

사회

심급 제도

> 소송 사건을 살피는[審] 등급[級]을 달리하는 제도[制度]
>
> ⑱ judicial system

審 살필 심 | 級 등급 급 | 制 만들 제 | 度 법도 도

소송 당사자가 재판 결과에 승복하지 않을 때 상급 법원에서 다시 재판을 받을 수 있는 제도예요. 즉, 하급 법원에서 상급 법원에 다시 재판을 요청하는 상소 제도예요. 우리나라는 기본적으로 하나의 사건에 세 번까지 재판을 받을 수 있는 3심제를 채택하고 있어요. 단, 선거 재판은 단심제 또는 2심제로 운영돼요.

1심 판결에 불복하여 2심 판결을 구하는 것을 항소라고 하고, 2심에서 3심으로 요구하는 것을 상고라고 해요.

국민 참여 재판

국민[國民]이 배심원으로 참여하는[參與] 재판[裁判]

🔵비 배심 제도

國 나라 국 | 民 백성 민
參 참여할 참 | 與 더불 여 | 裁 분별할 재 | 判 판단할 판

일반 국민이 형사 재판 과정에 배심원으로 참여하는 재판이에요. 우리나라에서는 2008년에 처음 도입되었고, 피고인이 신청할 때 열려요. 만 20세 이상의 국민이면 누구나 무작위 추첨으로 배심원이 될 수 있어요. 배심원들이 토의하여 유죄·무죄 평결을 내려 판사에게 전달하면 판사가 이를 참고하여 최종 선고를 내려요.

**함께
알기**

배심원 陪審員 [모실 **배**, 살필 **심**, 인원 **원**]: 법률 전문가가 아닌 일반 국민 가운데 선출되어 재판에 참여하고 사실 인정에 대하여 판단을 내리는 사람

인권

사람[人]으로서의 권리[權]

🔵비 시민권, 자연권, 천부 인권 🟢영 human rights

人 사람 인 | 權 권세 권

인간이 인간답게 살기 위하여 당연히 보장받아야 하는 권리예요. 인간은 성별, 지위, 민족, 문화의 차이에 관계없이 모두 존엄해요. 인간의 존엄성을 지키기 위해서는 생명, 자유, 재산 등이 평등하게 보장되어야 해요. 인권은 각 국가의 헌법에 규정되어 있고, 이에 따라 국가는 개인의 인권을 보장해야 할 의무가 있어요.

🔵예 프랑스 혁명 당시 선포된 '인간과 시민의 권리 선언'은 인권 보장에 관한 대표적인 문서이다.

기본권

기본[基本]적인 인권[權]

🟢영 fundamental rights

基 터 기 | 本 근본 본 | 權 권세 권

인권 중에서 헌법이 보장하는 국민의 기본적인 권리예요. 우리 헌법은 인간의 존엄과 가치, 행복을 추구할 권리를 포괄적으로 규정하고, 이를 실현할 수 있도록 자유권, 평등권, 사회권, 참정권, 청구권 등을 보장하고 있어요.

**사
회**

평등권

> 평등[平等]하게 대우받을 권리[權]
>
> equal rights

平 평평할 **평** | 等 무리 **등** | 權 권세 **권**

모든 국민이 인종, 성별, 종교, 신분, 장애 등에 의해 부당하게 차별받지 않고 동등하게 대우받을 권리예요. 법 앞에서 모두 평등한 대우를 받는 거지요. 평등권은 민주 국가의 기본 가치이자 다른 기본권을 실현하기 위한 전제 조건이에요.

자유권

> 자유[自由]를 보장받는 권리[權]
>
> 영 rights to freedom

自 스스로 **자** | 由 말미암을 **유** | 權 권세 **권**

국가의 간섭이나 부당한 침해를 받지 않고 자유롭게 생활할 수 있는 권리예요. 자유권은 국민이 무언가를 적극적으로 요구하는 것이 아니라, 국가의 역할을 제한함으로써 보장되기에 소극적 성격을 지녀요. 자유권에는 신체의 자유, 사생활의 자유, 종교의 자유, 직업 선택의 자유 등이 있어요.

참정권

> 나라의 일[政]에 참여하는[參] 권리[權]
>
> 비 정치권 영 political rights

參 참여할 **참** | 政 정사 **정** | 權 권세 **권**

국민이 국가의 의사 결정 과정에 참여할 수 있는 권리예요. 참정권은 국가의 최고 권력인 주권이 국민에게 있다는 국민 주권주의를 실현하는 수단이에요. 참정권에는 선거권, 공무 담임권, 국민 투표권 등이 있어요.

| 함께 알기 | **공무 담임권** 公務擔任權 [함께 **공**, 힘쓸 **무**, 멜 **담**, 맡길 **임**, 권세 **권**]: 국민이 국가의 일을 맡아볼 수 있는 참정권 |

청구권

> 일정한 행위를 요구[請求]할 수 있는 권리[權]
>
> 영 rights of claim

請 청할 청 | 求 구할 구 | 權 권세 권

권리를 침해당했을 때 이에 대하여 국가에 도움을 요구할 수 있는 권리예요. 청구권은 다른 기본권을 보장하기 위한 수단적 기본권이에요. 청구권에는 청원권, 재판 청구권, 형사 보상 청구권, 국가 배상 청구권 등이 있어요.

사회권

> 사회[社會]적인 삶에 필요한 조건을 요구하는 권리[權]
>
> 영 social rights

社 모일 사 | 會 모일 회 | 權 권세 권

국가에 인간다운 생활의 보장을 요구할 수 있는 권리예요. 사회권은 국가의 적극적인 개입이 필요한 권리로, 현대 복지 국가에서 강조되고 있어요. 사회권에는 교육을 받을 권리, 근로의 권리, 사회 보장을 받을 권리, 쾌적한 환경에서 살 권리 등이 있어요.

사회
회

기본권 제한
기본권[基本權]을 억제하여[制] 한계[限]를 정함

基 터 기 | 本 근본 본 | 權 권세 권
制 절제할 제 | 限 한정할 한

국가의 안전이나 질서 유지, 공공의 이익을 위해 필요한 경우, 법률로 기본권을 제한하는 거예요. 인간은 더불어 사는 존재이기 때문에 무한정 개인의 기본권을 보장할 수 없어요. 공익을 위한 목적에서 필요하다면, 국민의 피해를 최소화하는 범위 안에서 기본권을 제한할 수 있어요.

예 기본권 자체가 무의미해지는 정도의 제한은 기본권의 본질을 침해하므로 허용할 수 없다.

인권 침해
인권[人權]을 침범하여[侵] 해를 끼침[害]
동 인권 유린

人 사람 인 | 權 권세 권 | 侵 침노할 침 | 害 해할 해

국가나 개인, 단체 등이 인권에 피해를 주는 거예요. 예를 들어 정당한 이유 없이 개인의 사생활을 감시하는 것은 자유권에 대한 인권 침해이고, 종교나 성별 등으로 차별하는 것은 평등권에 대한 인권 침해예요.

국가 인권 위원회
인권[人權] 문제를 담당하는[委] 국가[國家] 기관[員會]

國 나라 국 | 家 집 가 | 人 사람 인 | 權 권세 권
委 맡길 위 | 員 인원 원 | 會 모일 회

개인의 인권 및 기본권을 보호하기 위해 인권 침해 행위를 조사하고, 피해를 입은 사람들을 도와주는 국가 기관이에요. 국가 기관이 나의 기본권을 침해하거나 다른 시민이 나를 차별하면 국가 인권 위원회에 사정을 말하고 도움을 요청할 수 있어요.

근로자

근로[勤勞]에 의한 소득으로 생활하는 사람[者]

 비 노동자, 일꾼, 노무자   반 사용자   영 laborer

勤 부지런할 근 | 勞 일할 로 | 者 사람 자

임금을 목적으로 사용자에게 노동을 제공하는 사람이에요. 교사, 회사원, 아르바이트를 하는 사람 모두 근로자예요. 하지만 누구에게 고용되지 않고 스스로 사업을 하는 자영업자는 근로자가 아니에요. 우리 헌법은 근로의 권리와 최저 임금, 인간다운 근로 조건을 보장해야 한다고 명시하고 있어요.

함께 알기
사용자 使用者 [부릴 **사**, 쓸 **용**, 사람 **자**]: 고용 계약에 의해 보수를 주고 근로자를 고용하는 개인이나 법인

노동조합

노동[勞動]의 권리를 지키기 위해 조직하는[組] 단체[合]

영 labor union

勞 일할 노 | 動 움직일 동 | 組 짤 조 | 合 합할 합

근로자가 근로 조건의 개선 및 경제적·사회적 지위 향상을 목적으로 조직하는 단체예요. 우리 헌법은 근로자의 기본권으로 노동 삼권을 보장하고 있는데, 이는 단결권, 단체 교섭권, 단체 행동권이에요.

함께 알기
- **단결권** 團結權 [둥글 **단**, 맺을 **결**, 권세 **권**]: 근로자가 노동조합을 결성할 수 있는 권리
- **단체 교섭권** 團體交涉權 [둥글 **단**, 몸 **체**, 사귈 **교**, 건널 **섭**, 권세 **권**]: 노동조합이 근로 조건에 관해 사용자와 집단적으로 의논할 수 있는 권리
- **단체 행동권** 行動權 [다닐 **행**, 움직일 **동**, 권세 **권**]: 교섭이 원만하게 이루어지지 않을 때 파업 등의 행위를 할 수 있는 권리

사
회

부당 노동 행위

사용자가 노동권[勞動]을 방해하는[不當] 행위[行爲]

영 unfair labor practice

不 아닐 **부** | 當 마땅 **당** | 勞 일할 **노** | 動 움직일 **동**
行 다닐 **행** | 爲 할 **위**

사용자 측이 근로자의 단결권, 단체 교섭권, 단체 행동권 등을 침해하는 행위예요. 근로자를 고용할 때 노동조합에 가입하지 않는 것을 조건으로 계약하거나 노동조합이 요구하는 단체 교섭에 응하지 않을 경우, 부당 노동 행위에 해당해요. 이런 일이 발생하면 근로자는 노동 위원회에 구제를 신청할 수 있어요.

함께 알기 **노동 위원회** 委員會 [맡길 **위**, 인원 **원**, 모일 **회**]: 부당 노동 행위나 부당 해고, 임금 체불 등 근로자와 사용자 사이에서 발생하는 다양한 노동 문제를 중재하고 조절하는 행정 기관

입법권

법[法]을 만드는[立] 권한[權]

영 legislative power

立 설 **입** | 法 법 **법** | 權 권세 **권**

국가를 운영할 때 기준이 되는 법을 만드는 권한이에요. 현대 민주 국가에서는 국민이 직접 뽑은 대표로 구성된 의회가 입법권을 가지고 있어요. 의회는 독립된 국가 기관으로서, 법을 만들어 국가의 중요한 일들을 결정해요.

국회

국민[國]으로부터 선출된 의원들의 모임[會]

동 의회 영 National Assembly

國 나라 **국** | 會 모일 **회**

우리나라의 의회예요. 우리 헌법은 의회를 국회라고 부르고 있어요. 국회는 국민이 직접 선출하는 임기 4년의 국회의원으로 구성되고, 법률을 제정·개정하는 일을 주로 해요. 이 외에 행정부가 편성한 예산안의 심의·확정권, 국정 감사권과 국정 조사권, 고위 공무원 임명 동의권 및 탄핵 소추권 등을 가지고 있어요.

행정권

나라의 일[政]을 행하는[行] 권한[權]

(영) administrative power

行 다닐 행 | 政 정사 정 | 權 권세 권

입법부가 제정한 법을 집행하는 권한이에요. 우리 헌법은 대통령을 중심으로 구성된 행정부에 행정권을 부여하고 있어요. 현대 국가에서는 국민의 실질적인 자유와 평등을 보장하기 위해 복지를 더욱 확대하고 있어요. 그래서 행정권을 올바로 사용하여 세금을 효율적으로 분배하는 것이 더욱 중요해졌어요.

대통령

우두머리[大]로서 나라를 거느림[統領]

(영) president

大 큰 대 | 統 거느릴 통 | 領 거느릴 령

우리나라를 대표하는 국가 원수이자 행정부의 수반(최고 결정권자)이에요. 국민이 직접 선출하며, 헌법에 의해 5년 임기가 보장되고 한 번만 할 수 있어요. 국가 원수로서 대통령은 각종 조약을 체결하고 외교 사절을 임명·파견하며 국군을 통수하는 등의 권한을 가지고 있어요. 한편, 행정부의 수반으로서 공무원 임명권과 법률안 거부권 등을 가지고 있고, 대통령령을 내릴 수 있어요.

함께 알기

- **국가 원수** 國家元首 [나라 **국**, 집 **가**, 으뜸 **원**, 머리 **수**]: 한 나라에서 으뜸가는 권력을 지니면서 나라를 다스리는 사람
- **대통령령** 大統領令 [큰 **대**, 거느릴 **통**, 거느릴 **령**, 하여금 **령**]: 대통령이 내리는 명령. 법률과 동일한 효력을 가지는 긴급 명령, 법률에서 위임받은 사항에 대하여 내리는 위임 명령, 법률을 집행하기 위하여 내리는 집행 명령 등이 있음

사회

행정부

행정[行政]을 맡아보는 기관[府]

비 정부 **영** administration

行 다닐 **행** | 政 정사 **정** | 府 마을 **부**

대통령을 중심으로 국무총리, 행정 각부, 국무 회의, 감사원 등으로 이루어진 국가 기관
이에요. 국무총리는 대통령을 보좌하고 대통령의 명을 받아 행정 각부를 지휘해요. 행정
각부는 교육부, 기획재정부, 외교부, 국방부, 통일부 등으로 나누어 실제 행정 업무를 담
당해요. 국무총리는 대통령이 국회의 동의를 얻어 임명하고, 행정 각부의 장(장관)은 국무
총리의 요청을 받아 대통령이 임명해요.

함께 알기

- **국무 회의 國務會議** [나라 **국**, 힘쓸 **무**, 모일 **회**, 의논할 **의**]: 법률의 제정안과 개정안, 예
  산안 등 행정부의 중요한 정책을 심의하는 회의
- **감사원 監査院** [볼 **감**, 조사할 **사**, 집 **원**]: 국민이 낸 세금이 목적에 맞게 사용되는지, 행
  정 기관과 공무원들이 직무를 바르게 수행하는지 조사하는 헌법 기관

사법권

법[法]을 맡아보는[司] 권한[權]

영 judicial power

司 맡을 **사** | 法 법 **법** | 權 권세 **권**

민사, 형사, 행정에 관하여 재판하는 권한이에요. 국회와 행정부가 만든 법을 적용하여 분
쟁을 해결함으로써 국민의 권리를 구제하고 법질서를 유지해요. 우리 헌법은 법원과 헌법
재판소에 사법권을 부여하고 있어요.

법원 〉 법[法]에 관한 일을 하는 기관[院]

비 재판소 **영** court

法 법 **법** | **院** 집 **원**

법에 근거하여 사법권을 행사하는 국가 기관이에요. 우리나라의 법원에는 최고 법원인 대법원과 고등 법원, 지방 법원 등이 있어요. 이 외에 행정 소송을 담당하는 행정 법원, 가정 문제와 소년 보호 사건을 담당하는 가정 법원, 특허 소송을 담당하는 특허 법원 등이 있어요.

헌법 재판소 〉 헌법[憲法]을 위반했는지 재판하는[裁判] 기관[所]

영 constitutional court

憲 법 **헌** | **法** 법 **법** | **裁** 분별할 **재** | **判** 판단할 **판** | **所** 바 **소**

헌법에 대한 분쟁을 사법적 절차에 따라 해결하는 특별 재판소예요. 국가 기관이 헌법을 위반했는지 판단하고 국가 권력을 통제하여 국민의 기본권을 보호해요. 헌법 재판소는 법관의 자격을 가진 9명의 재판관으로 구성돼요.

예 대통령이 헌법에 어긋나는 행동을 했을 경우, 헌법 재판소가 심판하여 파면을 결정한다.

사회

○ 입법부, 행정부, 사법부의 역할과 견제

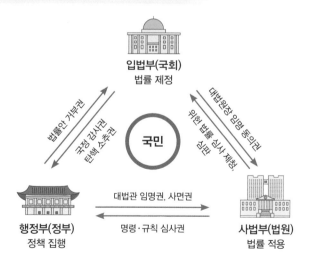

우리나라는 권력이 한 곳으로 집중되는 것을 막기 위하여 입법부, 행정부, 사법부의 삼권 분립의 원칙을 가지고 있어요.

마무리 퀴즈 Quiz

1~3 제시된 초성과 뜻을 참고하여 괄호 안에 들어갈 어휘를 쓰세요.

1 ㅈㅇ: 옳고 그름을 판단하여 각자에게 맞는 몫을 주는 것

　예 법의 궁극적인 목적은 (　　　)의 실현이다.

2 ㅅㅎㄱ: 국가에 대하여 인간다운 생활의 보장을 요구할 수 있는 권리

　예 (　　　)은 현대 복지 국가에서 강조되고 있다.

3 ㅎㅂ ㅈㅍㅅ: 헌법에 관한 분쟁을 사법적 절차에 따라 해결하는 특별 재판소

　예 국회에서 탄핵 소추를 발의하면 (　　　)에서 그에 관한 심판을 한다.

4~6 다음 재판에 대한 설명을 바르게 연결해 보세요.

4 민사 재판　　•　　　•　① 법관이 배심원들의 토의를 참고하여 판결함

5 형사 재판　　•　　　•　② 법관이 원고와 피고 측 주장을 듣고 판결함

6 국민 참여 재판 •　　　•　③ 법관이 검사와 피고인의 주장을 듣고 판결함

7~10 다음 설명이 맞으면 ○, 틀리면 ×로 표시하세요.

7 우리나라는 모든 사건에 3심제를 채택하고 있다.　　　　　(　　　)

8 국가의 안전을 위해 필요한 경우, 법률로써 기본권을 제한할
수 있다.　　　　　　　　　　　　　　　　　　　　　(　　　)

9 범죄자 가족의 사생활을 조사하는 것은 인권 침해가 아니다.　(　　　)

10 사용자는 근로자에게 노동조합에 가입하지 않을 것을 요구할
수 있다.　　　　　　　　　　　　　　　　　　　　　(　　　)

답안 1. 정의　2. 사회권　3. 헌법 재판소　4. ②　5. ③　6. ①　7. ×　8. ○　9. ×　10. ×

만들고 나누고 쓰는 모든 활동, 경제

경제 활동 · 자원의 희소성 · 기회비용 · 경제 문제 · 시장 경제 체제
계획 경제 체제 · 혼합 경제 체제 · 기업 · 기업가 정신 · 자산 관리 · 금융 상품
신용 · 시장 · 수요 · 공급 · 수요 법칙 · 공급 법칙 · 시장 가격 · 보완재 · 대체재
경기 · 가격 변동 · 국내 총생산 · 물가 · 인플레이션 · 실업 · 국제 거래
무역 의존도 · 비교 우위 · 환율

경제 활동

경제[經濟]와 관련한 모든 활동[活動]

비 경제 **영** economic activity

經 지날 **경** | 濟 건널 **제** | 活 살 **활** | 動 움직일 **동**

재화와 서비스를 생산, 소비, 분배하는 과정에서 일어나는 모든 활동이에요. 사람은 생존하고 생활하기 위해 많은 것이 필요해요. 집·옷·자동차 같은 재화와, 교육·의료 혜택·음악 같은 서비스가 필요하지요. 사람들은 다양한 욕구와 필요를 충족하기 위해 경제 활동을 해요.

함께 알기

- **재화** 財貨 [재물 **재**, 물건 **화**]: 사람이 바라는 것을 충족하여 주는 모든 물건. 상품
- **생산** 生産 [날 **생**, 낳을 **산**]: 생활에 필요한 재화와 서비스를 만드는 활동
- **소비** 消費 [사라질 **소**, 쓸 **비**]: 사람들이 만족을 얻으려고 재화와 서비스를 구매하여 사용하는 활동
- **분배** 分配 [나눌 **분**, 나눌 **배**]: 생산 활동에 참여하여 얻은 이득을 나누어 가지는 것

자원의 희소성

자원[資源]이 욕구에 비해 드물고[稀] 적다[少]는 특성[性]

資 재물 **자** | 源 근원 **원** | 稀 드물 **희** | 少 적을 **소** | 性 성질 **성**

인간의 욕구에 비하여 욕구를 충족하는 수단인 자원이 질적·양적으로 제한되어 있거나 부족한 상태예요. 자원의 희소성은 상대적인 개념이에요. 아무리 자원의 양이 많아도 원하는 사람이 많으면 그 자원은 희소하다고 말해요.

기회비용

포기한 기회[機會]의 비용[費用]

영 opportunity cost

機 틀 기 | 會 모일 회 | 費 쓸 비 | 用 쓸 용

어떤 선택을 할 때, 그로 인해 포기한 기회들 중 가장 큰 만족감을 주는 기회의 가치를 값으로 **계산한 거**예요. 예를 들어 떡볶이, 튀김, 순대 중 떡볶이를 선택했다면, 떡볶이의 기회비용은 튀김과 순대 중 더 큰 만족감을 주는 음식의 가치예요. 만약 이 기회비용이 크다면 합리적인 선택이라고 할 수 없어요. 기회비용과 편익을 따져 편익이 기회비용보다 큰 것을 선택하는 것이 합리적이에요.

함께 알기 **편익** 便益 [편할 **편**, 더할 **익**]: 선택으로 얻게 되는 이익이나 만족감

경제 문제

경제[經濟] 활동 시 부딪히는 문제[問題]

영 economic problem

經 지날 경 | 濟 건널 제 | 問 물을 문 | 題 제목 제

자원의 희소성으로 인해 발생하는 경제적 선택의 문제예요. 그중 어느 사회에서나 공통으로 해결해야 하는 기본 경제 문제가 있어요. '①무엇을 얼마나 생산할 것인가? ②어떻게 생산할 것인가? ③누구를 위하여 생산할 것인가?'예요. ①은 생산물의 종류와 양을 결정하는 문제이고, ②는 생산 방법을 결정하는 문제이고, ③은 생산 이득을 누구에게 얼마만큼 나누어 줄 것인가에 관한 분배의 문제예요.

예 기본적인 **경제 문제**를 해결하는 방식이 제도화한 것을 경제 체제라고 한다.

시장 경제 체제

> 시장[市場]에서 경제[經濟] 문제를 해결하는 제도
> [體制] (동) 자유 경제 체제 (반) 계획 경제 체제

市 저자 시 | 場 마당 장 | 經 지날 경 | 濟 건널 제 | 體 몸 체 | 制 만들 제

개인이나 기업이 원하는 것을 시장 가격에 따라 자유롭게 선택하는 경제 체제예요. 시장 경제 체제에서는 사유 재산이 인정되므로 저마다 이익을 최대화하기 위해 창의성과 능력을 발휘해요. 그래서 사회 전체적으로 생산성이 높아져요. 하지만 빈부 격차가 심해지고 공동체의 이익이 침해될 수 있어요.

함께 알기 **사유 재산 私有財産** [사사로울 **사**, 있을 **유**, 재물 **재**, 낳을 **산**]: 개인이 자유의사에 따라 관리, 사용, 처분할 수 있는 재산

계획 경제 체제

> 정부의 계획[計劃]에 따라 경제[經濟] 문제를 해결하는 제도[體制] (반) 시장 경제 체제

計 계획 계 | 劃 그을 획 | 經 지날 경 | 濟 건널 제 | 體 몸 체 | 制 만들 제

정부의 계획과 통제에 따라 생산과 분배가 이루어지는 경제 체제예요. 계획 경제 체제에서는 생산에 이용되는 주요 자원을 국가가 소유하고, 생산물의 종류와 양, 소비 수준까지 모두 정부가 결정해요. 단, 이득은 평등하게 분배해요. 하지만 사유 재산이 인정되지 않고 개인의 경제적 선택이 자유롭지 않으므로 경제 활동을 하고자 하는 동기가 부족하여 생산성이 떨어질 수 있어요.

혼합 경제 체제

> 시장 경제와 계획 경제를 섞어[混] 합한[合] 경제[經濟] 체제[體制]

混 섞을 혼 | 合 합할 합 | 經 지날 경 | 濟 건널 제 | 體 몸 체 | 制 만들 제

시장 경제를 기본으로 하되, 정부가 일정 부분 개입하는 경제 체제예요. 예를 들어 상품의 생산과 소비는 시장 경제에 맡겨 자유롭게 하도록 하되, 정부가 독점 금지나 소득 재분배 정책 등을 통해 경제 활동에 개입하여 시장 경제의 부작용을 막는 거지요.

함께 알기 **소득 재분배 所得再分配** [바 **소**, 얻을 **득**, 다시 **재**, 나눌 **분**, 나눌 **배**]: 소득에 따라 세금을 걷거나 사회 보장 제도 등을 실시하여 소득 불평등을 줄이는 것

사회

기업

이윤을 꾀하는[企] 사업[業]

비 회사, 사업　**영** enterprise

企 꾀할 **기** | 業 일 **업**

영리(재산상의 이익)를 목적으로 재화와 서비스를 생산하고 판매하는 조직이에요. 기업은 더 많은 이윤을 얻기 위하여 기술 혁신을 통해 좋은 제품을 만들고 생산 비용을 낮추려고 해요. 오늘날에는 기업이 국가 경제에 미치는 영향이 커지면서 자원봉사, 장학 사업, 환경 보호, 공정 거래 등 기업의 사회적 책임을 강조하고 있어요.

기업가 정신

기업[企業]을 운영하는 사람[家]으로서의 마음가짐[精神]

영 entrepreneurship

企 꾀할 **기** | 業 일 **업** | 家 집 **가**
精 정할 **정** | 神 혼 **신**

사업을 성공시키고 사회적 책임을 다하기 위해 기업가가 마땅히 갖추어야 하는 자세예요. 기업가가 위험을 무릅쓰는 도전적인 자세로 새로운 가치를 창출해 낼 때, 소비자는 한층 향상된 상품을 접하고 세상도 함께 변화할 거예요.

자산 관리

재물[資]을 축적한[産] 것을 관리[管理]하는 일

영 money management

資 재물 **자** | 産 낳을 **산** | 管 대롱 **관** | 理 다스릴 **리**

부동산, 자동차, 예금, 주식 등의 자산을 장기적인 관점에서 관리하는 거예요. 소비는 평생 이루어지지만 소득을 얻는 기간은 대부분 한정되어 있어요. 그래서 안정적인 생활을 유지하려면 미리 소비와 소득을 관리해야 해요. 예를 들어 주택 구입 목돈을 마련하기 위해 예금이나 주식 투자 등의 계획을 세우고 실행하는 거예요.

금융 상품

금융[金融] 기관에서 취급하는 상품[商品]

영 financial instruments

金 쇠 금 | 融 녹을 융 | 商 장사 상 | 品 물건 품

은행, 보험 회사 등 각종 금융 기관에서 다루는 상품이에요. 적금, 예금, 주식, 채권, 보험 등이 있어요. 합리적인 자산 관리를 위해 어떤 금융 상품이 자신에게 맞는지 잘 알아보아야 해요. 조금씩 돈을 모아 목돈을 마련하고자 하면 적금이 적합하고, 목돈을 은행에 넣고 이자를 받고 싶다면 정기 예금이 적합해요.

함께 알기
- **주식 株式** [근본 **주**, 법 **식**]: 주식회사의 자본을 이루는 단위로서, 투자자에게 회사에 대한 권리가 있음을 알려 주는 증표
- **채권 債券** [빚 **채**, 문서 **권**]: 정부나 회사가 돈을 빌리고 주는 증서
- **보험 保險** [지킬 **보**, 험할 **험**]: 질병, 사고, 노후 등의 위험에 대비하여 미리 돈을 모아 두었다가 해당 재난이 닥쳤을 때 손해를 보상하는 제도

사회

신용

믿음[信]을 돈처럼 사용하는[用] 것

영 credit

信 믿을 신 | 用 쓸 용

경제 활동에서 돈을 빌려 쓰고 약속한 대로 갚을 수 있는 능력이에요. 신용이 있으면 당장 현금이 없어도 물건을 먼저 구매하고 나중에 그 값을 치를 수 있어요. 이것을 신용 거래라고 해요. 하지만 약속한 때에 돈을 갚지 않으면 신용이 나빠져 신용 카드가 정지되거나 발급이 제한되고 대출을 받기 어려울 수 있어요.

시장

장사하는[市] 마당[場]

비 장 영 market

市 저자 시 | 場 마당 장

재화와 서비스를 사려는 사람과 팔려는 사람이 만나 거래하는 곳이에요. 그래서 시장은 사람들이 찾아오고 물건을 운반하기 쉽도록 교통이 편리한 곳에 위치해요. 하지만 오늘날에는 교통과 통신의 발달로 온라인 쇼핑몰처럼 시간과 장소에 구애받지 않는 새로운 형태의 시장이 성장하고 있어요.

수요

사고자[需] 하는 욕구[要]

🔵 반 공급 🔵 영 demand

需 구할 **수** | **要** 원할 **요**

재화나 서비스를 일정한 가격으로 사려는 욕구예요. 만약 상품을 구매할 능력이 없다면 수요로 보지 않아요. 수요의 욕구를 가진 수요자는 시장에서 일정한 가격을 지급하고 상품을 사려는 사람이에요.

공급

갖추어[供] 줌[給]

🔵 반 수요 🔵 영 supply

供 이바지할 **공** | **給** 줄 **급**

재화나 서비스를 일정한 가격에 팔려는 욕구예요. 공급의 욕구를 가진 공급자는 시장에서 일정한 가격을 받고 상품을 팔려는 사람이에요. 시장에서 수요와 공급이 만나 재화와 서비스의 가격이 결정돼요.

수요 법칙

가격에 따른 수요[需要]의 변화에 관한 법칙[法則]

🔵 반 공급 법칙 🔵 영 law of demand

需 구할 **수** | **要** 원할 **요** | **法** 법 **법** | **則** 법칙 **칙**

상품의 가격과 수요량의 관계에 관한 법칙이에요. 가격과 수요량은, 가격이 상승하면 수요량이 감소하고, 가격이 하락하면 수요량이 증가하는 반비례 관계예요. 여기서 수요량은 수요자가 어떤 가격에 사려고 하는 상품의 양이에요.

🔵 예 수요 곡선은 수요의 법칙에 따라 오른쪽 아래로 내려가는 모양이다.

공급 법칙

> 가격에 따른 공급[供給]의 변화에 관한 법칙[法則]
>
> **반** 수요 법칙 **영** law of supply

供 이바지할 공 | 給 줄 급 | 法 법 법 | 則 법칙 칙

상품의 가격과 공급량의 관계에 관한 법칙이에요. 가격과 공급량은, 가격이 상승하면 공급량이 증가하고, 가격이 하락하면 공급량이 감소하는 비례 관계예요. 여기서 공급량은 공급자가 어떤 가격에 팔려고 하는 상품의 양이에요.

예 공급 곡선은 공급의 법칙에 따라 오른쪽 위로 올라가는 모양이다.

시장 가격

> 시장[市場]에서 거래되는 상품의 값[價格]
>
> **동** 균형 가격 **영** market price

市 저자 시 | 場 마당 장 | 價 값 가 | 格 격식 격

상품의 수요량과 공급량이 일치할 때의 가격이에요. 수요 곡선과 공급 곡선을 그림으로 그려 보면 만나는 점이 있어요. 그 점이 수요와 공급 사이에 균형이 이루어져 시장 가격이 결정되고 균형 거래량이 정해지는 곳이에요.

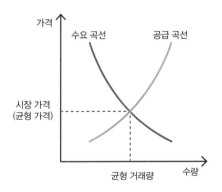

예 시장 가격에서는 수요자와 공급자 모두 원하는 양을 거래할 수 있다.

보완재

서로 보충했을[補] 때 온전하게[完] 쓰이는 재화[財]

영 complementary goods

補 도울 보 | 完 완전할 완 | 財 재물 재

서로 보완 관계에 있는 재화예요. 보완재는 함께 소비했을 때 더 큰 만족을 얻을 수 있어요. 예를 들어 자동차와 휘발유, 샤프와 샤프심, 휴대폰과 휴대폰 케이스, 바늘과 실 등이 보완재 관계예요. 보완재는 서로 보충 관계에 있기 때문에 한쪽의 수요가 늘면 다른 쪽의 수요도 늘어나요.

예 휴대폰 가격이 내리면, 휴대폰 수요량이 증가하므로 보완재인 케이스 수요도 증가한다.

대체재

대신하여[代] 바꾸어[替] 쓸 수 있는 재화[財]

비 대용재 영 substitutional goods

代 대신할 대 | 替 바꿀 체 | 財 재물 재

서로 대신 쓸 수 있는 관계에 있는 두 재화예요. 예를 들어 쌀과 밀가루, 연필과 샤프, 버터와 마가린, 돼지고기와 소고기 등이 대체재 관계예요. 대체재는 거의 비슷한 만족감을 주기 때문에, 한쪽의 가격이 상승하면 그 재화의 수요가 줄고 대체재의 수요가 늘어나요.

예 버터 가격이 오르면, 사람들이 버터의 대체재인 마가린을 더 많이 찾을 것이다.

경기

경제의 볕[景]이 들거나 안 들거나 하는 상태[氣]

영 economy

景 볕 경 | 氣 기운 기

경제의 총체적인 활동 상태예요. 경기는 멈추어 있지 않고 끊임없이 움직이며 좋아지고 나빠지는 일이 주기적으로 되풀이돼요. 경기가 좋아지는 시기에는 대체로 생산, 물가, 고용 등이 상승하고, 경기가 나빠지는 시기에는 기업의 생산 활동이 위축되며 개인의 소득이 감소해요.

예 경기가 좋아지고 국내 총생산이 증가하면 경제 성장이 이루어진다.

가격 변동

> 가격[價格]이 변하여서[變] 움직임[動]
>
> 영 price fluctuations

價 값 가 | 格 격식 격 | 變 변할 변 | 動 움직일 동

수요 및 공급의 변화로 균형 가격이 변하는 거예요. 수요 및 공급이 증가하거나 감소하면 그에 따라 균형 가격과 균형 거래량에도 변화가 생겨요. 예를 들어 소득이 늘면 수요도 늘어 가격이 오르고 거래량도 증가해요. 반면, 소득이 줄면 그 반대의 현상이 생겨요. 한편, 생산 기술이 발전하면 공급이 늘어 가격은 하락하고 거래량은 증가해요. 하지만 원료나 생산 기계 값이 오르면 공급이 줄어 가격이 상승하고 거래량은 감소해요.

○ 수요와 공급 변화에 따른 가격 변동

①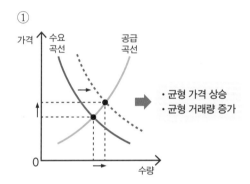

수요가 증가하면 수요 곡선이 오른쪽으로 이동하여 균형 가격이 상승하고 균형 거래량이 증가해요.

②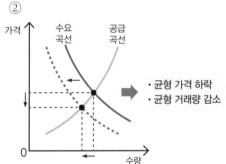

수요가 감소하면 수요 곡선이 왼쪽으로 이동하여 균형 가격이 하락하고 균형 거래량이 감소해요.

③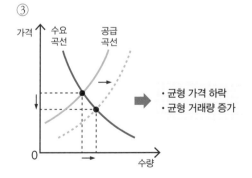

공급이 증가하면 공급 곡선이 오른쪽으로 이동하여 균형 가격이 하락하고 균형 거래량이 증가해요.

④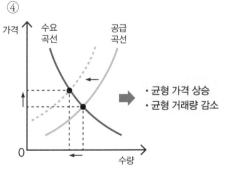

공급이 감소하면 공급 곡선이 왼쪽으로 이동하여 균형 가격이 상승하고 균형 거래량이 감소해요.

사
회

국내 총생산

나라[國] 안[內]의 모든[總] 최종 생산물[生産]

비 국민 총생산　**영** GDP(gross domestic product)

國 나라 **국** | 內 안 내
總 모두 **총** | 生 날 **생** | 産 낳을 **산**

일정 기간 동안 한 나라 안에서 생산된 최종 생산물(재화, 서비스)의 가치를 시장 가격으로 환산한 거예요. 국내 총생산이 증가할수록 생산, 소비하는 재화와 서비스의 양이 늘어나므로 경제 활동이 활발해지고 경제 규모도 커져요. 한편 국민의 평균적인 소득 수준을 알기 위해서는 1인당 국내 총생산을 구하면 돼요.

예 외국인이나 외국 기업이 한국에서 생산한 것은 **국내 총생산**에 포함되지만, 한국인과 한국 기업이 외국에서 생산한 것은 여기에 포함되지 않는다. 후자의 경우 국민 총생산에 포함된다.

함께 알기
- **1인당 국내 총생산**: 한 나라의 국내 총생산을 인구로 나눈 것
- **국민 총생산** 國民 [나라 **국**, 백성 **민**]: 한 나라의 국민이 국내와 해외에서 생산한 최종 생산물의 가치를 시장 가격으로 환산한 것. GNP

물가

물건[物]의 값[價]

비 가격, 시세, 시가, 값　**영** price

物 물건 **물** | 價 값 **가**

여러 가지 상품의 가치를 종합적이고 평균적으로 본 개념이에요. 한 나라 안의 상품의 가격은 모두 같지 않고, 오르는 상품도 있고 내리는 상품도 있어요. 그래서 전반적인 가격 변화를 파악하기 위하여 '물가'라는 개념을 만들었어요. 물가가 구체적으로 얼마나 오르고 내렸는지 측정하기 위해 물가 지수를 작성해요.

함께 알기
물가 지수 指數 [가리킬 **지**, 셈 **수**]: 한 시점을 기준으로 상품 구매 가격을 100으로 설정한 후, 다른 시점에 같은 상품의 구매 가격을 측정한 것. 만약 기준 시점에서 6개월 후 물가 지수가 102라면 6개월 동안 물가가 2% 올랐다는 뜻

인플레이션

> 통 인플레 비 통화 팽창 반 디플레이션 영 inflation

통화량의 증가로 화폐 가치가 하락하고, 모든 상품의 물가가 전반적으로 꾸준히 오르는 현상이에요. 인플레이션이 발생하면 사람들의 소득은 고정된 반면 물가는 높기 때문에, 결과적으로 실질적인 소득이 줄어들게 되어 생활이 어려워져요.

함께 알기
- **통화량** 通貨量 [통할 **통**, 재물 **화**, 양 **량**]: 나라 안에서 실제로 쓰고 있는 돈(화폐)의 양
- **디플레이션**: 경제 전반적으로 상품과 서비스의 가격이 지속적으로 떨어지는 현상

실업

> 일자리[業]를 잃음[失]
>
> 비 실직 반 취업 영 unemployment

失 잃을 **실** | **業** 일 **업**

일할 생각과 능력이 있는데도 일자리를 얻지 못한 상태예요. 실업에는 더 나은 직장을 찾기 위해 스스로 선택한 자발적인 실업과, 일할 생각이 있음에도 일자리를 구하지 못하는 상태인 비자발적인 실업이 있어요.

예 사회 변화에 따른 새로운 기술을 익히지 못해 실업이 발생하기도 한다.

국제 거래

> 나라[國]가 만나[際] 상품 등을 거래함[去來]
>
> 영 international transactions

國 나라 **국** | **際** 만날 **제** | **去** 갈 **거** | **來** 올 **래**

나라와 나라 사이에 상품, 노동, 원료, 기술, 자금 등이 거래되는 거예요. 오늘날에는 세계화·개방화에 따라 국제 거래가 더욱 활발하게 이루어지고 있어요. 이 과정에서 국가 및 기업 간 경쟁이 더욱 치열해지고, 동시에 상호 의존성도 심화하고 있어요.

예 각 나라의 자원, 농작물, 생산품 등이 다르기 때문에 국제 거래가 필요하다.

사회

무역 의존도

> 무역[貿易]에 의존[依存]하는 정도[度]

貿 무역할 **무** | 易 바꿀 **역**
依 의지할 **의** | 存 있을 **존** | 度 법도 **도**

한 나라의 경제에서 무역이 차지하는 정도를 나타내는 지표예요. 수출액과 수입액의 합을 국민 소득 또는 국민 총생산으로 나누어서 구해요. 무역 의존도가 높은 나라는 아무래도 세계 경제 변화의 영향을 많이 받아요.

(예) 우리나라의 무역 의존도는 80%가 넘는다.

비교 우위

> 서로 비교[比較]했을 때 더 유리한[優] 위치[位]에 있는 것
> (영) Comparative advantage

比 견줄 **비** | 較 견줄 **교** | 優 뛰어날 **우** | 位 자리 **위**

국제 무역에서 한 나라의 특정한 생산품이 다른 나라보다 상대적으로 더 잘 생산될 수 있는 상태예요. 더 낮은 비용으로 생산할 수 있다면 생산 효율성 면에서 비교 우위에 있다고 평가할 수 있어요. 각국은 비교 우위에 있는 상품은 수출하고, 그렇지 않은 상품은 보통 수입해요.

환율

> 두 나라의 화폐를 교환하는[換] 비율[率]
> (영) exchange rate

換 바꿀 **환** | 率 비율 **율**

두 나라의 화폐를 서로 교환하는 비율이에요. 각 나라는 서로 다른 화폐를 사용하기 때문에 무역을 하거나 해외여행을 갈 때 상대 나라의 화폐로 교환해야 해요. 이때 외국 화폐의 가격이 곧 환율이에요. 예를 들어 미국 달러화의 환율이 1,100원이면, 1달러의 가격이 우리나라 원화로는 1,100원이라는 뜻이에요.

(예) 환율은 상품의 가격처럼 그 외국 화폐의 수요와 공급에 의해 결정된다.

마무리 퀴즈 Quiz

1~3 다음 내용에 해당하는 경제 체제를 〈보기〉에서 고르세요.

〈보기〉 ㉠ 시장 경제 체제   ㉡ 계획 경제 체제   ㉢ 혼합 경제 체제

1 정부의 계획과 통제에 따라 생산과 분배가 이루어지는
경제 체제   (   )

2 시장 경제의 바탕 위에서 정부가 일정 부분 개입하는
경제 체제   (   )

3 개인이나 기업이 원하는 것을 시장 가격에 따라 자유롭게
선택하는 경제 체제   (   )

4~6 다음 단어의 의미가 쓰이는 상황을 바르게 연결해 보세요.

4 자원의 희소성 •   • ① 인간의 욕구에 비하여 자원이 부족할 때

5 인플레이션   •   • ② 자국 상품의 생산 비용이 타국보다 적을 때

6 비교 우위   •   • ③ 모든 상품의 물가가 전반적으로 꾸준히 오를 때

7~10 다음 설명이 가리키는 용어를 고르세요.

7 상품을 선택할 때 이것이 큰 쪽을 선택하는 것이 합리적이다. (기회비용, 편익)

8 가격이 상승하면 이 법칙에 의해 수량이 감소한다. (수요 법칙, 공급 법칙)

9 한쪽 재화의 수요가 늘면, 이것의 수요도 늘어난다. (보완재, 대체재)

10 외국인이 한국에서 생산한 것은 이것에 포함된다. (국내 총생산, 국민 총생산)

답안 1. ㉡ 2. ㉢ 3. ㉠ 4. ① 5. ③ 6. ② 7. 편익 8. 수요 법칙 9. 보완재 10. 국내 총생산

지역에 따른 경제 현상, 경제 지리

인구 분포 · 인구 이동 · 인구 문제 · 도시 · 도심 · 지가 · 도시화
개발 제한 구역 · 도시 재생 · 농업의 기업화 · 농업의 세계화 · 다국적 기업
공간적 분업 · 서비스업의 세계화 · 서비스업의 분화 · 지역화 · 지역 브랜드
장소 마케팅 · 지리적 표시제 · 지리적 문제 · 기아 문제 · 생물 다양성 협약
인간 개발 지수 · 적정 기술 · 공적 개발 원조 · 공정 무역
영역 · 기선 · 배타적 경제 수역 · 독도 · 반도국 · 통일 비용 · 통일 편익

인구 분포

사람들[人口]이 얼마나 흩어져[分布] 사는지 나타낸 것

영 distribution of population

人 사람 인 | 口 입구 | 分 나눌 분 | 布 분포할 포

사람들이 어디에 얼마나 모여 사는지를 나타낸 거예요. 사람들은 고르게 살지 않고 특정한 지역에 모여 살아요. 기후가 온화한 북위 20~40°의 지역에 많이 살아요. 동아시아·남부 아시아·서부 유럽 등은 인구 밀집 지역이고, 사막·극지방 등은 인구 희박 지역이에요.

인구 이동

사람들[人口]이 생활하는 장소를 옮겨[移] 움직이는 일[動]

영 human migration

人 사람 인 | 口 입구 | 移 옮길 이 | 動 움직일 동

사람들이 한 지역에서 다른 지역으로 옮겨 가는 현상이에요. 인구를 지역으로 끌어들이는 흡인 요인과 다른 지역으로 밀어내는 배출 요인에 의해 발생해요. 경제, 문화, 환경, 종교 등에서 해당 요인을 찾을 수 있어요.

예 인구 이동에 의해 인구 유입이 많은 지역은 문화적 갈등이 생길 수 있다.

인구 문제

사람들[人口]이 사회에 모여 살면서 생기는 다양한 문제
[問題] 영 population's problem

人 사람 인 | 口 입 구 | 問 물을 문 | 題 물을 제

출생과 사망, 인구 이동 등의 인구 변화로 인해 생기는 여러 가지 사회 문제를 말해요. 인구가 폭발적으로 증가하는 개발 도상국이나 저개발 국가는 인구 부양력이 높지 않아 빈곤과 실업 등의 문제가 발생해요. 반면 선진국은 저출산·고령화 현상이 계속되면서 노동력 부족 문제를 겪고 있어요.

함께 알기

인구 부양력 扶養力 [도울 **부**, 기를 **양**, 힘 **력**]: 한 지역의 인구가 그 지역의 자원을 이용하여 생활할 수 있는 능력

도시

정치 중심지인 도읍[都]과 경제 중심지인 시장[市]이 함께 있는 곳 동 도회지 반 촌, 시골 영 city

都 도읍 도 | 市 저자 시

많은 사람이 모여 살고 정치, 경제, 문화의 중심지 역할을 하는 지역이에요. 도시에는 상업 시설과 주거 단지 등 많은 건물이 모여 있고, 교통로가 집중되어 있어요. 사람들은 대부분 2차·3차 산업에 종사해요.

○ 도시의 구조

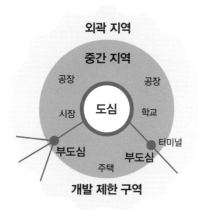

도시 내부 구조는 접근성과 지가에 따라 도심, 부도심, 중간 지역, 외곽 지역으로 구분돼요.

도심

도시[都]의 중심[心]

반 변두리, 교외 | 영 downtown

都 도읍 **도** | **心** 마음 **심**

도시의 주된 문화, 경제, 상업 활동이 이루어지는 중심부예요. 교통이 편리하고 고층 건물이 빽빽이 들어서 있어요. 관공서, 기업 본사, 은행 본점, 사무소 등이 모여 중심 업무 지구를 이뤄요. 한편, 부도심은 대도시에서 도심의 기능을 분담하는 지역을 말해요.

지가

토지[地]의 가격[價]

동 땅값 | 영 land price

地 땅 **지** | **價** 가격 **가**

토지의 가격이에요. 도심은 어디에서나 쉽게 접근할 수 있어서 지가가 높고, 주변부로 갈수록 접근성이 낮아지면서 지가도 낮아져요. 그래서 도심엔 높은 지가를 지불할 수 있는 대기업이나 금융 기관이 들어서고, 주변부엔 주택 단지나 공장이 지어져요.

함께 알기

접근성 接近性 [접할 **접**, 가까울 **근**, 성질 **성**]: 한 장소에서 다른 장소까지 도달하기 쉬운 정도

도시화

도시[都市]처럼 되어가는[化] 것

영 urbanization

都 도읍 **도** | **市** 저자 **시** | **化** 될 **화**

도시 고유의 문화와 생활 양식이 다른 지역으로 확대되는 거예요. 도시화가 진행되는 지역은 인구가 빠르게 늘고, 경제 활동이 공업과 서비스업 위주로 변해요. 갑작스럽게 도시화가 진행되면 도시 문제가 발생하기도 해요.

예 도시화 과정에서 갑자기 인구가 늘면 교통 혼잡, 환경 오염, 주택 부족, 실업 등 다양한 도시 문제가 발생한다.

개발 제한 구역

개발[開發]이 제한[制限]되는 일정한 지역[區域]

🔵통 그린벨트 🔵영 greenbelt

開 열 **개** | 發 필 **발** | 制 절제할 **제** | 限 한정할 **한**
區 나눌 **구** | 域 구역 **역**

도시의 무분별한 팽창을 막고 녹지 공간을 확보하기 위해 개발을 제한하는 공간이에요. 개발 제한 구역 안에서는 건축물을 새로 짓거나 용도를 변경하는 일이 제한돼요. 보통 공원이나 농장, 목장 등으로 이용해요.

🔵예 **개발 제한 구역**은 도시의 환경을 보전하고 경관을 아름답게 한다.

도시 재생

도시[都市]를 다시[再] 활성화하는[生] 일

都 도읍 **도** | 市 저자 **시** | 再 다시 **재** | 生 날 **생**

지역의 특색 있는 자원을 활용하여 쇠퇴하는 도시를 활성화하는 일이에요. 정부와 지자체는 도시 문제를 해결하여 주민의 삶의 질을 향상시키고 도시 경쟁력을 확보하기 위해 도시 재생 사업을 시행해요.

🔵예 세계의 친환경적 생태 도시들은 **도시 재생**에 성공한 대표적인 사례이다.

농업의 기업화

농업[農業]을 기업[企業]처럼 운영하는 것[化]

🔵영 commercial agriculture

農 농사 **농** | 業 일 **업**
企 꾀할 **기** | 業 일 **업** | 化 될 **화**

기업을 운영하듯 기술과 기계를 이용하여 농산물을 대량으로 재배하고 판매하는 거예요. 보통 넓은 면적에 같은 작물을 재배하여 생산량을 늘려요. 이때 더 큰 이익을 얻기 위해 상품이 될 만한 과일이나 기호 작물을 많이 재배해요.

함께 알기 **기호 작물** 嗜好作物 [즐길 **기**, 좋을 **호**, 지을 **작**, 물건 **물**]: 담배, 커피, 사탕수수, 카카오 등 기호품을 얻기 위해 재배하는 작물

농업의 세계화

> 농업[農業] 활동이 전 세계[世界]적으로 확대되는 것[化] 🅰 globalization of agriculture

農 농사 농 | 業 일 업
世 인간 세 | 界 지경 계 | 化 될 화

농작물을 대량 생산하여 전 세계를 대상으로 수입하고 수출하는 거예요. 예전에는 농업 활동이 한 지역을 중심으로 이루어졌어요. 농촌에서 농작물을 생산하면 도시로 이동하여 판매했지요. 하지만 세계화 시대에는 곡물 메이저들의 등장으로 농산물을 대량 생산하고 유통하는 체제로 변화했어요.

함께 알기 | **곡물 메이저** 穀物 [곡식 곡, 물건 물]: 전 세계적으로 곡물을 수출하고 수입하며 세계 곡물 시장에서 큰 영향력을 행사하는 기업

다국적 기업

> 여러[多] 나라[國]에 등록[籍]하여 운영하는 기업[企業]
> 🅱 세계 기업 🅰 multinational corporation

多 많을 다 | 國 나라 국 | 籍 문서 적
企 꾀할 기 | 業 일 업

국적을 뛰어넘어 둘 이상의 국가에서 다양한 경영 활동을 하는 기업이에요. 교통과 통신의 발달로 국가 간의 교류가 활발해지고 세계화가 진행되면서 등장했어요. 다국적 기업은 세계 각지에 자회사, 지사, 생산 공장 등을 가지고 있어요.

예 다국적 기업의 생산 공장이 들어서면 일자리가 늘어 지역 경제가 활성화되지만, 다른 곳으로 옮기면 사람들이 일자리를 잃고 지역 경제가 침체할 수 있다.

공간적 분업

> 기업 활동을 여러 지역[空間的]에 나누어 운영[分業]하는 방식 🅰 spatial specialization

空 빌 공 | 間 사이 간 | 的 과녁 적
分 나눌 분 | 業 일 업

다국적 기업의 경영 방식으로서, 기업의 여러 기능을 각각 유리한 지역에 나누어 운영하는 거예요. 예를 들어 원료나 임금이 저렴한 개발 도상국에는 생산 공장을 짓고, 넓은 소비 시장을 갖춘 선진국에는 지사나 자회사를 두는 거지요.

서비스업의 세계화

> 서비스업[業]이 전 세계[世界]적으로 확대되는 것[化]

業 일 업 | 世 인간 세 | 界 지경 계 | 化 될 화

서비스업이 전 세계를 대상으로 확대되어 다양한 서비스를 제공하는 거예요. 교통과 통신이 발달하고 세계화가 진행되면서 인터넷 등을 이용하여 내국인뿐만 아니라 외국인에게도 서비스를 제공할 수 있게 되었어요. 예를 들어 여행사가 스마트폰 앱을 통해 외국인 관광객에게 관광 상품을 판매하는 거지요.

(예) 서비스업의 세계화에 따라 해외 인터넷 쇼핑몰에서 원하는 상품을 직접 구매하는 해외 직접 구매도 활발해지고 있다.

함께 알기 서비스업: 상업, 운수업, 관광업, 요식업, 금융업, 보험업 등 생활의 편의와 삶의 질 향상을 위해 서비스를 제공하는 산업

사회

서비스업의 분화

> 서비스업[業]의 단계를 나누어[分] 서비스를 제공하는 것[化]

業 일 업 | 分 나눌 분 | 化 될 화

서비스를 생산, 판매, 사후 관리 등의 단계로 나누어 제공하는 거예요. 예를 들어 서울에 본사를 둔 한 여행사가 여행 상품은 서울에서 개발하고 판매처와 상담실은 태국, 일본, 중국 등 외국에 두는 거지요.

지역화

> 지역[地域]의 독특한 특성이 세계적으로 확산되는 현상 [化] (영) localization

地 땅 지 | 域 구역 역 | 化 될 화

특정 지역이 세계의 정치, 경제, 사회, 문화 등의 주체로 거듭나는 현상이에요. 지역의 고유한 특수성이 세계적인 보편성을 얻어 지역 경쟁력을 높인 결과, 그 지역의 문화나 풍속 등이 세계적으로 확산되는 거예요.

(예) 지역화 전략에는 지역 브랜드, 장소 마케팅, 지리적 표시제 등이 있다.

지역 브랜드

지역[地域]에 고유한 브랜드를 부여하는 것

영 local brand

地 땅 지 | 域 구역 역

지역의 상품이나 지역 그 자체를 소비자에게 특별한 상표(브랜드)로 인식시키는 지역화 **전략**이에요. 지역 브랜드는 지역의 무형 자산이 될 수 있으며, 지역 브랜드의 가치가 높아지면 지역 경제가 활성화될 수 있어요.

장소 마케팅

고객을 특정 장소[場所]로 유인하는 마케팅

영 place marketing

場 마당 장 | 所 바 소

장소를 하나의 매력적인 상품으로 만들어 많은 사람들의 방문을 유도하는 지역화 전략이에요. 장소의 고유한 특성을 이용하여 사람들이 좋아할 만한 이미지를 개발하고 다른 장소와 차별화된 매력을 부각해야 관광 명소로서 성공할 수 있어요.

예 지역 경제를 활성화시키기 위해 지방 자치 단체 등은 장소 마케팅의 하나로 향토 축제를 개최한다.

지리적 표시제

원산지의 지리적[地理的] 특성에서 상품의 품질과 특성이 생겼을 때, 원산지의 이름을 표시[表示]해 주는 제도[制]

地 땅 지 | 理 다스릴 리 | 的 과녁 적
表 겉 표 | 示 보일 시 | 制 만들 제

특정 농산물이나 가공품이 지역의 지리적 특성을 바탕으로 생산되고 그 우수성이 인정될 때 원산지의 지명을 상표권으로 인정해주는 제도예요. 지리적 표시 인증을 받으면 다른 곳에서 함부로 사용할 수 없게 하는 법적 권리를 가져요.

예 지리적 표시제에 따른 대표적인 상표에는 보성 녹차, 횡성 한우, 순창 고추장, 충주 사과, 해남 고구마 등이 있다.

지리적 문제

> 세계 각 지역의 지리적[地理的] 특성에서 생기는 문제 [問題]

地 땅 지 | 理 다스릴 리 | 的 과녁 적
問 물을 문 | 題 물을 제

세계의 각 지역에서 발생하는 문제예요. 기아 문제, 문맹 문제, 영토 분쟁, 자원 갈등, 생물 다양성 보존 문제 등이 있어요. 지리적 문제는 한 나라의 노력만으로는 해결하기 어렵기 때문에 국제기구를 중심으로 국제 사회가 협력해야 해요.

기아 문제

> 굶주림[飢餓]을 겪는 문제[問題]
>
> 영 hunger problem

飢 주릴 기 | 餓 주릴 아 | 問 물을 문 | 題 물을 제

먹을 것이 없어서 굶주림을 겪는 문제예요. 기아 문제는 세계 인구의 증가로 곡물 수요는 늘어나는데, 기후 변화로 인해 식량 생산은 줄고 식량 상업화로 곡물 가격이 상승하면서 발생해요.

예 분쟁이 오래 지속되면 식량의 생산과 분배가 어려워져 **기아 문제**를 겪는다.

생물 다양성 협약

> 생물 다양성[生物多樣性]을 위해 여러 나라가 화합할[協] 것을 약속[約]한 것
>
> 동 생물 다양성 보존 협약

生 날 생 | 物 물건 물 |
多 많을 다 | 樣 모양 양 | 性 성품 성
協 화합할 협 | 約 맺을 약

1992년 브라질 리우 국제 연합 환경 개발 회의에서 생물 다양성 보전을 위해 채택한 환경 협약이에요. 최근 인구 증가와 경제 발전에 따라 숲과 습지가 줄어들면서 생물 다양성이 감소하고 있어요. 생물 다양성 보존에 세계가 노력해야 해요.

함께 알기   **생물 다양성**: 지구 각지의 자연계에 존재하는 생물과 서식지의 다양성

인간 개발 지수

인간[人間]의 삶이 얼마나 개척되고[開] 발전했는지를[發] 나타내는[指] 수치[數]

人 사람 **인** | 間 사이 **간** | 開 열 **개** | 發 필 **발**
指 가리킬 **지** | 數 셈 **수**

유엔 개발 계획이 매년 각 나라의 경제 지표와 비경제 지표를 모두 조사해, 국가별 발전 수준을 평가하는 지수예요. 경제 지표에는 국내 총생산·국민 총소득 등이 있고, 비경제 지표에는 교육 수준·평균 수명 등이 있어요.

예 인간 개발 지수가 높을수록 선진국이라고 할 수 있다.

| 함께 알기 | **유엔 개발 계획** 開發計劃 [열 **개**, 필 **발**, 꾀할 **계**, 그을 **획**]: 개발 도상국에 대한 원조 계획을 조정하고 통일하는 국제 연합 총회의 특별 기구 |

적정 기술

사정에 알맞고[適] 바르게[正] 사용되는 기술[技術]

영 appropriate technology

適 맞을 **적** | 正 바를 **정** | 技 재주 **기** | 術 재주 **술**

특정 지역의 사정에 알맞게 개발한 기술이에요. 적정 기술은 지역의 문제를 해결하는 데 적절한 도움을 주기 때문에 저개발 국가나 개발 도상국이 빈곤 문제를 해결하기 위해 종종 도입해요.

상수도가 설치되지 않은 지역의 아이들은 매일 무거운 물통을 머리에 이고 몇 시간씩 물을 길어 오곤 했어요. 이제 큐(Q) 드럼(바퀴 모양의 롤러형 물통) 덕분에 그런 수고를 덜 수 있게 되었어요.

예 적정 기술은 많은 에너지를 사용하는 기계 중심의 대량 생산 기술과는 달리 소규모로 이루어지는 인간 중심의 기술이다.

공적 개발 원조

선진국이 공적[公的]으로 개발[開發]도상국을 돕는 일[援助] 동 공공 개발 원조, 정부 개발 원조

公 공평할 공 | 的 과녁 적 | 開 열 개 | 發 필 발
援 도울 원 | 助 도울 조

선진국과 국제기구에서 개발 도상국이나 저개발 국가의 발전을 위해 원조하는 거예요. 원조란 물품이나 돈, 기술 등을 지원하는 거지요. 무상 원조도 있고, 차관 원조와 같이 유상 원조도 있어요.

함께 알기
- **개발 도상국** 途上國 [길 도, 윗 상, 나라 국]: 산업 근대화와 경제 개발이 선진국보다 떨어지는 나라
- **차관** 借款 [빌릴 차, 항목 관]: 한 나라의 정부나 기업, 은행이 외국 정부나 공적 기관으로부터 자금을 빌려 옴

공정 무역

공정[公正]하게 대가를 지불하여 이루어지는 무역[貿易]
영 fair trade

公 공평할 공 | 正 바를 정 | 貿 무역할 무 | 易 바꿀 역

저개발 국가 및 개발 도상국의 생산자에게 정당한 대가를 지불하는 무역이에요. 직거래를 통해 공정한 가격으로 상품을 구입하는 거예요. 공정 무역으로 지역 간 경제 불평등을 어느 정도 줄일 수 있어요.

예 공정 무역은 소비자에게 질 좋고 신뢰할 수 있는 제품을 공급한다.

영역

한 나라가 다스리는[領] 구역[域]
영 territory

領 다스릴 영 | 域 구역 역

한 나라의 주권이 미치는 범위예요. 영토, 영해, 영공으로 이루어져 있어요. **영토**는 그 나라가 다스리는 땅이고, **영해**는 영토 주변의 바다이며, **영공**은 영토와 영해의 하늘이에요.

예 우리나라의 영역은 국민의 생활 터전으로서 외부의 침입으로부터 보호되어야 한다.

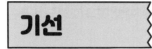

기선

기초[基]가 되는 선[線]

영 baseline

基 기초 기 | 線 선 선

영해의 기준이 되는 선으로, 통상 기선과 직선 기선이 있어요. **통상 기선**은 해수면이 가장 낮은 썰물 때의 해안선이고, **직선 기선**은 가장 바깥에 있는 섬들을 연결한 선이에요. 우리나라는 동해·울릉도·독도·제주도에서는 통상 기선을, 서해·남해에서는 직선 기선을 적용하고 있어요.

예 국제법상 영해의 범위는 기선으로부터 12해리(약 22km)까지로 정하고 있다.

○ 우리나라 영해

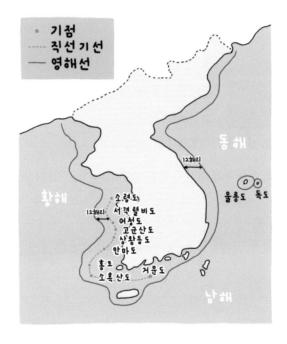

배타적 경제 수역

배타적[排他的]으로 관리하는 경제[經濟] 수역[水域]

영 EEZ(exclusive economic zone)

排 밀칠 배 | 他 다를 타 | 的 과녁 적
經 지날 경 | 濟 건널 제 | 水 물 수 | 域 구역 역

영해 기선으로부터 200해리에 이르는 수역 중 영해를 제외한 수역이에요. 이 바다에 가장 인접한 국가는 여기에서 자유롭게 어업 활동을 하고, 해양 자원을 탐사·개발·이용할 권리가 있어요. 배타적 경제 수역은 국가의 영역에는 포함되지 않으므로 다른 국가의 선박과 항공기가 자유롭게 통행할 수 있어요.

예 우리나라는 배타적 경제 수역이 일본, 중국과 겹치기 때문에 어업 협정을 맺어 겹치는 수역을 공동으로 관리하고 있다.

독도

홀로[獨] 떨어져 있는 섬[島]

동 우산도(독도의 옛 이름) 영 Dokdo Island

獨 홀로 독 | 島 섬 도

우리나라 영토 중 가장 동쪽에 위치한 섬이에요. 행정 구역상 경상북도 울릉군 울릉읍에 속해요. 독도는 우리나라 영역의 동쪽 끝을 확정하고, 동해 한가운데에 있어서 주변국의 정세를 파악하는 군사 요충지로서 매우 중요해요. 그리고 다양한 생물이 가득하여 1999년 섬 전체가 천연 보호 구역으로 지정되었어요.

함께 알기

군사 요충지 軍事要衝地 [군사 **군**, 일 **사**, 요긴할 **요**, 찌를 **충**, 땅 **지**]: 군사적으로 중요한 지역. 중요한 시설물이 있거나 적의 동태를 살피기 유리한 곳, 보급품을 원활하게 받을 수 있는 곳 등

사회

반도국

반도[半島]로 되어 있는 나라[國]

半 반 반 | **島** 섬 도 | **國** 나라 국

영토가 반도로 되어 있는 나라예요. 반도란 삼면이 바다로 둘러싸이고 한 면은 육지에 이어진 땅을 말해요. 우리나라는 아시아 대륙의 동쪽에 있으면서 태평양과 접한 반도국이에요. 그래서 통일이 되면 제약 없이 대륙과 해양으로 모두 진출하여 동아시아의 중심지가 될 수 있어요.

통일 비용

통일[統一]로 인해 부담해야 하는 비용[費用]

🔵 분단 비용

統 합칠 통 | **一** 한 일 | **費** 쓸 비 | **用** 쓸 용

남북한이 통일을 이룬 후 사회 각 분야를 정상적인 수준으로 끌어올리기까지 부담해야 하는 모든 비용이에요. 통일을 하면 도로·철도·발전소·학교·병원 등 각종 사회 기반 시설을 구축하고, 제도와 화폐를 통합하고, 다양한 사회 문제를 해결하는 데 큰 비용이 들어요. 하지만 분단으로 인한 분단 비용은 장기간 더욱 크게 지출되므로 통일을 앞당기는 것이 현명한 선택이에요.

함께 알기 | **분단 비용** 分斷 [나눌 분, 끊을 단]: 막대한 국방비 등 분단 체제로 인한 대결과 갈등으로 발생하는 모든 비용

통일 편익

통일[統一]로 인해 발생하는 모든 편의[便]와 이익[益]

統 합칠 통 | **一** 한 일 | **便** 편할 편 | **益** 더할 익

통일을 통해 남북한이 얻을 수 있는 모든 경제적·비경제적 이익이에요. 통일을 하면 국방비 등의 부담이 줄어 그만큼 다른 분야에 투자할 수 있고, 남한의 앞선 기술과 자본, 북한의 풍부한 천연자원을 결합하여 더욱 큰 경제 발전을 이룰 수 있어요.

예 통일을 하면 장기적으로는 통일 비용보다 통일 편익이 더 크다.

마무리 퀴즈 Quiz

1~3 제시된 초성과 뜻을 참고하여 괄호 안에 들어갈 어휘를 쓰세요.

1 ㅇㄱ ㅇㄷ : 사람들이 한 지역에서 다른 지역으로 옮겨 가는 현상

　例 (　　　　　)에 의해 인구 유입이 많은 지역은 인구 문제가 심각해질 수 있다.

2 ㄷㄱㅈ ㄱㅇ : 둘 이상의 국가에서 다양한 경영 활동을 하는 기업

　例 (　　　　　)은 세계 각지에 자회사, 지사, 생산 공장 등을 가지고 있다.

3 ㅈㅈ ㄱㅅ : 특정 지역의 사정에 알맞게 개발한 기술

　例 큐 드럼은 무거운 물통을 대체하는 (　　　　　)이다.

4~7 다음을 바르게 연결해 보세요.

4 농업의 기업화　·　　　· ① 장소를 매력적인 상품으로 만드는 전략

5 공간적 분업　·　　　· ② 농산물을 대량으로 재배하고 판매

6 지역화　·　　　· ③ 기업의 기능을 여러 지역에 나누어 운영

7 장소 마케팅　·　　　· ④ 지역의 특수성이 세계적으로 확산되는 것

8~10 다음 설명이 맞으면 ○, 틀리면 ×로 표시하세요.

8 도심은 지가가 낮아 공장이나 주택 단지가 들어서 있다.　　　(　　　)

9 공정 무역으로 가난한 생산자는 이익을 얻지만 소비자는 손해를 본다.　　　(　　　)

10 통일 비용보다 통일 후 얻게 될 통일 편익이 더 크다.　　　(　　　)

답안 1. 인구 이동 2. 다국적 기업 3. 적정 기술 4. ② 5. ③ 6. ④ 7. ① 8. × 9. × 10. ○

과학

우리가 사는 곳, 지구

지구계 · 지권의 구조 · 화성암 · 퇴적암 · 변성암 · 광물 · 풍화 · 대륙 이동설
판 · 수권의 분포 · 수자원 · 해수의 층상 구조 · 염류 · 염분비 일정 법칙 · 해류
조석 · 기권의 층상 구조 · 복사 에너지 · 복사 평형 · 온실 효과 · 포화 수증기량
상대 습도 · 구름 · 강수 · 기압 · 바람 · 기단 · 전선 · 한랭 전선
온난 전선 · 고기압 · 저기압 · 일기도

지구계

지구[地球]를 이루는 요소들의 모임[系]

영 earth system

地 땅 지 | 球 공 구 | 系 묶을 계

지구를 이루며 서로 영향을 주고받는 구성 요소들의 집합이에요. 지구계는 지권, 수권, 기권, 생물권, 외권으로 구성되어 있어요. 지권은 지구 표면과 내부이고, 수권은 바다·빙하·지하수·강 등 지구에 있는 물이며, 기권은 지구를 둘러싼 대기이고, 생물권은 지구에 사는 모든 생물이에요. 외권은 기권의 바깥 영역인 우주 공간이에요.

예 지구계의 구성 요소들이 영향을 주고받아 다양한 자연 현상이 나타난다.

지권의 구조

지권[地圈]을 이루는 요소들의 구조[構造]

비 암석권의 구조

地 땅 지 | 圈 우리 권 | 構 얽을 구 | 造 지을 조

지권을 이루는 요소들의 구조예요. 지권은 지표와 내부 구조로 나뉘어져 있어요. 내부 구조는 지각, 맨틀, 외핵, 내핵으로 구분되는 4층의 층상 구조로 되어 있어요. 지각은 암석으로 된 지구의 겉 부분으로 두께가 가장 얇은 층이고, 맨틀은 지구 전체 부피의 80%를 차지하며 유동성 있는 고체 상태의 층이에요. 외핵은 액체 상태의 층이며, 내핵은 무거운 물질로 이루어진 고체 상태의 층이에요.

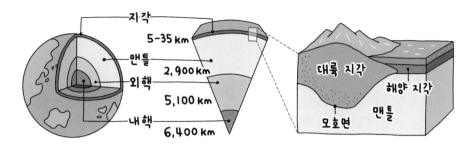

모호면은 지각과 맨틀의 경계면이에요.

화성암

마그마[火]가 식어서 생성된[成] 암석[巖]

火 불 화 | 成 이룰 성 | 巖 바위 암

마그마가 식으며 굳어져서 만들어진 암석이에요. 생성되는 장소에 따라 화산암과 심성암으로 구분해요. 화산암은 마그마가 지표에서 빠르게 식으며 만들어진 거예요. 결정의 크기가 작고, 현무암, 유문암 등이 있어요. 심성암은 마그마가 지하 깊은 곳에서 천천히 식으며 만들어진 거예요. 결정의 크기가 크고, 반려암, 화강암 등이 있어요.

예 화성암의 종류는 광물 결정의 크기와 암석의 색에 따라 분류한다.

함께 알기 **결정** 結晶 [맺을 **결**, 맑을 **정**]: 원자나 이온들이 규칙적으로 배열된 고체 물질

퇴적암

퇴적물이 쌓여서[堆積] 만들어진 암석[巖]

堆 쌓일 퇴 | 積 쌓을 적 | 巖 바위 암

암석의 조각이나 생물의 뼈 등이 쌓이고 다져지고 굳어져서 만들어진 암석이에요. 퇴적암은 퇴적물의 크기와 종류에 따라 분류해요. 퇴적물이 자갈이면 역암, 모래면 사암, 진흙이면 셰일이라고 해요. 이 외에 조개껍데기와 석회 물질 등이 쌓여 굳어진 석회암과 화산재가 쌓여서 굳어진 응회암도 퇴적암이에요.

예 종류나 크기가 다른 퇴적물이 여러 겹으로 쌓여 만들어진 퇴적암에는 줄무늬 모양의 층리가 나 있다.

변성암

암석의 성질이 변하여[變] 만들어진[成] 암석[巖]

變 변할 **변** | **成** 이룰 **성** | **巖** 바위 **암**

암석이 열과 압력을 받아 성질이 변하여 만들어진 암석이에요. 변성암의 종류는 원래 암석의 종류와 변성 정도에 따라 분류해요. 화강암이 변한 편마암, 사암이 변한 규암, 석회암이 변한 대리암, 셰일이 변한 편암 등이 있어요. 편암은 높은 열과 압력을 받으면 편마암이 되고, 편암과 편마암에는 엽리가 나타나기도 해요.

 함께 알기 **엽리** 葉理 [잎 **엽**, 다스릴 **리**]: 암석이 받은 압력의 수직 방향으로 광물이 배열되어 만들어진 줄무늬

광물

쇠[鑛]와 같은 알갱이[物]

영 mineral

鑛 쇳돌 **광** | **物** 물건 **물**

암석을 이루는 작은 알갱이예요. 지각은 암석으로 이루어져 있고, 암석은 철, 금, 석영, 흑연 등 여러 가지 광물로 이루어져 있어요. 광물은 저마다 겉보기 색, 조흔색, 굳기, 염산 반응, 자성 등의 고유 성질을 가지고 있어요. 예를 들어 자철석은 쇠붙이를 끌어당기는 자성이 있고, 방해석은 염산과 반응하면 거품이 나는 성질이 있어요. 광물 중에서 암석을 이루는 주된 광물을 조암 광물이라고 해요.

 아름다운 빛깔의 보석도 광물의 한 종류이다.

 함께 알기
- **조흔색** 條痕色 [가지 **조**, 흔적 **흔**, 빛 **색**]: 광물을 조흔판(도자기판)에 긁었을 때 나타나는 광물 가루의 색
- **굳기**: 광물의 단단한 정도. 광물을 서로 긁어서 비교함

풍화

암석이 바람[風]과 비 등을 맞아 부서지는[化] 현상

🇪 weathering

風 바람 풍 | 化 될 화

암석이 오랜 시간에 걸쳐 잘게 부서지거나 성분이 변하는 현상이에요. 물, 공기, 생물 등에 의해 풍화가 일어나요. 예를 들어 암석의 틈에 스며든 물이 얼면 부피가 커지면서 틈을 넓혀 암석이 부서져요. 암석은 다양한 풍화 작용을 받아 돌 조각, 모래, 흙 등으로 변해 가요.

예 암석의 표면적이 넓을수록 풍화가 잘 일어난다.

대륙 이동설

한 덩어리였던 대륙[大陸]이 갈라져 이동했다는[移動] 주장[說] 🇧 판 구조론

大 큰 대 | 陸 뭍 륙
移 옮길 이 | 動 움직일 동 | 說 말씀 설

과거 한 덩어리였던 초대륙(판게아)이 서서히 갈라지고 이동하여 현재와 같이 분포되었다는 학설로, 베게너가 처음 주장했어요. 대륙 이동설의 근거로는 해안선의 모양이 일치하고, 멀리 떨어진 대륙임에도 같은 종의 화석이 발견되며, 산맥이 하나로 이어지는 점 등을 들 수 있어요. 하지만 대륙이 이동하는 원동력을 설명하지 못하는 한계를 지니고 있어요.

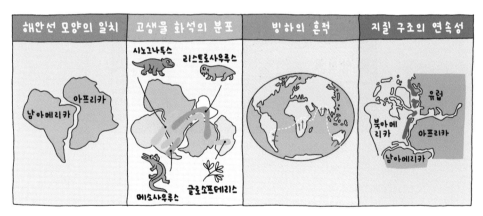

해안선 모양의 일치	고생물 화석의 분포	빙하의 흔적	지질 구조의 연속성
지금은 떨어져 있는, 남아메리카 동해안과 아프리카 서해안의 해안선이 비슷하다.	지금은 떨어져 있는 여러 대륙에서 같은 종의 동·식물 화석이 발견된다.	현재 따뜻하고 빙하가 없는 지역에서 빙하의 흔적이 발견된다.	지금은 멀리 떨어져 있는 두 대륙의 산맥과 퇴적층이 연속적으로 이어진다.

과학

판 널빤지[板]처럼 맨틀 위에 떠 있는 지구의 겉 부분

🟣 plate

板 널빤지 판

지각과 맨틀의 윗부분을 포함하는 단단한 암석층이에요. 지구의 겉 부분은 여러 개의 판으로 이루어져 있는데, 대륙 지각을 포함하는 대륙판과 해양 지각을 포함하는 해양판으로 구분해요. 판은 아래쪽의 맨틀을 따라 아주 천천히 이동해요. 판의 경계에서는 판들이 멀어지거나 모여들면서, 화산 활동이나 지진이 활발하게 일어나기도 해요. 그래서 판의 경계와 화산대, 지진대는 거의 일치해요.

(예) 지구의 표면은 10여 개의 크고 작은 판으로 이루어져 있다.

함께 알기
- **화산대** 火山帶 [불 화, 산 산, 띠 대]: 화산 활동이 자주 일어나는 지역
- **지진대** 地震帶 [땅 지, 벼락 진, 띠 대]: 지진이 자주 일어나는 지역

○ 해양판과 대륙판의 충돌

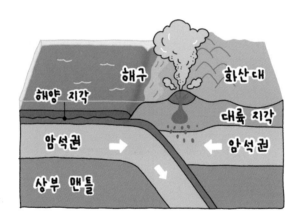

수권의 분포

지구의 모든 물[水圈]이 나누어진[分] 범위[布]

水 물 수 | 圈 우리 권 | 分 나눌 분 | 布 분포할 포

지구상에 존재하는 모든 물이 해수(바닷물), 빙하, 지하수, 호수, 강물 등의 형태로 흩어져 있는 범위예요. 지구는 지표의 70%가 물로 덮여 있어요. 이 중 해수가 약 97.2%를 차지하고, 육지에 분포하는 담수, 즉 빙하, 지하수, 호수, 강물 등은 약 2.8%로 매우 적은 양이에요.

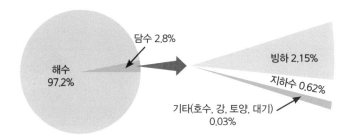

육지의 물 중에서 가장 큰 부피를 차지하는 것은 빙하예요.

수자원

자원[資源]으로 이용할 수 있는 물[水]

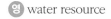 영 water resource

水 물 수 | 資 재물 자 | 源 근원 원

지구상에 있는 물 중에서 인간이 자원으로 이용할 수 있는 물이에요. 물은 일상생활과 산업 활동에 다양하게 이용돼요. 특히 육지 물의 22%를 차지하는 지하수는 이용 가치가 높아요. 농사, 제품 생산, 공원의 분수, 온천 등에 활용돼요. 가뭄 시에는 강물과 호수의 물을 대체하기도 해요.

예 수자원으로 사용 가능한 물은 전체 물의 양의 0.6%에 불과하다.

과학

해수의 층상 구조

> 바닷물[海水]이 층[層狀]으로 구분되는 구조
> [構造]

海 바다 해 | 水 물 수
層 층 층 | 狀 형상 상 | 構 얽을 구 | 造 지을 조

깊이에 따른 수온 분포를 기준으로 혼합층, 수온 약층, 심해층으로 구분한 해수의 구조예요. 혼합층은 태양 에너지에 의해 가열된 표층의 해수가 바람에 의해 혼합되어, 수온이 일정하게 유지되는 층이에요. 그 아래 수온 약층은 수온이 급격하게 낮아지는 층이에요. 수온 약층 아래에는 태양 에너지가 미치지 못하는 심해층이 있어요. 심해층은 수온이 4℃ 이하로 매우 낮아요.

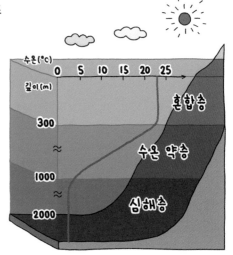

염류

> 해수[鹽]에 녹아 있는 여러 종류[類]의 물질
> 🅑 염분 🅔 salts

鹽 소금 염 | 類 무리 류

해수에 녹아 있는 여러 가지 물질을 염류라고 해요. 바닷물에는 염화 나트륨, 염화 마그네슘, 황산 칼슘, 황산 칼륨 등이 녹아 있어요. 이 중 가장 많은 양을 차지하는 염류는 염화 나트륨이에요. 한편, 해수 1000g에 녹아 있는 염류의 총량을 g 수로 나타낸 것을 염분(psu 또는 ‰(퍼밀))이라고 해요. 세계 해수의 평균 염분은 약 35psu이고, 우리나라 주변 바다의 평균 염분은 약 33psu이에요.

염분비 일정 법칙

염분[鹽分] 안의 염류들의 상대적 비율[比]이 일정하다는[一定] 법칙[法則]

鹽 소금 염 | 分 나눌 분 | 比 견줄 비
一 한 일 | 定 정할 정 | 法 법 법 | 則 법칙 칙

해수마다 염분은 다르시만 전체 염류에서 각 염류가 차지하는 비율은 항상 일정하다는 **법칙**이에요. 예를 들어 북극해의 염분은 30psu이고 이 중 염화 나트륨은 23.3g이에요. 홍해의 염분은 40psu이고 이 중 염화 나트륨은 31.1g이에요. 이처럼 북극해와 홍해의 염분은 다르지만, 염화 나트륨이 전체에서 차지하는 비율은 모두 77.7% 정도로 일정해요.

해류

바닷물[海]의 흐름[流]

영 ocean current

海 바다 해 | 流 흐를 류

바닷물이 바람의 영향으로 일 년 내내 일정한 방향으로 흐르는 거예요. 저위도에서 고위도로 흐르는 해류는 수온이 따뜻하여 난류라고 하고, 고위도에서 저위도로 흐르는 해류는 수온이 차가워 한류하고 해요. 우리나라 주변 바다는 난류와 한류가 모두 흐르고 있어요. 특히 동해는 동한 난류와 북한 한류가 만나 조경 수역을 이루고 있어요.

함께 알기 **조경 수역** 潮境水域 [바닷물 조, 경계 경, 물 수, 구역 역]: 한류와 난류처럼 서로 다른 성질의 두 해류가 교차하는 수역. 영양 염류와 플랑크톤이 풍부하여 좋은 어장이 형성됨

조석

밀물[潮]과 썰물[汐] 현상

영 tide 비 조수

潮 밀물 조 | 汐 조수 석

밀물과 썰물에 의해 해수면이 주기적으로 높아졌다 낮아졌다 하는 현상이에요. 밀물은 바닷물이 육지 쪽으로 밀려오는 것이고, 썰물은 바다 쪽으로 빠져나가는 거예요. 밀물에 의해 해수면이 가장 높아진 때를 만조, 썰물에 의해 해수면이 가장 낮아진 때를 간조라고 해요. 만조와 간조 때 해수면의 차이를 조차라고 해요.

예 조석 현상은 달과 태양의 인력(끌어당기는 힘) 작용에 의하여 일어난다.

과학

기권의 층상 구조

기권[氣圈]이 층[層狀]으로 구분되는 구조 [構造]

氣 기운 기 | 圈 우리 권
層 층 층 | 狀 형상 상 | 構 얽을 구 | 造 지을 조

높이에 따른 기온 분포를 기준으로 대류권, 성층권, 중간권, 열권의 4개 층으로 구분한 **기권의 구조**예요. 기권을 이루는 대기는 지표면으로부터 약 1000km 높이까지 분포해요. 대류권은 위로 올라갈수록 기온이 낮아져요. 또한 구름이 만들어지고 비나 눈 등의 기상 현상이 나타나요. 성층권은 오존이 있어서 태양으로부터 오는 자외선을 흡수해요. 중간권은 종종 유성이 관측돼요. 열권은 공기가 거의 없고 낮과 밤의 기온 차가 매우 커요. 고위도 지방에서는 오로라가 나타나기도 해요.

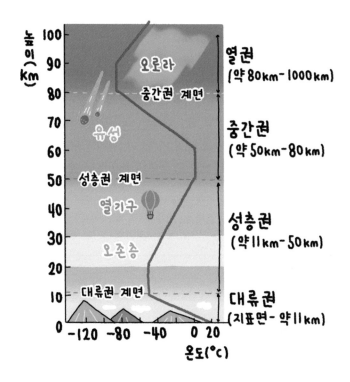

함께 알기
- **오존**: 산소 원자 3개로 이루어진 기체로, 태양의 자외선을 흡수함
- **유성 流星** [흐를 유, 별 성]: 우주의 먼지나 티끌 등이 지구 중력에 이끌려 대기 안으로 들어오면서 대기와 마찰하여 불타는 현상. 별똥별
- **오로라**: 태양에서 온 입자가 지구 자기장에 잡혀 끌려 내려오다 지구의 대기와 반응해 빛을 내는 현상

복사 에너지

물체에서 사방으로[輻] 내보내는[射] 에너지

輻 바큇살 **복** | **射** 쏠 **사**

물질의 도움을 받지 않고 직접 전달되는 에너지예요. 모든 물체는 복사 에너지를 방출해요. 그중 지구에 절대적인 영향을 미치는 복사 에너지는 태양 복사 에너지예요. 그래서 햇빛을 받으면 따뜻함을 느끼는 거예요. 태양 복사 에너지를 흡수하는 지구도 우주 공간으로 지구 복사 에너지를 방출해요.

복사 평형

흡수, 방출하는 복사 에너지의[輻射] 양이 같은[平衡] 상태

輻 바큇살 **복** | **射** 쏠 **사** | **平** 평평할 **평** | **衡** 저울대 **형**

물체가 흡수하는 복사 에너지의 양과 방출하는 복사 에너지의 양이 같아 온도가 일정하게 유지되는 상태예요. 지구에 들어오는 태양 복사 에너지와 지구가 방출하는 지구 복사 에너지는 복사 평형을 이루어요. 그래서 지구는 태양으로부터 끊임없이 에너지를 받지만 평균 온도는 일정하게 유지돼요.

과학

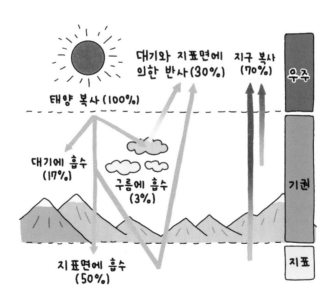

지구에 들어오는 태양 복사 에너지를 100이라고 하면, 이 중 30은 대기와 지표면에서 반사되어 우주 공간으로 빠져나가고, 70은 대기와 지표면에 흡수돼요.

온실 효과

> 대기가 온실[溫室]처럼 작용하는[效果] 현상
>
> 영 greenhouse effect

溫 따뜻할 온 | 室 집 실 | 效 본받을 효 | 果 실과 과

대기 중의 온실 기체가 지구 복사 에너지의 일부를 흡수하여 지구의 온도를 높이는 현상
이에요. 수증기, 이산화 탄소, 메테인 등이 대표적인 온실 기체예요. 그런데 산업이 점점
발달하면서 대기 중으로 배출되는 온실 기체의 양이 많아지자 지구의 평균 기온이 상승하
는 지구 온난화 현상이 일어나고 있어요.

포화 수증기량

> 공기 안에 최대로[飽] 들어갈[和] 수 있는 수증기[水
> 蒸氣]의 양[量]

飽 배부를 포 | 和 화할 화
水 물 수 | 蒸 찔 증 | 氣 기운 기 | 量 양 량

공기 1kg 속에 최대로 들어갈 수 있는 수증기량을 g으로 나타낸 거예요. 온도가 높아질
수록 포화 수증기량은 증가해요. 반대로 대기의 온도가 낮아지면 포화 수증기량이 줄어들
어 대기 중의 수증기가 과포화 상태가 돼요. 그러면 수증기의 일부가 물방울로 변하는 응
결 현상이 일어나요. 수증기가 응결하기 시작할 때의 온도를 이슬점이라고 해요.

상대 습도

> 현재 공기의 습도[濕度]를 상대적으로[相對] 나타낸 값
>
> 영 relative humidity

相 서로 상 | 對 대할 대 | 濕 젖을 습 | 度 법도 도

공기의 습한 정도를 백분율로 나타낸 값이에요. 보통 습도라고 하면 상대 습도를 말해요.
상대 습도는 현재 기온에서의 포화 수증기량에 대한 실제 수증기량의 비로 구할 수 있어요.

$$\text{상대 습도} = \frac{\text{현재 공기 중의 실제 수증기량}}{\text{현재 기온의 포화 수증기량}} \times 100$$

상대 습도는 공기 중의 수증기량과 기온의 영향을 받아요. 수증기량이 거의 변하지 않는
맑은 날에는 기온이 높아지면 포화 수증기량이 증가해 상대 습도가 낮아지고, 기온이 낮
아지면 포화 수증기량이 감소하여 습도가 높아져요.

예 비오는 날에는 공기 중의 수증기량이 많아지므로 상대 습도가 높아진다.

구름

영 cloud

공기 중의 수증기가 엉기어서 작은 물방울이나 얼음 알갱이가 되어 공중에 떠 있는 거예요. 공기 덩어리가 상승하면 단열 팽창하면서 기온이 점점 낮아져요. 그러다 이슬점에 도달하여 공기 중의 수증기가 응결하면 물방울이 되고, 0℃ 이하로 내려가면 얼음 알갱이가 돼요. 이런 물방울이나 얼음 알갱이가 구름이에요.

함께 알기
단열 팽창 斷熱膨脹 [끊을 **단**, 더울 **열**, 부풀 **팽**, 부을 **창**]: 기체가 외부와 열을 교환하지 않고 부피를 팽창시켜 온도가 내려가는 현상

강수

구름에서 내리는[降] 비나 눈[水]
영 precipitation

降 내릴 **강** | 水 물 **수**

구름에서 비나 눈 등이 만들어져 지표로 떨어지는 현상이에요. 구름 입자는 크기가 매우 작기 때문에 약 100만 개 이상의 입자가 모여야 빗방울이 될 수 있어요. 이때 입자들이 모이는 방식과 관련하여 병합설과 빙정설이 있어요.

함께 알기
- **병합설** 倂合說 [아우를 **병**, 합할 **합**, 말씀 **설**]: 구름 속의 물방울들이 이동하다가 서로 부딪치고 합쳐져 비가 된다는 이론
- **빙정설** 氷晶說 [얼음 **빙**, 맑을 **정**, 말씀 **설**]: 구름 속 얼음 알갱이(빙정)가 커져서 무거워지면 눈으로 떨어지고, 주변 기온이 따뜻하면 녹아 비가 된다는 이론

과학

기압

기체[氣]의 압력[壓]
통 대기압 영 atmospheric pressure

氣 기운 **기** | 壓 누를 **압**

공기가 누르는 압력이에요. 기체는 모든 방향으로 움직이므로 기압도 모든 방향으로 작용해요. 한편 기압의 크기는 일정하지 않고 시간과 장소에 따라 변해요. 고도가 높아지면 공기의 양이 감소하므로 기압이 낮아져요. 그래서 비행기를 타고 높이 올라가거나 높은 산에 올라가면 귀가 먹먹해져요.

바람 영 wind

두 지점의 기압 차에 의하여 기압이 높은 곳에서 낮은 곳으로 공기가 이동하는 흐름이에요. 지표면이 가열되는 지역에서는 공기가 상승하여 지표면의 기압이 낮아지고, 지표면이 냉각되는 지역에서는 공기가 수축되어 하강하면서 지표면의 기압이 높아져요. 그러면 두 지표면 부근에 기압 차가 생기고 기압이 높은 곳에서 기압이 낮은 곳으로 공기가 이동하여 바람이 불어요. 지표면의 가열과 냉각에 의한 기압 차이로 부는 대표적인 바람은 해륙풍과 계절풍이에요.

**함께
알기**
- **해륙풍** 海陸風 [바다 **해**, 뭍 **륙**, 바람 **풍**]: 해안 지역에서 바다와 육지의 온도 차 때문에 낮과 밤에 풍향이 바뀌어 부는 바람(하루 주기)
  낮: 바다 → 육지, 밤: 육지 → 바다
- **계절풍** 季節風 [계절 **계**, 마디 **절**, 바람 **풍**]: 대륙과 해양의 온도 차 때문에 여름과 겨울에 풍향이 바뀌어 부는 바람(1년 주기)
  여름: 해양 → 대륙, 겨울: 대륙 → 해양

○ 바람이 생성되는 원리

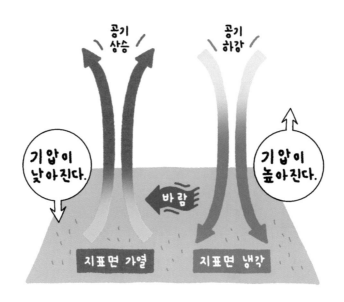

기단

> 공기[氣] 덩어리[團]
>
> 영 air mass

氣 기운 기 | 團 둥글 단

기온과 습도 등의 성질이 비슷한 대규모의 공기 덩어리예요. 공기가 넓은 대륙이나 해양에 오랫동안 머물러 있으면 그 지표와 비슷한 성질을 띠는 기단이 형성돼요. 이 기단은 세력이 커지거나 작아지면서 주변 지역의 날씨에 영향을 줘요. 우리나라의 겨울에는 한랭 건조한 시베리아 기단의 영향을 받아 춥고 건조한 날씨가 나타나고, 여름에는 고온 다습한 북태평양 기단의 영향을 받아 무덥고 습한 날씨가 나타나요.

○ 우리나라에 영향을 주는 기단

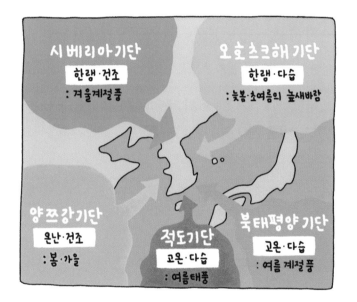

전선

> 기단의 경계면이 지표면과 만나는[前] 선[線]
>
> 영 front

前 앞 전 | 線 줄 선

성질이 다른 두 기단이 만나 형성되는 경계면(전선면)이 지표면과 만나는 경계선이에요. 전선 주변에서는 공기의 상승 운동이 활발하게 일어나고, 전선을 경계로 기온과 습도 등이 크게 달라지므로 날씨 변화가 나타나요.

과학

한랭 전선

차가운[寒冷] 기단이 이동하여 만들어지는 전선[前線]

 cold front

寒 찰 한 | 冷 찰 랭 | 前 앞 전 | 線 줄 선

차가운 기단이 따뜻한 기단 쪽으로 이동하여 따뜻한 기단 아래로 파고들 때 만들어지는 전선이에요. 한랭 전선에서는 전선면의 기울기가 급하기 때문에 공기의 상승 운동이 활발하게 일어나고 적운형 구름이 형성돼요. 한랭 전선은 온난 전선보다 이동 속도가 빠른데, 만약 한랭 전선이 온난 전선을 따라잡아 겹쳐지면 폐색 전선이 만들어져요. 이때 두 기단의 힘이 비슷하여 움직이지 않고 오래 머물러 있으면 정체 전선이라고 해요.

예 한랭 전선이 형성되면 좁은 지역에 소나기성 비가 내린다.

함께
알기
적운형 구름 積雲形 [쌓을 적, 구름 운, 모양 형]: 수직으로 솟은 구름. 뭉게구름

온난 전선

따뜻한[溫暖] 기단이 이동하여 만들어지는 전선[前線]

 warm front

溫 따뜻할 온 | 暖 따뜻할 난 | 前 앞 전 | 線 줄 선

따뜻한 기단이 차가운 기단 쪽으로 이동하여 차가운 기단 위로 타고 올라갈 때 만들어지는 전선이에요. 온난 전선에서는 전선면의 기울기가 완만하기 때문에 공기의 상승 운동이 약하고, 전선면을 따라 층운형 구름이 형성돼요.

예 온난 전선이 형성되면 넓은 지역에 걸쳐 지속적으로 약한 비가 내린다.

함께
알기
층운형 구름 層雲形 [층 층, 구름 운, 모양 형]: 지평선과 나란히 층을 이루어 편평하게 퍼진 구름

○ 한랭 전선과 온난 전선

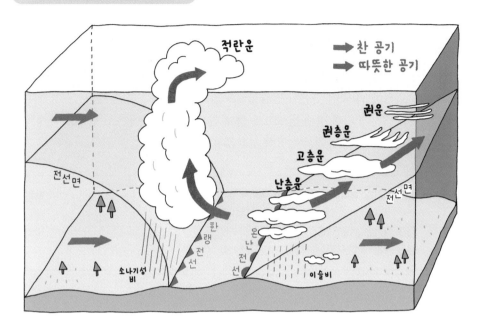

고기압

주변 기압보다 높은[高] 기압[氣壓]

영 anticyclone

高 높을 고 | 氣 기운 기 | 壓 누를 압

주변보다 기압이 높은 곳이에요. 고기압 지역에서는 공기가 상공에서 지표로 내려오는 하강 기류가 발달해, 구름이 없고 날씨가 맑아요. 북반구에서는 고기압 지역에서 하강한 공기가 시계 방향으로 돌며 주변으로 불어나가요.

저기압

주변 기압보다 낮은[低] 기압[氣壓]

🌐 cyclone

低 낮을 저 | 氣 기운 기 | 壓 누를 압

주변보다 기압이 낮은 곳이에요. 저기압 지역에서는 공기가 지표에서 상공으로 올라가는 상승 기류가 발달해, 상공에 구름이 만들어지고 날씨가 흐려요. 북반구에서는 저기압 지역에서 주변의 공기가 시계 반대 방향으로 돌며 안으로 불어 들어가요. 중위도 지방에서는 온대 저기압이, 열대 지방에서는 열대 저기압이 발생해요.

**함께
알기**

- **온대 저기압** 溫帶 [따뜻할 온, 띠 대]: 북쪽의 찬 기단과 남쪽의 따뜻한 기단이 만나 형성된 저기압. 온난 전선과 한랭 전선을 동반함
- **열대 저기압** 熱帶 [더울 열, 띠 대]: 열대 지방의 해양 위에서 발생하는 저기압. 강한 비바람을 동반하여 움직일 때 태풍이라고 함

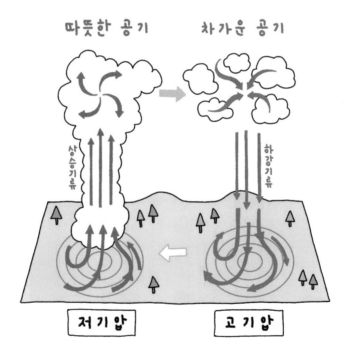

북반구에서 고기압과 저기압의 바람이에요.

일기도

날씨[日氣]를 나타낸 지도[圖]

영 weather map

日 해 일 | 氣 기운 기 | 圖 그림 도

여러 지역의 동 시간대 대기 상태를 한눈에 알아보기 쉽게 작성한 지도예요. 일기도에는 기온, 기압, 풍향, 풍속, 고기압, 저기압, 등압선, 전선 등이 기호로 표시되어 있어요. 우리나라의 계절별 일기도를 보면 기압 배치가 다르다는 사실을 확인할 수 있어요. 여름에는 남쪽에 고기압이, 북쪽에 저기압이 분포하는 남고북저 기압 배치가 나타나고, 겨울에는 서쪽에 고기압이, 동쪽에 저기압이 분포하는 서고동저형 기압 배치가 나타나요.

○ 여름철과 겨울철의 우리나라 일기도

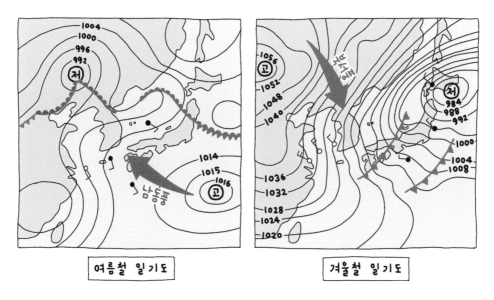

여름에는 습하고 더운 남동풍이 불고, 겨울에는 건조하고 추운 북서풍이 불어요.

마무리 퀴즈 Quiz

1~3 다음 내용에 해당하는 암석을 〈보기〉에서 고르세요.

> 〈보기〉 ⊙ 화성암 　　 ⓒ 퇴적암 　　 ⓒ 변성암

1 암석이 열과 압력을 받아 성질이 변하여 만들어진 암석이다. 　(　　　)

2 퇴적물이 쌓인 후 다져지고 굳어져서 만들어진 암석이다. 　(　　　)

3 마그마가 식으면서 굳어진 암석이다. 　(　　　)

4~7 다음을 바르게 연결해 보세요.

4 고기압 ・ 　　　　・ ① 상승 기류가 강하고 적운형 구름이 만들어짐

5 저기압 ・ 　　　　・ ② 하강 기류가 발달해 구름이 없고 날씨가 맑음

6 온난 전선 ・ 　　　　・ ③ 상승 기류가 발달해 상공에 구름이 만들어짐

7 한랭 전선 ・ 　　　　・ ④ 상승 기류가 약하고 층운형 구름이 만들어짐

8~10 다음 빈칸에 들어갈 말을 〈보기〉에서 찾아 쓰세요.

> 〈보기〉 풍화, 기단, 복사 평형, 대륙 이동설

8 암석은 다양한 (　　　) 작용을 받아 잘게 부서진다.

9 멀리 떨어진 대륙에서 같은 종의 화석이 발견된다는 사실은 (　　　)을 뒷받침한다.

10 지구는 태양으로부터 끊임없이 에너지를 받지만 (　　　)을 이루기 때문에 평균 온도는 일정하게 유지된다.

답안 1. ⓒ 　2. ⓒ 　3. ⊙ 　4. ② 　5. ③ 　6. ④ 　7. ① 　8. 풍화 　9. 대륙 이동설 　10. 복사 평형

입자이거나 파동이거나, 빛·전기·열

광원 · 빛의 합성 · 빛의 분산 · 빛의 반사 · 빛의 굴절 · 파동
횡파 · 종파 · 음파 · 소리의 3요소 · 마찰 전기 · 전기력
정전기 유도 · 전류 · 전압 · 저항 · 옴의 법칙 · 저항의 연결
자기장 · 전동기 · 온도 · 단열 · 열 · 비열 · 열팽창

광원

> 빛[光]을 내는 물체[源]
>
> 영 light source

光 빛 **광** | 源 근원 **원**

제 스스로 빛을 내는 물체예요. 예를 들어 태양, 전등, 반딧불이, 텔레비전 화면 등이 있어요. 우리는 광원을 이용하여 물체를 볼 수 있어요. 광원에서 나온 빛이 물체 표면에서 반사되어 우리 눈에 들어와 물체를 볼 수 있게 해 줘요. 그리고 광원에서 나온 빛은 한 물질 내에서 곧게 나아간다는 특성이 있어요(빛의 직진성). 이로 인해 그림자가 생기고, 창문 틈으로 들어오는 햇빛이 곧게 나아가요.

빛의 합성

> 두 가지 색 이상의 빛을 합하여[合] 하나를 이루는[成] 현상 반 빛의 분산

合 합할 **합** | 成 이룰 **성**

두 가지 색 이상의 빛이 합쳐져서 또 다른 색의 빛으로 보이는 현상이에요. 빛은 합성할수록 더욱 밝아져요. 빛의 삼원색(빨간색, 초록색, 파란색)을 적절하게 합성하면 다양한 색의 빛을 만들 수 있어요. 빨간색+초록색은 노란색, 빨간색+파란색은 자홍색, 초록색+파란색은 청록색, 그리고 세 가지 색을 모두 합하면 흰색(백색광)이 돼요.

함께 알기

백색광 白色光 [흰 백, 빛 색, 빛 광]: 햇빛과 형광등 빛처럼, 여러 가지 색의 빛이 섞여 있어 특정한 색이 없는 것처럼 보이는 빛

빛의 분산

빛을 나누어[分] 분해하는[散] 현상

(반) 빛의 합성

分 나눌 분 | 散 흩을 산

물이나 프리즘, 유리와 같은 투명한 물질을 통과하면서 빛이 여러 색의 빛으로 분해되는 현상이에요. 백색광은 프리즘을 통과하면 5~7개의 무지개 색으로 분리돼요. 비가 갠 뒤 맑은 하늘에 종종 무지개가 뜨는 이유는, 대기 중의 물방울이 프리즘의 역할을 하여 백색 광인 햇빛을 여러 색의 빛으로 분리했기 때문이에요.

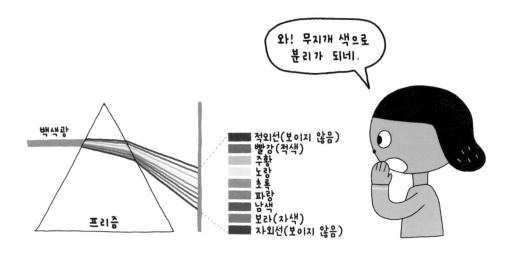

빛의 반사

빛이 면에 닿으면 되돌아[反] 나오는[射] 현상

(영) reflection of light

反 되돌릴 반 | 射 쏠 사

직진하는 빛이 거울 면에 닿으면 진행 방향이 바뀌는 현상이에요. 이때 입사각과 반사각의 크기는 항상 같아요. 그리고 매끄러운 표면에서 반사가 일어나면 물체의 상이 비쳐요. 그래서 거울이나 잔잔한 물 위를 들여다보면 우리 모습이 그대로 비치는 거예요.

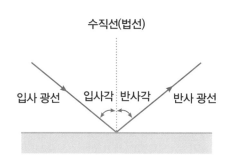

(예) 평면거울에서 빛의 반사가 일어나면 비치는 사물의 크기는 실제 물체와 같으나, 좌우 모양이 바뀌어 보인다.

빛의 굴절

빛이 휘어서[屈] 꺾이는[折] 현상

영 refraction of light

屈 굽을 굴 | 折 꺾을 절

두 물질의 경계면에서 빛의 진행 방향이 꺾이는 현상이에요. 빛이 공기 중에서 물속으로 들어가거나 렌즈를 통과할 때 빛이 꺾여서 나아가요. 빛이 굴절하는 이유는 물질에 따라 빛이 나아가는 속력이 다르기 때문이에요. 굴절 현상으로 인해 물속에 담긴 빨대가 꺾여 보이고, 가라앉은 동전이 위로 떠올라 보여요.

○ 볼록 렌즈와 오목 렌즈에서의 빛의 굴절

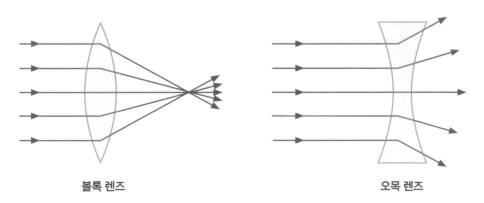

볼록 렌즈   오목 렌즈

볼록 렌즈와 오목 렌즈에 평행한 빛을 쏘면 빛이 굴절돼요. 볼록 렌즈는 빛을 한 점에 모으고, 오목 렌즈는 빛을 퍼지게 해요.

과학

파동

물결[波]이 주위로 퍼져 나가는[動] 현상

영 wave

波 물결 파 | 動 움직일 동

한 곳에서 생긴 진동이 주위로 퍼져 나가는 현상이에요. 파동이 시작되는 지점을 파원이라고 하고, 파동을 전달하는 물질을 매질이라고 해요. 파동이 전파될 때 실제로 전달되는 것은 에너지예요. 매질은 이동하지 않고 제자리에서 진동만 해요. 또한 파동에 따라 매질이 달라요. 물결파의 매질은 물이고, 지진파는 땅, 용수철 파동은 용수철, 음파(소리)는 모든 상태의 물질이에요. 파동은 마루, 골, 파장, 주기, 진폭 등으로 표시할 수 있어요.

예 전자레인지로 음식을 데우거나 초음파로 신체 내부를 사진 찍는 것은 모두 **파동**을 이용한 사례이다.

함께 알기

- **진폭** 振幅 [떨칠 **진**, 폭 **폭**]: 진동 중심에서 마루 또는 골까지의 거리
- **파장** 波長 [물결 **파**, 길 **장**]: 마루와 마루, 혹은 골과 골 사이의 거리
- **주기** 週期 [돌 **주**, 기약할 **기**]: 파동에서 똑같은 상태가 반복될 때, 한 번 반복이 일어나는 데 걸리는 시간 간격

○ 파동의 표시

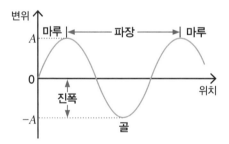

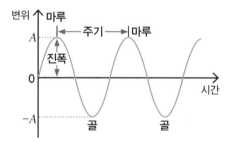

횡파

가로[橫]로 퍼져 나가는 파동[波]

비 S파

橫 가로 **횡** | 波 물결 **파**

파동의 진행 방향과 매질의 진동 방향이 서로 수직을 이루는 파동이에요. 용수철을 위아래로 흔들면 용수철(매질)은 위아래로 진동하지만, 용수철 파동은 앞으로 진행돼요. 물결 위에 나뭇잎을 놓으면, 진동으로 인해 나뭇잎은 위아래로 흔들리고 물결은 나뭇잎이 떨어진 점을 중심으로 점점 더 큰 원을 그리며 호수 가장자리로 퍼져 나가요. 이러한 횡파에는 물결파, 빛, 전파, 지진파의 S파 등이 있어요.

종파

세로[縱]로 늘어지는 파동[波]

비 P파

縱 세로 **종** | 波 물결 **파**

파동의 진행 방향과 매질의 진동 방향이 서로 나란한 파동이에요. 음파, 초음파, 지진파의 P파 등이 종파에 속해요. 용수철을 앞뒤로 흔들면, 용수철(매질)도 앞뒤로 진동하고 용수철 파동도 앞뒤로 진행돼요.

○ **횡파와 종파**

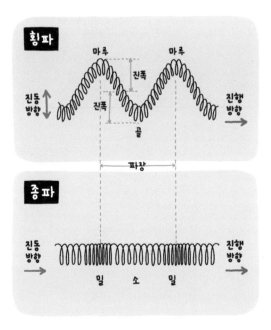

과학

음파

소리[音]의 파동[波]

비 소리 영 sound wave

音 소리 음 | 波 물결 파

물체가 진동하여 발생하며, 주로 공기를 매질로 전달되는 파동(종파)이에요. 매질이 고체, 액체, 기체 상태일 때 모두 전달되지만, 진공 상태에서는 매질이 없어서 전달되지 않아요. 물체가 진동하면 주변 공기가 진동하고 이에 따라 고막이 진동하여 소리를 인식해요.

예 물체의 진동은 **음파**를 일으키는 원인이지 음파 자체는 아니다.

소리의 3요소

소리를 구성하는 3가지[三] 요소[要素]

동 음의 3요소

三 석 삼 | 要 요긴할 요 | 素 본디 소

소리를 구성하는 세 가지 요소로서 소리의 세기, 소리의 높낮이, 음색이에요. 소리의 세기는 파동의 진폭에 따라 달라져요. 진폭이 클수록 큰 소리가 나요. 오디오 볼륨을 크게 하면 진폭이 커져서 소리도 커져요. 소리의 높낮이는 파동의 진동수에 따라 달라져요. 진동수가 클수록 높은 소리가 나요. 현악기는 줄의 길이와 굵기에 따라 진동수가 달라져 다른 높낮이의 소리가 나는 거예요. 음색은 파형에 따라 달라져요. 파형이 다르면 다른 소리가 나요.

함께 알기

- **진동수** 振動數 [떨칠 **진**, 움직일 **동**, 셈 **수**]: 매질이 1초 동안 진동하는 횟수

  $$진동수 = \frac{1}{주기}$$

- **파형** 波形 [물결 **파**, 모양 **형**]: 파동의 모양

마찰 전기

> 마찰[摩擦]에 의해 전기[電氣]를 띠는 현상
>
> **비** 정전기

摩 문지를 **마** | 擦 문지를 **찰** | 電 번개 **전** | 氣 기운 **기**

물체 사이의 마찰에 의해 물체가 전기를 띠는 현상이에요. 두 물체를 마찰하면 한 물체에서 다른 물체로 (−)전하를 띤 전자들이 이동해요. 그러면 전자를 잃은 물체는 (+)전하를 띠고, 전자를 얻은 물체는 (−)전하를 띠어요. 이를 대전이라고 하고, 전하를 띤 물체를 대전체라고 해요.

예 구슬을 마른걸레로 닦을 때 먼지가 다시 달라붙는 이유는 마찰 전기가 발생했기 때문이다.

함께 알기
- **전하** 電荷 [번개 **전**, 멜 **하**]: 전자의 있고 없음으로 인해 생기는 전기적 성질
- **대전** 帶電 [띠 **대**, 번개 **전**]: 물체가 전하를 띠는 현상

전기력

> 전기[電氣]의 힘[力]
>
> **영** electric force

電 번개 **전** | 氣 기운 **기** | 力 힘 **력**

전하를 띤 물체 사이에 작용하는 힘이에요. 전기력은 물체가 띤 전하의 종류에 따라 서로 끌어당기거나 밀어내는 방향으로 작용해요. 두 물체가 다른 종류의 전하로 대전되어 있으면 인력(서로 끌어당기는 힘)이 작용하고, 같은 종류의 전하로 대전되어 있으면 척력(서로 밀어내는 힘)이 작용해요.

인력과 척력

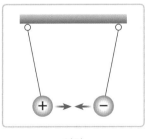

인력

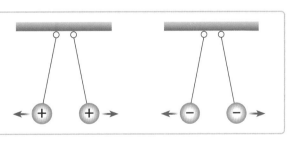

척력

과학

정전기 유도

전하를 띠지 않은 도체에 전하를 띠게[靜電氣] 하는[誘導] 것

靜 고요할 **정** | 電 번개 **전** | 氣 기운 **기**
誘 꾈 **유** | 導 인도할 **도**

전하를 띠고 있는 물체를 그렇지 않은 도체에 가까이 하여, 도체의 양 끝이 전하를 띠는 **현상**이에요. 전하를 띠지 않은 금속에 대전체를 가까이 하면 대전체와 가까운 곳에는 대전체와 다른 종류의 전하가 유도되고, 대전체와 먼 곳에는 대전체와 같은 종류의 전하가 유도돼요. 예를 들어 금속 막대에 (−)대전체를 가까이 하면 금속 막대의 전자들이 대전체에서 먼 곳으로 밀려나서 대전체와 가까운 곳에는 (+)전하가, 대전체와 먼 곳에는 (−)전하가 유도돼요.

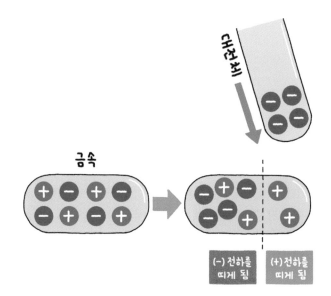

(예) 터치스크린은 정전기 유도 현상을 이용한 기기이다.

함께 알기　**도체** 導體 [이끌 **도**, 몸 **체**]: 전기가 통하는 물체

전류

전기[電]의 흐름[流]

영 electric current

電 번개 **전** | 流 흐를 **류**

전하의 흐름이에요. 전기 회로에서 전구와 전지를 도선으로 연결하면 전구에 불이 켜져요. 그 이유는 전자가 도선을 따라 계속 이동하면서 전하를 운반하기 때문이에요. 이때 전자는 (−)극에서 (+)극으로 이동해요. 하지만 전류는 전지의 (+)극에서 (−)극으로 흐른다고 정했어요. 전류를 발견했을 당시, 아직 전자의 존재를 몰랐거든요. 전류의 세기는 1초 동안 도선의 한 단면을 통과하는 전하의 총량이에요. 단위는 A(암페어)이고, 전류계를 이용하여 측정해요.

실제 전류의 방향은
(−) → (+) 이지만,
(+) → (−) 라고 '약속'을 했어.

전류의 방향

전자의 이동방향

모든 과학 법칙들을
수정할 수가 없거든..

과학

함께 알기

- **전기 회로** 電氣回路 [번개 **전**, 기운 **기**, 돌 **회**, 길 **로**]: 전지, 스위치 등을 도선으로 연결하여 전류가 도선을 따라 흐를 수 있도록 한 것
- **도선** 導線 [이끌 **도**, 줄 **선**]: 전류가 흐를 수 있도록 도체로 만든 선

전압

전기[電]를 흐르게 하는 압력[壓]

 voltage

電 번개 전 | **壓** 누를 압

전기 회로에 전기를 흐르게 하는 능력이에요. 펌프를 이용하여 물을 퍼 올리면 물의 높이 차이가 생기고, 이로 인한 수압의 차이로 물이 높은 곳에서 낮은 곳으로 흘러요. 그와 같이 전류가 계속 흐르기 위해서는 전압이 있어야 해요. 전압의 단위는 V(볼트)이고, 전압계를 이용하여 측정해요.

예 전압이 클수록 전류의 세기도 커진다.

저항

전류의 흐름을 맞서려고[抵抗] 하는 것

통 전기 저항 영 resistance

抵 막을 저 | **抗** 겨룰 항

전류의 흐름을 방해하는 작용이에요. 전기 회로에 길이가 다른 니크롬선을 각각 연결하고 같은 전압을 걸어 주면 전류의 세기가 달라요. 니크롬선의 저항이 다르기 때문이에요. 이처럼 전압이 일정할 때, 저항이 큰 물체는 전류가 적게 흐르고 저항이 작은 물체는 전류가 많이 흘러요. 저항의 단위는 Ω(옴)이고, 1Ω은 1V의 전압을 걸었을 때 1A의 전류가 흐르는 도선의 저항이에요.

예 전기 저항이 생기는 이유는, 전류가 흐를 때 도선 내부에서 이동하는 전자들이 원자와 충돌하기 때문이다.

함께 알기 **니크롬선**: 니켈과 크롬을 섞은 합금을 선으로 만든 것

옴의 법칙

물리학자 옴이 발견한 전류, 전압, 저항 사이의 법칙[法則]

法 법 **법** | 則 법칙 **칙**

회로에 흐르는 전류의 세기는 전압에 비례하고
저항에 반비례한다는 법칙이에요. 전류의 세기
를 I, 전압을 V, 저항을 R라고 할 때, 옴의 법칙을
식으로 나타내면,

$I=\dfrac{V}{R}$, V=IR로 나타낼 수 있어요.

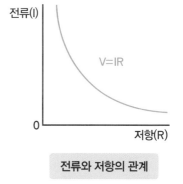

전류와 저항의 관계

저항의 연결

저항[抵抗]을 직렬, 또는 병렬로 연결[連結]한 것

⑧ 합성 저항

抵 막을 **저** | 抗 겨룰 **항** | 連 잇닿을 **연** | 結 맺을 **결**

전기 회로에서 저항을 직렬 혹은 병렬로 연결하는 경우예요. 저항을 직렬로 연결하면 각
저항에 흐르는 전류의 세기는 같고, 각 저항에 걸리는 전압은 저항의 크기에 비례하며, 전
체 저항은 증가해요. 이 회로에서는 두 저항 중 하나라도 끊어지면 전체 회로에 전류가 흐
르지 않아요. 반면에 병렬로 연결된 저항에서는 각 저항에 걸리는 전압은 같고, 전류는 저
항에 반비례하며, 전체 저항은 감소해요. 이 회로에서는 두 저항 중 하나가 끊어져도 다른
저항에는 전류가 계속 흘러요.

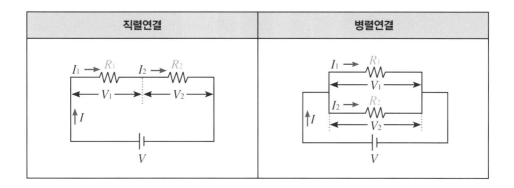

직렬연결	병렬연결

자기장

자석[磁]의 힘[氣]이 미치는 공간[場]

영 magnetic field

磁 자석 자 | 氣 기운 기 | 場 마당 장

자석 주의에 자기력이 작용하는 공간이에요. 자기력은 자석과 같이 자성을 띠는 물체 사이에 작용하는 힘이에요. 자석 주위에 철가루를 뿌리거나 나침반을 놓으면 자기장이 형성되어 철가루가 일정한 모양을 만들거나 나침반 자침이 특정한 방향을 가리켜요. 이때 자기장의 방향은 자침의 N극이 가리키는 방향이에요. 자기장의 세기는 자석의 N극과 S극에 가까이 갈수록 세져요.

예 자기장은 자석 주위에만 생기는 것이 아니라 전류가 흐르는 도선 주위에도 생긴다.

○ 자기장의 방향

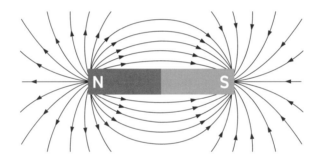

전동기

전류[電]에 의해 회전력[動]을 얻는 기계[機]

동 모터　영 electric motor

電 번개 전 | 動 움직일 동 | 機 틀 기

전기 에너지를 역학적 에너지로 바꾸는 장치예요. 전류가 흐르는 도체가 자기장 속에서 받는 힘을 이용하여 회전력을 얻는 거예요. 이 회전력으로 물체를 움직일 수 있어요. 엘리베이터, 에스컬레이터, 세탁기, 청소기, 선풍기, 휴대 전화 등 많은 전자 기기 안에 전동기가 들어 있어요.

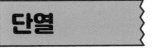

온도

물체의 따뜻한[溫] 정도[度]

영 heat

溫 따뜻할 온 | 度 법도 도

물체의 차고 뜨거운 정도예요. 물체를 구성하는 입자들은 스스로 끊임없이 운동하는데, 물체를 가열하면 그 입자들의 운동이 활발해져 온도가 올라가요. 곧 물체의 입자 운동이 활발하면 온도가 높고, 활발하지 않으면 온도가 낮아요. 가열할 때뿐만 아니라 두드리거나 마찰할 때도 물체의 입자 운동이 활발해지면서 온도가 올라가요.

단열

열[熱]의 이동을 막는[斷] 것

斷 끊을 단 | 熱 더울 열

전도, 대류, 복사에 의한 열의 이동을 막는 거예요. 보온병은 벽을 이중으로 하고 그 사이를 진공 상태로 만들어 전도와 대류에 의한 열의 이동을 막아요. 또 집을 지을 때, 벽과 벽지 사이에 스티로폼을 넣으면 스티로폼이 단열재 역할을 해 열의 이동을 막을 수 있어요.

함께 알기

- **전도** 傳導 [전할 **전**, 이끌 **도**]: 물질을 이루는 입자의 운동이 이웃한 입자에 차례로 전달되어 열이 이동하는 현상
- **대류** 對流 [대답할 **대**, 흐를 **류**]: 물질을 이루는 입자들이 직접 이동하면서 열을 전달하는 현상
- **복사** 輻射 [바퀴살 **복**, 쏠 **사**]: 열이 물질을 통하지 않고 직접 이동하는 현상

과학

열

열[熱] 에너지

영 heat

熱 더울 열

물체의 온도를 높이거나 상태를 변화시키는 에너지예요. 온도가 다른 물체끼리 접촉했을 때 온도가 높은 물체에서 온도가 낮은 물체로 열이 이동해요. 이때 이동한 열의 양을 열량이라고 하고, 단위는 cal(칼로리) 또는 kcal(킬로칼로리)를 사용해요. 한편 두 물체 사이에서 열이 이동하다가 두 물체의 온도가 같아지면 열평형을 이루어요.

예 컵에 뜨거운 물을 부으면 뜨거운 물의 열이 컵으로 이동하여 컵이 따뜻해진다.

 **비열**

열량과 온도[熱] 변화의 비[比]

🅰 specific heat

比 견줄 **비** | 熱 더울 **열**

어떤 물질 1g의 온도를 1℃만큼 올리는 데 필요한 열량이에요. 같은 질량의 물과 식용유를 똑같이 가열할 때 식용유의 온도가 더 많이 올라가는 이유는 물과 식용유의 비열이 다르기 때문이에요. 물의 비열이 훨씬 크지요. 비열 차이로 인해 바닷가에서 낮에는 해풍, 밤에는 육풍이 불어요.

해풍은 낮에 바다에서 육지로 부는 바람이고, 육풍은 밤에 육지에서 바다로 부는 바람을 말해요. 모래의 비열이 물보다 작아서, 육지의 온도가 바다보다 더 빨리 올라가고 빨리 내려가요. 낮에는 육지의 온도가 바다보다 더 높이 올라가고, 밤에는 바다보다 더 낮아져서 해풍과 육풍이 부는 거예요.

 **열팽창**

열[熱]을 얻으면 물체가 팽창하는[膨脹] 것

🅰 heat expansion

熱 더울 **열** | 膨 부풀 **팽** | 脹 부을 **창**

물체의 온도가 올라갈 때 물체가 팽창하는 현상이에요. 물체가 열을 얻어 온도가 올라가면 물체를 이루는 입자 운동이 활발해지고 이에 따라 입자 사이의 거리가 멀어져 부피가 팽창하는 거예요. 따라서 물체의 온도가 더 높이 올라갈수록 물체의 부피는 더 많이 팽창해요.

🅰 실험 기구를 내열 유리로 만들면 **열팽창** 정도가 작아 뜨거운 물을 담아도 잘 파손되지 않는다.

마무리 퀴즈 Quiz

1~3 제시된 초성과 뜻을 참고하여 괄호 안에 들어갈 어휘를 쓰세요.

1 ㅍㄷ: 한 곳에서 생긴 진동이 주위로 퍼져 나가는 현상

예 전자레인지는 (   )을 이용하여 음식을 데운다.

2 ㅁㅊㅈㄱ: 물체 사이의 마찰에 의해 물체가 전기를 띠는 현상

예 구슬을 마른걸레로 닦을 때 먼지가 붙는 이유는 (   ) 때문이다.

3 ㄷㅇ: 전도, 대류, 복사에 의한 열의 이동을 막는 것

예 보온병은 벽 사이를 진공으로 하여 (   ) 효과를 만들어 낸다.

4~6 다음 빛의 원리에 대한 설명을 바르게 연결해 보세요.

4 빛의 합성 ·   · ① 두 물질의 경계면에서 빛의 진행 방향이 꺾임

5 빛의 반사 ·   · ② 두 가지 이상의 빛이 합쳐져서 다른 색의 빛으로 보임

6 빛의 굴절 ·   · ③ 직진하는 빛이 거울 면에 닿아 진행 방향이 바뀜

7~10 다음 설명이 맞으면 ○, 틀리면 ×로 표시하세요.

7 전하를 띠지 않은 금속에 대전체를 가까이 하면 금속이 전부
대전체와 같은 전하를 띤다.   (   )

8 전류의 방향과 전자의 이동 방향은 서로 반대이다.   (   )

9 저항을 직렬로 연결하면 전체 저항은 감소한다.   (   )

10 물과 모래의 비열 차이로 바닷가에 해풍과 육풍이 분다. (   )

답안 1. 파동 2. 마찰 전기 3. 단열 4. ② 5. ③ 6. ① 7. × 8. ○ 9. × 10. ○

보이는 것 너머 일어나는 일, 물질의 특성

입자 운동 · 확산 · 증발 · 보일 법칙 · 샤를 법칙 · 상태 변화
열에너지의 출입 · 녹는점 · 끓는점 · 어는점 · 냉매
순물질 · 혼합물 · 밀도 · 용해도 · 재결정 · 증류 · 크로마토그래피

입자 운동

물질을 이루는 아주 작은 알갱이[粒子]가 움직이는[運動] 것 영 particle motion

粒 낟알 입 | 子 아들 자 | 運 옮길 운 | 動 움직일 동

물질을 이루는 입자들이 스스로 운동하는 현상이에요. 특히 기체의 입자 운동이 가장 활발해요. 기체의 입자들은 스스로 끊임없이 모든 방향으로 움직여요. 입자 운동의 증거로는 확산과 증발 현상이 있어요.

함께
알기

입자 粒子 [낟알 입, 아들 자]: 물질을 이루는 아주 작은 알갱이. 소립자, 원자, 분자 등이 있음

○ 고체, 액체, 기체의 입자 운동

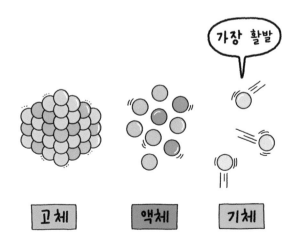

가장 활발

고체　　　　액체　　　　기체

확산

물질의 입자가 퍼져[擴] 흩어지는[散] 현상

영 diffusion

擴 넓힐 확 | 散 흩을 산

물질을 이루는 입자가 스스로 운동하여 액체나 기체 속으로 퍼져 나가는 현상이에요. 예를 들어 향수병의 마개를 열어 놓으면 향수 입자가 확산하여 향수 냄새가 방 안 전체로 퍼져요. 온도가 높을수록, 입자의 질량이 작을수록 확산이 더 잘 일어나요. 그리고 '기체>액체>고체'의 순으로 빨리 퍼져요.

예 농도가 높은 쪽에서 농도가 낮은 쪽으로 확산이 일어난다.

증발

증기[蒸]로 변하는[發] 현상

영 evaporation

蒸 찔 증 | 發 필 발

물질을 이루는 입자가 스스로 운동하여 액체 표면에서 기체로 변하는 현상이에요. 예를 들어 젖은 옷의 물이 증발하여 빨래가 말라요. 온도가 높을수록, 습도가 낮을수록, 바람이 잘 불수록, 표면적이 넓을수록 증발이 잘 일어나요.

○ 증발과 끓음

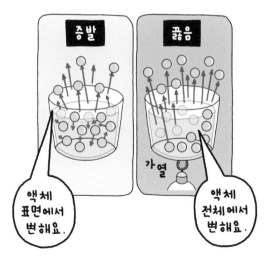

액체 표면에서 기체로 변하는 것은 증발이고, 액체 전체에서 기체로 변하는 것은 끓음이에요.

보일 법칙

보일이 기체의 압력과 부피의 관계에 관하여 증명한 법칙
[法則]

法 법 법 | 則 법칙 칙

일정한 온도에서 기체의 압력과 부피는 서로 반비례한다는 법칙이에요. 기체의 압력이 증가하면 기체의 부피는 감소하고, 압력이 감소하면 기체의 부피는 증가한다는 뜻이에요. 이를 기호로 나타내면 'P(압력)×V(부피)=C(일정)'이에요.

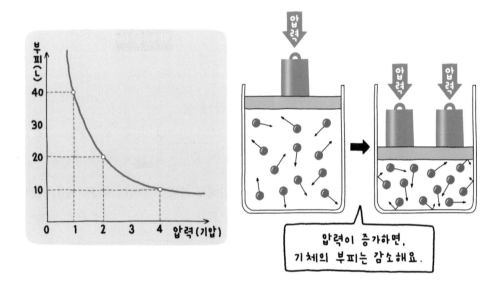

압력이 증가하면, 기체의 부피는 감소해요.

예 높은 산에 올라가면 과자 봉지가 팽팽해지는 이유는, 보일 법칙에 따라 기압이 낮아져 봉지 안의 기체 부피가 증가했기 때문이다.

샤를 법칙

> 샤를이 기체의 온도와 부피의 관계에 관하여 증명한 법칙 [法則]

法 법 **법** | 則 법칙 **칙**

일정한 압력에서 기체의 온도와 부피가 비례한다는 법칙이에요. 온도가 1℃ 높아질 때마다, 0℃일 때 부피의 $\frac{1}{273}$만큼 기체의 부피가 증가해요. 열기구의 풍선 속 공기를 가열하면 샤를 법칙에 따라 부피가 커져 열기구가 떠오르는 거예요.

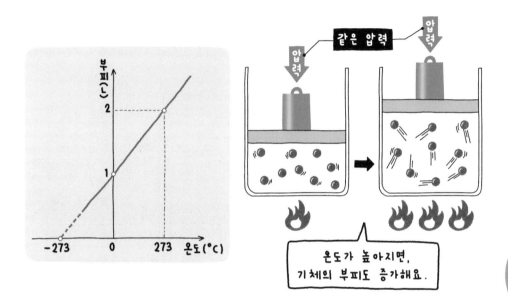

온도가 높아지면, 기체의 부피도 증가해요.

과학

상태 변화

> 물질의 상태[狀態]가 서로 변하는[變化] 현상

狀 형상 **상** | 態 모습 **태** | 變 변할 **변** | 化 될 **화**

물질의 상태가 고체, 액체, 기체로 서로 변하는 현상이에요. 물질을 가열하면 융해(고체→액체), 기화(액체→기체), 승화(고체→기체) 현상이 일어나고, 반대로 냉각하면 응고(액체→고체), 액화(기체→액체), 승화(기체→고체) 현상이 일어나요. 상태 변화가 일어날 때 물질의 성질과 질량은 변하지 않지만, 물질의 부피는 변해요.

(예) 드라이아이스는 실온에서 고체가 기체로 변하는 **상태 변화**를 잘 보여준다.

열에너지의 출입

열에너지[熱]가 나가거나[出] 들어오는[入] 현상

熱 더울 열 | 出 날 출 | 入 들 입

물질의 상태 변화 시 열에너지를 흡수, 혹은 방출하는 현상이에요. 고체가 액체로 융해할 때, 액체가 기체로 기화할 때, 고체가 기체로 승화할 때에는 주변으로부터 열에너지를 흡수해요. 반대로 액체가 고체로 응고할 때, 기체가 액체로 액화할 때, 기체가 고체로 승화할 때에는 주변으로 열에너지를 방출해요. 이때 흡수하거나 방출한 열에너지는 상태 변화에만 사용되므로 상태 변화가 일어나는 동안 물질의 온도는 일정하게 유지돼요.

(예) 열에너지의 출입 시 물질의 온도는 일정하게 유지되나 주변 온도는 낮아지거나(흡수) 높아진다(방출).

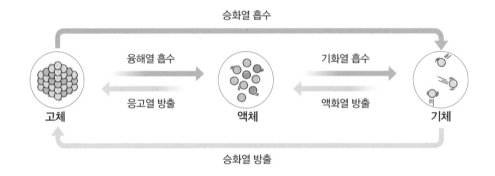

녹는점

물질이 녹는 온도[點]

(영) melting point

點 점 점

고체 물질이 녹는 동안 일정하게 유지되는 온도예요. 가해 준 열에너지가 모두 고체에서 액체로의 상태 변화에 사용되기 때문에 녹는점에서는 온도가 올라가지 않고 일정하게 유지돼요. 녹는 동안은 고체와 액체 상태가 함께 존재해요.

(예) 물질의 **녹는점**, 끓는점, 어는점은 모두 물질이 가지는 고유한 특성이다.

끓는점

물질이 끓는 온도[點]

🟢 boiling point

點 점 점

액체 물질이 끓는 동안 일정하게 유지되는 온도예요. 가해 준 열에너지가 모두 액체에서 기체로의 상태 변화에 사용되기 때문에 끓는점에서는 온도가 올라가지 않고 일정하게 유지돼요. 끓는 동안은 액체와 기체 상태가 함께 존재해요.

(예) **물의 끓는점은 100℃이다.**

어는점

물질이 어는 온도[點]

🟢 freezing point

點 점 점

액체 물질이 어는 동안 일정하게 유지되는 온도예요. 상태 변화가 일어나는 동안 방출하는 열에너지가 온도가 낮아지는 것을 막아주기 때문에 어는점에서는 온도가 내려가지 않고 일정하게 유지돼요. 어는 동안은 액체와 고체 상태가 함께 존재하고, 어는점은 녹는점과 같아요.

(예) **물의 어는점은 녹는점과 같고 0℃이다.**

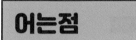

○ 물질의 가열 곡선과 냉각 곡선

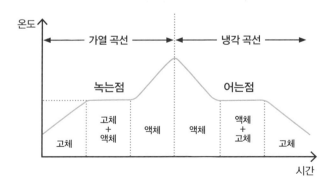

냉매

차갑게[冷] 하는 매개[媒] 물질

영 refrigerants

冷 찰 냉 | 媒 매개 매

냉각시킬 때 열을 전달하는 물질이에요. 에어컨의 실내기(증발기)에서는 액체 냉매가 기화하면서 열에너지를 흡수하여 공기를 시원하게 하고, 실외기(응축기)에서는 기체 냉매가 액화하면서 열에너지를 방출하여 주위의 온도를 높여요.

예 냉장고 안이 차가운 이유는 액체 **냉매**가 기화하면서 기화열을 흡수하기 때문이다.

。 에어컨의 냉방 원리

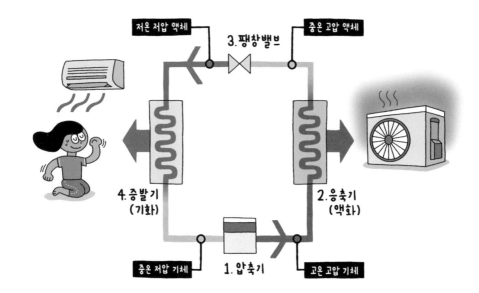

순물질

순수한[純] 물질[物質]

영 pure substance

純 순수할 순 | 物 물건 물 | 質 바탕 질

다른 물질이 섞여 있지 않고 한 종류만으로 이루어진 물질이에요. 순물질은 고유한 성질이 있고, 녹는점, 어는점, 끓는점, 밀도 등이 일정해요. 순물질에는 산소, 구리와 같이 한 가지 원소로만 이루어진 물질도 있고, 물이나 소금과 같이 두 가지 이상의 원소로 이루어진 물질도 있어요.

예 두 가지 이상의 원소로 이루어진 **순물질**을 화합물이라고 한다.

혼합물

여러 종류의 물질이 섞여[混] 있는[合] 물질[物]

🔵 mixture

混 섞을 혼 | 合 합할 합 | 物 물건 물

두 종류 이상의 순물질이 섞여 있는 물질이에요. 우유, 공기, 바닷물 등이 있어요. 혼합물 중에서 소금물이나 공기처럼 성분 물질이 고르게 섞여 있는 것을 균일 혼합물이라고 하고, 흙탕물이나 암석처럼 성분이 고르지 않은 것을 불균일 혼합물이라고 해요.

📗 혼합물에 섞인 물질들은 끓는점의 차나 밀도 차 등으로 분리할 수 있다.

밀도

물질의 일정한 부피 안에 빽빽이[密] 들어선 정도[度]

🔵 density

密 빽빽할 밀 | 度 법도 도

일정한 부피에 해당하는 물질의 질량이에요. 즉, 물질의 밀도는 물질의 질량을 부피로 나눈 값이에요(밀도=$\frac{질량}{부피}$). 밀도의 단위는 g/mL, g/cm³를 사용해요. 밀도는 물질마다 다르며, 같은 물질이면 모양, 크기, 양에 관계없이 값이 일정해요. 따라서 밀도는 물질을 구별할 수 있는 고유한 특성이에요.

📗 밀도가 큰 물질은 밀도가 작은 물질 아래로 가라앉는다.

과학

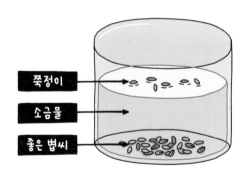

볍씨와 쭉정이가 섞여 있을 때 소금물에 담가 두면, 소금물보다 밀도가 작은 쭉정이는 위로 뜨고 밀도가 큰 볍씨는 가라앉아요.

417

용해도

물질이 녹는[溶解] 정도[度]

溶 녹을 용 | 解 풀 해 | 度 법도 도

주어진 온도에서 용질이 용매에 녹는 최대량이에요. 여기서 다른 물질에 녹는 물질을 용질, 녹이는 물질을 용매, 용매와 용질이 섞인 것을 용액이라고 해요. 용해도는 어떤 온도에서 용매 100g에 최대한 녹을 수 있는 용질의 질량으로 나타내요. 용해도는 물질마다 그 값이 다르므로 물질의 특성이 될 수 있어요.

(예) 보통 고체는 온도가 높을수록 용해도가 커지는 반면, 기체는 온도가 높을수록 용해도가 작아진다.

○ 고체 물질의 용해도 곡선

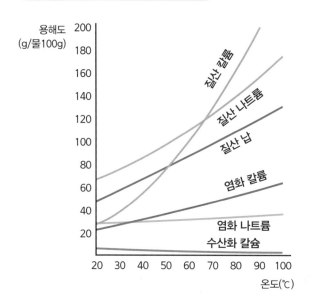

대부분의 고체는 온도가 높아질수록 용해도가 커져요.

재결정

용매에 녹아 있는 고체를 다시[再] 결정[結晶]으로 만드는 것

再 다시 **재** | 結 맺을 **결** | 晶 맑을 **정**

용해도 차를 이용하여 고체 혼합물을 분리하는 방법이에요. 온도에 따른 용해도 차가 큰 물질과 작은 물질의 혼합물을 뜨거운 물에 넣어 모두 녹인 다음, 냉각하면 용해도 차가 큰 물질이 결정이 되어 나와요. 이처럼 재결정은 불순물이 섞여 있는 고체 물질을 순수하게 만들 때 활용해요.

(예) 염전에서 얻은 소금을 재결정하면 순수한 소금을 얻을 수 있다.

증류

끓어 나온 증기[蒸]를 냉각하여 액체[溜]를 얻는 일

(비) 분별 증류　(영) distillation

蒸 찔 **증** | 溜 물방울 떨어질 **류**

끓는점 차이를 이용하여 혼합물을 분리하는 방법이에요. 끓는점이 다른 두 물질이 섞인 혼합물을 가열하면, 끓는점이 낮은 물질이 먼저 끓어 나와요. 이 끓어 나온 기체를 냉각하면 액체를 얻을 수 있어요. 예를 들어 물과 에탄올이 섞인 혼합물을 가열하면 끓는점이 낮은 에탄올이 먼저 끓어 나와, 이를 냉각하면 에탄올을 분리할 수 있어요.

과학

○ 원유를 분리하는 증류탑

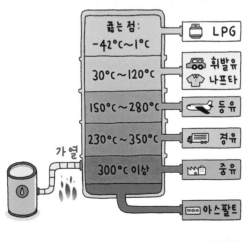

원유는 땅속에서 뽑아낸 그대로의 기름이에요. 증류를 이용하면 원유의 혼합물을 분리할 수 있어요.

크로마토그래피 영 chromatography

혼합물의 각 성분이 용매를 따라 이동할 때의 속도 차이를 이용하여 물질을 분리하는 방법이에요. 성질이 비슷한 소량의 혼합물이나 복잡한 혼합물을 분리하는 데 좋아요. 수성 사인펜에 들어 있는 여러 색소를 분리할 때, 거름종이에 점을 찍고 물에 약간 닿게 하면 색소가 퍼져요. 이때 각 색소마다 거름종이와의 친화력이 다르기 때문에 상대적으로 친화력이 낮은 색소는 빨리 이동하고 친화력이 높은 색소는 천천히 이동하여 색깔의 층을 만들어요.

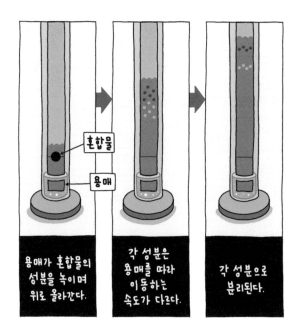

예 크로마토그래피로 혼합물을 분리할 때, 성분 물질이 잘 녹는 용매를 사용해야 한다.

마무리 퀴즈 Quiz

1~3 다음 내용에 해당하는 법칙을 〈보기〉에서 고르세요.

〈보기〉 ㉠ 보일 법칙   ㉡ 샤를 법칙   ㉢ 입자 운동

1 고체, 액체, 기체 입자들은 모두 스스로 운동한다.   (   )

2 기체의 압력이 증가하면 기체의 부피는 감소한다.   (   )

3 기체의 온도가 높아지면 기체의 부피는 일정하게 증가한다. (   )

4~7 다음 혼합물의 분리 방법을 바르게 연결해 보세요.

4 원유의 분리   •   • ① 밀도 차를 이용하여 분리함

5 염전에서 소금 분리 •   • ② 용해도 차를 이용하여 분리함

6 볍씨와 쭉정이 분리 •   • ③ 끓는점 차를 이용하여 분리함

7 사인펜 색소 분리   •   • ④ 크로마토그래피 방법으로 분리함

8~10 다음 빈칸에 들어갈 말을 〈보기〉에서 찾아 쓰세요.

〈보기〉 확산, 증발, 흡수, 방출

8 젖은 옷의 물이 (   )하여 빨래가 마른다.

9 에어컨 실내기에서는 액체 냉매가 열을 (   )하여 공기를 시원하게 한다.

10 향수병의 마개를 열어 놓으면 향수 입자가 (   )하여 향수 냄새가 퍼진다.

답안 1. ㉢ 2. ㉠ 3. ㉡ 4. ③ 5. ② 6. ① 7. ④ 8. 증발 9. 흡수 10. 확산

생명 활동을 위한 구성, 생물의 기관과 특성

광합성 · 증산 작용 · 호흡 · 조직 · 기관계 · 소화 · 소화 효소
융털 · 순환계 · 혈관 · 혈액 · 혈액 순환 · 호흡계 · 기체 교환
배설계 · 네프론 · 감각 기관 · 눈 · 귀 · 코 · 혀 · 피부 · 신경계
뉴런 · 중추 신경계 · 말초 신경계 · 무조건 반사 · 호르몬 · 항상성

광합성

> 식물이 빛[光]을 이용하여 물과 이산화 탄소를 합쳐서[合]
> 양분을 만드는[成] 과정 **비** 탄소 동화 작용 **반** 호흡

光 빛 광 | **合** 합할 합 | **成** 이룰 성

식물이 빛에너지를 이용하여 물과 이산화 탄소로부터 양분을 만드는 과정이에요. 광합성은 식물 세포에 있는 엽록체에서 일어나는데, 엽록체 안의 엽록소라는 초록색 색소가 빛을 흡수해요. 광합성에 필요한 물은 식물의 뿌리로부터 흡수하고, 이산화 탄소는 잎에서 받아들여요. 광합성 결과 포도당과 산소가 생겨요. 포도당은 곧바로 서로 결합하여 녹말이 되고, 산소는 공기 중으로 방출돼요.

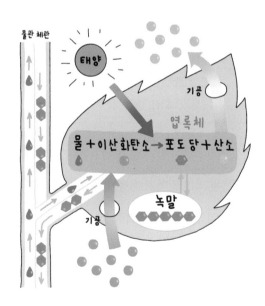

예 식물은 광합성을 통해 스스로 만든 양분을 이용하여 자라고 열매를 맺는다.

증산 작용

수증기[蒸]를 내보내는[散] 작용[作用]

蒸 찔 증 | 散 흩을 산 | 作 지을 작 | 用 쓸 용

식물체 안의 물이 수증기가 되어 공기 중으로 빠져 나가는 현상이에요. 증산 작용은 잎의 뒷면에 있는 기공에서 일어나요. 기공은 산소, 이산화 탄소, 수증기와 같은 기체가 드나드는 통로 역할을 해요. 기공이 열리면 증산 작용이 활발하게 일어나고, 기공이 닫히면 증산 작용이 일어나지 않아요.

(예) 식물에서 **증산 작용**이 일어나면 잎에 있는 물이 줄어들어, 뿌리에서 잎으로 물이 이동한다.

함께 알기 **기공** 氣孔 [기운 **기**, 구멍 **공**]: 잎의 뒷면에 있는 공기구멍. 빛과 습도에 따라 열리고 닫힘

호흡

숨을 내쉬고[呼] 들이쉬는[吸] 활동

呼 내쉴 호 | 吸 들이쉴 흡

양분을 분해하여 생명 활동에 필요한 에너지를 얻는 과정이에요. 호흡을 하기 위해서는 양분과 산소가 필요하며, 호흡의 결과로 물과 이산화 탄소가 발생해요. 식물의 호흡은 뿌리, 줄기, 잎의 모든 세포에서 일어나며, 기공을 통해 산소를 받아들이고 이산화 탄소를 내보내요.

(예) 식물의 **호흡**은 빛이 있든 없든 항상 일어난다.

과학

○ 식물의 광합성과 호흡의 관계

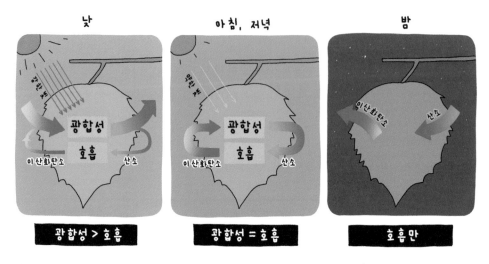

광합성을 할 때, 호흡으로 발생한 이산화 탄소도 이용해요.

비슷한 세포들이 짜여진[組織] 모임

영 tissue

組 짤 조 | 織 짤 직

생물의 구성 단계 중 모양과 기능이 비슷한 세포들의 모임이에요. 고양이, 사람 등 다세포 생물은 많은 수의 세포들이 모여 여러 단계를 거치면서 점점 복잡해지는 구조로 되어 있어요. 세포들이 모여 조직을 이루고, 조직이 모여 기관을 이루며, 기관이 모여 기관계가 되고, 기관계가 모여 개체가 돼요.

예 근육 세포가 모여 근육 조직을 이룬다.

**함께
알기**　　**개체** 個體 [낱 개, 몸 체]: 하나의 독립된 생물체. 짚신벌레, 소나무, 개미, 개, 사람 등

기관계

> 기관[器官]들의 체계[系]
>
> 영 organ system

器 그릇 기 | 官 버슬 관 | 系 묶을 계

서로 연관된 기능을 하는 기관들이 모여 어떠한 생명 활동을 담당하는 단계예요. 기관계는 동물의 구성 단계에서만 나타나며, 소화계, 순환계, 호흡계, 배설계 등이 있어요. 예를 들어 소화계는 입, 위, 작은창자, 큰창자 등의 소화 기관이 모여 음식물의 소화를 담당하는 기관계예요.

예) 동물은 세포, 조직, 기관, 기관계의 단계를 거쳐 독립된 개체가 된다.

함께 알기 기관 器官 [그릇 기, 버슬 관]: 여러 조직이 모여 특정한 기능을 나타내는 단계. 눈, 코, 위, 심장, 폐 등이 있음

○ 동물과 식물의 구성 단계

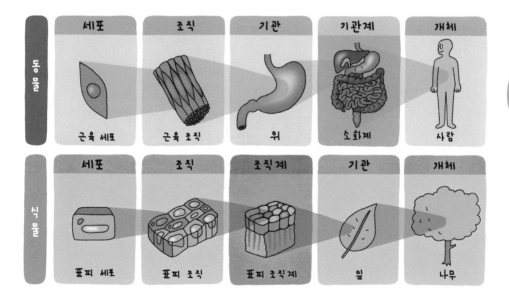

동물의 구성 단계에는 기관계가 있고, 식물의 구성 단계에는 조직계가 있어요.

| 소화 | 음식물이 흡수될 수 있게 사라질[消] 정도로 변화시키는 [化] 것 **영** digestion |

消 사라질 **소** | 化 될 **화**

음식물에 들어 있는 영양소가 체내에 흡수될 수 있을 정도로 작게 분해되는 과정이에요. 소화는 소화계에서 일어나요. 음식물을 섭취하면 그 안에 있는 영양소가 입, 식도, 위, 소장, 대장, 항문으로 연결된 소화관을 거치며 작게 분해돼요. 이 과정에서 소화액이 분비되어 그 안에 있는 소화 효소가 영양소의 분해를 도와요.

함께 알기 **영양소** 營養素 [경영할 **영**, 기를 **양**, 본디 **소**]: 생물의 생명 활동에 필요한 물질. 탄수화물, 단백질, 지방, 무기염류, 비타민, 물 등이 있음

○ 사람의 소화계

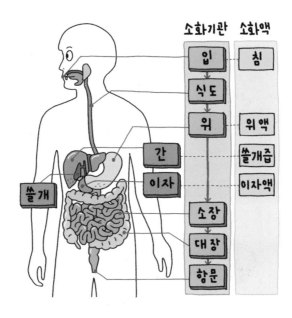

간, 쓸개, 이자도 소화계에 포함돼요. 여기서 소화를 돕는 소화액을 만들거나 저장하거든요.

소화 효소

소화[消化]를 위해 음식물을 삭히는[酵] 물질[素]

消 사라질 소 | 化 될 화 | 酵 삭힐 효 | 素 본디 소

입, 위, 소장 등에서 분비하는 소화액에 들어 있으며, 음식물의 소화를 돕는 효소예요. 입 안의 침 속에 들어 있는 아밀레이스는 녹말(탄수화물)을 엿당으로 분해하고, 위 안의 위액에 들어 있는 펩신은 단백질을 분해해요. 이자에서 만들어지는 이자액에는 아밀레이스, 트립신, 라이페이스 등의 소화 효소가 들어 있어요. 이들 소화 효소는 소장으로 옮겨가 각각 녹말, 단백질, 지방을 더욱 작게 분해해요.

융털

가는 베[絨] 모양의 털

(동) 융모, 융털 돌기 (영) villus

絨 가는 베 융

소장 안쪽 벽에 있는 작은 털 모양의 돌기(뾰족하게 도드라지는 부분)예요. 소장의 표면적을 넓혀 영양소의 효율적인 흡수를 도와요. 소장에서 완전히 분해된 탄수화물(포도당), 단백질(아미노산), 지방(지방산, 모노글리세리드)은 융털을 이루는 세포를 통과하여 몸속으로 흡수돼요. 포도당과 아미노산 등 물에 잘 녹는 영양소는 융털의 모세 혈관으로 흡수되고, 물에 잘 녹지 않는 지방산과 모노글리세리드 등은 융털의 암죽관으로 흡수돼요.

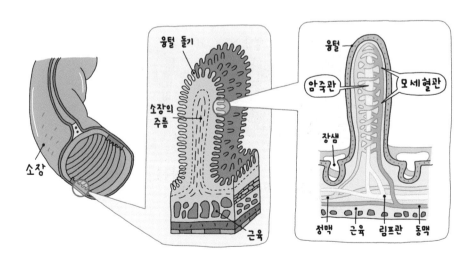

(예) 융털에서 흡수한 영양소는 혈액을 통해 심장으로 이동한 후 온몸의 조직 세포로 운반된다.

순환계

혈액의 순환[循環]에 관여하는 체계[系]

영 circulatory system

循 돌 순 | 環 고리 환 | 系 묶을 계

생명 활동에 필요한 물질을 온몸에 운반하는 기관계예요. 순환계는 소화계에서 흡수한 영양소와 호흡계에서 흡수한 산소를 온몸의 조직 세포에 전달하고, 조직 세포에서 발생한 노폐물과 이산화 탄소를 각각 배설계와 호흡계에 전달해요. 순환계는 심장, 혈관, 혈액으로 이루어져 있어요. 이 중 심장은 끊임없이 수축하고 이완하는 박동을 통해 혈액을 순환시키는 원동력을 제공해요.

혈관

혈액[血]이 흐르는 관[管]

영 blood vessel

血 피 혈 | 管 대롱 관

혈액을 체내의 각 부분으로 보내는 관이에요. 혈관은 온몸에 분포하며 동맥, 모세 혈관, 정맥으로 나뉘어요. 동맥은 심장에서 나오는 혈액이 흐르는 혈관이고, 모세 혈관은 온몸에 퍼져 물질 교환이 일어나는 혈관이며, 정맥은 심장으로 들어가는 혈액이 흐르는 혈관이에요.

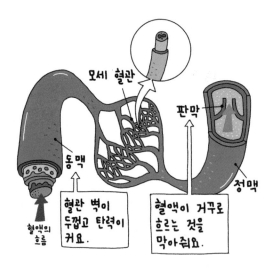

함께 알기

물질 교환 物質交換 [물건 물, 바탕 질, 사귈 교, 바꿀 환]: 혈액과 조직 세포 간의 교환 작용. 혈액 속의 산소와 영양소는 조직 세포로 전달되고, 조직 세포에서 발생한 이산화 탄소와 노폐물은 혈액으로 이동

혈액

사람이나 동물의 혈관 속에 있는 붉은빛[血]의 액체[液]

영 blood

血 피 혈 | 液 진 액

혈관 속을 흐르는 액체 상태의 조직이에요. 액체 성분인 혈장과 세포 성분인 혈구(백혈구, 적혈구, 혈소판)로 이루어져 있어요. 혈장은 약 90%가 물이며, 조직 세포에 영양소를 운반해 주고 조직 세포에서 생긴 노폐물과 이산화 탄소를 운반해 와요. 적혈구는 가운데가 오목한 원반 모양으로, 산소와 결합하는 붉은 색소인 헤모글로빈이 들어 있어 산소를 운반해요. 백혈구는 몸속에 침입한 세균을 제거하고, 혈소판은 상처가 났을 때 혈액을 응고시켜 과다 출혈을 막아 줘요.

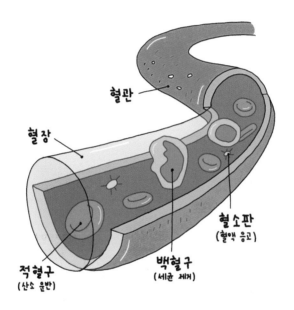

혈관

혈장

혈소판
(혈액 응고)

적혈구
(산소 운반)

백혈구
(세균 제거)

예 혈액이 붉은색으로 보이는 이유는 혈구 중 적혈구가 가장 많기 때문이다.

과학

혈액 순환

혈액[血液]이 온몸을 순환하는[循環] 과정

영 blood circulation

血 피 혈 | 液 진 액 | 循 돌 순 | 環 고리 환

심장에서 나온 혈액이 동맥, 모세 혈관, 정맥을 거쳐 다시 심장으로 들어가는 과정이에요. 혈액의 순환 경로는 심장의 우심실에서 출발하는 폐순환과, 좌심실에서 출발하는 온몸 순환(체순환)으로 구분돼요. 혈액은 폐순환과 온몸 순환을 차례대로 반복하며 끊임없이 몸속을 순환해요.

함께 알기

- **폐순환** 肺 [허파 폐]: 심장에서 나온 혈액이 폐로 가서 이산화 탄소를 내보내고 산소를 받아 다시 심장으로 들어가는 순환
- **온몸 순환**: 심장에서 나온 혈액이 온몸의 조직 세포에 산소와 영양소를 공급하고, 이산화 탄소와 노폐물을 받아 다시 심장으로 들어가는 순환

○ 폐순환과 온몸 순환

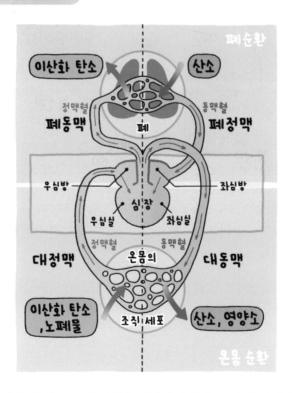

동맥혈은 산소가 많은 혈액으로, 대동맥과 폐정맥에 흘러요. 반면 정맥혈은 이산화 탄소가 많은 혈액으로, 폐동맥과 대정맥에 흘러요.

호흡계

호흡[呼吸]에 관여하는 체계[系]

呼 내쉴 호 | 吸 들이쉴 흡 | 系 묶을 계

숨쉬기에 관여하는 기관계예요. 코, 기관, 기관지, 폐와 같은 호흡 기관이 모여 이루어져 있어요. 숨을 들이마시면 코로 들어간 공기가 기관을 따라 이동하여 두 갈래로 갈라진 기관지를 거쳐 폐로 가요. 폐는 수많은 폐포가 모여 이루어진 호흡 기관으로, 갈비뼈와 횡격막으로 둘러싸여 있어요.

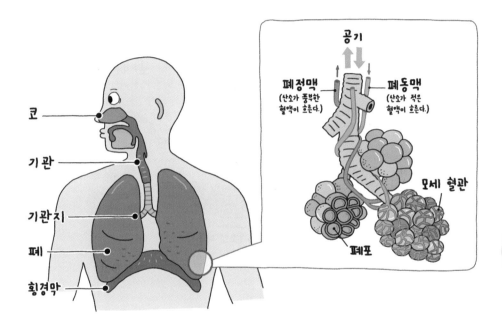

예 호흡계와 순환계의 작용에 의해 산소가 조직 세포로 운반된다.

과학

기체 교환

기체[氣體]를 교환하는[交換] 과정

🌐 영 gas exchange

氣 기운 기 | **體** 몸 체 | **交** 사귈 교 | **換** 바꿀 환

생물체가 필요한 기체를 받아들이고 필요 없는 기체를 내보내는 과정이에요. 우리 몸은 폐와 조직 세포에서 산소를 받아들이고 이산화 탄소를 내보내는 기체 교환을 해요. 들숨에 의해 폐 안으로 들어온 산소는 폐포에서 모세 혈관으로 이동하여, 혈액에 의해 온몸의 조직 세포로 운반돼요. 이산화 탄소는 조직 세포에서 모세 혈관으로 이동하여, 혈액에 의해 폐포로 운반되고 날숨에 의해 밖으로 내보내져요.

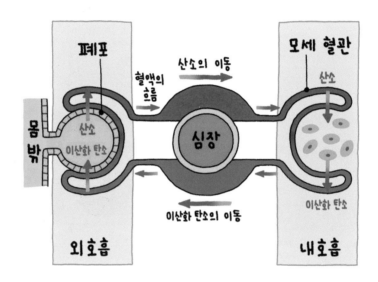

폐에서의 기체 교환을 외호흡이라고 하고, 조직 세포에서의 기체 교환을 내호흡이라고 해요.

배설계

노폐물이 밖으로[排] 나가는[泄] 일에 관여하는 체계[系]

영 excretory system

排 밀칠 배 | 泄 샐 설 | 系 묶을 계

몸속의 노폐물을 몸 밖으로 내보내는 기관계예요. 사람의 배설계는 콩팥, 오줌관, 방광, 요도 등의 배설 기관으로 이루어져 있어요. 생명 활동을 하면서 생긴 요소와 같은 노폐물은 오줌에 포함되어 배설계를 통해 몸 밖으로 나가요. 콩팥의 네프론에서 혈액 속의 노폐물이 걸러져 오줌이 만들어진 후, 오줌관을 따라 방광으로 이동해요. 방광에 모인 오줌은 요도를 통해 몸 밖으로 나가요.

네프론

영 nephron

오줌을 만드는 콩팥의 기본 단위예요. 네프론은 사구체, 보먼주머니, 세뇨관으로 이루어져 있어요. 여기서 여과, 재흡수, 분비가 일어나면서 오줌이 만들어져요. 여과는 크기가 작은 물질이 사구체에서 보먼주머니로 이동하는 현상이고, 재흡수는 여과액이 세뇨관을 흐르는 동안 몸에 필요한 물질이 다시 모세 혈관으로 이동하는 현상이며, 분비는 여과되지 않고 혈액에 남아 있는 노폐물이 모세 혈관에서 세뇨관으로 이동하는 현상이에요.

○ 오줌의 생성 과정

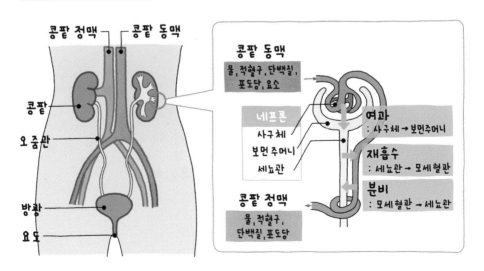

감각 기관

자극을 느끼고[感] 알아차리는[覺] 기관[器官]

영 sensory organ

感 느낄 감 | 覺 깨달을 각 | 器 그릇 기 | 官 벼슬 관

주변에서 발생하는 자극을 받아들여 중추 신경에 전달하는 기관이에요. 눈, 귀, 코, 혀, 피부 등이 있어요. 이들 감각 기관은 외부 환경에 대한 정보를 모아서 최종적으로 뇌에 전달해 주어 몸의 이상이나 주위의 위험에 대처할 수 있게 해 줘요.

예 각 감각 기관은 서로 다른 자극을 감지한다.

눈

영 eye

빛의 자극을 받아들이는 시각 기관이에요. 물체에서 반사된 빛은 수정체를 통과하면서 굴절되어 망막에 상을 맺어요. 그러면 망막에 분포하는 시각 세포가 빛 자극을 받아들이고, 이 자극은 시각 신경을 통해 뇌로 전달되어 물체의 형태와 색깔 등을 인식해요. 한편, 눈에 있는 홍채는 동공의 크기를 조절하여 눈으로 들어오는 빛의 양을 조절해요.

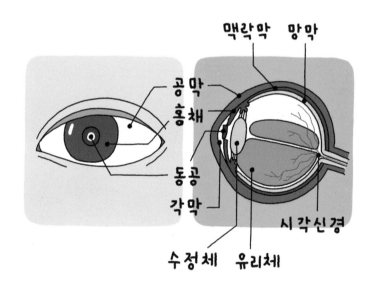

귀 영 ear

소리를 감지하는 청각 기관이에요. 공기의 진동을 통해 귓바퀴에 모아진 소리는 외이도를 지나 고막을 진동시켜요. 고막의 진동은 귓속뼈에서 증폭되어 달팽이관으로 전달되고, 그 안에 분포하는 청각 세포가 진동 자극을 받아들여요. 이 자극은 청각 신경을 통해 뇌로 전달되어 소리를 인식해요. 한편 귀는 반고리관과 전정 기관을 통해 평형 감각도 담당해요.

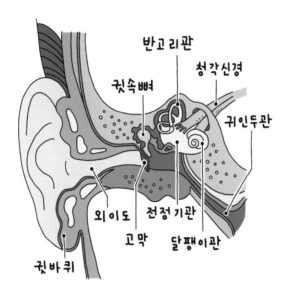

함께 알기

• **반고리관** 半管 [반 **반**, 대롱 **관**]: 귀 안에 있는 세 개의 반원 모양 관으로, 몸의 회전을 감지
• **전정 기관** 前庭器官 [앞 **전**, 뜰 **정**, 그릇 **기**, 벼슬 **관**]: 반고리관을 포함한 평형 기관으로 몸의 기울어짐을 감지. 둥근주머니, 타원주머니, 반고리관으로 이루어짐

과학

코 영 nose

호흡기의 일부이면서 동시에 냄새를 맡는 후각 기관이에요. 콧속 윗부분에는 후각 세포가 분포하는 후각 상피가 있어요. 코로 들이마신 공기 중에 포함된 기체 상태의 화학 물질이 후각 세포를 자극하면, 이 자극이 후각 신경을 통해 뇌로 전달되어 냄새를 인식해요.

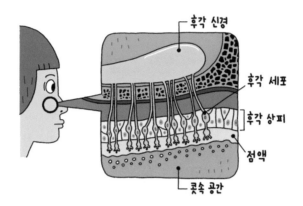

혀 영 tongue

입안에 있는 길쭉한 모양의 근육으로 맛을 감지하는 미각 기관이에요. 혀의 표면에는 유두라고 부르는 작은 돌기가 많이 나 있고, 그 옆면에는 맛세포(미세포)가 분포하는 맛봉오리가 있어요. 입안으로 들어온 액체 상태의 화학 물질이 맛세포를 자극하면, 이 자극이 미각 신경을 통해 뇌로 전달되어 맛을 인식해요.

예 혀로 느끼는 맛에는 단맛, 짠맛, 신맛, 쓴맛, 감칠맛 등이 있다.

피부

 영 skin

몸의 표면을 덮고 있는 조직으로 촉감을 느끼는 촉각 기관이에요. 피부에는 자극을 받아들이는 감각점이 있어요. 각 자극에 따라 받아들이는 감각점이 다른데, 접촉은 촉점, 아픔은 통점, 따뜻함은 온점, 차가움은 냉점, 압력은 압점에서 받아들여요. 각 감각점에서 받아들인 자극은 피부 감각 신경을 통해 뇌로 전달되어 촉감을 느껴요.

예 피부에는 통점이 가장 많이 분포한다.

신경계

신호[神]를 전달하는[經] 체계[系]

영 nervous system

神 귀신 **신** | 經 지날 **경** | 系 묶을 **계**

몸 안팎에서 받아들인 자극을 빠르게 전달하여 그에 대한 반응을 생성하는 기관이에요. 감각 기관이 받아들인 자극을 뇌로 전달하거나, 자극을 판단하여 적절한 반응이 나타나도록 신호를 전달하는 거예요. 신경계는 뉴런이라고 불리는 수많은 신경 세포로 이루어져 있어요.

○ 뉴런의 구조

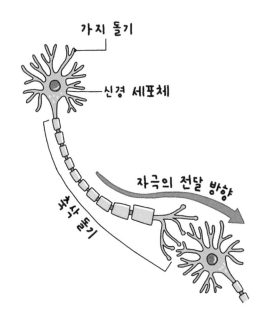

신경계를 이루는 뉴런은 신경 세포체, 가지 돌기, 축삭 돌기로 구성돼요. 신경 세포체는 핵이 있으며 다양한 생명 활동이 일어나고, 가지 돌기는 자극을 받아들이며, 축삭 돌기는 다른 뉴런이나 기관으로 자극을 전달해요.

과학

뉴런

영 neuron

신경계를 이루는 신경 세포예요. 뉴런은 기능에 따라 감각 뉴런, 연합 뉴런, 운동 뉴런으로 구분해요. 감각 뉴런은 감각 기관에서 받아들인 자극을 연합 뉴런에 전달하고, 연합 뉴런은 전달받은 자극을 종합·판단하여 적절한 명령을 내려요. 그러면 운동 뉴런이 연합 뉴런의 명령을 팔, 다리 등의 반응기로 전달해요.

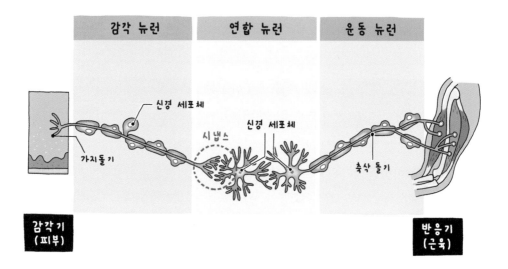

중추 신경계

중심[中]이 되는 중요[樞] 부분을 포함한 신경계[神經系]

中 가운데 **중** | **樞** 근원 **추** | **神** 귀신 **신** | **經** 지날 **경** | **系** 묶을 **계**

다양한 감각 정보를 종합하여 적절한 반응을 하도록 명령하는 신경계예요. 뇌와 척수로 이루어져 있어요. 뇌는 대뇌, 소뇌, 간뇌, 중간뇌, 연수로 구분하며, 각각 고유한 역할이 있어요. 척수는 연수 아래쪽으로 뻗어 있어 감각 기관에서 받아들인 자극을 뇌로 전달하고, 뇌의 명령을 반응기로 전달하는 통로 역할을 해요.

함께 알기

- **대뇌** 大腦 [큰 대, 뇌 뇌]: 운동 기관에 명령을 내리며, 복잡한 정신 활동 담당
- **소뇌** 小腦 [작을 소, 뇌 뇌]: 몸의 자세와 균형 유지
- **간뇌** 間腦 [사이 간, 뇌 뇌]: 몸속 상태를 일정하게 유지 및 조절
- **중간뇌** 中間腦 [가운데 중, 사이 간, 뇌 뇌]: 안구 운동과 동공의 크기 조절
- **연수** 延髓 [끌 연, 골수 수]: 심장 박동, 호흡 운동, 소화액 분비 조절

말초 신경계 > 몸의 말단[末梢]에 퍼져 있는 신경계[神經系]

末 끝 말 | 梢 나뭇가지 끝 초
神 귀신 신 | 經 지날 경 | 系 묶을 계

중추 신경계에서 뻗어 나와 몸의 각 부분에 퍼져 있는 신경계예요. 감각 신경과 운동 신경으로 이루어져 있어요. 감각 신경은 여러 개의 감각 뉴런이 모인 다발로 되어 있고, 운동 신경은 체성 신경과 자율 신경으로 구분돼요.

함께 알기

- **체성 신경** 體性 [몸 체, 성품 성]: 대뇌의 명령을 팔이나 다리 등의 근육으로 전달하여 몸을 움직이는 데 관여하는 신경
- **자율 신경** 自律 [스스로 자, 법 율]: 심장이나 소장 등 내장 기관에 연결되어 각 기관의 운동을 조절하는 신경

○ 사람의 신경계

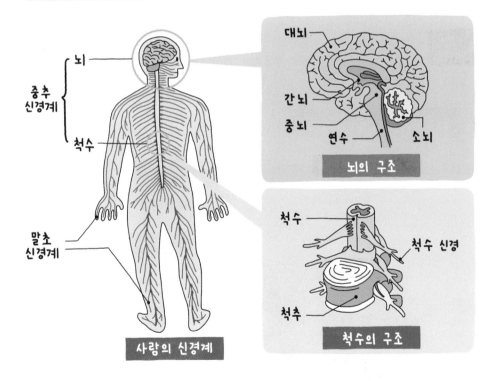

무조건 반사

무의식적으로[無條件] 나타나는 반응[反射]

반 조건 반사

無 없을 무 | 條 가지 조 | 件 물건 건 | 反 되돌릴 반 | 射 쏠 사

대뇌를 거치지 않고 나타나는 무의식적 반응이에요. 자극이 대뇌로 가기 전에 척수, 연수, 중간뇌 등의 명령으로 운동 신경을 통해 바로 반응하는 거예요. 예를 들어 뜨거운 냄비를 만졌을 때 바로 손을 떼는 행동, 하품, 재채기 등 선천적인 반응이 무조건 반사예요.

예 무조건 반사는 의식적인 반응보다 빨라 위급한 상황에서 몸을 보호한다.

호르몬

영 hormone

몸에서 분비되는 화학 물질로, 세포나 기관으로 신호를 전달하여 몸의 활동을 조절해요. 호르몬은 체내의 특정한 곳에서 만들어지며, 종류가 아주 많아요. 호르몬을 분비하는 곳을 내분비샘이라고 해요. 생장 호르몬을 분비하는 뇌하수체, 인슐린을 분비하는 이자 등이 있어요.

예 호르몬의 분비량이 너무 많거나 적으면 몸에 이상 증상이 나타날 수 있다.

○ 사람의 내분비샘과 호르몬

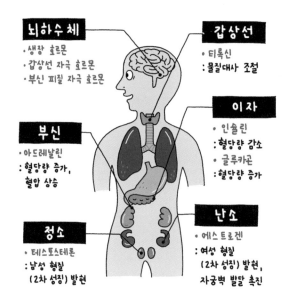

뇌하수체
· 생장 호르몬
· 갑상선 자극 호르몬
· 부신 피질 자극 호르몬

갑상선
· 티록신
: 물질대사 조절

이자
· 인슐린
: 혈당량 감소
· 글루카곤
: 혈당량 증가

부신
· 아드레날린
: 혈당량 증가,
혈압 상승

난소
· 에스트로겐
: 여성 형질
(2차 성징) 발현,
자궁벽 발달 촉진

정소
· 테스토스테론
: 남성 형질
(2차 성징) 발현

항상성

늘[恒] 일정한[常] 상태를 유지하는 성질[性]

영 homeostasis

恒 항상 **항** | **常** 항상 **상** | **性** 성질 **성**

환경이 변해도 생명체가 체내 상태를 일정하게 유지하려는 성질이에요. 우리 몸에서는 호르몬과 신경계의 조절 작용으로 항상성이 유지돼요. 예를 들어 단 음식을 많이 먹어 혈액 속에 포도당량이 증가하면, 인슐린이 분비되어 세포가 포도당을 흡수해 혈당량을 낮춰요. 또 기온이 올라가면 신경계를 통해 간뇌로 온도 변화가 전달되어, 간뇌에서 피부에 땀 분비를 촉진하는 명령을 내려요.

과학

마무리 퀴즈 Quiz

1~3 제시된 초성과 뜻을 참고하여 괄호 안에 들어갈 어휘를 쓰세요.

1 ㄱㅎㅅ: 식물이 빛에너지를 이용하여 물과 이산화 탄소로부터 양분을 만드는 것

예 식물은 (   )을 통해 스스로 만든 양분을 이용하여 자란다.

2 ㅈㅅㅈㅇ: 식물 안의 물이 수증기가 되어 공기 중으로 빠져 나가는 현상

예 식물의 (   )은 잎의 뒷면에 있는 기공에서 일어난다.

3 ㅈㅎㄱ: 산소를 운반하는 혈구

예 혈액이 붉은색으로 보이는 이유는 (   )가 많이 들어 있기 때문이다.

4~6 다음을 바르게 연결해 보세요.

4 융털 •   • ① 오줌을 만드는 콩팥의 기본 단위

5 네프론 •   • ② 몸의 회전을 감지하는 평형 기관

6 반고리관 •   • ③ 영양소를 흡수하는 소장 안쪽 벽에 나
　　　　　　　　　　　　있는 돌기

7~10 다음 설명이 맞으면 ○, 틀리면 ×로 표시하세요.

7 간, 쓸개는 음식물이 이동하지 않으므로 소화계에 포함되지 않는다.(   )

8 정맥에는 판막이 있어서 혈액이 거꾸로 흐르는 것을 막아 준다.　　(   )

9 무조건 반사는 대뇌가 관여하지 않고 나타나는 무의식적 반응이다. (   )

10 우리 몸에서는 대뇌의 명령으로 항상성이 유지된다.　　　　　　(   )

답안 1. 광합성 2. 증산 작용 3. 적혈구 4. ③ 5. ① 6. ② 7. × 8. ○ 9. ○ 10. ×

과학 5

생명이란 무엇인가?
생명과 유전

생물 다양성 · 변이 · 생물 분류 · 생물의 5계 · 세포 분열 · 염색체
상동 염색체 · 체세포 분열 · 감수 분열 · 발생 · 유전 · 우열의 원리
분리의 법칙 · 독립의 법칙 · 반성 유전

생물 다양성

생물[生物]의 종류나 특징이 다양한[多樣] 특성[性]
영 biodiversity

生 날 생 | 物 물건 물
多 많을 다 | 樣 모양 양 | 性 성질 성

어떤 지역에 살고 있는 생물의 다양한 정도예요. 생물의 수가 아니라 생물의 종류가 많을수록, 같은 종류에 속하는 생물의 유전적인 특성이 다양할수록, 생태계 종류가 다양할수록 생물 다양성이 높아요.

예 한 종류의 식물을 재배하는 논, 밭보다 다양한 생물이 사는 숲의 생물 다양성이 더 높다.

변이

같은 종류의 생물의 특징이 변하여[變] 달라지는[異] 것
영 variation

變 변할 변 | 異 다를 이

같은 종류의 생물 사이에서 나타나는 서로 다른 특징이에요. 예를 들어 사람마다 생김새가 다르고, 표범마다 털 무늬가 조금씩 달라요. 변이는 생존에 영향을 줄 수 있어요. 환경이 달라지면 생존에 유리한 변이도 달라져요. 열매가 높이 달린 나무만 있는 환경에서는 키 큰 변이를 가진 기린이 생존할 가능성이 더 높을 거예요. 키 작은 변이의 기린은 높이 달린 열매를 먹기 힘들 테니까요.

○ 핀치의 다양한 부리 모양

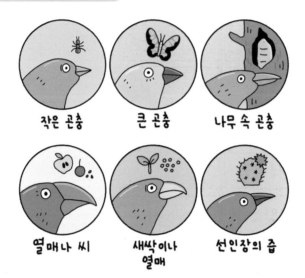

작은 곤충

큰 곤충

나무 속 곤충

열매나 씨

새싹이나 열매

선인장의 즙

다양한 변이를 지닌 핀치는 환경에 따라 먹이가 달라 이에 적응하는 과정에서 부리 모양이 다양해졌어요.

생물 분류

생물[生物]을 나누어[分] 비슷한 무리[類]로 묶은 것

영 biological classification

生 날 생 | 物 물건 물 | 分 나눌 분 | 類 무리 류

일정한 기준에 따라 생물을 비슷한 종류의 무리로 나누는 거예요. 과학에서는 생물 고유의 특징을 기준으로 생물을 분류해요. 생물을 분류하는 기본 단위는 '종'이고, 생물 분류 단계는 '종<속<과<목<강<문<계'예요. 계에서 종으로 갈수록 더 세부적으로 나뉘어요. 생물을 분류하면 체계적인 연구가 가능해 생물 다양성을 이해하는 데 도움이 돼요.

함께 알기

• **종 種** [씨 종]: 자연 상태에서 짝짓기하여 번식이 가능한 생물 무리
• **계 界** [지경 계]: 생물 분류 단계 중 가장 큰 단위로 크게 동물계와 식물계가 있음

○ 생물의 분류 단계

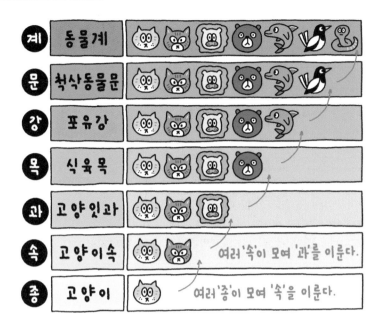

생물의 5계

생물[生物]을 다섯[五] 개의 큰 집단[界]으로 분류한 것

生 날 생 | 物 물건 물 | 五 다섯 오 | 界 지경 계

생물을 원핵생물계, 원생생물계, 균계, 식물계, 동물계의 5가지 계로 구분한 거예요. 원핵생물은 세균과 같이 세포에 핵이 없고 몸이 한 개의 세포로 이루어져 있어요. 원생생물은 짚신벌레, 미역과 같이 세포에 핵이 있으나 기관이 발달하지 않았어요. 균류는 버섯이나 곰팡이와 같이 실 모양의 세포가 얽힌 구조인데, 운동성이 없고 광합성을 하지 못해요. 식물은 광합성을 하여 스스로 양분을 만드는 생물로서 뿌리, 줄기, 잎과 같은 기관이 발달해 있어요. 동물은 운동성이 있고 다른 생물을 먹이로 삼아 양분을 얻어요. 대부분 몸에 기관이 발달해 있어요.

세포 분열

하나의 세포[細胞]가 둘로 나뉘어[分] 갈라지는[裂] 현상

영 cell division

細 가늘 세 | 胞 세포 포 | 分 나눌 분 | 裂 찢을 열

하나의 세포가 어느 정도 커지면 둘로 나누어지는 과정이에요. 이때 분열되는 세포를 '모세포', 분열 결과 새로 생겨난 세포를 '딸세포'라고 해요. 다세포 생물의 세포 분열에는 크게 체세포 분열과 감수 분열이 있어요. 체세포 분열을 통해 세포 수가 늘어나면서 생물의 몸집이 커지고, 감수 분열을 통해서는 생식세포가 만들어져요.

함께 알기

- 다세포 생물 多細胞生物 [많을 다, 가늘 세, 세포 포, 날 생, 물건 물]: 여러 개의 세포가 모여서 이루어진 하나의 생물체
- 생식세포 生殖 [날 생, 번성할 식]: 정자, 난자와 같이 자손을 만드는 생식에 관계하는 세포(*다세포 생물에서 생식세포를 제외한 모든 세포는 체세포임)

○ 세포질 분열

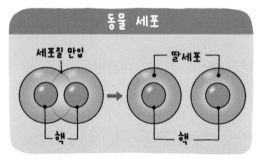

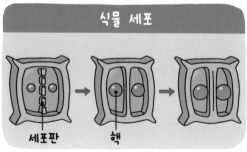

세포 분열은 먼저 핵분열이 시작되고, 이어서 세포질 분열이 일어나요. 세포질 분열 시, 동물 세포에서는 세포막이 바깥쪽에서 안쪽으로 말려들어 가면서 나누어지고, 식물 세포에서는 분열된 핵 사이에 세포판이 생기면서 세포질이 나누어져요.

염색체

염색했을[染色] 때 구별이 가능한 소체[體]

영 chromosome

染 물들일 염 | 色 빛 색 | 體 몸 체

분열하는 세포에서 관찰되는 막대나 끈 모양의 구조물이에요. 세포가 분열하지 않을 때에는 핵 속에 가는 실처럼 풀어져 있다가, 세포가 분열하기 시작하면 굵고 짧게 뭉쳐지면서 두 개의 염색 분체를 구성해요. 염색체는 DNA(유전 물질)와 단백질로 이루어지며, DNA에는 유전 정보를 저장하고 있는 유전자가 있어요.

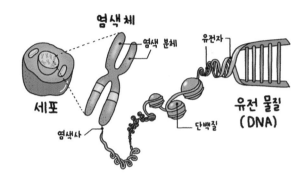

상동 염색체

서로[相] 크기와 모양이 같은[同] 한 쌍의 염색체[染色體]

영 homologous chromosome

相 서로 상 | 同 한가지 동 | 染 물들일 염 | 色 빛 색 | 體 몸 체

과학

체세포에서 쌍을 이루고 있는, 크기와 모양이 같은 2개의 염색체예요. 상동 염색체가 쌍을 이루는 이유는 하나는 어머니로부터, 다른 하나는 아버지로부터 물려받았기 때문이에요. 사람의 체세포에는 총 46개 (23쌍)의 염색체가 들어 있는데, 이 중 22쌍은 남녀에게 공통적으로 들어 있는 상염색체이고, 나머지 1쌍은 성을 결정하는 성염색체예요. 한편, 상동 염색체 2개가 붙은 것을 2가 염색체라고 해요. 이는 생식세포 분열(감수 분열) 시 나타나요.

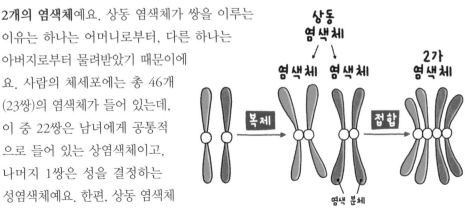

○ 여자와 남자의 염색체 구성

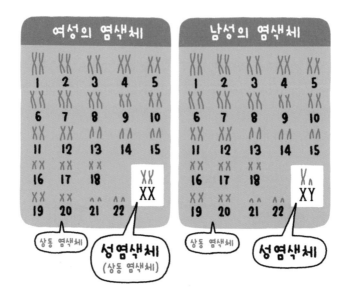

여자의 경우는 상염색체와 성염색체 모두 상동 염색체인데 반해, 남자의 경우는 상염색체 22쌍만 상동 염색체예요. 나머지 한 쌍인 성염색체는 X와 Y로 짝을 이루고 있어서 크기와 모양이 다르거든요.

체세포 분열 | 체세포[體細胞]가 둘로 나뉘어[分] 갈라지는[裂] 현상

體 몸 체 | 細 가늘 세 | 胞 세포 포
分 나눌 분 | 裂 찢을 열

생물의 몸을 구성하는 체세포가 둘로 나누어지는 과정이에요. 이때 모세포와 딸세포의 염색체 수와 유전 정보는 똑같아요. 세포가 분열하기 전에 모세포의 DNA가 복제되어 두 가닥의 염색 분체가 되고, 세포 분열 과정에서 염색 분체가 분리되어 2개의 딸세포에게 그대로 전달되기 때문이에요.

함께
알기

체세포: 생식세포를 제외하고 생물체를 구성하는 모든 세포

감수 분열

> 염색체의 수[數]가 반으로 줄어드는[減] 세포 분열[分裂]

동 생식세포 분열

減 덜 감 | 數 셈 수 | 分 나눌 분 | 裂 찢을 열

동물의 생식세포를 만드는 과정에서 일어나는 세포 분열이에요. 감수 분열은 분열하기 전 DNA를 복제한 후, 두 번의 분열을 거쳐요. 감수 1분열 시기에는 상동 염색체끼리 결합한 2가 염색체가 나타나고, 이 상동 염색체의 결합 부분이 다시 분리되면서 2개의 딸세포에 각각 하나씩 들어가요. 이 과정에서 4개였던 염색 분체가 반으로 줄어들어 2개가 돼요. 이어서 일어나는 감수 2분열 시기에는 앞서 만들어진 2개의 딸세포에 들어 있는 상동 염색체의 염색 분체가 각각 분리되어 총 4개의 딸세포가 만들어져요.

예 감수 분열을 통해 만들어진 생식세포의 염색체 수는 체세포의 절반이다.

○ 체세포 분열과 감수 분열

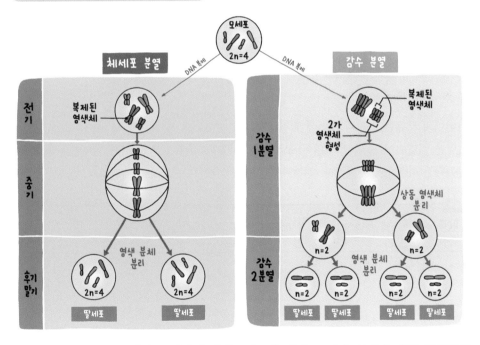

체세포 분열은 염색 분체만 분리되어 딸세포가 2개 생기고, 감수 분열은 상동 염색체의 분리와 염색 분체의 분리가 차례로 일어나면서 딸세포가 4개 생겨요.

발생

> 세포가 증식하여[發] 개체가 생겨나는[生] 과정
>
> 영 development

發 필 발 | 生 날 생

정자와 난자의 수정으로 이루어진 수정란이 여러 가지 조직과 기관을 형성하여 하나의 개체가 되기까지의 과정이에요. 수정란은 발생 초기에 빠르게 세포 분열을 하여 세포 수를 늘려요. 이를 난할이라고 해요. 수정란은 난할을 거쳐 배아가 되고, 배아 상태에서 여러 기관을 형성하여 사람의 모습을 갖춘 태아가 돼요.

함께 알기
- **수정 受精** [받을 **수**, 정자 **정**]: 암수의 생식세포가 만나 두 세포의 핵이 결합하는 과정
- **배아 胚芽** [임신할 **배**, 싹 **아**]: 수정란이 난할을 시작한 후 태아가 되기 전까지의 세포 덩어리 상태

유전

> 생물의 특징이 후세에 대물리어[遺] 전해지는[傳] 현상
>
> 영 heredity

遺 남길 유 | 傳 전할 전

어버이의 고유한 형질이 자손에게 전해지는 현상이에요. 생물의 유전 원리를 처음 밝혀낸 사람은 멘델이에요. 멘델은 완두 교배 실험을 통해 자손이 부모로부터 유전 물질을 물려받는다는 사실을 알아냈어요. 멘델 이후 과학의 발전으로 그것이 유전자임이 밝혀졌어요.

함께 알기
형질 形質 [모양 **형**, 바탕 **질**]: 생물이 가지고 있는 고유한 모양이나 속성

우열의 원리

우성[優]은 드러나고 열성[劣]은 드러나지 않는 원리[原理]

優 넉넉할 **우** | 劣 못할 **열** | 原 근원 **원** | 理 다스릴 **리**

우성 형질과 열성 형질을 동시에 가지고 있을 때, 우성 형질만 겉으로 드러나는 유전 원리예요. 순종의 대립 형질끼리 교배했을 때 잡종 1대에서 우성 형질만 표현돼요. 예를 들면 순종의 둥근 완두와 주름진 완두를 교배하면 잡종 1대에서는 모두 둥근 완두만 나타나요. 이때 둥근 것이 주름진 것에 우성이 돼요.

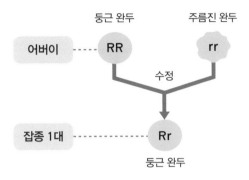

함께 알기

- **우성** 優性 [넉넉할 **우**, 성품 **성**]: 상동 염색체상에서 같은 위치에 있고 같은 역할을 하는 두 유전자 중, 그 특성이 상대 유전자보다 더 효과적으로 드러나는 유전자의 특성
- **열성** 劣性 [못할 **열**, 성품 **성**]: 상동 염색체상에서 같은 위치에 있고 같은 역할을 하는 두 유전자 중, 그 효과가 잘 드러나지 않는 쪽의 유전자의 특성
- **순종** 純種 [순수할 **순**, 씨 **종**]: 다른 계통과 섞이지 않은 순수한 생물체
- **대립 형질** 對立形質 [마주할 **대**, 설 **립**, 모양 **형**, 바탕 **질**]: 생물 내에 한 쌍 존재하는 염색체상에서 동일한 위치에 자리 잡고 있는 대립 유전자에 의해 나타나는 생물의 특성
- **잡종** 雜種 [섞일 **잡**, 씨 **종**]: 서로 다른 종이나 계통 사이의 교배를 통해 태어난 자손

과학

분리의 법칙 〉 우성과 열성이 분리[分離]되어 나타난다는 법칙[法則]

分 나눌 분 | **離** 떠날 리 | **法** 법 법 | **則** 법칙 칙

순종을 교배한 잡종 1대를 자가 수분했을 때 우성과 열성이 나뉘어 나타난다는 법칙이에
요. 순종인 둥근 완두와 주름진 완두를 교배하여 나온 잡종 1대는 우열의 원리에 따라 모
두 둥근 완두였어요. 하지만 이를 자가 수분하면 우성인 둥근 완두와 열성인 주름진 완두
가 대부분 3:1의 비율로 분리되어 나타나요. 잡종 1대에서 가려져 있던 열성 형질이 잡종
2대에서 겉으로 다시 드러난 거예요.

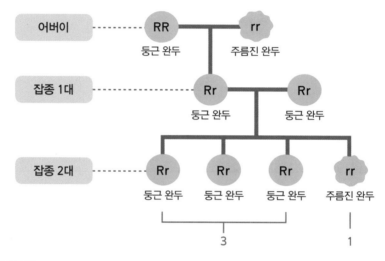

함께
알기 **자가 수분** 自家受粉 [스스로 **자**, 집 **가**, 받을 **수**, 가루 **분**]: 한 그루의 식물 안에서 자신의
꽃가루를 자신의 암술머리에 붙이는 현상

독립의 법칙

유전자는 서로 독립[獨立]하여 유전한다는 법칙[法則]

獨 홀로 독 | 立 설 립 | 法 법 법 | 則 법칙 칙

두 쌍 이상의 형질이 함께 유전될 때, 각 형질을 나타내는 대립 유전자가 서로 영향을 받지 않고 독립적으로 유전한다는 **법칙**이에요. 순종인 둥글고 황색인 완두와 주름지고 녹색인 완두를 교배하여 잡종 1대를 얻은 뒤 이를 자가 수분하여 잡종 2대를 얻으면, 둥근 황색 완두, 둥근 녹색 완두, 주름진 황색 완두, 주름진 녹색 완두가 약 9:3:3:1의 비율로 나타나요.

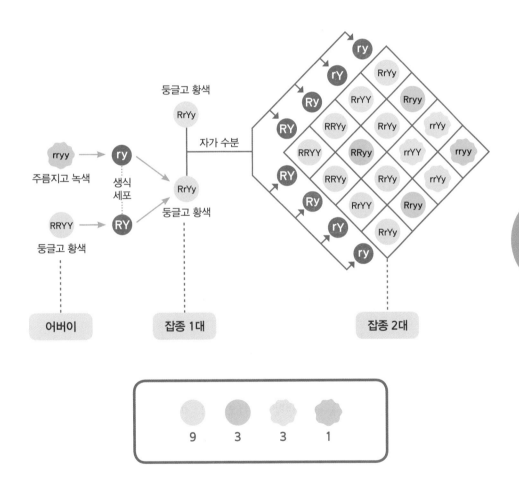

반성 유전 〉 성별[伴性]에 따라 일어나는 유전[遺傳]

伴 짝 반 | 性 성별 성 | 遺 남길 유 | 傳 전할 전

성염색체에 있는 유전자에 의해 일어나는 유전 현상이에요. 사람의 성염색체는, 남자는 어머니로부터 X 염색체를, 아버지로부터 Y 염색체를 물려받아 XY 염색체로 구성되고, 여자는 어머니와 아버지로부터 X 염색체를 하나씩 물려받아 XX 염색체로 구성돼요. 반성 유전은 주로 X 염색체의 유전자에 이상이 있어서 나타나는 열성 유전이에요. 그래서 남성의 경우 열성인 X 염색체를 가지고 있으면 무조건 그 특성이 나타나고, 여성은 2개의 X 염색체의 유전자가 모두 열성일 때 그 특성이 드러나요. 하지만 열성인 X 염색체를 1개만 가지고 있는 여성도 자식을 낳으면 그것이 유전되어, 남자아이일 경우 열성 유전이 일어날 수 있어요. 색맹, 혈우병이 대표적인 반성 유전이에요.

함께 알기
- **색맹 色盲** [빛 색, 눈멀 맹]: 색깔을 제대로 구별하지 못하는 유전 형질
- **혈우병 血友病** [피 혈, 벗 우, 병 병]: 피가 쉽게 나고 잘 멎지 않는 병

○ 색맹 유전

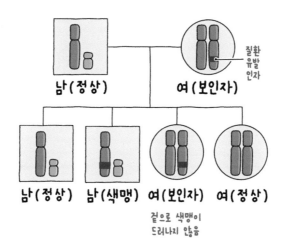

보인자는 유전병이 겉으로 드러나지는 않고, 인자만 가지고 있는 사람을 말해요. 정상인 남자와 색맹 유전자를 1개 보유한 여자가 결혼하여 자식을 낳으면 아들 중에 색맹인 아들이 있을 수 있어요. 여자는 색맹 유전자가 1개이면 겉으로는 정상이에요.

마무리 퀴즈 Quiz

1~3 다음 내용에 해당하는 법칙을 〈보기〉에서 고르세요.

〈보기〉 ㉠ 우열의 법칙   ㉡ 분리의 법칙   ㉢ 독립의 법칙

1 순종을 교배한 잡종 1대를 자가 수분하면 우성과 열성이
나뉘어 나타난다. (   )

2 두 쌍 이상의 형질이 함께 유전될 때, 각 형질이 서로
영향 받지 않고 유전된다. (   )

3 순종의 대립 형질끼리 교배했을 때 잡종 1대에서
우성 형질만 표현된다. (   )

4~6 다음을 바르게 연결해 보세요.

4 변이   •   • ① 분열하는 세포에서 관찰되는 막대 모양의
구조물

5 염색체   •   • ② 대립 유전자에 의해 나타나는 생물의 특성

6 대립 형질 •   • ③ 같은 종류의 생물 사이에서 나타나는 서로
다른 특징

7~10 다음 빈칸에 들어갈 말을 〈보기〉에서 찾아 쓰세요.

〈보기〉 상동, 반성, 배아, 감수, 다양성

7 생물의 수가 많을 때보다 생물의 종류가 많을수록 생물 (   )이 더 높다.

8 수정란은 난할을 거쳐 (   )가 되고, 이 상태에서 여러 기관을 형성한다.

9 색맹은 성염색체에 있는 유전자에 의해 일어나는 (   ) 유전 현상이다.

10 (   ) 분열의 결과 생식세포의 염색체 수는 체세포의 절반이 된다.

답안 1. ㉡ 2. ㉢ 3. ㉠ 4. ③ 5. ① 6. ② 7. 다양성 8. 배아 9. 반성 10. 감수

물질의 변화 원리, 원자와 화학 반응

원소 · 원소 기호 · 불꽃 반응 · 원자 · 분자 · 이온 · 앙금 생성 반응
화학 변화 · 화학 반응 · 질량 보존 법칙 · 일정 성분비 법칙
기체 반응 법칙 · 발열 반응 · 흡열 반응

원소

물질을 구성하는 대표[元] 성분[素]

비 원자 **영** element

元 으뜸 원 | 素 본디 소

더 이상 분해되지 않으면서 물질을 이루는 기본 성분이에요. 물을 전기 분해하면 수소와 산소로 나누어지고, 더 이상 다른 물질로 분해되지 않아요. 이때 수소와 산소가 원소예요. 원소는 종류에 따라 성질이 달라요. 지금까지 밝혀진 118가지 원소 중에서 90여 가지는 자연에서 발견된 것이고, 30여 가지는 인공적으로 만든 거예요.

**함께
알기** **전기 분해** 電氣分解 [번개 **전**, 기운 **기**, 나눌 **분**, 풀 **해**]: 물질에 전기 에너지를 가하여 분해하는 것

원소 기호

원소[元素]를 나타내는 기호[記號]

영 symbol of element

元 으뜸 원 | 素 본디 소 | 記 기록할 기 | 號 이름 호

원소를 표현하는 기호예요. 수소는 H, 헬륨은 He, 산소는 O 등 알파벳으로 표기해요. 보통 라틴어나 영어로 된 원소 이름의 첫 글자를 대문자로 쓰거나, 첫 글자가 같으면 앞의 두 글자를 택하여 두 번째 글자를 소문자로 나타내요. 원소 기호로 사용하면 서로 다른 언어권의 사람들과도 정보를 쉽게 교환할 수 있어요.

불꽃 반응

금속 물질이 불꽃에 닿으면 빛깔을 나타내는 반응[反應]

(영) flame reaction

反 되돌릴 반 | 應 응할 응

금속 성분이 들어 있는 물질을 겉불꽃에 넣으면 특유의 불꽃색이 나타나는 현상이에요. 대부분의 금속 원소는 종류에 따라 고유한 불꽃색을 나타내므로 이를 통해 원소를 구별할 수 있어요. 리튬은 빨간색, 칼륨은 보라색, 나트륨은 노란색, 스트론튬은 빨간색, 구리는 청록색이 나타나요. 리튬과 스트론튬처럼 불꽃색이 비슷한 원소는 선 스펙트럼을 이용하여 구별할 수 있어요.

함께 알기 **선 스펙트럼** 線 [줄 선]: 금속 원소의 불꽃을 분광기라는 장치에 통과시켜 몇 개의 선으로 나타내는 것

원자

물질을 이루는 기본[原] 입자[子]

(비) 원소 (영) atom

原 근원 원 | 子 아들 자

원소의 성질을 잃지 않으면서 물질을 이루는 최소 입자예요. 1803년 돌턴은 모든 물질은 더 이상 쪼개지지 않는 입자, 곧 원자로 이루어져 있다고 주장했어요. 그러나 이후, 원자 속에는 원자보다 더 작은 입자들이 존재한다는 것이 밝혀졌어요. 원자는 (+)전하를 띠는 원자핵과 (−)전하를 띠는 전자로 이루어져 있어요.

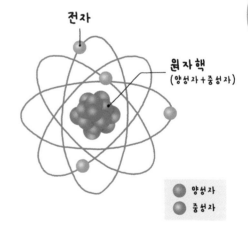

전자
원자핵
(양성자+중성자)

양성자
중성자

(예) 원자는 원자핵의 (+)전하량과 전자의 (−)전하량이 같아 전기적으로 중성이다.

함께 알기 **전하** 電荷 [번개 전, 멜 하]: 전기 현상을 일으키는 원인으로 (+)전하와 (−)전하가 있음

분자

나눌[分] 수 있는 입자[子]

영 molecule

分 나눌 분 | 子 아들 자

2개 이상의 원자들이 화학적으로 결합하여 이루어진 물질이에요. 분자는 독립된 입자로 존재하며 물질의 성질을 나타내는 가장 작은 입자예요. 예를 들어 물은 수소 원자(H) 2개와 산소 원자(O) 1개가 결합한 물 분자(H_2O)로 이루어져 있으며, 물의 성질은 물 분자의 성질과 같아요. 이때 물 분자는 수소 원자와 산소 원자로 나눌 수 있지만, 그러면 물의 성질은 사라져요.

예 물질은 분자 간의 거리가 변화하면서 고체, 액체, 기체 상태가 된다.

○ 여러 가지 분자 모양

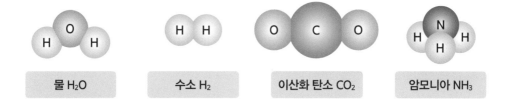

| 물 H_2O | 수소 H_2 | 이산화 탄소 CO_2 | 암모니아 NH_3 |

○ 원자와 분자 차이

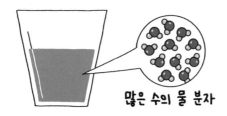

많은 수의 물 분자

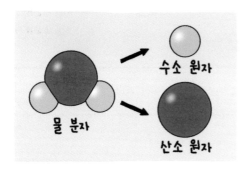

물 분자

수소 원자

산소 원자

물은 수많은 물 분자로 이루어져 있고, 물 분자 1개는 수소 원자 2개와 산소 원자 1개로 이루어져요. 한편 원소는 원자의 종류를 의미해요. 그래서 물 분자는 수소 원소와 산소 원소로 이루어졌다고 할 수 있어요.

이온

영 ion

원자가 전자를 잃거나 얻어 전하를 띠게 된 입자예요. 원자에 있는 전자 중 일부는 다른 원자로 이동할 수 있어요. 그래서 중성인 원자가 전자를 잃으면 (+)전하를 띤 양이온이 되고, 전자를 얻으면 (−)전하를 띤 음이온이 돼요. 예를 들어 염화나트륨(NaCl)이 물에 녹으면, 나트륨은 전자를 잃어서 (+)를 전하를 띠는 나트륨 이온(Na^+)이 되고, 염소는 전자를 얻어서 (−)전하를 띠는 염화 이온(Cl^-)이 돼요. 이온은 1개의 원자로 이루어진 것도 있지만 탄산 이온(CO_3^{2-})처럼 여러 원자가 모여 있는 것도 있어요.

전자를 잃는다.

원자 → 양이온 + 전자

양이온의 형성($Na \longrightarrow Na^+ + e-$)

전자를 얻는다.

원자 + 전자 → 음이온

음이온의 형성($Cl + e- \longrightarrow Cl^-$)

예 Na^+와 같이 이온 반응을 원소 기호로 적은 식을 이온식이라고 한다.

과학

앙금 생성 반응 〉 앙금이 만들어지는[生成] 화학 반응[反應]

生 날 생 | **成** 이룰 성 | **反** 되돌릴 반 | **應** 응할 응

두 종류의 수용액을 섞었을 때, 물질 속의 특정한 양이온과 음이온이 반응하여 물에 잘 녹지 않는 물질(앙금)이 만들어지는 현상이에요. 예를 들어 염화 나트륨 수용액과 질산 은 수용액을 섞으면 염화 이온(Cl^-)과 은 이온(Ag^+)이 반응하여 흰색의 염화 은 앙금($AgCl$)을 생성해요. 앙금 생성 반응을 통해 용액에 들어 있는 이온을 확인할 수 있어요.

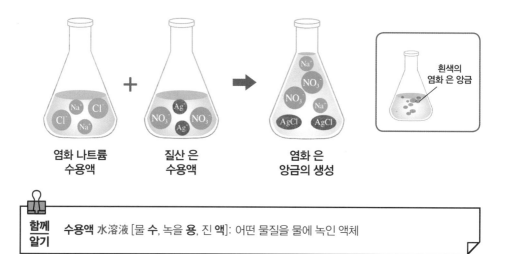

염화 나트륨   질산 은   염화 은
수용액   수용액   앙금의 생성

흰색의
염화 은 앙금

함께 알기 **수용액** 水溶液 [물 **수**, 녹을 **용**, 진 **액**]: 어떤 물질을 물에 녹인 액체

화학 변화 〉 화학[化學]적 결합으로 성질이 달라지는 변화[變化]
🔵 chemical change

化 될 화 | **學** 배울 학 | **變** 변할 변 | **化** 될 화

물질이 그 자신 또는 다른 물질과 상호 작용을 일으켜 성질이 다른 새로운 물질로 변하는 거예요. 예를 들어 단단한 철이 산소와 반응하면 붉게 변하고 쉽게 부서져요. 철과 산소가 만나서 산화철이 되는 화학 변화가 일어난 거예요. 산화철은 원래의 철과는 성질이 달라요. 화학 변화는 물리 변화와는 달리 성질이 변해요.

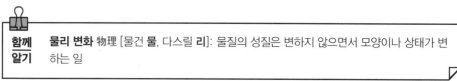

함께 알기 **물리 변화** 物理 [물건 **물**, 다스릴 **리**]: 물질의 성질은 변하지 않으면서 모양이나 상태가 변하는 일

화학 반응

화학[化學] 작용에 의해 일어나는[反應] 현상

영 chemical reaction

化 될 화 | 學 배울 학 | 反 되돌릴 반 | 應 응할 응

두 가지 이상의 물질 사이에 화학 변화가 일어나 다른 물질로 **변화하는 과정**이에요. 화학 반응이 일어나면 물질을 이루는 원자의 종류와 개수는 변하지 않지만, 원자의 배열이 달라지면서 물질의 종류가 달라져요. 이때 화학식을 사용하여 화학 반응을 간단히 나타낼 수 있어요. 이를 화학 반응식이라고 하는데, 화학 반응에서 반응물과 생성물이 무엇인지 한눈에 알 수 있어요.

함께 알기
- **반응물** 反應物 [되돌릴 **반**, 응할 **응**, 물건 **물**]: 화학 반응에서 서로 반응하는 물질. 화학 반응식에서 화살표의 왼쪽에 표현
- **생성물** 生成物 [날 **생**, 이룰 **성**, 물건 **물**]: 화학 반응의 결과 새로 나타나는 물질. 화학 반응식에서 화살표의 오른쪽에 표현

○ 화학 반응과 화학 반응식

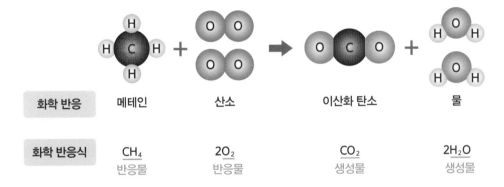

화학 반응	메테인	산소	이산화 탄소	물
화학 반응식	CH_4 반응물	$2O_2$ 반응물	CO_2 생성물	$2H_2O$ 생성물

과학

질량 보존 법칙

화학 반응이 일어나도 전체 물질의 질량[質量]은 항상 일정하다[保存]는 법칙[法則]

質 바탕 질 | 量 양 량 | 保 지킬 보 | 存 있을 존
法 법 법 | 則 법칙 칙

화학 반응이 일어날 때, 반응 전과 후의 물질 전체의 질량은 변하지 않는다는 법칙이에요. 화학 반응이 일어날 때 물질을 이루는 원자나 이온은 배열만 달라질 뿐 새롭게 생기거나 없어지지 않아요. 따라서 화학 변화가 일어난 후에도 전체 질량은 달라지지 않아요. 예를 들어 수소 기체 4g과 산소 기체 32g이 결합하면 물의 질량은 36g이 돼요.

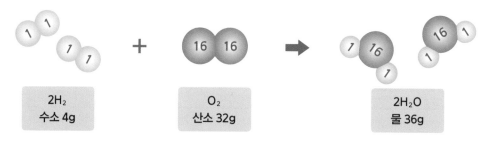

$2H_2$
수소 4g

O_2
산소 32g

$2H_2O$
물 36g

(예) 질량 보존 법칙은 1774년에 라부아지에가 확인하였다.

일정 성분비 법칙

일정[一定]한 성분[成分]의 비율[比]로 화합물이 구성된다는 법칙[法則]

一 한 일 | 定 정할 정 | 成 이룰 성 | 分 나눌 분
比 견줄 비 | 法 법 법 | 則 법칙 칙

두 가지 이상의 원소가 반응하여 새로운 화합물이 생성될 때, 각각의 구성 원소들 사이에 일정한 질량비가 성립한다는 법칙이에요. 예를 들어 수소와 산소가 결합하여 물이 생성될 때 수소와 산소는 항상 1:8의 질량비로 결합해요. 질량 18g인 물이나 질량 72g인 물 모두 수소와 산소의 비율이 1:8이에요.

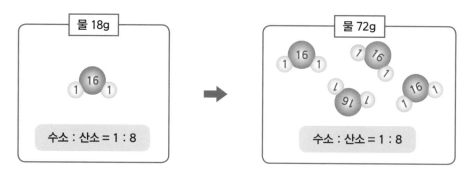

물 18g

물 72g

수소 : 산소 = 1 : 8

수소 : 산소 = 1 : 8

기체 반응 법칙

기체[氣體]들이 반응[反應]하여 화합물을 생성할 때 일정한 부피비가 성립한다는 법칙[法則]

氣 기운 기 | 體 몸 체 | 反 되돌릴 반 | 應 응할 응
法 법 법 | 則 법칙 칙

온도와 압력이 일정할 때, 반응하는 기체와 생성되는 기체의 부피 사이에 간단한 정수비가 성립한다는 **법칙**이에요. 예를 들어 수소와 산소가 반응하여 수증기가 생성될 때, 수소, 산소, 수증기 사이에는 항상 2:1:2의 부피비가 성립해요.

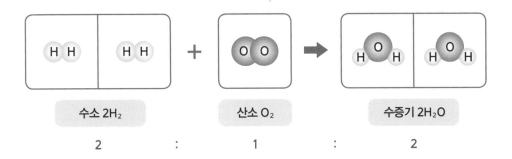

수소 $2H_2$		산소 O_2		수증기 $2H_2O$
2	:	1	:	2

발열 반응

열[熱]을 주변으로 내보내는[發] 반응[反應]

반 흡열 반응   영 exothermic reaction

發 필 발 | 熱 더울 열 | 反 되돌릴 반 | 應 응할 응

주변으로 에너지를 방출하는 화학 반응이에요. 묽은 염산에 금속 조각을 넣거나 수산화 나트륨 수용액을 넣으면 주변의 온도가 높아져요. 그 이유는 산과 금속, 산과 염기가 반응할 때 발열 반응이 일어나 주변으로 열을 방출하기 때문이에요.

예 우리가 호흡할 때 포도당과 산소가 반응하여 에너지를 방출하는 **발열 반응**이 일어난다.

함께 알기

- **산 酸** [초 **산**]: 물에 녹았을 때 이온화하여 수소 이온을 만드는 물질로 푸른색 리트머스 종이를 붉게 변화시킴. 염산, 황산 등
- **염기 鹽基** [소금 **염**, 근본 **기**]: 산과 반응하여 염을 만드는 물질로 붉은색 리트머스 종이를 푸르게 변화시킴. 수산화 나트륨, 탄산수소 나트륨 등

과학

흡열 반응

주변의 열[熱]을 흡수하는[吸] 반응[反應]

반 발열 반응　영 endothermic reaction

吸 빨 흡 | 熱 더울 열 | 反 되돌릴 반 | 應 응할 응

주변의 에너지를 흡수하여 일어나는 화학 반응이에요. 염화 암모늄과 수산화 바륨이 반응할 때 주변의 온도가 낮아져요. 흡열 반응이 일어나 주변의 에너지를 흡수하기 때문이에요. 열분해나 전기 분해가 대표적인 흡열 반응이에요.

함께 알기

- **열분해** 熱分解 [더울 **열**, 나눌 **분**, 풀 **해**]: 외부에서 높은 열이나 압력을 가해 화합물의 물질들을 분해하는 반응

- **전기 분해** 電氣分解 [번개 **전**, 기운 **기**, 나눌 **분**, 풀 **해**]: 물질에 전기 에너지를 가하여 분해하는 반응

예 물에 전기 에너지를 가하면 흡열 반응이 일어나 수소와 산소로 분해된다.

마무리 퀴즈 Quiz

1~3 제시된 초성과 뜻을 참고하여 괄호 안에 들어갈 어휘를 쓰세요.

1 ㅂㄲㅂㅇ: 금속 물질이 겉불꽃에 닿으면 고유한 불꽃색이 나타나는 현상

    예 금속 원소는 (   )을 통해 구별할 수 있다.

2 ㅂㅇㅂㅇ: 주변으로 에너지를 방출하는 화학 반응

    예 묽은 염산에 수산화 나트륨 수용액을 넣으면 (   )이 일어나 주변의 온도가 높아진다.

3 ㅎㅇㅂㅇ: 주변의 에너지를 흡수하여 일어나는 화학 반응

    예 염화 암모늄과 수산화 바륨이 반응할 때 (   )이 일어나 주변의 온도가 낮아진다.

4~6 다음 법칙에 대한 설명을 바르게 연결해 보세요.

4 질량 보존 법칙 •   • ① 기체의 부피 사이에 간단한 정수비가 성립

5 기체 반응 법칙 •   • ② 화합물의 원소들 사이에 일정한 질량비가 성립

6 일정 성분비 법칙 •   • ③ 화학 반응에서 반응 전후의 질량은 변하지 않음

7~10 다음 설명이 맞으면 ○, 틀리면 ×로 표시하세요.

7 물리 변화는 모양은 그대로 유지되면서 물질의 성질만 변하는 것이다. (   )

8 화학 반응이 일어나면 물질을 이루는 원자의 종류와 개수가 변한다. (   )

9 원자가 전자를 잃으면 (+)전하를 띤 양이온이 된다. (   )

10 분자는 물질의 성질을 가지고 있지 않다. (   )

답안 1. 불꽃 반응 2. 발열 반응 3. 흡열 반응 4. ③ 5. ① 6. ② 7. × 8. × 9. ○ 10. ×

움직임의 원리, 힘과 에너지

힘 · 중력 · 탄성력 · 마찰력 · 부력 · 속력 · 등속 운동 · 자유 낙하 운동 · 일
에너지 · 위치 에너지 · 운동 에너지 · 역학적 에너지 · 역학적 에너지 보존
전자기 유도 · 소비 전력 · 전기 에너지 · 전력량

힘

 영 force

물체의 모양이나 운동 상태를 변화시키는 원인이에요. 물이 끓거나 아이스크림이 녹는
것과 같이 물질의 상태나 성질이 변하는 것은 힘의 작용에 의한 현상이 아니에요. 과학에
서의 '힘'은 물체를 밀거나 당길 때 작용하는 거예요. 힘의 단위는 N(뉴턴)이고, 힘의 표시
는 힘의 크기와 방향과 작용점(힘이 가해지는 곳)을 화살표로 나타내요.

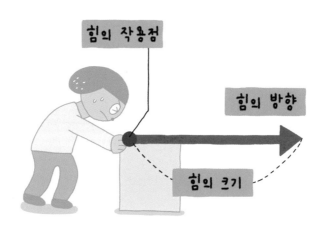

중력

물체의 무게[重]에 작용하는 힘[力]

비 만유인력 **영** gravity

重 무거울 **중** | **力** 힘 **력**

지구와 같은 천체가 물체를 당기는 힘이에요. 지구 중력의 방향은 지구 중심을 향해요. 중력의 크기는 장소와 위치에 따라 다르지만, 대체로 물체의 질량이 클수록, 천체 중심에 가까울수록 커요. 물체에 작용하는 중력의 크기를 무게라고 하는데, 단위는 힘의 단위와 동일한 N이고 용수철저울로 측정해요. 지구에서의 물체의 무게는 '질량×중력 가속도(9.8)'로 구할 수 있어요.

예 달의 중력은 지구 중력의 $\frac{1}{6}$이므로 달에서의 물체의 무게는 지구의 $\frac{1}{6}$이 된다.

함께 알기
- **질량** 質量 [바탕 **질**, 양 **량**]: 물체의 고유한 양. 추를 사용하여 윗접시저울이나 양팔저울로 측정하고, 단위는 g(그램), kg(킬로그램)임
- **중력 가속도** 加速度 [더할 **가**, 빠를 **속**, 법도 **도**]: 물체가 운동할 때 중력의 작용으로 생기는 가속도로, 그 값은 지구상의 위치·높이에 따라 다르지만 대략 9.81m/s² 정도임

탄성력

튕겨나가는[彈] 성질[性]을 가진 힘[力]

동 탄력, 복원력 **영** elastic force

彈 튀길 **탄** | **性** 성질 **성** | **力** 힘 **력**

모양이 변한 물체가 원래 모양으로 되돌아가려는 힘이에요. 탄성력의 방향은 탄성체에 작용한 힘의 방향과 반대이고, 탄성력의 크기는 탄성체에 작용한 힘의 크기와 같아요. 우리 주변에서 탄성력을 이용한 경우는 침대 매트리스와 볼펜의 용수철, 트램펄린, 장대높이뛰기, 양궁, 컴퓨터 자판 등이 있어요.

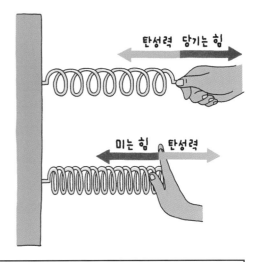

탄성력 당기는 힘

미는 힘 탄성력

함께 알기
탄성체 彈性體 [튀길 **탄**, 성질 **성**, 몸 **체**]: 탄성을 가진 물체. 고무줄, 용수철, 농구공 등이 있음

마찰력

두 물체가 서로 닿아 비벼질[摩擦] 때 작용하는 힘[力]

영 frictional force

摩 문지를 마 | 擦 문지를 찰 | 力 힘 력

두 물체의 접촉면에서 물체의 운동을 방해하는 힘이에요. 마찰력의 방향은 물체가 운동하거나 운동하려는 방향과 반대예요. 마찰력의 크기는 물체의 무게가 무거울수록, 접촉면이 거칠수록 커요.

예 러닝화의 바닥을 울퉁불퉁하게 만드는 이유는 **마찰력**을 크게 하여 미끄러지지 않게 하려는 것이다.

부력

물체가 뜨는[浮] 힘[力]

浮 뜰 부 | 力 힘 력

액체나 기체가 그 속에 있는 물체를 위로 밀어 올리는 힘이에요. 부력의 방향은 중력과 반대 방향인 위쪽이에요. 물 위로 떠오른 물체가 받는 부력의 크기는 중력보다 크고, 물속에 떠 있는 물체의 부력은 중력과 같아요. 물속에 가라앉는 물체의 부력은 중력보다 작아요.

부력 > 중력
물체가 뜬다.

부력 = 중력
물체는 물속의 어느 위치에도 있을 수 있다.

부력 < 중력
물체가 가라앉는다.

예 무게 중심이 높아지고 중력과 부력의 균형이 무너지면 배가 뒤집어진다.

속력

빠르기[速]의 크기[力]

비 속도 **영** speed

速 빠를 속 | **力** 힘 력

물체의 **빠르기**로, 운동하는 물체의 위치가 시간에 따라 얼마나 **빠르게 변하는가를 나타낸 값**이에요. 속력은 일정한 시간 동안 물체가 이동한 거리로 구할 수 있어요. 예를 들어 2시간 동안 40m를 이동했다면 속력은 40÷2=20m/s가 돼요.

예 속력은 시간-이동 거리 그래프에서 기울기와 같다.

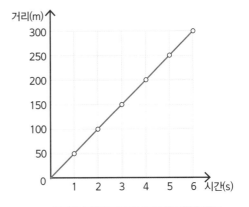

기울기 = $\dfrac{\text{이동 거리}}{\text{걸린 시간}}$ = 속력

등속 운동

일정한[等] 속력[速]을 유지하는 운동[運動]

동 등속 직선 운동 **영** uniform motion

等 같을 등 | **速** 빠를 속 | **運** 옮길 운 | **動** 움직일 동

물체의 속력과 운동 방향이 일정한 운동이에요. 출발하는 자동차나 날아가는 야구공은 속력이 변해요. 하지만 케이블카나 에스컬레이터는 일정한 속력을 유지하는 등속 운동을 해요. 운동하는 물체에 힘이 작용하지 않으면 등속 운동을 해요.

예 등속 운동을 하는 물체의 시간-속력 그래프는 시간축에 평행한 직선 형태다.

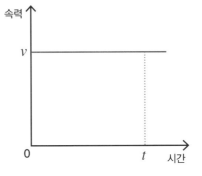

넓이 = 시간×속력 = 이동 거리

자유 낙하 운동

다른 힘의 작용 없이[自由] 중력에 의해서만 낙하하는[落下] 물체의 운동[運動]

自 스스로 **자** | **由** 말미암을 **유** | **落** 떨어질 **낙** | **下** 아래 **하**
運 옮길 **운** | **動** 움직일 **동**

정지해 있던 물체가 중력을 받아서 아래로 떨어지는 운동이에요. 자유 낙하를 하는 물체는 처음 속력은 0이지만 떨어지면서 매초 9.8m/s씩 속력이 일정하게 증가해요. 이때 9.8을 중력 가속도 상수라고 해요. 속력이 일정하게 증가하는 이유는 물체의 운동 방향과 같은 방향으로 지구의 중력이 작용하기 때문이에요. 자유 낙하 하는 물체를 일정한 시간 간격으로 촬영하면 물체 사이의 간격이 점점 넓어지는 것을 확인할 수 있어요. 그만큼 속력이 증가했기 때문이에요.

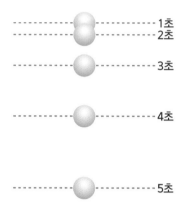

일

비 에너지 **영** work

물체에 일정한 힘을 가하여 움직이게 했을 때, 작용한 힘의 크기와 물체가 이동한 거리의 곱이에요. 이때 물체의 이동 방향은 힘의 방향과 같아야 일이 성립돼요. 만약 물체에 힘을 가했는데 움직이지 않으면 일의 양은 0이고, 가방을 들고 걸어가는 것처럼 물체에 가한 힘의 방향과 물체의 이동 방향이 수직인 경우에도 일의 양은 0이에요. 일의 단위는 J(줄)을 사용해요.

예 1J은 물체에 1N의 힘을 주어 힘의 방향으로 1m를 이동시켰을 때 한 일의 양이다.

에너지 {비 일 | 영 energy}

일을 할 수 있는 능력이에요. 어떤 물체에 일을 하면 한 일의 양만큼 물체의 에너지가 증가해요. 반대로 물체가 외부에 일을 하면 한 일의 양만큼 물체의 에너지가 감소해요. 이처럼 일과 에너지는 서로 전환될 수 있어요. 에너지의 단위도 일의 단위와 같은 J(줄)을 사용해요.

(예) 100J의 에너지를 가진 물체가 외부에 30J의 일을 하고 나면, 물체가 가진 에너지가 그만큼 감소하여 70J이 된다.

위치 에너지 {물체가 특정한 위치[位置]에서 갖는 에너지}

位 자리 위 | 置 둘 치

높은 곳에 있는 물체가 가진 에너지예요. 위치 에너지는 물체를 들어 올릴 때 중력에 대하여 한 일과 같아요. 곧 질량 m인 물체를 h만큼 들어 올릴 때 한 일의 값이 위치 에너지의 값이에요. 따라서 위치 에너지는 '중력×높이=(9.8×m)×h=9.8mh'로 나타낼 수 있어요. 여기서 9.8은 중력 가속도예요.

(예) 위치 에너지가 클수록 물체는 더 많은 일을 할 수 있다.

과학

운동 에너지 {운동[運動]하는 물체가 갖는 에너지}

運 옮길 운 | 動 움직일 동

운동하는 물체가 가진 에너지예요. 굴러가는 볼링공이 핀을 쓰러뜨릴 수 있는 이유는 운동 에너지를 가지고 있기 때문이에요. 물체의 운동 에너지는 물체의 질량과 속력의 제곱에 비례해요. 질량이 m인 물체의 속력이 v일 때,
물체의 운동 에너지 E는 '$\frac{1}{2}$×질량×속력^2=$\frac{1}{2}$mv^2'로 나타낼 수 있어요.

(예) 자유 낙하 운동 하는 물체는 중력에 의해 속력이 점점 빨라지므로, **운동 에너지** 또한 커진다.

역학적 에너지

物체의 운동에 작용하는[力學的] 에너지의 합

力 힘 역 | 學 배울 학 | 的 과녁 적

물체의 운동이나 그 위치 등의 역학적 양에 의해 정해지는 에너지예요. 역학적 에너지는 운동 에너지와 위치 에너지의 합으로 나타낼 수 있어요. 이 두 에너지는 운동하는 과정에서 서로 전환되는 특성이 있어요. 운동하는 물체의 높이가 변할 때 위치 에너지가 운동 에너지로 전환되거나, 반대로 운동 에너지가 위치 에너지로 전환돼요. 이를 역학적 에너지 전환이라고 해요.

(예) 위로 던져 올린 공의 운동 과정에서 **역학적 에너지**가 전환된다.

역학적 에너지 보존

역학적[力學的] 에너지가 일정하게 보존[保存]됨

力 힘 역 | 學 배울 학 | 的 과녁 적
保 지킬 보 | 存 있을 존

공기의 저항이나 마찰이 없을 때 운동하는 물체의 역학적 에너지는 항상 일정하게 보존된다는 법칙이에요. 위치 에너지와 운동 에너지가 서로 전환될 때 역학적 에너지의 크기는 변하지 않고 보존돼요. 증가한 운동 에너지만큼 위치 에너지가 감소하고, 감소한 운동 에너지만큼 위치 에너지가 증가해서 어느 지점에서든 위치 에너지와 운동 에너지의 합은 일정해요.

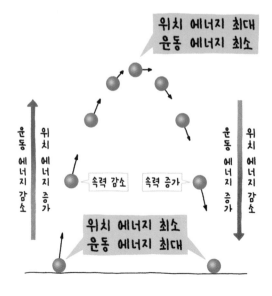

공을 위로 던져 올릴 때, 올라가는 동안 높이는 높아지고 속력은 점점 느려지므로 위치 에너지는 증가하고 운동 에너지는 감소해요. 이때 위치 에너지가 증가한 만큼 운동 에너지가 감소하여 역학적 에너지는 일정하게 보존돼요.

전자기 유도

자기장[磁氣]의 변화에 의해 전류[電]가 생기는[誘導] 현상

電 번개 전 | 磁 자석 자 | 氣 기운 기 | 誘 꾈 유 | 導 인도할 도

자석을 코일에 넣거나 뺄 때 코일 내부의 자기장이 변하면서 코일에 전류가 발생하여 흐르는 **현상**이에요. 이때 코일에 흐르는 전류를 유도 전류라고 해요. 전류는 자석이 코일에 가까이 있을 때와 멀리 있을 때 서로 반대 방향으로 흘러요. 그러나 자석을 코일 안에 넣고 가만히 정지해 있으면 전류가 흐르지 않아요.

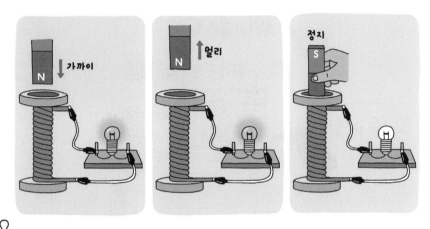

함께 알기
- **자기장** 磁氣場 [자석 **자**, 기운 **기**, 마당 **장**]: 자석이나 전류가 흐르는 전선 주위에 자기력이 작용하는 공간
- **코일**: 도선을 감은 것

과학

소비 전력

전기 기구가 소비[消費]하는 전력[電力]

영 power consumption

消 사라질 소 | 費 쓸 비 | 電 번개 전 | 力 힘 력

단위 시간 당 전기 기구가 사용하는 전기 에너지의 양이에요. 전력의 단위로는 W(와트)를 사용해요. 1W는 1초 동안에 1J(줄, 에너지의 단위)의 전기 에너지를 사용할 때의 전력이에요. 소비 전력이 40W인 선풍기는 전기 에너지를 운동 에너지로 전환하는 과정에서 1초 동안 40J의 전기 에너지를 소비한다는 뜻이에요. 소비 전력이 클수록 전기 기구가 작동할 때 더 많은 전기 에너지를 사용해요.

예 소비 전력이 낮은 제품이 전기 절약에 도움이 된다.

전기 에너지
전류[電氣]의 흐름으로 생기는 에너지
영 electric energy

電 번개 **전** | 氣 기운 **기**

전류가 흐를 때 공급되는 에너지예요. 전기 에너지는 여러 가지 장치나 도구를 통해 다양한 형태의 에너지로 전환돼요. 전등에서는 전기 에너지가 빛에너지로 전환되고, 전기다리미에서는 전기 에너지가 열에너지로 전환돼요.

전기 → 열 + 빛

전기 → 열 + 빛 + 소리

전기 → 열 + 운동

예 전기 기구는 전기 에너지를 사용하여 작동된다.

전력량
전기[電]가 한 일[力]의 총량[量]

電 번개 **전** | 力 힘 **력** | 量 양 **량**

일정 기간 동안 사용한 전기 에너지의 양이에요. 전력량은 소비 전력에 사용한 시간을 곱해서 나타내요(전력량=전력×시간). 전력량을 나타내는 단위로는 Wh(와트시)를 사용해요. 1Wh는 1W의 전력을 1시간 동안 사용했을 때의 전력량이에요.

예 전기 요금 고지서에는 한 달 동안 사용한 전력량이 표시되어 있다.

마무리 퀴즈 Quiz

1~4 다음 내용에 해당하는 힘을 〈보기〉에서 고르세요.

〈보기〉 ㉠ 중력   ㉡ 부력   ㉢ 탄성력   ㉣ 마찰력

1 두 물체의 접촉면에서 물체의 운동을 방해하는 힘이다.   (   )

2 모양이 변한 물체가 원래 모양으로 되돌아가려는 힘이다.   (   )

3 지구가 물체를 당기는 힘으로 그 방향은 지구 중심을 향한다.   (   )

4 액체나 기체가 그 속에 있는 물체를 위로 밀어 올리는 힘이다.   (   )

5~7 다음 에너지에 대한 설명을 바르게 연결해 보세요.

5 위치 에너지 •   • ① 운동하는 물체가 가진 에너지

6 운동 에너지 •   • ② 전류가 흐를 때 공급되는 에너지

7 전기 에너지 •   • ③ 높은 곳에 있는 물체가 가진 에너지

8~10 다음 빈칸에 들어갈 말을 〈보기〉에서 찾아 쓰세요.

〈보기〉 등속, 자유, 보존, 유도, 전력

8 에스컬레이터는 일정한 속력을 유지하는 (   ) 운동을 한다.

9 위치 에너지와 운동 에너지가 서로 전환할 때 역학적 에너지는 (   )된다.

10 소비 (   )이 클수록 전기 기구는 많은 전기 에너지를 사용한다.

답안 1. ㉣ 2. ㉢ 3. ㉠ 4. ㉡ 5. ③ 6. ① 7. ② 8. 등속 9. 보존 10. 전력

지구 밖의 모습, 태양계와 우주

일주 운동 · 연주 운동 · 달의 위상 · 일식 · 월식
태양계 · 지구형 행성 · 목성형 행성 · 흑점 · 태양풍
시차 · 연주 시차 · 겉보기 등급 · 절대 등급 · 성운
성단 · 우리은하 · 외부 은하 · 빅뱅 이론

일주 운동

별들이 하루[日]에 한 바퀴씩 도는[週] 운동[運動]

영 diurnal motion

日 날 일 | 週 돌 주 | 運 옮길 운 | 動 움직일 동

지구의 자전에 따라 별들이 천구의 북극을 중심으로 하루에 한 바퀴씩 원을 그리며 도는 것처럼 보이는 현상이에요. 지구가 서쪽에서 동쪽으로(시계 방향) 자전하기 때문에 지구 상의 관측자가 별들을 보면 그 반대 방향인 동쪽에서 서쪽으로(반시계 방향) 움직이는 것처럼 보여요. 일주 운동은 실제로 별이 움직이는 게 아니라 지구가 자전하기 때문에 나타나는 겉보기 운동이에요.

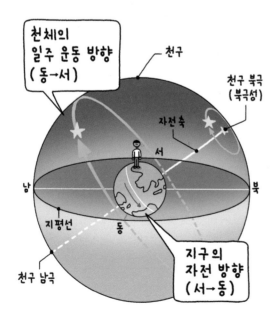

천구의 북극에 위치한 별은 북극성이에요. 천구의 별들은 북극성을 중심으로 동→서로 이동하는 일주 운동을 해요.

- **자전 自轉** [스스로 **자**, 구를 **전**]: 천체가 고정된 축을 중심으로 스스로 회전함
- **천구 天球** [하늘 **천**, 공 **구**]: 관측자가 하늘의 별을 보았을 때, 별이 고정되어 있어 보이는 구면
- **겉보기 운동**: 지구에서 관측되는 행성의 움직임

연주 운동

천체가 1년[年]을 주기로 도는[周] 운동[運動]

🟢 annual motion

年 해 **연** | **周** 돌 **주** | **運** 옮길 **운** | **動** 움직일 **동**

지구의 공전에 따라 천체가 1년을 주기로 지구의 둘레를 한 바퀴 도는 것처럼 보이는 겉보기 운동이에요. 지구에서 태양을 관측하면 태양이 매일 별자리 사이를 동쪽으로 조금씩 이동하여 1년 후 원래 위치로 되돌아오는 것처럼 보여요. 이때 태양이 연주 운동을 하면서 별자리 사이를 지나가는 길을 황도라고 하고, 황도 부근에 있는 12개의 별자리를 황도 12궁이라고 해요.

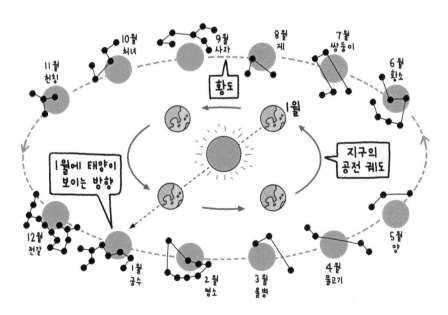

예 태양이 연주 운동을 할 때 태양 근처에 있는 별자리는 관측하기 어렵다.

공전 公轉 [공평할 **공**, 구를 **전**]: 한 천체가 다른 천체의 둘레를 주기적으로 도는 것. 지구는 1년을 주기로 태양 주위를 공전함

과학

달의 위상

달의 위치[位]에 따라 달라지는 모습[相]

位 자리 위 | **相** 바탕 상

지구에서 보이는 달의 여러 가지 모습이에요. 달은 스스로 빛을 내지 못하고 태양 빛을 받은 부분만 반사하는데, 그것을 우리가 볼 수 있는 거예요. 그래서 평균 약 29.53일을 주기로 달, 태양, 지구의 위치와 각도에 따라 달의 위상이 변해요. 삭, 망(보름달), 상현, 하현 등의 모습이 있어요.

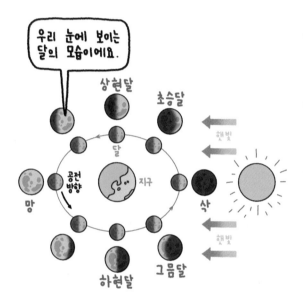

① 삭: 태양-달-지구가 순서대로 일직선을 이루어 달이 보이지 않을 때

② 망: 태양-지구-달이 순서대로 일직선 위에 놓여 달의 앞면 전체가 보일 때(보름달)

③ 상현: 달이 태양과 직각 방향을 이루어 오른쪽 반원이 밝게 보일 때(음력 7~8일경)

④ 하현: 달이 태양과 직각 방향을 이루어 왼쪽 반원이 밝게 보일 때(음력 22~23일경)

일식

해[日]가 달에 의해 가려지는[蝕] 현상

日 해 일 | **蝕** 갉아먹을 식

태양의 일부나 전부가 달에 의해 가려지는 현상이에요. 일부가 가려지면 부분 일식, 전부가 가려지면 개기 일식이라고 해요. 일식은 달의 위상이 삭일 때 생겨요. 태양과 지구 사이에 달이 들어가 달의 그림자가 지구에 생기면 이 그림자 안에서는 태양이 달에 가려져 보이지 않게 되는 거예요.

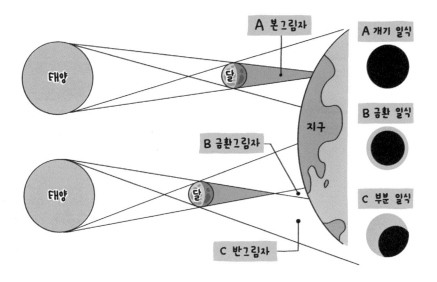

월식

> 달[月]이 지구에 의해 가려지는[蝕] 현상

月 달 월 | 蝕 갉아먹을 식

달의 일부나 전부가 지구의 그림자에 가려지는 현상이에요. 일부가 가려지면 부분 월식, 전부가 가려지면 개기 월식이라고 해요. 개기 월식 때는 달이 보이지 않는 것이 아니라 붉게 보여요. 월식은 보통 달의 위상이 망일 때 생겨요. '태양-지구-달'이 일렬로 늘어섰을 때 지구 그림자 안에 달이 들어오면 월식이 일어나요.

과학

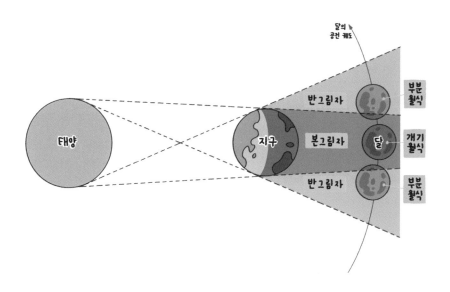

태양계

태양[太陽]을 중심으로 운행하는 천체들의 집단[系]

영 solar system

太 클 태 | 陽 볕 양 | 系 묶을 계

태양과, 태양을 중심으로 공전하는 모든 천체 및 이들이 차지하는 공간을 아우르는 말이에요. 태양계의 중심에는 태양이 있고, 그 주위를 행성들이 돌고 있어요. 지구의 공전 궤도를 기준으로 안쪽에서 공전하는 수성과 금성을 내행성이라고 하고, 바깥쪽에서 공전하는 화성, 목성, 토성, 천왕성, 해왕성을 외행성이라고 해요.

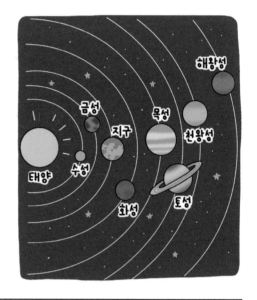

함께 알기　행성 行星 [다닐 행, 별 성]: 태양과 같은 중심별 주위를 도는 천체. 스스로 빛을 내지 못하고 중심별의 빛을 받아 반사함

지구형 행성

지구[地球]와 비슷한 형태[型]의 태양계 행성[行星]

地 땅 지 | 球 공 구 | 型 모형 형
行 다닐 행 | 星 별 성

태양계의 행성들 중 크기가 작고, 밀도가 크며, 표면이 단단한 암석으로 되어 있는 행성이에요. 수성, 금성, 지구, 화성이 있어요. 수성을 제외한 금성, 지구, 화성에는 이산화 탄소 등으로 이루어진 대기가 있어요. 이 중 지구의 대기에는 질소와 산소가 풍부해요.

예 지구형 행성은 목성형 행성에 비해 자전 속도가 느리다.

목성형 행성 〉 목성[木星]과 비슷한 형태[型]의 태양계 행성[行星]

木 나무 목 | 星 별 성 | 型 모형 형
行 다닐 행 | 星 별 성

태양계의 행성들 중 크기가 크고, 밀도가 작으며, 짙은 대기로 둘러싸여 있는 행성이에요. 목성, 토성, 천왕성, 해왕성이 있어요. 목성형 행성은 지구형 행성과는 달리 모두 고리를 가지고 있고, 많은 수의 위성을 거느리고 있어요. 그리고 자전 속도도 빨라서 자전 주기도 짧아요.

예 태양계의 행성들은 크게 지구형 행성과 **목성형 행성**으로 구분된다.

함께 알기　**위성** 衛星 [지킬 위, 별 성]: 행성 주위를 도는 천체

흑점 〉 태양에서 검게[黑] 보이는 점[點]
영 sunspot

黑 검을 흑 | 點 점 점

태양 표면에 보이는 어두운 점들이에요. 태양의 둥근 표면(광구)에서 관찰되고 수명이 짧아요. 흑점은 주변보다 온도가 낮아 어둡게 보이는 거예요. 크기와 모양이 다양하고, 시간에 따라 위치가 변해요. 태양 활동이 활발한 시기에는 흑점 수가 많아지고, 홍염이나 플레어도 자주 발생해요.

예 태양의 **흑점** 수를 관측하면 태양 활동이 활발한 시기를 예측할 수 있다.

함께 알기
• **홍염** 紅焰 [붉을 홍, 불꽃 염]: 천체에서 고온의 가스가 솟아오르는 현상
• **플레어**: 천체에서 갑자기 폭발이 일어나는 현상

태양풍

태양[太陽]에서 전기를 띤 입자가 바람[風]처럼 부는 것

🌐 solar wind

太 클 태 | 陽 볕 양 | 風 바람 풍

태양에서 우주 공간으로 방출되는 전기를 띤 입자의 흐름이에요. 태양 활동이 활발한 시기에 코로나의 크기가 커지면서 태양풍도 평상시보다 강해져요. 강한 태양풍이 발생하면 지구에 자기 폭풍과 델린저 현상이 일어나요. 자기 폭풍은 짧은 시간 동안 지구 자기장이 크게 변하는 현상이고, 델린저 현상은 장거리 무선 통신이 두절되는 현상이에요.

함께 알기 **코로나**: 태양의 대기 중 가장 바깥쪽 부분. 태양의 개기 일식 때 관찰 가능

시차

한 물체를 두 위치에서 보았을 때[視] 방향의 차이[差]

視 볼 시 | 差 다를 차

관측자가 어떤 물체를 거리가 같은 두 지점에서 보았을 때 물체의 위치가 다르게 보이는 각도예요. 시차는 관측자와 물체 사이의 거리가 가까워질수록 커지고, 멀어질수록 작아져요. 따라서 시차를 측정하면 물체까지의 거리를 구할 수 있어요. 시차를 이용하여 별까지의 거리도 구할 수 있어요.

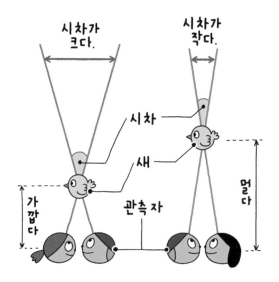

연주 시차

> 지구의 공전[年周]에 의해 별의 위치가 다르게 보이는[視] 각도[差]

年 해 **연** | **周** 돌 **주** | **視** 볼 **시** | **差** 다를 **차**

관측하는 별의 시차의 $\frac{1}{2}$이에요. 지구가 태양 주위를 공전하기 때문에 별을 관측하면 천구상의 별의 위치가 다르게 보여요. 이때 연주 시차는 별까지의 거리가 가까울수록 크고, 멀수록 작아요. 연주 시차는 매우 작은 값이므로 초($''$) 단위로 나타내는데, 연주 시차가 $1''$인 별까지의 거리를 1pc(파섹)이라고 해요.

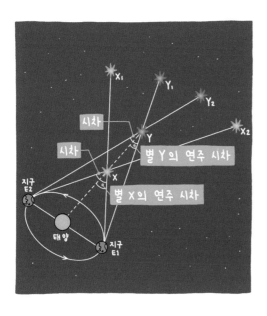

별 X는 지구가 E_1에 있을 때는 천구상의 X_1에 있는 것처럼 보이고, 6개월 후 지구가 E_2에 있을 때는 천구상의 X_2에 있는 것처럼 보여요. 이때 6개월 간격으로 관측한 별 X의 시차의 $\frac{1}{2}$이 별 X의 연주 시차예요. 별 X와 별 Y의 연주 시차를 비교하면 지구와 거리가 가까운 별 X의 연주 시차가 더 커요.

겉보기 등급

> 맨눈으로 본 별의 상대적 밝기 등급[等級]

동 실시 등급

等 무리 **등** | **級** 등급 **급**

지구의 관측자가 거리에 상관없이 눈에 보이는 별의 밝기를 등급으로 나타낸 거예요. 우리 눈에 밝게 보이는 별일수록 겉보기 등급은 작아요. 1등급의 별은 6등급의 별보다 100배 정도 밝으며, 등급 간의 밝기 차이는 2.5배 정도로 일정해요.

예 겉보기 등급은 별의 실제 밝기가 아니다.

과학

절대 등급

> 별의 실제[絶對] 밝기를 나타내는 기준으로 사용되는 등급 [等級]

絶 끊을 절 | 對 대할 대 | 等 무리 등 | 級 등급 급

모든 별을 같은 거리(10pc)에 둔다고 가정하고, 밝기를 비교한 등급이에요. 따라서 겉보기 등급과는 다를 수 있어요. 예를 들어 태양과 북극성의 겉보기 등급은 각각 −26.8등급과 2.1등급인데, 절대 등급은 태양이 4.8등급이고 북극성이 −3.7등급이에요. 즉 지구에서 태양과 북극성을 관측하면 태양이 훨씬 밝게 보이지만, 실제로는 북극성이 더 밝은 천체예요.

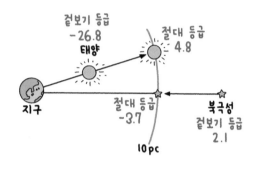

예 겉보기 등급이 절대 등급보다 작은 별은 10pc보다 가까운 거리에 있고, 겉보기 등급이 절대 등급보다 큰 별은 10pc보다 먼 거리에 있다.

성운

> 구름[雲] 모양의 별[星]

星 별 성 | 雲 구름 운

성간 물질이 모여 있어 구름처럼 보이는 천체예요. 성간 물질이란 별과 별 사이(성간)에 분포하는 가스와 먼지들을 말해요. 성간 물질은 우주 공간에 고르게 분포하지 않고 구름처럼 군데군데 뭉쳐져 있어서 망원경으로 보면 뿌옇게 보여요. 성운의 종류에는 암흑 성운, 방출 성운, 반사 성운 등이 있어요.

함께 알기

- **암흑 성운** 暗黑 [어두울 암, 검을 흑]: 뒤쪽에서 오는 별빛을 차단하여 어둡게 보이는 성운
- **방출 성운** 放出 [놓을 방, 날 출]: 주변의 별빛을 흡수하여 가열되면서 스스로 빛을 내는 성운
- **반사 성운** 反射 [되돌릴 반, 쏠 사]: 근처에 있는 밝은 별의 빛을 받아 반사하는 성운

성단

별들[星]이 모여 있는 집단[團]

星 별 성 | 團 둥글 단

많은 수의 별들이 모여 있는 **집단**이에요. 밤하늘의 별들을 보면 하나씩 따로 떨어져 있는 것도 있지만 수많은 별들이 모여 성단을 이루기도 해요. 성단은 별들이 모여 있는 모습에 따라 산개 성단과 구상 성단으로 구분해요. 산개 성단은 주로 젊고 푸른 별들이 많은 반면, 구상 성단은 늙고 붉은 별들이 많은 편이에요.

**함께
알기**

- **산개 성단** 散開 [흩을 **산**, 열 **개**]: 수십~수만 개의 별들이 듬성듬성 모여 있는 성단
- **구상 성단** 球狀 [공 **구**, 형상 **상**]: 수만~수십만 개의 별들이 공 모양으로 빽빽이 모여 있는 성단

우리은하

태양계가 속해 있는 은하[銀河]

🔵 비 은하수　🟢 영 our galaxy

銀 은 은 | 河 강 하

태양계가 속해 있는 은하예요. 은하는 성단보다 훨씬 많은 별들이 서로를 끌어당겨 거대한 무리를 이룬 거예요. 우리은하를 위에서 보면, 중심부에는 별들이 막대 모양으로 모여 있고, 주변에는 소용돌이 모양으로 나선팔이 있어요. 옆에서 보면 납작한 원반 모양을 하고 있어요.

예 태양계는 **우리은하의 중심부**에서 벗어나 있다.

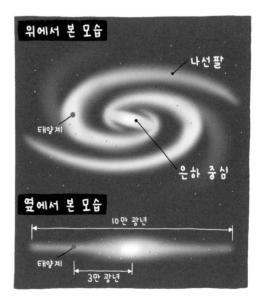

위에서 본 모습

나선팔

태양계

은하 중심

옆에서 본 모습

10만 광년

태양계

3만 광년

외부 은하

우리은하 바깥에[外] 분포하는[部] 은하[銀河]

영 external galaxy

外 바깥 외 | **部** 떼 부 | **銀** 은 은 | **河** 강 하

우리은하 밖에 분포하는 은하예요. 외부 은하들은 모양이 아주 다양해요. 외부 은하의 존재를 처음 발견한 미국의 천문학자 허블은, 외부 은하를 그 모양에 따라 타원 은하, 정상 나선 은하, 막대 나선 은하, 불규칙 은하로 나누었어요.

(예) 외부 은하의 발견으로 우주가 상상 이상으로 매우 크다는 사실이 밝혀졌다.

빅뱅 이론

우주가 대폭발로 생겨났다는 이론[理論]

영 big bang

理 다스릴 이 | **論** 논할 론

우주가 과거 어느 시간에는 한 점으로 이루어져 있다가 폭발하여 팽창하고 있다는 이론이에요. 빅뱅 이론에 따르면 대폭발(빅뱅)은 약 138억 년 전에 매우 뜨겁고 밀도가 큰 한 점에서 일어났으며, 대폭발 이후 우주는 점차 식어서 별과 은하가 만들어졌다고 해요. 우주는 현재에도 계속 팽창하고 있대요.

(예) 빅뱅 이론은 우주의 생성을 설명할 수 있는 가장 적합한 모형으로 꼽힌다.

마무리 퀴즈 Quiz

1~3 제시된 초성과 뜻을 참고하여 괄호 안에 들어갈 어휘를 쓰세요.

1 ㅎㅈ: 태양 표면에 보이는 수명이 짧은 어두운 점들

예 태양 활동이 활발한 시기에는 (   ) 수가 많아진다.

2 ㅇㅈ ㅅㅊ: 지구의 공전에 의해 별의 위치가 다르게 보이는 각도

예 별의 (   )는 별까지의 거리가 가까울수록 크고, 멀수록 작다.

3 ㅂㅂ ㅇㄹ: 우주가 대폭발로 생겨나 팽창하고 있다는 이론

예 (   )은 우주의 생성을 설명할 수 있는 가장 적합한 모형으로 꼽힌다.

4~7 다음을 바르게 연결해 보세요.

4 일식 •

5 월식 •

6 절대 등급 •

7 겉보기 등급 •

• ① 관측자의 눈에 보이는 별의 상대적 밝기 등급

• ② 모든 별을 같은 거리에 두고 밝기를 비교한 등급

• ③ 달의 일부나 전부가 지구의 그림자에 가려지는 현상

• ④ 태양의 일부나 전부가 달에 의해 가려지는 현상

8~10 다음 설명이 맞으면 ○, 틀리면 ×로 표시하세요.

8 일주 운동과 연주 운동은 실제 별이 한 바퀴 도는 운동이다. (   )

9 지구형 행성은 목성형 행성에 비해 자전 속도가 느리다. (   )

10 태양계는 외부 은하에 속해 있다. (   )

답안 1. 흑점 2. 연주 시차 3. 빅뱅 이론 4. ④ 5. ③ 6. ② 7. ① 8. × 9. ○ 10. ×

도덕

사람답게 사는 첫걸음, 도덕의 기초

인간다움 · 공감 · 도덕 · 도덕적 의지 · 도덕적 상상력 · 도덕적 민감성
도덕적 추론 · 비판적 사고 · 도덕적 성찰 · 자아 정체성 · 보편적 가치
도덕적 신념 · 가치 · 삶의 목표 · 행복 · 회복 탄력성 · 사회적 건강

인간다움

사람을 사람[人間]답게 하는 특징

(비) 인간성 (동) 사람다움 (영) humanitas

人 사람 **인** | 間 사이 **간**

사람을 사람답게 만드는 특징이에요. 사람은 생물학적으로 동물에 포함되지만, 동물과 달리 욕구를 반성하고 절제하며 살아가요. 사람은 서로를 존엄한 존재로 여기며 사람이라면 마땅히 지켜야 하는 당위, 곧 도덕을 지키려고 해요. 도덕은 사람을 사람답게 만드는 가장 중요한 요소예요.

(예) 과학 기술이 발달할수록 인간성을 잃지 않으려면 **인간다움**을 회복해야 한다.

함께
알기
- **욕구 欲求** [하고자 할 **욕**, 구할 **구**]: 무엇을 얻거나 무슨 일을 하고자 바라는 일
- **당위 當爲** [마땅 **당**, 할 **위**]: 마땅히 해야 하는 것
- **존엄 尊嚴** [높은 **존**, 엄할 **엄**]: 인물이나 지위 등이 감히 범할 수 없을 정도로 높고 엄숙함

공감

타인의 감정을 함께[共] 느끼는 것[感]

(비) 연민, 감정 이입 (반) 무관심 (영) empathy

共 함께 **공** | 感 느낄 **감**

타인의 감정, 의견, 주장 따위에 대하여 자기도 그렇다고 느끼는 거예요. 상대방의 감정과 처지를 공감하지 못하면, 옳은 것이 무엇인지 알아도 실천해야겠다는 동기가 약해져요.

(예) **공감**이 부족하면 도덕적 사고가 행동으로 이어지지 않는다.

도덕

> 사람이 지켜야 할 도리[道]와 행위[德]
>
> **비** 윤리　**영** ethics, morals, morality

道 길 도 | 德 덕 덕

인간이 마땅히 지켜야 하는 올바른 행위를 알려 주는 삶의 규범이에요. 도덕은 인간에 대한 존중을 바탕으로 하여, 각 사회와 문화의 특성에 따라 다양한 행위로 나타나요. 동양의 유교에서는 도덕의 기초를 '어진 마음'으로 보았고, 서양에서는 개인의 자율성과 사회의 조화 등을 강조해 왔어요.

예 도덕은 인간이 성숙하고 행복하게 살아가기 위해 꼭 필요하다.

함께 알기　규범 規範 [법 규, 법 범]: 인간이 마땅히 따르고 지켜야 할 본보기

도덕적 의지

> 도덕적[道德的]으로 옳은 것을 실천하고자 하는 의지[意志]
>
> **비** 선의지　**영** good will

道 길 도 | 德 덕 덕 | 的 과녁 적
意 뜻 의 | 志 뜻 지

도덕적으로 옳은 것을 실천하려는 의지예요. 도덕적 의지가 약하면 도덕적 사고를 행동으로 실현하기 어려워요. 이기심, 욕망, 충동 등에 따라 행동할 수 있기 때문이에요. 눈앞의 이익에 휘둘리지 않고 도덕적 의지를 발휘함으로써 도덕적 행동을 할 수 있어요.

도덕적 상상력

> 도덕적[道德的] 관점에서 해결책을 떠올리는[想像] 능력[力]　**영** moral imagination

道 길 도 | 德 덕 덕 | 的 과녁 적
想 생각할 상 | 像 모양 상 | 力 힘 력

일상생활에서 나타나는 문제를 도덕적 관점에서 파악하여 바람직한 해결 방법을 마음속으로 그려 보는 능력이에요. 도덕적 상상력을 발휘하면 앞으로 일어날 수 있는 여러 상황을 상상함으로써 도덕적으로 바람직한 해결책을 찾을 수 있어요.

도덕

도덕적 민감성

도덕적[道德的] 상황을 알아차리는[敏感] 성향[性]

반 도덕적 무관심 **영** moral sensitivity

道 길 도 | 德 덕 덕 | 的 과녁 적
敏 민첩할 민 | 感 느낄 감 | 性 성질 성

도덕적인 상황을 알아차리고 올바른 결과를 위해 노력하는 거예요. 도덕적 민감성이 있으면 도덕적 상황에 대해 섬세하고 빠르게 반응해요. 관련된 사람들의 입장을 고려하여 바람직한 해결책을 찾는 데 도움이 되지요.

예 도덕적 민감성이 없으면 도덕적 상상력을 발휘할 기회를 놓치게 된다.

도덕적 추론

도덕적 행동에 대해 도덕적[道德的] 이치를 따지는[推論] 것 **영** moral reasoning

道 길 도 | 德 덕 덕 | 的 과녁 적
推 옮을 추 | 論 말할 론

도덕적 행동에 대한 도덕적 이유를 제시하는 사고 과정이에요. 도덕적 추론을 통해 도덕 판단이 필요한 상황을 이해하고, 도덕적으로 타당한 이유에 근거하여 도덕 판단을 내릴 수 있어요. 도덕적 추론은 도덕 원리, 사실 판단, 도덕 판단의 과정을 거쳐요.

예 복잡한 갈등 상황에서 합리적이고 올바른 선택을 하기 위해 평소 도덕적 추론 연습을 할 필요가 있다.

함께 알기

- **도덕 원리** 原理 [근원 **원**, 다스릴 **리**]: 모든 사람이나 행위에 보편적으로 적용될 수 있는 도덕 기준 **예** 법을 어기는 행동은 옳지 않다.

- **사실 판단** 事實判斷 [일 **사**, 열매 **실**, 판단할 **판**, 끊을 **단**]: 있는 그대로를 말하는 판단. 참과 거짓을 객관적으로 확인할 수 있는 판단
  예 쓰레기 무단 투기는 법을 어기는 행동이다.

- **도덕 판단**: 사람의 인격이나 행위 및 제도에 대해 도덕적으로 옳고 그름을 내리는 판단
  예 쓰레기 무단 투기는 옳지 않다.

비판적 사고

어떤 사실이나 의견에 대해 비평하여[批] 판정하는[判的] 사고[思考] 비 합리적 사고 영 critical thinking

批 비평할 비 | 判 판단할 판 | 的 과녁 적
思 생각 사 | 考 생각할 고

어떤 사실이나 주장의 타당성, 가치, 정확성 등을 합리적으로 검토하는 사고예요. 우리가 비판적 사고를 할 수 없다면 다른 사람의 말을 무조건 따르는 수동적인 존재가 되고 말거예요. 비판적 사고를 통해 자신의 감정이나 편견에 치우치지 말고 합리적으로 의심하고 그것이 정말 도덕적으로 적절한지 확인해야 해요.

예 도덕적 주장에 대해 **비판적 사고** 과정을 거치면, 그것의 참과 거짓을 밝혀낼 수 있다.

도덕적 성찰

도덕적[道德的] 기준에 비추어 생활을 돌아보는[省察] 것
영 moral reflection

道 길 도 | 德 덕 덕 | 的 과녁 적
省 살필 성 | 察 살필 찰

도덕적 기준을 자기 생활에 비추어 반성하고 앞으로의 삶을 계획하는 거예요. 자신이 존경하는 인물을 닮고자 애쓰거나 올바른 원칙과 신념을 지키겠다고 다짐하는 일이 모두 도덕적 성찰이에요. 도덕적 성찰의 방법에는 유학의 경, 불교의 참선, 소크라테스의 대화법 등이 있어요.

예 **도덕적 성찰**을 하기 위해서는 황금률, 사랑, 정의, 공평 등 보편적으로 받아들일 수 있는 도덕적 기준이 있어야 한다.

함께 알기

- **경 敬** [공경할 **경**]: 마음을 한 가지 일에 집중하여 말과 행동을 항상 조심하고 타인을 배려하는 유교의 수양법
- **참선 參禪** [참여할 **참**, 선 **선**]: 고요히 생각하고 마음을 닦아 깨달음을 얻고자 하는 불교의 수행법
- **대화법 對話法** [대할 **대**, 말씀 **화**, 법 **법**]: 끊임없는 질문과 대화를 통해 스스로를 돌아보고 성찰하도록 하는 방법

자아 정체성

자아[自我]의 통합된[正體] 모습[性]

동 자아 정체감 **영** ego identity

自 스스로 **자** | 我 나 **아**
正 바를 **정** | 體 몸 **체** | 性 성품 **성**

자신의 목표, 성격, 이상, 역할, 가치관 등이 명확해진 상태로 자아가 통합한 모습이에요. 여기서 자아란, 자신에 관하여 탐구하는 과정에서 알게 된 진정한 나의 모습이에요. 청소년기는 자아와 자아 정체성에 대해 고민하는 시기예요.

예 내가 생각하는 나의 모습에 대해 생각하고, 현재와 미래의 나의 역할을 생각하면서 **자아 정체성**을 탐구할 수 있다.

보편적 가치

시공간을 초월하여 두루 널리[普遍的] 존중되는 가치[價値]

영 universal value

普 넓을 **보** | 遍 두루 **편** | 的 과녁 **적**
價 값 **가** | 値 값 **치**

인간의 존엄성, 자유, 평등 등 시대와 장소를 초월하여 언제나 존중되어야 할 가치예요. 보편적 가치는 개인에게만 이로운 가치가 아닌 공동체를 위한 가치예요.

예 도덕적 인물은 개인적인 욕심보다 **보편적 가치**를 우선적으로 추구한다.

도덕적 신념

도덕적[道德的]으로 올바른 가치를 굳게 지키는 믿음[信念]

영 moral belief

道 길 **도** | 德 덕 **덕** | 的 과녁 **적**
信 믿을 **신** | 念 생각 **념**

책임, 존중 등 인간답고 올바르게 살아가는 데 필요한 가치를 굳게 지키는 믿음이에요. 도덕적 신념은 독단적이고 잘못된 신념을 반성하고, 악을 멀리하고 선을 추구하며, 불의를 미워하고 정의로운 삶을 살도록 해 줘요.

예 **도덕적 신념**은 공동체나 인류 전체의 관점에서 보편성을 지녀야 한다.

가치

값있게[價値] 생각하는 대상

비 유용성, 의미, 중요성 영 value

價 값 **가** | 値 값 **치**

사람들이 소중하게 생각하고, 이를 얻기 위하여 노력하는 대상이에요. 예를 들어 진리, 우정, 돈, 가족 등이 있어요. 가치는 인간의 욕구나 필요를 만족하게 해 주고, 인간의 사고와 행동에 영향을 주지요. 가치는 물질적 가치와 정신적 가치, 도구적 가치와 본질적 가치, 주관적 가치와 보편적 가치 등으로 나눌 수 있어요.

예 저마다 추구하고자 하는 가치가 다르다.

함께 알기

- **물질적 가치** 物質的 [물건 **물**, 바탕 **질**, 과녁 **적**]: 돈, 땅, 물건 등 물질을 통해 만족을 얻을 수 있는 가치
- **정신적 가치** 精神的 [정할 **정**, 귀신 **신**, 과녁 **적**]: 사랑, 지혜, 우정, 믿음 등 물질과 상관없이 뿌듯함과 보람을 느끼는 가치
- **도구적 가치** 道具的 [길 **도**, 갖출 **구**, 과녁 **적**]: 주어진 목표를 이루기 위한 도구로서의 가치
- **본질적 가치** 本質的 [근본 **본**, 바탕 **질**, 과녁 **적**]: 그 자체로 추구되고 목적으로 여겨지는 가치
- **주관적 가치** 主觀的 [임금 **주**, 볼 **관**, 과녁 **적**]: 다른 사람의 생각과는 상관없이 내가 느끼는 가치

삶의 목표

삶의 목적에 이르기 위한[目] 구체적인 대상[標]

비 삶의 목적 영 life aims

目 눈 **목** | 標 표할 **표**

삶의 목적에 이르기 위한 현실적이고 구체적인 대상이에요. 한편 삶의 목적이란 살아가는 이유이자 궁극적으로 나아가야 할 삶의 방향이에요. 삶의 목적을 정한 뒤, 구체적인 삶의 목표를 세울 수 있어요. 삶의 목표는 시기마다 변할 수 있고, 한 가지가 아니라 여러 가지일 수 있어요.

예 삶의 목표는 도덕적 가치에 뿌리를 두어야 한다.

도덕

행복

생활의 만족[幸]과 삶의 보람을 느끼는[福] 흐뭇한 상태

비 만족 **반** 불행 **영** happiness

幸 다행 **행** | 福 복 **복**

삶에서 지속적인 만족을 느끼는 상태예요. 맛있는 음식을 먹을 때, 친구와 즐거운 대화를 나눌 때, 여행할 때, 일을 다 끝마쳤을 때 행복감을 느껴요. 행복은 물질적인 요소를 갖추었을 때뿐만 아니라, 의미 있는 것을 위해 스스로 노력하며 정신적인 만족을 얻을 때도 느껴요.

예 아리스토텔레스는 진정한 행복에 이르기 위해서는 도덕적 성품을 갖추어 도덕적 행동을 습관화해야 한다고 주장했다.

회복 탄력성

본래의 상태로 돌아오는[回復] 탄력을[彈力] 가진 성질[性]

영 resilience

回 돌아올 **회** | 復 회복할 **복**
彈 탄알 **탄** | 力 힘 **력** | 性 성질 **성**

실패나 부정적인 상황을 극복하고 원래의 안정된 상태로 돌아오는 힘이에요. 회복 탄력성이 있는 사람은 정서적으로 안정되어 있어 자기를 존중하는 마음이 커요. 그래서 어떤 어려움을 겪더라도 그것을 극복하여 행복을 누려요.

예 회복 탄력성은 용수철처럼 본래 자기 자리로 돌아오려는 힘이다.

사회적 건강

사회 내에서[社會的] 타인과 원만한[健康] 관계를 유지하는 것 **영** social health

社 모일 **사** | 會 모일 **회** | 的 과녁 **적**
健 튼튼할 **건** | 康 편안할 **강**

공동체 생활에서 타인과 소통하고 서로 이해하며 원만한 관계를 유지하는 거예요. 사회적으로 건강한 사람은 타인과 관계 맺는 과정에서 좌절할 때 의연하게 대처하며 자신의 삶을 돌아보고 타인을 배려해요.

예 사회적 건강을 지키는 것이 행복으로 가는 길이다.

마무리 퀴즈 Quiz

1~3 다음은 '인간다움'에 대한 설명입니다. 빈칸에 알맞은 말을 〈보기〉에서 고르세요.

> 〈보기〉 ㉠ 도덕　　　㉡ 욕구　　　㉢ 당위

사람은 동물과는 달리 (**1**)를 반성하고 절제하며 살아간다. 나아가 마땅히 지켜야 하는 (**2**), 곧 (**3**)을 지키려고 한다. (**3**)은 사람을 사람답게 만드는 가장 중요한 요소이다.

1 (　　　　) 　　**2** (　　　　) 　　**3** (　　　　)

4~6 다음 도덕성의 요소를 설명하는 내용을 찾아 바르게 연결해 보세요.

4 도덕적 의지 　•

5 도덕적 민감성 •

6 도덕적 상상력 •

　　• ① 도덕적인 상황을 알아차리는 능력

　　• ② 도덕적으로 옳은 것을 실천하고자 하는 마음

　　• ③ 문제 해결 방법을 마음속으로 그려 보는 능력

7~10 다음 (　　) 안에 들어갈 알맞은 어휘를 고르세요.

7 (사실, 도덕) 판단은 참과 거짓을 객관적으로 확인할 수 있는 판단이다.

8 청소년기는 자아 (정체성, 자존감)에 대해 고민하는 시기이다.

9 그 자체가 목적으로 여겨지는 가치를 (도구적, 본질적) 가치라고 한다.

10 (회복, 건강) 탄력성이 있는 사람은 어려움을 극복하고 원래의 안정된 상태로 비교적 빨리 돌아온다.

답안 1. ㉡　2. ㉢　3. ㉠　4. ②　5. ①　6. ③　7. 사실　8. 정체성　9. 본질적　10. 회복

타인과 잘 지내기, 관계 윤리

가정 · 자애 · 효 · 상경여빈 · 세대 차이 · 붕우유신 · 성
제2차 성징 · 성 상품화 · 성 윤리 · 양성평등 · 서 · 역지사지

가정

집[家]과 뜰[庭]

🔵 비 가족, 가구　🔵 영 family, home

家 집 가 | **庭** 뜰 정

가족 구성원이 함께 어울려 살아가는 생활 공동체이자 사회를 이루는 가장 기본적인 단위예요. 가정을 이루는 방법과 형태는 매우 다양해요. 과거의 확대 가족에서부터 현대의 핵가족, 한 부모 가정, 무자녀 가정, 다문화 가정 등이 있어요. 최근에는 저출산과 고령화로 1인 가구도 빠르게 늘고 있어요.

🔵 예 가정에서 발생하는 갈등에는 부부간의 갈등, 부모와 자녀 간의 갈등, 형제자매 간의 갈등 등이 있다.

함께 알기　**가구** 家口 [집 가, 입 구]: 한집에서 주거 및 생계를 같이 하는 사람들로 구성된 집단

자애

아랫사람에게 조건 없이 베푸는 자비로운[慈] 사랑[愛]

🔵 비 자비　🔵 영 affection

慈 사랑할 자 | **愛** 사랑 애

윗사람이 아랫사람에게 베푸는 두터운 사랑이에요. 자녀에 대한 부모의 조건 없는 사랑에서 자애의 진정한 모습을 발견할 수 있어요. 자녀를 낳고 기르면서 아무런 대가를 바라지 않고 아낌없이 사랑을 베푸는 것, 자녀가 잘못을 저질렀을 때는 꾸짖거나 타일러 바른 길로 이끄는 것 모두 자애의 모습이에요.

🔵 예 자녀가 원한다고 무조건 들어주는 것은 진정한 자애가 아니다.

효 ⟩ 어버이를 잘 섬기는 일[孝]

비 봉양 **반** 불효

孝 효도 효

부모에 대한 자녀의 도리예요. 어려움 속에서도 정성을 다해 자신을 키워 준 부모의 은혜에 대한 고마움의 표현이지요. 이는 자식이라면 마땅히 실천해야 하는 도덕규범이에요.

예 효는 부모를 공경하는 마음이 진심으로 우러나왔을 때 비로소 실천된다.

상경여빈 ⟩ 부부는 서로[相] 공경하여[敬] 마치 손님[賓]을 대하듯[如] 해야 함 **비** 부부유별

相 서로 상 | **敬** 공경할 경 | **如** 같을 여 | **賓** 손님 빈

부부 사이에 지켜야 하는 도리예요. 부부는 아주 친밀한 사이지만 서로 공경하여 마치 손님을 대하듯 해야 한다는 뜻이에요. 남편은 남자로서 아내는 여자로서 지켜야 하는 본분이 있으니 이를 잘 헤아려 서로 침범하지 않고 지키며 살아야 큰 갈등 없이 행복하게 살 수 있지요.

예 상경여빈은 남편과 아내가 차별되어야 한다는 뜻이 아니라, 서로의 역할이 균형을 이루어 협력해야 한다는 뜻이다.

세대 차이 ⟩ 서로 다른 세대[世代] 간에 생기는 차이[差異]

영 generation gap

世 대 세 | **代** 대신할 대 | **差** 다를 차 | **異** 다를 이

같은 시대에 살면서 공통의 의식을 가지는 사람들과 그렇지 않은 사람들 사이에서의 의식 차이예요. 곧 세대가 달라서 나타나는 차이예요. 부모 세대와 자녀 세대, 젊은 세대와 노인 세대는 서로 살아온 경험이 다르므로 가치관 및 사고방식이 달라요. 세대 차이가 조화를 이루지 못하고 충돌하면 세대 갈등이 발생해요.

예 세대 간의 대화와 소통으로 세대 차이와 세대 갈등을 극복할 수 있다.

도덕

붕우유신

친구[朋友] 사이에 믿음[信]이 있어야[有] 함

비 교우이신

朋 벗 붕 | **友** 벗 우 | **有** 있을 유 | **信** 믿을 신

오륜의 하나로, 친구 사이에는 믿음이 있어야 한다는 뜻이에요. 벗을 믿을 수 있는 근거는 그의 진실됨이에요. 친구가 진실하다는 믿음은 신뢰 있는 사회의 기반이 되며, 사회의 결속력을 높여요. 그래서 우리 조상들은 예로부터 친구 간의 믿음을 중요하게 여겼어요. 비슷한 사자성어로는 '교우이신'이 있어요.

함께 알기
- **오륜** 五倫 [다섯 **오**, 인륜 **륜**]: 유학에서 말하는, 사람이 지켜야할 다섯 가지 도리
- **교우이신** 交友以信 [사귈 **교**, 벗 **우**, 써 **이**, 믿을 **신**]: 세속 오계의 하나로, 믿음으로 친구를 사귀어야 한다는 뜻

○ 오륜

① **군신유의**	군주와 신하 사이에는 의리가 있음
② **부자유친**	부모와 자식 사이에는 친함이 있음
③ **부부유별**	부부 사이에는 구별이 있음
④ **장유유서**	어른과 아이 사이에는 순서가 있음
⑤ **붕우유신**	친구 사이에는 믿음이 있어야 함

○ 세속 오계

① **사군이충**	임금에게 충성함
② **사친이효**	어버이에게 효도함
③ **교우이신**	믿음으로 친구를 사귀어야 함
④ **임전무퇴**	싸움에서 물러서지 않음
⑤ **살생유택**	함부로 살생하지 않음

성

남녀를 구별하는 성별(性)

영 sex, gender, sexuality

性 | 성품 성

남성과 여성을 구별하는 특성이에요. 하지만 성은 신체적인 것에만 국한한 개념이 아니라 다양한 의미가 있어요. 남녀의 신체적인 특성의 차이로 구별되는 생물학적인 성(sex), '남성다움', '여성다움'과 같이 성별에 따라 달리 규정되는 사회·문화적 성(gender), 욕망으로서의 성(sexuality) 등이에요.

예 인간의 성은 생물학적 가치, 쾌락적 가치, 인격적 가치를 모두 지닌다.

제2차 성징

> 인생에서 두 번째로[第二次] 나타나는 남녀[性]의 특성[徵]
>
> 영 the secondary sexual character

第 차례 제 | 二 두 이 | 次 버금 차
性 성품 성 | 徵 부를 징

성호르몬이 왕성해지는 청소년기에 남성과 여성의 신체적 특성이 나타나는 거예요. 남녀의 생식 기관은 태어날 때 구분되지만 다른 외형적 특성은 청소년기의 제2차 성징을 통해 나타나요. 이 시기에 청소년은 이성에 대한 관심이 높아지고 성에 관한 호기심도 커져요.

예 청소년기에 남성은 안드로겐, 여성은 에스트로겐 호르몬이 왕성하게 분비되면서 제2차 성징이 나타난다.

성 상품화

> 성[性]을 하나의 상품[商品]으로 취급하는 현상[化]

性 성품 성 | 商 장사 상 | 品 물건 품 | 化 될 화

성을 시장에서 사고파는 물건처럼 하나의 상품으로 취급하는 현상이에요. 예를 들어 광고나 영화에 여성들의 벗은 모습을 보여 주며 사람들의 관심을 끌어 제품 구입이나 영화 관람을 유도하는 거지요.

예 성 상품화는 성에 관한 내용을 거짓으로 꾸며 성 인식을 왜곡하기도 한다.

성 윤리

> 성[性]과 관련하여 마땅히[倫] 지켜야 할 도리[理]
>
> 영 sexual ethic

性 성품 성 | 倫 인륜 윤 | 理 다스릴 리

성적인 문제에 있어서 마땅히 행하거나 지켜야 할 도리예요. 청소년기에는 올바른 성 윤리를 정립해야 해요. 먼저, 성에 대해 균형 잡힌 시각을 가져야 해요. 그리고 성과 관련하여 싫어하거나 해서는 안 되는 행동에 대해 분명히 자기 의사를 밝혀야 해요. 마지막으로 지나친 성적 호기심과 성적 욕구는 조절해야 해요.

예 음란물은 성 윤리에 어긋나는 내용을 담고 있어 성에 대한 왜곡된 인식을 준다.

도덕

양성평등

남녀[兩]를 성별[性]로 차별하지 않고 동등하게[平等] 대우한다는 원칙 🄱 성 평등 🄴 gender equality

兩 두 양 | 性 성품 성 | 平 평평할 평 | 等 무리 등

남성과 여성을 사회적으로나 법률적으로 성별에 의한 차별 없이 동등하게 대우한다는 원칙이에요. 교육의 기회, 직업의 선택, 정치의 참여 등 사회 각 분야에서 남성과 여성이 똑같은 권리와 의무, 자격을 누려야 한다는 거예요.

⟮예⟯ 양성평등은 성 평등을 넘어 인간 평등을 이루는 길이다.

서

다른 사람의 마음을 나와 같이 여기는[恕] 태도

恕 용서할 서

다른 사람의 마음과 처지를 나와 같이 여기는 태도예요. '같을 여(如)' 자와 '마음 심(心)' 자가 결합한 '서(恕)'는, 자신의 처지를 생각하여 남의 처지를 헤아리는 거예요. 곧, 자신이 원하지 않는 일을 남에게 하지 않는 거지요. '서'는 유학에서 강조하는, 이웃을 대하는 기본 윤리예요.

⟮예⟯ 공자는 '인(仁)'을 실현하는 방법이 '서'라고 강조하였다.

역지사지

처지[地]를 바꾸어[易] 생각함[思之]

易 바꿀 역 | 地 땅 지 | 思 생각할 사 | 之 갈 지

상대의 처지나 입장에서 먼저 생각해 보고 이해하라는 뜻이에요. 상대가 원하는 것을 먼저 헤아리고, 무엇을 받고자 하기 전에 먼저 주고자 하는 역지사지의 태도를 가져야 건강한 공동체를 만들 수 있어요.

⟮예⟯ 입장 차이가 생기면 역지사지로 상대편의 주장에 귀를 기울여야 한다.

마무리 퀴즈 Quiz

1~2 제시된 초성과 뜻을 참고하여 괄호 안에 들어갈 어휘를 쓰세요.

1 ㅈㅇ: 윗사람이 아랫사람에게 베푸는 두터운 사랑

예 자녀에게 사랑을 베풀며 잘못에 대해서는 꾸짖는 것이 (   )이다.

2 ㅇㅈㅅㅈ: 상대의 처지나 입장에서 먼저 생각해 보고 이해하는 것

예 입장 차이가 생기면 (   )의 태도로 상대의 주장을 들어 보아야
한다.

3~7 다음은 유교의 다섯 가지 실천 덕목인 오륜입니다. 어떤 인간관계에서
지켜야 하는 덕목인지 바르게 연결해 보세요.

3 부자유친 •   • ① 친구 사이

4 군신유의 •   • ② 부모와 자식 사이

5 부부유별 •   • ③ 임금과 신하 사이

6 장유유서 •   • ④ 어른과 아이 사이

7 붕우유신 •   • ⑤ 부부(남편과 아내) 사이

8~10 다음 설명이 맞으면 ○, 틀리면 ×로 표시하세요.

8 가정은 부부와 혈연관계의 자녀로만 이루어진다.   (   )

9 제2차 성징은 청소년기에 나타나는 남성과 여성의
신체적 특성이다.   (   )

10 양성평등은 남성과 여성을 신체적으로 동등하게
대우하는 것이다.   (   )

답안 1. 자애 2. 역지사지 3. ② 4. ③ 5. ⑤ 6. ④ 7. ① 8. × 9. ○ 10. ×

도덕 3 더불어 잘 지내기, 공동체 윤리

인간 존엄성 · 인권 · 사회적 약자 · 다문화 사회 · 문화적 편견
문화 상대주의 · 자문화 중심주의 · 문화 사대주의 · 화이부동
세계 시민 · 경천애인 · 지구 공동체 · 인도주의

인간 존엄성

인간이라면 누구나[人間] 소중한[尊嚴] 존재[性]로 존중받아야 한다는 이념 ⑧ human dignity

人 사람 인 | 間 사이 간
尊 높을 존 | 嚴 엄할 엄 | 性 성질 성

인간은 인간이라는 이유만으로 존재 가치가 있으며, 그 인격은 존중받아야 한다는 이념이에요. 아무리 흉악한 사람이라도 존엄성을 가지고 있어요. 자신의 죄를 뉘우치고 선한 사람이 될 수 있는 가능성이 있기 때문이에요.

(예) 인간 존엄성은 조건과 자격에 상관없이 모든 사람에게 동등하게 부여된다.

인권

인간으로서[人] 당연히 갖는 기본적 권리[權]
(비) 천부 인권, 시민권 ⑧ human rights

人 사람 인 | 權 권세 권

인간이 인간답게 살아가기 위해 꼭 필요하고 보장해야 할 권리예요. 인간은 가난하든 부자든, 장애가 있든 없든, 여자든 남자든, 외국인이든 우리나라 사람이든 누구나 차별 없이 인간으로서 누려야 할 인권을 가지고 있어요. 따라서 타인의 인권에도 진정한 관심을 갖는 인권 감수성을 길러야 해요.

(예) 인권은 인간의 존엄성을 구체화한 것이다.

함께 알기 | **인권 감수성** 感受性 [느낄 **감**, 받을 **수**, 성질 **성**]: 인권 문제를 인식할 수 있는 민감성과 공감 능력

사회적 약자

사회적으로[社會的] 힘이 없는[弱] 사람들[者]

비 소수자　**영** the disadvantaged

社 모일 사ㅣ會 모일 회ㅣ的 과녁 적
弱 약할 약ㅣ者 사람 자

사회에서 인종, 나이, 성별, 신체, 학력, 직업 등으로 차별받거나 소외되어 인간다운 삶을 누리는 데 어려움을 겪는 개인이나 집단이에요. 사회적 약자는 다른 사회 구성원보다 불리하고 열악한 상황에 처해 있기 때문에 인간으로서 당연히 누려야 할 존엄성이나 기본 권리를 충분히 누리지 못하는 경우가 많아요.

예 장애인, 여성, 성 소수자 등 사회적 약자의 인권에 관심을 가져야 한다.

다문화 사회

다양한[多] 문화[文化]가 공존하는 사회[社會]

영 multicultural society

多 많을 다ㅣ文 글월 문ㅣ化 될 화
社 모일 사ㅣ會 모일 회

한 사회 안에 서로 다른 인종과 다양한 문화가 공존하는 거예요. 우리나라도 어느덧 경제적 성장과 국제결혼, 이주 노동자의 증가로 다문화 사회가 되었어요. 다문화 사회에서는 다양한 문화에 따른 언어, 종교, 가치관, 생활 방식 등의 차이가 존재해요.

예 다문화 사회는 문화적 다양성으로 인해 갈등이 일어날 수 있다.

문화적 편견

타 문화에[文化的] 대해 치우친[偏] 생각[見]

비 문화 차별　**영** cultural prejudice

文 글월 문ㅣ化 될 화ㅣ的 과녁 적
偏 치우칠 편ㅣ見 볼 견

타 문화를 공정하게 보지 못하고 생각이 어느 한쪽으로 치우치는 거예요. 문화적 편견이 심하면 피부색, 출신 국가 및 민족, 성별, 사회적 계층, 종교 등이 다르다는 이유로 증오심을 갖거나 폭력을 행사할 수 있어요.

예 문화적 편견과 차별로 인해 많은 사람들이 힘들어하고 있다.

도덕

문화 상대주의

> 각 문화[文化]의 상대적[相對] 가치를 인정하는 관점[主義] **반** 문화 절대주의 **영** cultural relativism

文 글월 문 | **化** 될 화
相 서로 상 | **對** 대답할 대 | **主** 주인 주 | **義** 옳을 의

각 문화의 다양성을 인정하고 이해하는 관점이에요. 모든 문화는 저마다 독특한 환경과 역사적·사회적 상황 속에서 만들어져요. 문화 상대주의는 이 점을 인정하고 각 사회가 지닌 문화의 특성을 그 자체로 수용하는 태도예요.

예 문화 상대주의는 인간의 존엄성과 자유, 평등 등의 보편적 가치를 침해하는 문화까지 수용하지는 않는다.

자문화 중심주의

> 자기[自] 문화[文化]만을 우월하다고[中心] 보는 관점[主義] **반** 문화 사대주의

自 스스로 자 | **文** 글월 문 | **化** 될 화
中 가운데 중 | **心** 마음 심 | **主** 주인 주 | **義** 옳을 의

자문화가 타 문화보다 더 낫다고 우월감을 느끼는 생각이나 행동 방식이에요. 자신의 문화는 비판 없이 존중하고 타 문화는 배타적으로 대하는 거지요. 자문화 중심주의는 타 문화에 대해 편견을 가지고 차별함으로써 사회 통합을 위협할 수 있어요.

예 '백인 우월주의'는 자문화 중심주의의 대표적인 예이다.

문화 사대주의

> 타 문화[文化]만을 섬기는[事大] 관점[主義]
> **반** 자문화 중심주의

文 글월 문 | **化** 될 화
事 섬길 사 | **大** 큰 대 | **主** 주인 주 | **義** 옳을 의

자문화를 낮게 여기거나 타 문화만을 추종하는 태도예요. 문화 사대주의적 태도는 자문화를 풍요롭게 가꾸는 데 전혀 관심이 없어요. 그래서 결국 자문화의 고유성과 가치를 훼손하고 왜곡하는 결과를 가져올 수 있어요.

예 한류의 세계적 인기는 서양 문화만을 추종하던 문화 사대주의를 성찰하는 계기가 되었다.

화이부동

사이좋게[和] 지내지만[而] 같아지지는[同] 않음[不]

和 화할 화 | **而** 말 이을 이 | **不** 아닐 부 | **同** 한가지 동

《논어》에서 공자가 한 말로, 다른 사람과 화목하게 지내면서도 자신의 주관을 지킨다는 뜻이에요. 이를 문화에 대한 태도에 적용하여 생각해 보면, 타 문화를 존중하면서도 자신의 문화에 대해 자부심을 가지고 있는 거지요.

(예) 화이부동은 문화에 대한 관용적 태도라고 할 수 있다.

세계 시민

세계[世界] 구성원으로서의 시민[市民]

(영) global citizen

世 인간 세 | **界** 지경 계 | **市** 저자 시 | **民** 백성 민

민족이나 국가와 같은 기존의 지역 공동체를 넘어, 지구 공동체의 구성원으로 살아가는 사람들이에요. 세계의 모든 인류는 평등하다는 입장과, 세계는 한 나라이며 세계 인류는 한 나라의 국민이라는 견해에서 나온 말이에요.

(예) 세계 시민으로서 우리는 지구 공동체의 문제 해결에 적극 참여해야 한다.

경천애인

하늘[天]을 공경하고[敬] 사람[人]을 사랑함[愛]

(비) 홍익인간

敬 공경 경 | **天** 하늘 천 | **愛** 사랑 애 | **人** 사람 인

하늘을 공경하고 사람을 사랑한다는 뜻이에요. 전통적으로 우리나라는 하늘을 공경하는 윤리가 있었어요. 하늘은 모든 사물의 으뜸으로서, 모든 사물을 길러내고 관장하는 존재로 여겨졌지요. 하늘을 공경하면 하늘을 두려워할 줄 알아 매사 겸손하고, 사람을 사랑하면 이웃에게 해를 끼치거나 나쁜 짓을 하지 않을 거예요.

(예) 경천애인 사상은 현대의 세계 시민 의식과 상통한다.

지구 공동체

> 지구[地球]를 아우르는 공동체[共同體]
> (비) 세계 공동체 (영) earth community

地 땅 **지** | 球 공 **구**
共 한가지 **공** | 同 한가지 **동** | 體 몸 **체**

지구를 하나의 거대한 공동체로 보는 거예요. 인류는 국가와 민족, 피부색에 상관없이 함께 해결해야 할 문제들이 아주 많아요. 식량, 자원, 인구, 빈곤, 환경 문제 등은 어느 한 국가의 노력만으로는 해결이 불가능하지요. 지구 공동체의 관점에서 인류가 공동 운명임을 받아들이고 전 지구적 차원에서 관심을 가져야 해요.

(예) **지구 공동체의 문제를 해결할 때 세계 시민으로서의 관점과 국가의 국민으로서의 관점이 갈등하기도 한다.**

인도주의

> 모든 인간의[人] 인간다운 삶[道]을 실현하고자 하는 사상
> [主義] (비) 인간주의 (영) humanism

人 사람 **인** | 道 길 **도** | 主 주인 **주** | 義 옳을 **의**

모든 인간이 존엄하다는 생각에서 인류의 공존과 행복을 실현하고자 하는 사상이에요. 인종, 국적, 종교 등에 상관없이 가난한 나라에 의료 지원을 하거나 차별에 저항하거나 전쟁에 맞서는 행위 등이 인도주의적 활동이에요.

(예) **인도주의에 입각하여 난민을 받아들여야 한다.**

마무리 퀴즈 Quiz

1~3 다음 설명에 맞는 용어를 〈보기〉에서 고르세요.

〈보기〉 ㉠ 다문화 사회   ㉡ 문화적 편견   ㉢ 화이부동

1 타 문화에 대하여 공정하게 보지 못하는 것   (   )

2 자문화에 자부심을 가지면서 타 문화도 존중하는 것   (   )

3 한 사회 안에 서로 다른 인종과 문화가 공존하는 것   (   )

4~6 다음 문화에 대한 관점을 설명하는 내용을 찾아 바르게 연결해 보세요.

4 문화 상대주의   •   • ① 자신의 문화만 우월하다고 여기는
　　　　　　　　　　　　　　　　태도

5 문화 사대주의   •   • ② 각 문화의 다양성을 인정하고 이해
　　　　　　　　　　　　　　　　하는 태도

6 자문화 중심주의 •   • ③ 자문화를 낮게 여기고 타 문화만
　　　　　　　　　　　　　　　　추종하는 태도

7~10 다음 (   ) 안에 들어갈 알맞은 어휘를 고르세요.

7 사회적 (강자, 약자)는 인간으로서의 기본 권리를 충분히 누리지 못하는 경우가 많다.

8 (세계, 국가) 시민으로서 인류의 공동 문제를 해결하는 데 적극 참여해야 한다.

9 인권 (감수성, 상상력)이 있으면 타인의 인권에도 자연스레 관심을 갖게 된다.

10 (우주, 지구) 공동체는 인류가 공동 운명이라는 전제 하에 만들어진 개념이다.

답안 1. ㉡ 2. ㉢ 3. ㉠ 4. ② 5. ③ 6. ① 7. 약자 8. 세계 9. 감수성 10. 지구

갈등의 해결, 사회 윤리

정보화 시대 · 지식 재산권 · 사이버 공간 · 정의의 원칙 · 해악 금지의 원칙
갈등 · 제로섬 게임 · 평화적 갈등 해결 · 폭력 · 폭력의 악순환 · 언어폭력
금품 갈취 · 성폭력 · 사이버 폭력 · 분노 조절

정보화 시대

정보[情報]가 사회 전반에 큰 영향을 미치는[化] 시대[時代]

영 information age

情 뜻 정 | 報 알릴 보 | 化 될 화
時 때 시 | 代 대신할 대

컴퓨터, 대중 매체, 통신 수단 등의 발달로 정보가 대량으로 생산, 유통, 소비되는 시대예요. 정보화 시대에 우리는 다양한 정보 기기를 사용함으로써 매우 편리한 생활을 하게 되었지만, 사생활 침해, 지식 재산권 침해, 사이버 폭력 등의 도덕 문제를 겪게 되었어요.

예 정보화 시대에 등장한 사이버 공간은 시공간의 제약을 거의 받지 않는다.

> **함께 알기** **사생활 침해** 私生活侵害 [사사로울 **사**, 날 **생**, 살 **활**, 침범할 **침**, 해칠 **해**]: 성별, 주소, 나이, 재산, 학력, 취미 등의 개인 정보가 다른 사람에게 노출되거나 악용되는 것

지식 재산권

지적 활동[知識]으로 발생한 모든 재산권[財産權]

비 저작권

知 알 지 | 識 알 식
財 재물 재 | 産 낳을 산 | 權 권세 권

지적 활동으로 인하여 발생한 모든 재산권이에요. 사진, 음악, 영화, 책, 그림, 연구 결과 등이 모두 지식 재산권에 속해요. 정보화 시대에는 이러한 지식 재산권의 침해가 빈번하게 일어나요. 창작자나 소유권자의 허락 없이 이를 복제하여 사용하거나 유포하는 거지요.

예 창작의 고통과 노력을 알고 타인의 지식 재산권을 침해하지 않아야 한다.

사이버 공간

컴퓨터 네트워크에 의해 형성된 가상(cyber) 공간[空間]

동 가상 공간 영 cyber space

空 빌 공 | 間 사이 간

컴퓨터에서 실제 세계와 비슷하게 가상적으로 형성된 환경이에요. 인터넷 쇼핑몰과 같이 인터넷상에 가상의 가게를 만들어 실제로 상거래를 하는 거지요. 사이버 공간은 익명성, 개방성, 공유성, 비대면성 등의 특징을 지니고 있어요.

(예) 사이버 공간에서는 익명성을 이용한 악성 댓글 문제가 심각하다.

함께
알기

- **익명성 匿名性** [숨길 **익**, 이름 **명**, 성질 **성**]: 자신의 정체를 드러내지 않고 활동하는 특성
- **개방성 開放性** [열 **개**, 놓을 **방**, 성질 **성**]: 누구나 참여 가능하다는 특성
- **공유성 共有性** [한가지 **공**, 있을 **유**, 성질 **성**]: 이용자들이 정보를 쉽게 공유할 수 있는 특성
- **비대면성 非對面性** [아닐 **비**, 대할 **대**, 낯 **면**, 성질 **성**]: 상대방과 얼굴을 맞대지 않고 의사 소통할 수 있는 특성

정의의 원칙

모든 개인의 자유와 권리를 동등하게[正義] 대해야 한다는 원칙[原則]

正 바를 정 | 義 옳을 의 | 原 근원 원 | 則 법칙 칙

모든 개인은 동등한 기본적 자유와 권리를 가지고 있으며 타인의 기본적 자유와 권리를 침해하지 않아야 한다는 원칙이에요. 정보화 시대에는 사이버 공간에서 서로 표현의 자유를 존중하되 혐오 표현이나 증오 표현을 삼가야 해요. 그리고 거짓·왜곡 정보를 만들고 유포해서도 안 돼요.

(예) 정의의 원칙은 정보화 시대에 요구되는 도덕적 원칙이다.

도덕

해악 금지의 원칙

피해[害惡]를 주는 행위를 금한다는[禁止] 원칙[原則]

害 해칠 해 | 惡 악할 악 | 禁 금할 금 | 止 그칠 지
原 근원 원 | 則 법칙 칙

타인에게 피해를 주는 행위를 해서는 안 된다는 원칙이에요. 이에 더하여 피해를 방지하기 위해 노력하는 것도 포함되지요. 개인 정보를 몰래 이용하거나 바이러스를 만들어 네트워크 및 프로그램을 망가뜨리면 안 돼요. 이를 예방하기 위해 강력한 컴퓨터 백신을 만들지요.

(예) 해악 금지의 원칙에 따라 사이버 폭력, 사이버 스토킹, 전자 상거래 사기, 피싱, 해킹 등을 하지 말아야 한다.

갈등

칡[葛]과 등나무[藤]가 얽혀 있는 상태

(비) 다툼, 반목 (영) conflict

葛 칡 갈 | 藤 등나무 등

서로 다른 요구와 성향으로 인해 해결하기 어려운 마음의 상태나 그 상황 자체를 의미해요. 갈등은 크게 자신의 욕구나 목표로 인해 선택의 어려움을 겪을 때 느끼는 내적 갈등과, 타인 및 집단과 의견이 달라 겪는 외적 갈등으로 나눌 수 있어요. 외적 갈등은 개인 간 갈등, 집단 내 갈등, 집단 간 갈등 등으로 구분돼요.

(예) 갈등은 사회 혼란을 야기하기도 하지만, 문제를 새로운 관점에서 볼 기회를 제공하기도 한다.

제로섬 게임

(반) 윈윈 게임 (영) zero-sum game

승자의 이득과 패자의 손실을 더하면 0(zero)이 되는 게임이에요. 내가 10을 얻으면 상대가 10을 잃고, 상대가 10을 얻으면 내가 10을 잃게 되는 거지요. 제로섬 게임의 방식으로 갈등 해결에 접근하면 공통의 이익이 존재하지 않기 때문에 서로 협력하기보다 갈등이 더욱 심화돼요.

**함께
알기**
　윈윈 게임: 갈등 상황에 처한 모두가 만족스러운 결과로 갈등을 해결한 상태

평화적 갈등 해결

평화적[平和的]으로 갈등[葛藤]을 해결하는 [解決] 방식

平 평평할 **평** | 和 화할 **화** | 的 과녁 **적**
葛 칡 **갈** | 藤 등나무 **등** | 解 풀 **해** | 決 결단할 **결**

갈등을 합리적이고 평화적으로 해결하려는 방식이에요. 다양한 관점에서 갈등의 원인을 파악하고, 자기중심적 사고에서 벗어나 자신의 행동을 성찰함으로써 모두에게 유리한 해결책을 찾아야 해요. 이때 상대방의 의견을 경청하는 등 진정으로 소통하는 자세로 임해야 해요.

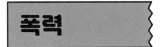 평화적 갈등 해결 과정의 결과, 사회 제도의 개선이 요구될 때도 있다.

폭력

사나운[暴] 행위[力]

영 violence

暴 사나울 **폭** | 力 힘 **력**

신체·정신·재산상의 피해가 따르는 모든 행위예요. 다른 사람에게 피해를 주는 직간접적인 모든 공격적 행위가 폭력에 해당해요. 폭력은 신체에 직접적 힘을 가하는 물리적인 폭력도 있지만, 구조적 폭력이나 부작위에 의한 폭력도 있어요.

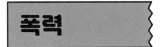 폭력은 신체적 손상뿐만 아니라 우울과 두려움 같은 정신적 피해까지 유발한다.

함께 알기

- **구조적 폭력** 構造的 [얽을 **구**, 지을 **조**, 과녁 **적**]: 잘못된 사회 구조나 관행 등으로 발생하는 폭력. 정치적 억압, 사회적 차별, 문화적 소외 등이 있음
- **부작위에 의한 폭력** 不作爲 [아닐 **부**, 지을 **작**, 할 **위**]: 폭력 상황을 알고도 이를 해결하지 않고 외면하거나 지켜보기만 하는 것

도덕

폭력의 악순환

폭력[暴力]이 나쁜[惡] 방향으로 돌고 도는[循環] 것

暴 사나울 폭 | 力 힘 력
惡 악할 악 | 循 돌 순 | 環 고리 환

폭력을 내버려 두었을 때, 그것이 확대·재생산되는 현상이에요. 폭력이 폭력을 낳는 거지요. 폭력을 당한 사람은 복수심으로 상대에게 똑같이 폭력을 행사할 수 있어요. 또 문제가 생겼을 때 자신도 폭력으로 해결하는 잘못된 선택을 할 수 있어요. 그러면 폭력이 그치지 않고 계속되지요.

(예) 폭력의 악순환을 끊기 위해서는 폭력이 발생하지 않도록 예방하는 것이 중요하다.

언어폭력

언어[言語]를 이용한 폭력[暴力]

(영) verbal violence

言 말씀 언 | 語 말씀 어 | 暴 사나울 폭 | 力 힘 력

욕설이나 협박, 비웃기 등 언어를 통해 상대방을 공격하는 거예요. 성격, 능력, 배경, 신체적 외모 등 상대방의 자아를 공격해 인격적인 모욕을 주는 거지요. 언어폭력은 신체 폭력처럼 몸에 상처를 내지는 않지만 마음에 큰 상처를 남겨요.

(예) 언어폭력을 순화하기 위해 미디어에서의 언어 사용에 주의해야 한다.

금품 갈취

돈[金]과 물건[品]을 억지로 빼앗음[喝取]

金 쇠 금 | 品 물건 품 | 喝 꾸짖을 갈 | 取 가질 취

돈이나 물건을 요구하거나 망가뜨리는 행위예요. 물건을 빌리고 돌려주지 않는 것, 일부러 망가뜨리는 것, 돈을 걷어 오라고 시키는 것 모두 금품 갈취예요. 이러한 폭력이 발생하면 주변 사람에게 알려 도움을 받아야 해요.

(예) 금품 갈취를 목격하면 '나도 피해자가 될 수 있다'는 생각으로 방관하지 말아야 한다.

성폭력

성적인[性] 말과 행동으로 신체적·정신적으로 가하는 폭력
[暴力] 영 sexual violence

性 성품 성 | 暴 사나울 폭 | 力 힘 력

신체 접촉이나 언어적 성희롱을 통해 성적인 굴욕감과 수치심을 느끼게 하는 행위예요.
성폭력이 발생하거나 예측되는 상황이 닥치면 단호히 거부 의사를 표현하고, 즉시 주변에
도움을 요청해야 해요.

예 음란성 메시지, 몰래카메라 등도 성폭력에 포함된다.

사이버 폭력

사이버 상에서 행해지는 폭력[暴力]
비 사이버 범죄

暴 사나울 폭 | 力 힘 력

특정인을 사이버상에서 집요하게 괴롭히거나 집단적으로 따돌리는 행위예요. 사이버상
에서 모욕적인 말을 하거나, 수치심을 느끼게 하는 사진·동영상을 SNS에 퍼뜨리거나, 집
단적으로 트집을 잡아 흉을 보는 행위 등이 있어요.

예 10대 청소년들 사이에서 사이버 폭력이 심각해지면서 피해 학생이 극단적인 선택을 하는 경우도
늘고 있다.

분노 조절

분노[憤怒]를 조절[調節]하는 것
영 anger management

憤 성낼 분 | 怒 성낼 노 | 調 고를 조 | 節 마디 절

분노가 치밀어 오를 때 이에 휘둘리지 않고 적절히 자제하는 거예요. 분노는 누구나 갖는
자연스러운 감정이에요. 하지만 갈등 상황에서 분노를 느끼면 상황을 객관적으로 파악하
지 못하고 폭력적인 행동이나 말을 할 수 있어요. 따라서 평소 분노를 조절하려는 노력을
통해 폭력을 예방해야 해요.

예 분노 조절 장애는 감정을 조절할 수 없는 상태이다.

도덕

마무리 퀴즈 Quiz

1~2 제시된 초성과 뜻을 참고하여 괄호 안에 들어갈 어휘를 쓰세요.

1 ㅈㅅ ㅈㅅㄱ: 지적 활동으로 인하여 발생한 모든 재산권

예 타인이 애써 창작한 작품에 대하여 (   )을 침해하지 않아야 한다.

2 ㅇㅁㅅ: 사이버 공간에서 자신의 정체를 드러내지 않고 활동하는 것

예 사이버 공간에서는 (   )을 이용한 악성 댓글 문제가 심각하다.

3 ㅂㄴ ㅈㅈ: 분노에 휘둘리지 않고 적절히 자제하는 것

예 (   )에 실패하면 폭력적인 행동이 나타날 수 있다.

4~7 다음 유형의 폭력에 대한 설명을 바르게 연결해 보세요.

4 언어폭력　　·

5 사이버 폭력　·

6 구조적 폭력　·

7 부작위에 의한　·
　　폭력

· ① 사이버상에서 특정인을 따돌리는 것

· ② 사회 구조나 관행으로 발생하는 폭력

· ③ 폭력 상황을 알고도 이를 외면하는 것

· ④ 욕설이나 협박, 비웃기 등을 통한 폭력

8~10 다음 설명이 맞으면 ○, 틀리면 ×로 표시하세요.

8 정보화 시대에는 시공간의 제약이 많다.　　　　　　　(　　)

9 정보화 시대에는 정의의 원칙에 따라 타인이 증오 표현을 쓰면
　　나도 증오 표현을 쓴다.　　　　　　　　　　　　(　　)

10 정보화 시대에는 해악 금지의 원칙에 따라 타인의 피해 방지를
　　위해서도 노력해야 한다.　　　　　　　　　　　(　　)

답안 1. 지식 재산권　2. 익명성　3. 분노 조절　4. ④　5. ①　6. ②　7. ③　8. ×　9. ×　10. ○

도덕 5

정의롭고 평화로운 한반도, 국가가 나아갈 길

국가 · 시민 의식 · 국가관 · 공동선 · 애국심 · 준법 · 시민 불복종
법치 · 사회 정의 · 소수계 우대 정책 · 부패 · 청렴 의식 · 민족 공동체
안보 · 동포애 · 집단주의 · 북한 이탈 주민 · 자유 민주주의

국가

> 일정한 영토와 그곳에 사는 사람들로 구성된 나라[國家]
>
> 🔵 나라 🟢 nation

國 나라 **국** | **家** 집 **가**

일정한 영토와 그곳에 사는 사람으로 구성되어, 주권을 행사하는 하나의 통치권을 갖는 **사회 집단**이에요. 국가는 국민, 영토, 주권이라는 객관적 요소와 국민이 가지는 자부심과 소속감이라는 주관적 요소가 결합하여 성립해요.

🔵 **국가는 국민이 도덕적인 삶을 살 수 있도록 인간의 존엄성을 보장하고, 공정한 사회 제도를 확립해야 한다.**

함께 알기   **주권** 主權 [주인 주, 권세 권]: 국가의 의사를 최종적으로 결정하는 권력

시민 의식

> 시민[市民]으로서의 의무와 권리에 관한 견해[意識]
>
> 🟢 citizenship

市 저자 **시** | **民** 백성 **민** | **意** 뜻 **의** | **識** 알 **식**

국가 공동체의 구성원으로서 시민의 권리와 의무를 정당하게 행사하겠다는 의식이에요. 국가가 잘 운영되기 위해서는 올바른 시민 의식이 중요해요. 이는 개인과 공동체의 관계를 어떻게 인식하느냐에 따라 달라져요. 개인을 우선시하면 개인의 권리와 이익을 더 중요시하게 되고, 공동체를 우선시하면 의무와 공익을 중시하게 돼요.

🔵 **바람직한 시민 의식은 개인의 이익과 공동체의 이익 사이에 조화와 균형을 이루는 것이다.**

국가관

국가[國家]에 관한 견해[觀]
영 view of nation

國 나라 국 | **家** 집 가 | **觀** 볼 관

국가의 목적, 의의, 성립, 형태 등에 관하여 가지는 견해예요. 국가관은 크게 소극적 국가관과 적극적 국가관이 있어요. **소극적 국가관**은 국가의 개입을 최소화해야 한다는 입장이에요. 국가가 개인의 자유와 권리를 제한하지 않고 공정한 경쟁을 하도록 질서 유지에만 힘써야 전체의 이익이 커진다는 거예요. 한편, **적극적 국가관**은 국가의 개입을 통해 자유를 누릴 수 있는 기본적인 조건을 만들어 주어야 한다는 입장이에요. 세금을 더 거두더라도 복지 혜택을 늘려 국민 전체의 생활을 윤택하게 만들겠다는 거지요.

(예) 정의로운 국가를 추구하기 위해 어느 **국가관**이 적합한지 생각이 다를 수 있다.

공동선

공동[共同]의 이익을 위한 선[善]
동 공공선

共 한가지 공 | **同** 한가지 동 | **善** 착할 선

개인이 아닌 국가나 사회, 또는 온 인류를 위한 선이에요. '나에게 좋은 것, 나를 우선하는 것'이 아니라, '모두에게 좋은 것, 모두를 우선하는 것'이 바로 공동선이지요. 사교육의 허용이 개인선을 위한 것이라면, 공립 학교의 건립은 모두를 위한 공동선이라고 할 수 있지요.

(예) **공동선**을 지나치게 추구하면 개인의 자유와 권리가 위축될 수 있다.

애국심

나라[國]를 사랑하는[愛] 마음[心]
비 조국애 **영** patriotism

愛 사랑 애 | **國** 나라 국 | **心** 마음 심

자신이 속한 국가를 사랑하고 국가에 헌신하려는 마음이에요. 애국심의 실천은 작은 일에서부터 출발해요. 우리 역사를 바로 아는 일, 쓰레기를 함부로 버리지 않는 일, 나무를 훼손하지 않는 일, 우리 말과 글을 바르게 쓰는 일 등이 모두 애국심을 실천하는 일이에요.

(예) 바람직한 **애국심**은 자기 나라만 맹목적으로 사랑하는 것이 아니라, 인류의 보편적인 가치에 따라 옳고 그름을 분별하는 애국심이다.

준법

> 법[法]을 좇아[遵] 지킴

遵 좇을 준 | 法 법 법

법률이나 규칙을 지키는 거예요. 사회 질서를 유지하기 위해서는 법과 규칙이 필요해요. 이를 규범이라고 하지요. 이 중 법은 자유와 평등, 인간의 존엄성을 보장하기 위해 모든 시민이 반드시 따라야 하는 강제적 규범이에요.

⑩ 준법은 그 자체로 정의를 실현하는 가장 기본적인 방법이다.

시민 불복종

> 시민[市民]이 부당한 법에 복종하지[服從] 않음[不]

市 저자 시 | 民 백성 민
不 아닐 불 | 服 옷 복 | 從 좇을 종

국가의 법·정책·권력 등이 부당하게 행사될 때, 이를 폐지하거나 개선하고자 평화적으로 저항하는 행위예요. 과거 미국과 남아프리카 공화국 등에는 백인을 우대하고 흑인을 차별하는 법이 있었어요. 이에 수많은 흑인과 지식인들, 의로운 시민들이 함께 불복종 운동을 벌여 마침내 이 법을 폐지시켰어요.

⑩ 간디의 비폭력 비협조 운동, 마틴 루터 킹 주니어의 흑인 시민권 운동 등이 대표적인 시민 불복종 운동이다.

도덕

법치

법[法]에 따라 나라를 다스림[治]

法 법 **법** | 治 다스릴 **치**

법률에 의해 나라를 다스리는 거예요. 아무리 지위가 높고 재산이 많은 사람도 자기 마음대로 나라를 다스리면 안 되고, 반드시 법에 의거해 다스려야 해요. 법을 만든 사람도 그 법을 따라야 한다는 뜻이에요.

(예) 법치가 온전히 실현되어야 공익이 증진된다.

사회 정의

사회[社會] 제도와 규칙이 공정한[正義]것

 social justice

社 모일 **사** | 會 모일 **회** | 正 바를 **정** | 義 옳을 **의**

모든 개인이 인간다운 삶을 살 수 있도록 사회 제도적으로 최소한의 조건을 보장하는 거예요. 예를 들어 법 앞에서의 평등, 직업 선택의 자유, 정당한 보수 등을 법적으로 보장하는 거지요. 사회 정의는 불공정한 사회 규칙이나 제도를 개선하여 사회 구성원 전체의 도덕적 삶을 실현하는 것을 목표로 해요.

(예) 사회 정의는 '각자에게 정당한 몫'을 주는 분배 정의의 측면이 강하다.

소수계 우대 정책

소수[少數] 집단[界]을 우대하는[優待] 정책[政策]

少 적을 **소** | 數 셀 **수** | 界 경계 **계**
優 넉넉할 **우** | 待 기다릴 **대** | 政 정사 **정** | 策 꾀 **책**

사회적 약자의 위치에 있는 소수 집단에 특혜를 주는 정책이에요. 우리나라 대학에서는 학생 선발 과정에서 지방 학생, 북한 이탈 주민, 다문화 가정 자녀 등을 배려하는 정책을 실시하고 있어요. 소수계 우대 정책은 사회 정의를 실현한다는 점에서 긍정적인 평가를 받지만, 동시에 역차별이라는 비판을 받기도 해요.

(예) 소수계 우대 정책은 오랫동안 차별받아온 여성, 유색 인종 등의 자유와 평등을 적극적으로 보장하기 위해 도입되었다.

함께 알기

역차별 逆差別 [거스를 **역**, 다를 **차**, 나눌 **별**]: 부당한 차별을 받는 쪽을 보호하기 위해 마련된 제도 때문에 오히려 반대편이 차별을 받음

부패

> 정치, 사상 등이 썩어서[腐] 무너진[敗] 것
>
> **비** 부정 **반** 청렴 **영** corruption

腐 썩을 **부** | 敗 깨뜨릴 **패**

뇌물이나 친분, 권력 등 공정하지 못한 방법을 통해 자신의 이익을 추구하는 행위예요. 지나치게 이기적이거나 사회 구조가 불공정하면 부패가 발생할 수 있어요. 혈연·지연·학연으로 특권을 얻거나 뇌물을 써서 기회를 얻는 거지요. 부패는 타인의 권리와 이익을 침해하고 사회적 통합을 가로막아요.

예 부패는 공정한 경쟁을 가로막는다.

함께 알기
- **혈연** 血緣 [피 **혈**, 인연 **연**]: 같은 핏줄로 연결된 인연
- **지연** 地緣 [땅 **지**, 인연 **연**]: 출신 지역으로 연결된 인연
- **학연** 學緣 [배움 **학**, 인연 **연**]: 출신 학교로 연결된 인연

청렴 의식

> 맑고[淸] 검소한[廉] 의식[意識]
>
> **비** 청백 **반** 부패, 부정 **영** integrity

淸 맑을 **청** | 廉 검소할 **렴** | 意 뜻 **의** | 識 알 **식**

재물에 욕심이 없는 검소한 윤리 의식이에요. '청렴'이란 마음과 행동이 맑고 높으며 탐욕이 없는 성품이에요. 청렴의 자세를 갖추고 이를 실천하려는 윤리 의식이 바로 청렴 의식이지요. 이는 견리사의, 선공후사의 자세와 같아요. 사회 구성원이 청렴 의식을 기르면 부패를 근절하여 공동체의 발전에 기여할 수 있어요.

예 사회 발전을 위해서는 개개인이 **청렴 의식**을 기르는 한편, 부패 방지법과 같은 사회 제도도 마련해야 한다.

함께 알기
- **견리사의** 見利思義 [볼 **견**, 이로울 **리**, 생각할 **사**, 옳을 **의**]: 눈앞의 이익을 보면 의리를 먼저 생각함
- **선공후사** 先公後私 [먼저 **선**, 공적인 **공**, 뒤 **후**, 사사로울 **사**]: 공적인 일을 먼저 하고 사사로운 일은 뒤로 미룸

도덕

민족 공동체

> 한 민족[民族]으로 이루어진 공동체[共同體]
>
> 영 ethnic community

民 백성 민 | 族 겨레 족
共 한가지 공 | 同 한가지 동 | 體 몸 체

대다수의 구성원이 역사와 문화를 공유한 한 민족으로 이루어진 공동체예요. 우리 민족은 한민족으로서 오랫동안 한반도를 중심으로 민족 공동체를 이루어 살아왔어요. 하지만 6·25 전쟁 이후 남북으로 분단된 채 서로 적대적인 관계에 놓이게 되었지요. 평화로운 한반도와 우리 민족의 번영이라는 공동의 목적을 위해 서로 교류하며 민족 공동체를 회복해야 해요.

예 북한 주민은 민족 공동체 형성을 위한 동반자이다.

안보

> 국가의 안전[安]을 지키는[保] 일
>
> 영 security

安 편안할 안 | 保 지킬 보

'안전 보장'의 줄임말로서, 국가가 외부로부터의 공격과 침략에 대비하여 자국의 안전을 유지하고 확보하는 일이에요. 안보 방식에는 군사력을 키우거나 우호국과 동맹을 맺는 일, 집단 안보 체제에 참여하는 일 등이 있어요. 한편 국내의 치안 유지는 안보에 해당하지 않아요.

예 국제 분쟁의 평화적 해결과 국가 간의 평화적 공존을 위해 안보에 더욱 힘써야 한다.

동포애

> 같은[同] 동포[胞] 간의 사랑[愛]
>
> 비 민족애

同 한가지 동 | 胞 세포 포 | 愛 사랑 애

같은 동포로서 서로 아끼는 사랑이에요. '동포'란 같은 나라 또는 같은 민족의 사람을 다정하게 이르는 말이에요. 우리에게는 남한에 사는 사람들뿐만 아니라 북한 주민들도 동포예요. 진정한 통일을 이루려면 북한 주민들을 '적'이나 '남'으로 대하지 말고 동포애를 키워야 해요.

예 북한 주민과의 동포애를 회복하여 동반자 관계를 맺어 나가야 한다.

집단주의

> 집단[集團]의 이익을 우선시하는 견해[主義]
> (반) 개인주의 (영) groupism

集 모일 집 | 團 둥글 단 | 主 주인 주 | 義 옳을 의

개인의 이익이나 목표보다는 집단의 이익이나 목표를 우선시하는 관점이에요. 개인의 자유와 권리보다 집단의 화합과 조화를 강조하고, 개인의 신념보다 집단의 규범과 의무를 중시하는 거지요. 북한은 집단주의 원칙을 강조해요. 국가 계획에 따라 경제 활동을 통제하고 개인의 자유를 제한해요.

(예) 북한은 집단주의 가치관에서 벗어나 자유와 평등, 인간의 존엄성과 같은 보편적 가치를 받아들여야 한다.

북한 이탈 주민

> 북한[北韓]을 벗어나[離脫] 남한에서 사는[住] 사람
> [民] (동) 탈북민, 탈북자

北 북녘 북 | 韓 한국 한 | 離 떠날 이 | 脫 벗을 탈
住 살 주 | 民 백성 민

북한을 벗어난 후 대한민국 이외의 국적을 취득하지 않은 사람이에요. 북한 이탈 주민이 남한 사회에 적응하는 일은 쉽지 않아요. 언어는 같지만 현대적 문화와 생활 방식, 체제가 다르기 때문이에요. 개인의 자유와 권리를 중시하는 남한 사회와 자본주의 체제에 적응하려면 시간과 노력이 필요해요.

함께 알기 **자본주의** 資本主義 [재물 자, 근본 본, 주인 주, 옳을 의]: 생산 수단을 가진 계층이나 기업이 이익 추구를 위해 자유롭게 생산 활동을 하도록 보장하는 경제 체제

자유 민주주의

> 자유주의[自由]와 민주주의[民主主義]가 결합한 것
> (비) 민주주의 (영) liberal democracy

自 스스로 자 | 由 말미암을 유
民 백성 민 | 主 주인 주 | 主 주인 주 | 義 옳을 의

자유주의와 민주주의가 결합한 정치 원리예요. 자유 민주주의는 인간의 존엄성을 바탕으로 개인의 자유와 권리를 보장하는 헌법을 세우고 민주적 절차를 통해 의사 결정을 하는 체제예요. 통일 한국이 지향하는 국가 체제예요.

(예) 자유 민주주의 체제는 시장 경제를 통해 자유 경쟁을 보장함과 동시에 사회 복지를 도입하여 그에 따른 부작용을 개선한다.

도덕

마무리 퀴즈 Quiz

1~3 다음 설명에 맞는 용어를 〈보기〉에서 고르세요.

〈보기〉	㉠ 공동선	㉡ 애국심	㉢ 동포애

1 자신이 속한 국가를 사랑하려는 마음 ( )

2 같은 나라 또는 같은 민족의 사람을 서로 아끼는 마음 ( )

3 개인이 아닌 국가나 사회, 또는 온 인류를 위한 선 ( )

4~6 다음 용어에 대한 설명을 바르게 연결해 보세요.

4 준법 · · ① 법률이나 규칙을 지키는 것

5 법치 · · ② 재물에 욕심이 없고 검소한 것

6 청렴 · · ③ 법률에 의해 나라를 다스리는 것

7~10 다음 ( ) 안에 들어갈 알맞은 어휘를 고르세요.

7 국가가 복지 혜택을 늘려 국민 전체의 생활을 윤택하게 만들겠다는 입장은 (소극적, 적극적) 국가관이라고 할 수 있다.

8 미국의 흑인 시민권 운동은 대표적인 시민 (항의, 불복종) 운동이다.

9 소수계 (우대, 평등) 정책은 사회 정의를 실현한다는 점에서 긍정적인 평가를 받지만, 역차별이라는 비판도 받는다.

10 국가는 외부로부터의 공격과 침략에 대비하여 자국의 (안보, 통일)를 지켜야 한다.

답안 1. ㉡ 2. ㉢ 3. ㉠ 4. ① 5. ③ 6. ② 7. 적극적 8. 불복종 9. 우대 10. 안보

자연과 더불어 평화롭게, 지속 가능한 삶

환경친화적 자연관 · 인간 중심주의 · 생명 중심주의 · 생태 중심주의
친환경적 소비 · 공정 무역 · 슬로푸드 운동 · 지속 가능한 발전 · 과학 기술
인간 소외 · 가상 현실 · 생명 존중 사상 · 웰다잉 · 고통 · 평정심

환경친화적 자연관

자연환경[環境] 그대로 어울리고자[親和的]
하는 자연관[自然觀]

環 고리 환 | 境 지경 경 | 親 친할 친 | 和 화할 화
的 과녁 적 | 自 스스로 자 | 然 그러할 연 | 觀 볼 관

자연환경을 오염하지 않고 자연 그대로의 환경과 잘 어울리며 살아야 한다는 관념이에
요. 환경친화적 자연관은 인류와 지구 생태계를 구성하는 모든 생명의 가치를 동등하게
여겨요. 그래서 환경 파괴를 최소화하고 건강한 생태계를 미래 세대까지 지속적으로 이용
할 수 있게 해 주어야 한다고 주장해요.

예 환경친화적 자연관은 인간의 필요와 생태계의 가치를 조화시키는 삶을 지향한다.

인간 중심주의

인간[人間]이 세계의 중심[中心]이라고 보는 관점
[主義]

人 사람 인 | 間 사이 간
中 가운데 중 | 心 마음 심 | 主 주인 주 | 義 옳을 의

인간을 가장 가치 있는 존재로 여기고, 인간의 이익이나 행복을 우선시하는 관점이에요.
인간 중심주의적 자연관은 자연을 도구적 수단으로 봐요. 인간이 자연으로부터 독립되어
있으며 더 우월한 존재이므로, 인간의 욕구나 필요를 충족하기 위해 자연을 도구로 삼는
것이 당연하다고 주장해요.

예 자원이 고갈되고 환경이 파괴된 배경에는 인간 중심주의적 자연관이 있다.

생명 중심주의

생명[生命]이 있는 것은 모두 그 자체로 존중해야 [中心] 한다고 보는 관점[主義]

生 날 생 | 命 목숨 명
中 가운데 중 | 心 마음 심 | 主 주인 주 | 義 옳을 의

동식물 등 모든 생명의 가치를 존중하는 관점이에요. 생명 중심주의는 인간을 다른 생명체보다 우월한 존재로 보지 않아요. 생명이 있는 것은 무엇이든 그 자체로 고유한 가치를 지니므로 함부로 죽이거나 이용하거나 수단으로 삼아서는 안 된다고 주장하지요.

(예) 알베르트 슈바이처는 생명 중심주의 사상을 실천한 대표적인 인물이다.

생태 중심주의

인간을 포함한 자연 전체[生態]의 균형을 중시하는 [中心] 관점[主義] (영) ecocentrism

生 날 생 | 態 모양 태
中 가운데 중 | 心 마음 심 | 主 주인 주 | 義 옳을 의

인간을 자연의 일부분이라고 여기고 인간을 포함한 자연 전체의 균형과 안정을 중시하는 관점이에요. 생태 중심주의는 인간과 자연을 분리된 관계가 아니라, 인간을 포함한 자연 전체를 하나로 보고 전체 환경에 대한 배려를 강조해요.

(예) 생태 중심주의는 자연에 속한 모든 것의 가치를 동등하게 존중해야 한다고 주장한다.

친환경적 소비

환경[環境的]을 고려하는[親] 소비[消費]
(비) 지속 가능한 소비

親 친할 친 | 環 고리 환 | 境 지경 경 | 的 과녁 적
消 사라질 소 | 費 쓸 비

환경 보전의 가치 아래 소비가 환경에 미치는 영향을 고려하는 소비예요. 친환경적 소비는 구매하는 제품의 생산과 유통, 소비 과정과 이용, 폐기와 재생의 전 과정이 자연에 어떤 영향을 미치는지 관심을 두지요. 환경에 해를 끼치지 않으려고 노력한다는 점에서 '윤리적 소비'라고 할 수 있어요.

(예) 친환경적 소비는 자원을 효율적으로 이용함으로써 다음 세대가 위태롭지 않게 한다.

공정 무역

공정[公正]하게 이루어지는 무역[貿易]

영 fair trade

公 공평할 **공** | 正 바를 **정** | 貿 무역할 **무** | 易 바꿀 **역**

개발 도상국의 경제적 자립과 지속 가능한 발전을 위해 생산자에게 보다 나은 조건을 제공하려는 무역이에요. 공정 무역은 생산자의 노동에 정당한 대가를 지불하고 소비자에게는 좀 더 좋은 제품을 공급하고자 해요. 개발 도상국의 가난한 노동자가 정당한 보수와 대우를 받고 생산한 상품은 구입하지만, 선진국의 대기업이 이익의 대부분을 차지한 불공정한 상품은 구입하지 않는 거예요.

예 대표적인 공정 무역 품목으로는 커피, 코코아, 쌀, 과일, 차, 설탕 등의 식료품이 있다.

슬로푸드 운동

각 지역의 음식 재료로 다양한 음식을 만들자는 운동

[運動] 비 로컬 푸드 운동 영 slow food campaign

運 옮길 **운** | 動 움직일 **동**

친환경적 농산물을 이용한 다양한 먹거리를 추구하는 운동이에요. 슬로푸드 운동은 패스트푸드에 반대하여 등장했어요. 패스트푸드는 대량 생산된 음식 재료를 사용하여 맛의 표준화를 추구해요. 반면, 슬로푸드는 각 지역에서 재배되는 음식 재료를 사용하여 역사적이고 문화적인 특성이 깃든 다양한 음식 문화를 추구해요.

예 슬로푸드 운동을 계기로 전통 음식이 새롭게 주목을 받았다.

함께 알기 **로컬 푸드 운동**: 생활 지역과 가까운 곳에서 생산된 신선한 먹거리의 소비를 강조하는 운동

도덕

지속 가능한 발전

가능성[可能]을 계속 지녀[持] 나가는[續] 발전
[發展] 영ESSD(environmentally sound and
sustainable development)

持 가질 지 | 續 이을 속 | 可 옳을 가 | 能 능할 능
發 필 발 | 展 펼 전

미래 세대가 그들의 필요를 충족할 가능성을 막지 않는 범위에서 현재 세대의 필요를 충족하는 개발 방식이에요. 사회적으로는 자연과 조화를 이루는 건강하고 생산적인 삶을 지향하고, 경제적으로는 생태계와 환경을 훼손하지 않고 인류가 지속적으로 발전할 수 있는 경제 개발을 지향해요. 그리고 환경적으로는 후손과 현세대가 모두 쾌적하게 살 수 있는 깨끗한 환경을 조성하려고 해요.

예 환경적으로 건전하고 지속 가능한 발전(ESSD)은 1992년 브라질의 리우데자네이루 정상 회의에서 합의한 것이다.

과학 기술

자연에 대한 객관적 지식[科學]과 이를 활용한 수단[技術]
영 scientific technique

科 과목 과 | 學 배울 학 | 技 재주 기 | 術 재주 술

다양한 과학 분야의 객관적 지식을 실제 현실에 적용하여 인간이 생활하는 데 유용하게 가공하는 수단을 말해요. 이때 자연을 탐구하여 얻은 객관적 지식이 과학이고, 이를 활용하여 실제 생활에 다양한 필요를 충족해 주는 게 기술이에요. 과학 기술의 궁극적 목적은 삶의 질을 향상하고 인간의 존엄성을 구현하는 거예요.

예 과학 기술이 도덕적으로 올바르게 사용되도록 사회적 감시가 필요하다.

인간 소외

인간[人間]이 세상과 사이가 점점 멀어지는[疏外] 현상

人 사람 인 | 間 사이 간 | 疏 소통할 소 | 外 바깥 외

인간이 스스로의 필요에 의해 만든 문화를 지배하지 못하고, 그와 분리되어 오히려 지배받는 현상이에요. 예를 들어 인간은 편리한 삶을 위하여 과학 기술을 발달시켰으나 어느 순간 그에 의존하는 삶을 살게 되었어요. 기계에 종속된 삶은 인간이 본래 가지고 있는 인간성을 박탈하여 인간을 비인간화하지요.

예 인간 소외는 인간이 목적적 존재가 아니라 수단적 존재가 되는 것이다.

가상 현실

컴퓨터로 만들어 놓은 가상[假想]의 세계[現實]

영 VR(virtual reality)

假 거짓 가 | 想 생각 상 | 現 나타날 현 | 實 열매 실

컴퓨터 등을 사용하여 인공적으로 만든, 실제와 유사하게 느끼게 하는 기술이에요. 뇌로 전자 신호를 보내 실제처럼 느끼게 하는 거지요. 가상 현실 안에서 사용자는 오감을 느끼고 공간적, 시간적 체험을 해요. 하지만 이는 실재하는 것이 아니라 가상 현실 프로그램에 의해 가공된 거예요.

예 가상 현실에 익숙해지다 보면 현실과 비현실을 구분하지 못할 수 있다.

정말로 우주를 여행하는 것 같아.

도덕

생명 존중 사상

생명[生命]을 소중히 여기고 존중해야[尊重] 한다는 사상[思想]

生 날 생 | 命 목숨 명 | 尊 높을 존 | 重 무거울 중
思 생각 사 | 想 생각 상

생명의 신비와 존엄성을 강조하는 사상이에요. 살아 있는 모든 것을 귀하게 여기고 모든 생명에 가치를 부여하는 거지요. 이를 위해 자신을 먼저 존중하고, 이 마음으로 주변의 모든 사람도 소중히 대해야 해요. 나아가 어떤 경우든 생명을 포기하지 않고 어떤 생명도 무시하거나 괴롭히지 않아야 해요.

예 생명 존중 사상의 대표적인 인물은 간디이다.

웰다잉
> **통** 웰엔딩　**영** well-dying

인간으로서의 존엄성과 가치, 품의를 지키며 삶을 마무리하는 죽음의 방식이에요. 회생 가능성이 없는 환자가 자신의 결정이나 가족의 동의로 연명 치료를 받지 않는 거예요. 무의미하게 생명을 연장하고 싶지 않다는 뜻이지요. 하지만 인위적인 방법으로 인간의 생명 활동을 중단하는 것이므로 도덕적인 논란이 있어요.

예 웰다잉은 삶의 마지막이라 할 수 있는 죽음을 스스로 준비하는 과정이다.

고통
> 괴로움[苦]과 아픔[痛]
> **비** 괴로움　**반** 쾌락　**영** distress, pain

苦 쓸 **고** | 痛 아플 **통**

신체적인 통증과 정신적인 고민을 함께 아우르는 말이에요. 곧, 몸이 아프거나 마음이 괴로운 거지요. 신체적인 고통은 외부에서 신체에 가하는 물리적인 충격 등으로 발생하고, 정신적인 고통은 슬픔, 좌절감, 불만족, 타인과의 갈등 등으로 발생해요.

예 고통을 삶의 일부로 받아들여, 성장을 위한 긍정적인 계기로 삼는다.

평정심
> 평안하고[平] 고요한[靜] 마음[心]

平 평평할 **평** | 靜 고요할 **정** | 心 마음 **심**

감정의 기복 없이 평안하고 고요한 마음이에요. 고통스러운 일을 당하면 마음의 갈피를 잡지 못하고 큰 불행을 느껴요. 이때 다시 평정심을 회복하기 위해서는 고통을 받아들이고 마음을 다스려야 해요. 그 방법으로 동양 사상에서는 참선, 경, 신독, 심재 등을 제시하고 있어요.

예 힘든 일을 겪을 때 스스로 자신을 격려하면 평정심을 회복할 수 있다.

함께 알기
- **신독** 愼獨 [삼갈 **신**, 홀로 **독**]: 홀로 있을 때도 도리에 어긋남 없이 언행을 조심하는 유교의 마음 수양법
- **심재** 心齋 [마음 **심**, 재계할 **재**]: 정신을 맑고 깨끗하게 가다듬는 도교의 수양법

마무리 퀴즈 Quiz

1~3 제시된 초성과 뜻을 참고하여 괄호 안에 들어갈 어휘를 쓰세요.

1 ㄱㅈ ㅁㅇ: 생산자의 노동에 정당한 대가를 지불하고자 하는 무역

예 개발 도상국은 (　　　　　)을 통해 경제적 자립을 모색할 수 있다.

2 ㅈㅅ ㄱㄴㅎ ㅂㅈ: 자연환경과 미래 세대를 고려한 경제 개발

예 (　　　　　)은 인류가 지속적으로 발전할 수 있는 경제 개발을 지향한다.

3 ㅇㄱ ㅅㅇ: 인간이 스스로 만든 문화에 지배당하여 비인간화되는 현상

예 과학 기술의 발달은 편리함을 안겨 주었으나 인간이 그에 지배당하는 (　　　　　)를 낳았다.

4~6 다음 자연관에 대한 설명을 바르게 연결해 보세요.

4 인간 중심주의 ・ 　　・ ① 동식물 등 생명의 가치를 존중하는 관점

5 생명 중심주의 ・ 　　・ ② 인간을 자연의 일부분이라고 여기는 관점

6 생태 중심주의 ・ 　　・ ③ 인간의 이익을 우선시하여 자연을 이용하는 관점

7~10 다음 설명이 맞으면 〇, 틀리면 ×로 표시하세요.

7 친환경적 소비는 가공 식품을 아예 구입하지 않는 것이다. （　　）

8 슬로푸드 운동은 음식을 천천히 먹자는 운동이다. （　　）

9 웰다잉은 호화로운 분위기에서 죽음을 맞이하는 것이다. （　　）

10 고통을 받아들이고 마음을 다스리면 평정심을 회복할 수 있다. （　　）

답안 1. 공정 무역　2. 지속 가능한 발전　3. 인간 소외　4. ③　5. ①　6. ②　7. ×　8. ×　9. ×　10. 〇

예체능

음악 공부의 시작, 음악의 기초

계이름 · 음표 · 꾸밈음 · 빠르기말 · 셈여림표 · 음정 · 음계 · 조표
임시표 · 화음 · 악곡의 형식 · 12율 · 정간보 · 평조 · 계면조 · 장단
시김새 · 토리 · 메기고 받는 형식 · 한배에 따른 형식

계이름

음계[階]의 각 음에 붙인 이름

영 syllable names

階 계단 계

음계에서 각 음에 붙인 이름이에요. 특정 음을 기준(으뜸음)으로 삼은 뒤 상대적인 위치에 따라 이름을 붙여요. 대표적으로 서양 음악의 7음계가 있어요. 으뜸음 '도'에서 시작하여 차례로 '레·미·파·솔·라·시'를 붙여요. 계이름은 상대적이므로 조가 변하면 그 음의 계이름도 변해요. 그래서 다장조의 '도'와 사장조의 '도'는 음이 달라요. 반면, 음이름은 그 음이 갖는 고유의 이름이므로 조가 변해도 음의 이름이 변하지 않아요.

예 국악의 계이름은 '궁, 상, 각, 치, 우'이다.

○ **계이름과 음이름**

음표

악보에서 음[音]을 나타내는 기호[標]

 note

音 소리 음 | 標 표할 표

악곡에서 음의 길이와 높낮이를 나타내는 기호예요. 온음표, 2분음표, 4분음표, 8분음표, 16분음표, 점음표, 셋잇단음표 등이 있어요. 악보에서 음을 내지 않는 부분은 쉼표로 표시해요.

함께 알기

점음표 點音標 [점 **점**, 소리 **음**, 표할 **표**]: 음표 머리 오른쪽에 작은 점이 있는 음표. 이 점은 앞 음표 길이의 1/2을 나타냄. '♩.'은 '점4분음표'라고 읽음

셋잇단음표 音標 [소리 **음**, 표할 **표**]: 이등분해야 할 음표를 삼등분하여 한데 묶어 나타낸 것 ♫♪=♩=♫

쉼표 標 [표할 **표**]: 악보에서, 음을 내지 않고 쉼을 나타내는 기호

○ 음표와 쉼표

음표		쉼표		박자	리듬 표시
o	온음표	▬	온쉼표	4박자	VVVV
♩.	점2분음표	▬.	점2분쉼표	3박자	VVV
♩	2분음표	▬	2분쉼표	2박자	VV
♩.	점4분음표	ξ.	점4분쉼표	1박자 반	V\
♩	4분음표	ξ	4분쉼표	1박자	V
♪.	점8분음표	ꝰ.	점8분쉼표	반 박자 반	V
♪	8분음표	ꝰ	8분쉼표	반 박자	\
♪	16분음표	ꝯ	16분쉼표	반의 반 박자	\

쉼표는 리듬을 표시할 때 점선으로 표기해요.

 **꾸밈음** 어떤 음을 꾸미는 음[音]

🌐 ornament

音 소리 음

어떤 음을 꾸미기 위해 덧붙인 음이에요. 꾸밈을 받는 음의 앞뒤에 작은 음표로 표기하거나 특정한 모양의 기호(꾸밈표)로 표시해요. 꾸밈음을 사용하면 멜로디에 우아함을 주거나 특정한 음에 활기를 줄 수 있어요. 앞꾸밈음, 겹앞꾸밈음, 뒤꾸밈음 등이 있어요.

① **앞꾸밈음:** 음 앞에 붙은 꾸밈음

긴 앞꾸밈음　　　　짧은 앞꾸밈음

② **겹앞꾸밈음:** 음의 앞에 붙은 2음 이상의 꾸밈음

③ **뒤꾸밈음:** 음의 뒤에 붙은 꾸밈음

예 꾸밈음의 종류, 기호, 연주법 등은 시대에 따라 변하였다.

빠르기말

영 tempo markings

악곡의 빠르기를 나타내는 기호예요. 빠르기말에는 Andante(안단테), Moderato(모데라토), Allegro(알레그로), a tempo(아 템포) 등이 있어요. 악보 전체의 빠르기를 지시할 때는 악보의 첫머리에 표시하고, 부분적인 빠르기를 나타낼 때는 빠르기에 변화를 주려는 부분 위에 표시해요.

① 악보 전체의 빠르기를 지시하는 빠르기말

② 부분적인 빠르기를 지시하는 빠르기말

rit. (리타르단도): 점점 느리게
a tempo (아 템포): 본디 빠르기로
tempo primo (템포 프리모): 처음의 빠르기로
accel. (아첼레란도): 점점 빠르게

예 빠르기를 나타내는 기호에는 **빠르기말** 외에 '♩=120'과 같이 숫자로 나타내는 빠르기표가 있다.

음악

셈여림표

강하게 또는 약하게 연주하라고 지시하는 기호[標]

통 강약 기호 영 dynamic marks

標 표할 표

악곡에서 음의 세기를 나타낸 기호예요. 악곡의 맨 앞이나 중간, 특정 음에 적어 셈여림을 지시해요. 셈여림표는 악곡의 표정이나 성격을 더욱 자세하고 명확하게 나타내요. pp(피아니시모), mp(메조 피아노), mf(메조 포르테) 등이 있어요.

① 셈여림을 지시하는 표

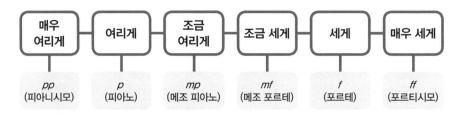

② 셈여림의 변화를 지시하는 표

crescendo(cresc. 크레셴도): 점점 세게

decrescendo(decresc. 데크레셴도): 점점 여리게

∧ 또는 <   accento(악센트): 그 음만 특히 세게

예 악보에 셈여림표가 있으면 곡의 일부분이나 특정한 음을 강하게 또는 약하게 연주하라는 뜻이다.

음정 ▷ 음[音]의 단위[程]로 표현한 것

영 interval

音 소리 음 | **程** 단위 정

높이가 다른 두 음 사이의 간격으로, 단위는 '도'로 표시해요. 1도 음정은 도-도, 레-레, 미-미 등과 같이, 같은 위치에 있는 두 음이에요. 도-레, 레-미 등은 2도 음정 관계이고, 도-솔은 5도 음정 관계예요. 음정에는 화성적 음정과 선율(멜로디)적 음정이 있어요.

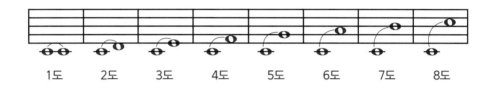

| 1도 | 2도 | 3도 | 4도 | 5도 | 6도 | 7도 | 8도 |

화성적 음정   선율적 음정

함께 알기

화성적 음정 和聲的 [화할 **화**, 소리 **성**, 과녁 **적**]: 두 음이 동시에 울리게 하는 음정

선율적 음정 旋律的 [회전할 **선**, 법 **율**, 과녁 **적**]: 두 음이 연속해서 울리게 하는 음정

음악

음계

음[音]을 층계[階]처럼 차례로 늘어놓은 것

영 scale

音 소리 음 | 階 계단 계

일정한 음정의 순서로 음을 차례로 늘어놓은 거예요. 보통 동양 음악은 5음 음계, 서양 음악은 7음 음계를 기초로 해요. 이 7음 음계 중에서 대표적인 것이 온음계예요. 온음계는 한 옥타브가 다섯 개의 온음과 두 개의 반음으로 이루어진 음계예요. 음계의 종류에는 이외에도 반음계, 장음계, 단음계 등이 있어요.

함께 알기

- **반음 半音** [반 **반**, 소리 **음**]: 음계 구성 중 가장 최소 단위 ⑩ 미-파, 시-도
- **온음 音** [소리 **음**]: 2도 간격의 음정 중 반음을 제외한 음 ⑩ 도-레, 레-미
- **반음계 半音階** [반 **반**, 소리 **음**, 계단 **계**]: 온음계 가운데 온음의 사이를 반음으로 메워 1옥타브를 12개의 반음으로 한 음계
- **장음계 長音階** [길 **장**, 소리 **음**, 계단 **계**]: 한 옥타브에서 제3~4음과 제7~8음 사이가 반음 관계이고 나머지는 온음으로 되어 있는 7음 음계
- **단음계 短音階** [짧을 **단**, 소리 **음**, 계단 **계**]: 한 옥타브에서 제2~3음과 제5~6음 사이가 반음 관계이고 나머지는 온음으로 이루어진 7음 음계

◦ 여러 가지 음계

조표

조[調]를 나타내는 표[標]

영 key signature

調 고를 **조** | 標 표할 **표**

악곡에서 조를 나타내는 표예요. 음자리표와 박자표 사이에 올림표(♯:샤프)나 내림표(♭: 플랫)를 적어 표시해요. 조표는 각각 1개를 지닌 것부터 7개를 지닌 것까지 총 14개가 있어요. 한편 장음계에 의해 이루어지는 조를 장조라고 하고, 단음계에 의해 이루어지는 조를 단조라고 해요.

올림표의 조표

장조의 으뜸음

| 사장조 | 라장조 | 가장조 | 마장조 | 나장조 | 올림바장조 | 올림다장조 |
| 마단조 | 나단조 | 올림바단조 | 올림다단조 | 올림사단조 | 올림라단조 | 올림가단조 |

내림표의 조표

| 바장조 | 내림나장조 | 내림마장조 | 내림가장조 | 내림라장조 | 내림사장조 | 내림다장조 |
| 라단조 | 사단조 | 다단조 | 바단조 | 내림나단조 | 내림마단조 | 내림가단조 |

예 각 **조표**에 따라 음계의 으뜸음이 달라진다.

음악

541

임시표

음의 높이를 임시[臨時]로 바꾸는 표[標]

🔵영 accidental

臨 임할 **임** | 時 때 **시** | 標 표할 **표**

악곡에서 음의 높이를 일시적으로 변화시키는 표예요. 본래음을 임시로 반음 올리거나 반음 내릴 때 사용해요. 반음을 올릴 때는 본래음 앞에 올림표(♯:샤프)를 적고, 반음을 내릴 때는 내림표(♭:플랫)를 적어요. 임시표는 같은 마디 안에서만 효력이 있으며, 마디가 바뀌면 효력이 없어져요. 올림표나 내림표를 취소할 때 그 음 앞에 제자리표(♮)를 적어요.

조표　　　반음 내린다　　　본래 음으로 연주한다　　반음 올린다

마디가 바뀌면 내림표의 효력이 없어지지만,
붙임줄이 있어서 그대로 반음을 내려요.

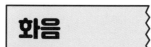

화음

어울리는[和] 음[音]

🔵영 chord

和 화할 **화** | 音 소리 **음**

높이가 다른 둘 이상의 음이 함께 울릴 때 생기는 합성음이에요. 3도의 간격으로 3개의 음을 겹친 3화음이 기초적인 화음이에요. 대표적인 화음에는 으뜸화음, 버금딸림화음, 딸림화음, 딸림7화음 등이 있어요.

📖예 현악기는 소리가 섬세하여 함께 연주하면 아름다운 화음을 낼 수가 있다.

○ 다장조의 주요 3화음과 딸림7화음

I　　　　IV　　　　V　　　　V₇
으뜸화음　버금딸림화음　딸림화음　딸림7화음

주요 3화음

악곡의 형식

음악[樂]의 곡조[曲]를 담는 형식[形式]

동 악식 | 영 musical form

樂 풍류 악 | 曲 악곡 곡 | 形 모양 형 | 式 법 식

음악을 담는 전체 구조예요. 노래는 한도막 형식·두도막 형식·세도막 형식·작은 세도막 형식 등이 있고, 기악곡은 겹세도막 형식·론도 형식·변주곡 형식·소나타 형식 등이 있어요.

① 한도막 형식

② 론도 형식

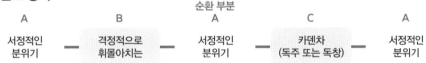

A		B		A		C		A
서정적인 분위기	-	격정적으로 휘몰아치는	-	서정적인 분위기	-	카덴차 (독주 또는 독창)	-	서정적인 분위기

순환 부분

③ 소나타 형식

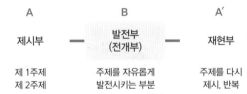

A		B		A′
제시부	-	발전부 (전개부)	-	재현부
제 1주제 제 2주제		주제를 자유롭게 발전시키는 부분		주제를 다시 제시, 반복

함께 알기

한도막 형식: 한 개의 큰악절로 된 악곡 형식으로, 보통 여덟 마디로 이루어짐

두도막 형식: 두 개의 큰악절로 된 악곡 형식으로, 보통 열여섯 마디로 이루어짐

세도막 형식: 세 개의 큰악절로 된 악곡 형식으로, 중심부를 뺀 앞뒤의 두 부분이 똑같거나 매우 비슷하게 구성됨

겹세도막 형식: 세 부분으로 된 악곡의 형식으로, 각 부분이 다시 두도막 형식이나 세도막 형식으로 구성됨

론도 형식: 순환 부분을 가진 악곡 형식

변주곡 형식 變奏曲 [변할 **변**, 아뢸 **주**, 악곡 **곡**]: 하나의 주제가 되는 선율을 바탕으로 박자, 리듬, 가락 등을 변형하여 연주하는 곡

소나타 형식: 제시부, 발전부, 재현부, 코다(악곡을 종결시키는 부분)의 순서로 이루어진 악곡 형식

음악

12율

국악에서 사용하는 열두[十二] 개의 음[律]

十 열 십 | 二 두 이 | 律 법 율

국악에서 사용하는 12개의 음이에요. 국악에서는 음을 '율'이라고 하며, 한 옥타브를 12율로 나타내요. 12율은 각각 고유한 이름이 있는데, 이를 '율명'이라고 해요. 순서대로 적어 보면, '황종, 대려, 태주, 협종, 고선, 중려, 유빈, 임종, 이칙, 남려, 무역, 응종'이에요.

황종은 E♭에 가깝다.

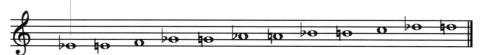

12율명:	황종	대려	태주	협종	고선	중려	유빈	임종	이칙	남려	무역	응종
실제 표기:	黃	大	太	夾	姑	仲	蕤	林	夷	南	無	應

(예) 악보에 12율을 적을 때 간단하게 한자로 첫 자만 쓴다.

정간보

우물 '정[井]' 자 모양의 칸[間]으로 된 악보[譜]

井 우물 정 | 間 사이 간 | 譜 족보 보

조선 시대 세종이 음의 길이와 높이를 정확히 표시하기 위하여 만든 악보예요. '井(정)' 자 모양으로 칸을 나누고 그 안에 율명을 적어 나타내요. 이 정간보는 위에서 아래로, 오른쪽에서 왼쪽으로 읽어요. 정간 한 칸이 한 박이에요.

(예) 정간보에서 칸의 수로는 음의 길이를, 칸 안의 율명으로는 음의 높이를 나타낸다.

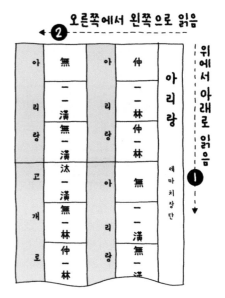

평조 〉 낮은[平] 음조[調]

平 평평할 **평** | 調 고를 **조**

국악에서 악곡을 구성하는 음의 조직 중 하나로, 서양 음악의 장조와 비슷해요. 평조는 주로 5개의 음으로 구성되는데, 서양의 계이름으로 하면 '솔, 라, 도, 레, 미'예요. 평조로 된 악곡은 대체로 편안하고 담담하며 차분한 느낌이 들어요.

황종 평조: 황종(E♭)을 으뜸음으로 하는 평조

(예) '아리랑'은 5음 중심의 평조이다.

계면조 〉 얼굴[面]에 금[界]을 긋는 눈물을 자아내는 음조[調]

界 경계 **계** | 面 낯 **면** | 調 고를 **조**

국악에서 악곡을 구성하는 음의 조직 중 하나로, 서양 음악의 단조와 비슷해요. 계면조는 평조와 마찬가지로 주로 5개의 음으로 구성되는데, 서양의 계이름으로 하면 '라, 도, 레, 미, 솔'이에요. 계면조로 된 악곡은 평조보다 시김새도 많고 화려해서 더욱 구성진 느낌이 들어요.

임종 계면조 : 임종(B♭)을 으뜸음으로 하는 계면조

(예) '쾌지나 칭칭 나네'는 3음 중심의 계면조이다.

| 장단 | 국악에서 음의 길고[長] 짧음[短] |

 rhythm

長 길 장 | **短** 짧을 단

국악에서 음의 길이와 크기, **빠르기** 등을 아울러 나타내는 **리듬**이에요. 장단의 기본 단위는 '박'이에요. 장단은 주로 장구로 연주하는데, 우리 전통 음악에는 세마치장단, 굿거리장단, 자진모리장단, 중모리장단, 휘모리장단 등 다양한 장단이 있어요.

(예) 판소리에 쓰이는 장단은, 진양조가 가장 느리고 중모리, 중중모리, 자진모리, 휘모리 순으로 빨라진다.

○ 장구의 장단

① 연주 방법

명칭	기호	구음	음표 표기	치는 방법
합장단	①	덩		양손으로 북편과 채편을 함께 친다.
북	○	쿵		왼손으로 북편을 친다.
채	|	덕		열채로 채편을 친다.
겹채	i	기덕		열채로 채편을 겹쳐 친다.
채굴림	⋮	더러러러		열채로 채편 가운데를 굴려 친다.

장구의 왼편(북편)은 맨손으로, 오른편(채편)은 북채나 열채로 쳐요.

② 장단 표기

덩			쿵			쿵		덕	쿵		
①			○			○		|	○		

◦ 여러 가지 장단

장단	음표 표기와 구음
세마치장단	덩 덩 덕 쿵 덕
굿거리장단	덩 기덕 쿵 더러러러 쿵 기덕 쿵 더러러러
자진모리장단	덩 덩 덩 덕 쿵
중모리장단	덩 덕쿵 덕더덕덕쿵쿵덕쿵덕더덕덕
휘모리장단	덩 덕덕 쿵 덕 쿵

시김새

국악에서 어떤 음의 앞이나 뒤에서 그 음을 꾸며 주는 꾸밈음이에요. 시김새는 음과 음을 자연스럽게 이어주기도 하고, 단순한 가락을 화려하게 꾸며주기도 해요. 그 종류에는 떠는 소리, 꺾는 소리, 밀어 올리는 소리, 흘러내리는 소리, 구르는 소리 등이 있어요.

(예) 시김새를 잘 익히면 노래를 부를 때 국악 고유의 멋을 잘 살릴 수 있다.

음악

토리

국악에서 각 지방마다 가지고 있는 음악적 특징이에요. 토리는 그 음악을 구성하는 발성, 음계, 시김새 등으로 나타나요. 예를 들어 전라도 지역의 민요는 '육자배기토리'라고 해요. 주로 3음 계면조로 되어 있고, 가락이 구성지고 애절하며, 떠는 소리와 꺾는 소리를 많이 사용해요. 〈강강술래〉, 〈진도 아리랑〉 등의 민요가 있어요.

 지역별 토리는 보통 각 지역의 대표적인 민요의 이름을 따서 부른다.

함께 알기 민요 民謠 [백성 민, 노래 요]: 예로부터 민중 사이에 구전되어 불리던 노래

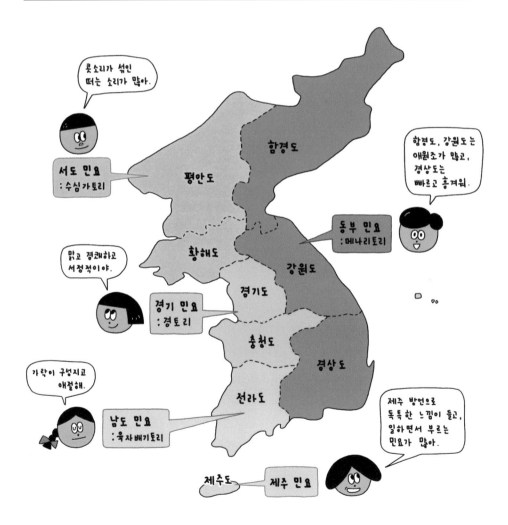

메기고 받는 형식

앞소리를 메기고 뒷소리를 받는 형식[形式]

形 모양 형 | 式 법 식

한 사람이 앞소리를 메기면 여러 사람이 뒷소리를 후렴으로 받아 노래하는 형식이에요. 여기서 '메기다'란 '먼저 부르다'는 뜻이에요. 받는 부분은 노랫말과 선율이 고정되고, 메기는 부분은 사설과 선율이 다양하게 변화해요.

(예) 메기고 받는 형식의 노래에는 〈쾌지나칭칭〉, 〈강강술래〉, 〈보리타작 노래〉, 〈뱃노래〉, 〈상여 소리〉, 〈김매는 소리〉 등이 있다.

한배에 따른 형식

느리게 시작해서 점차 빠르게 연주하는 형식 [形式]

形 모양 형 | 式 법 식

느린 곡 다음에 점차 빠른 곡을 연주해 가는 형식이에요. '한배'란 '곡조의 느리고 빠른 정도'를 뜻해요. 한배에 따른 형식은 정악이나 민속악에 두루 쓰여요. 대표적인 정악인 〈영산회상〉과 같은 모음곡이 이 형식을 띠고 있어요. 산조의 진양조·중모리·자진모리로의 진행도 이 형식에 따른 거예요.

함께 알기

- **정악 正樂** [바를 **정**, 풍류 **악**]: 고려와 조선 시대에 궁중과 상류층에서 연주하던 전통 음악
  (예) 여민락, 종묘 제례악, 가곡, 시조, 영산회상
- **민속악 民俗樂** [백성 **민**, 풍속 **속**, 풍류 **악**]: 민간에서 전해 내려오는 음악
  (예) 민요, 잡가, 판소리
- **모음곡 曲** [악곡 **곡**]: 여러 개의 악곡을 조합하여 하나로 만든 여러 악장으로 된 기악곡
- **산조 散調** [흩을 **산**, 고를 **조**]: 민속 음악의 하나로, 느린 속도의 진양조장단으로 시작하여 차츰 급한 장단으로 연주하다 끝나는 음악

음악

마무리 퀴즈 Quiz

[1~3] 다음 설명에 맞는 용어를 〈보기〉에서 고르세요.

> 〈보기〉 ㉠ 음표   ㉡ 임시표   ㉢ 화음

1 음의 길이와 높낮이를 나타내는 기호 ( )

2 높이가 다른 둘 이상의 음이 함께 울릴 때 생기는 합성음 ( )

3 올림표(♯)나 내림표(♭)를 사용하여 음의 높이를 일시적으로
변화시키는 표 ( )

[4~6] 다음 음악 기호의 이름 또는 설명을 바르게 연결해 보세요.

4 ♪♪♪ ·   · ① 점점 세게

5 a tempo ·   · ② 셋잇단음표

6 ◁ ·   · ③ 본디 빠르기로

[7~10] 다음 ( ) 안에 들어갈 알맞은 어휘를 고르세요.

7 높이가 다른 두 음 사이의 간격을 (음정, 음계)이라고 한다.

8 (론도 형식, 소나타 형식)은 순환 부분을 가진 악곡 형식이다.

9 (12율, 정간보)는 국악의 음을 표시하는 악보이다.

10 국악에서 어떤 음의 앞이나 뒤에서 그 음을 꾸며 주는 꾸밈음을
(시김새, 토리)라고 한다.

답안 1. ㉠ 2. ㉢ 3. ㉡ 4. ② 5. ③ 6. ① 7. 음정 8. 론도 형식 9. 정간보 10. 시김새

연주하고 노래하며,
여러 가지 음악

**스타카토 · 기악 · 교향곡 · 협주곡 · 성악 · 오페라 · 서곡 · 뮤지컬 · 표제 음악
바로크 음악 · 고전파 음악 · 낭만파 음악 · 현대 음악 · 국민악파 · 판소리
가야금 병창 · 종묘 제례악 · 사물놀이 · 삼현 삼죽**

스타카토   staccato

악보에서 음을 하나하나 짧게 끊어서 연주하거나 부르는 방법이에요. 한 박자를 절반 정도의 길이로 끊어서 연주해요. 스타카토는 음표의 바로 위나 아래에 원점(·)이나 쐐기꼴(∨)을 붙여서 지시해요. 이 외에도 레가토, 포르타토 등의 연주법이 있어요.

음을 끊지 않고 부드럽게 이어서 연주

스타카토

레가토

**함께
알기**

레가토: 음과 음 사이를 끊지 않고 이어서 연주하는 것

포르타토: 스타카토와 레가토의 중간 주법으로, 음을 부드럽게 끊는 방법

기악

악기[器]로만 연주되는 음악[樂]

영 instrumental music

器 그릇 기 | 樂 풍류 악

악기만으로 연주되는 음악이에요. 연주 형태에 따라 독주(혼자 연주), 중주(2~10명 정도가 서로 다른 악기 연주), 합주(여러 사람이 파트를 나누어 여러 가지 악기 연주)로 나눌 수 있어요. 독주는 악기의 종류에 따라 피아노곡·첼로곡 등이 있고, 중주는 악기의 수에 따라 2중주·3중주 등이 있어요. 피아노 3중주는 피아노, 바이올린, 첼로가 함께 연주하는 거예요. 합주는 악기의 구성에 따라 관현악, 현악 합주, 관악 합주로 나눌 수 있어요.

(예) 기악은 그 자체로 독립된 음악일 뿐 아니라, 성악곡의 전주로 사용되기도 한다.

함께 알기

- **관현악** 管絃樂 [대롱 **관**, 줄 **현**, 풍류 **악**]: 관악기, 현악기, 타악기로 함께 연주하는 합주곡. 오케스트라
- **현악** 絃樂 [줄 **현**, 풍류 **악**]: 바이올린, 첼로, 비올라 등의 현악기(줄을 켜서 소리를 내는 악기)로 연주하는 음악
- **관악** 管樂 [대롱 **관**, 풍류 **악**]: 플루트, 클라리넷, 트럼펫 등의 관악기(입으로 불어서 소리를 내는 악기)로 연주하는 음악
- **타악기** 打樂器 [칠 **타**, 풍류 **악**, 그릇 **기**]: 팀파니, 실로폰, 북 등 두드려서 소리를 내는 악기

교향곡

다양한 악기들이 한데 어울려[交] 울려 퍼지는[響] 곡[曲]

영 symphony

交 사귈 교 | 響 울릴 향 | 曲 악곡 곡

관현악(오케스트라)을 위하여 작곡한, 소나타 형식의 규모가 큰 기악곡이에요. 보통 4악장으로 이루어져 있어요. 18세기 후반에 하이든에 의해 형식이 갖추어졌고, 이후 모차르트와 베토벤에 의하여 확립되었어요.

(예) 하이든은 100여 편의 교향곡을 작곡하여 '**교향곡의 아버지**'라고 불린다.

협주곡

> 독주 악기와 관혁악이 함께[協] 연주하는[奏] 곡[曲]
>
> 영 concerto

協 화합할 협 | 奏 아뢸 주 | 曲 악곡 곡

독주 악기와 관현악을 위하여 작곡한, 소나타 형식의 기악곡이에요. 보통 3악장으로 이루어져 있고, 독주자만 연주하는 카덴차라는 부분이 있어 독주 악기의 기교를 충분히 발휘하도록 하고 있어요. 피아노 협주곡과 바이올린 협주곡이 많이 연주돼요.

함께 알기 **카덴차**: 악곡이나 악장이 끝나기 직전 독주자나 독창자가 연주하는 기교적이고 화려한 부분

성악

> 목소리[聲]로 하는 음악[樂]
>
> 영 vocal music

聲 소리 성 | 樂 풍류 악

기악에 대응하는 개념으로, 사람의 목소리에 의한 음악이에요. 악곡의 종류에 따라서는 창가·민요·가요·가곡 따위로 구분하고, 연주 형태에 따라서는 독창·중창·합창·제창으로 구분해요. 그리고 음역에 따라 여성은 소프라노·메조소프라노·알토로 나뉘고, 남성은 테너·바리톤·베이스로 나뉘어요. 여기서 소프라노와 테너가 각각 가장 높은 음역이고, 알토와 베이스가 낮은 음역이에요.

함께 알기
- **창가 唱歌 [부를 창, 노래 가]**: 개화기에 창작된, 서양 악곡의 형식을 빌려 지은 간단한 노래
- **가곡 歌曲 [노래 가, 악곡 곡]**: 우리나라 전통 음악에서는 시조를 관현악 반주에 맞추어 부르는 성악곡을 일컫고, 서양 음악에서는 시에 곡을 붙인 성악곡을 일컬음
- **중창 重唱 [무거울 중, 부를 창]**: 몇 사람이 각각 자기 성부를 하나씩 맡아 노래함
- **제창 齊唱 [가지런할 제, 부를 창]**: 같은 가락을 두 사람 이상이 동시에 노래함

음악

오페라

통 가극　영 opera

음악을 중심으로 한 종합 무대 예술이에요. 오페라는 16세기 말에 이탈리아에서 시작되었어요. 작품 전체가 작곡되어 있으며, 동시에 모든 대사가 노래로 표현되어 있어요. 오페라의 음악은 독창, 중창, 합창 및 관현악으로 구성되어 있어요. 이 중 독창곡은 아리아와 레치타티보로 나뉘어요.

예 모차르트의 3대 오페라라고 하면 〈피가로의 결혼〉, 〈돈조반니〉, 〈마술 피리〉가 꼽힌다.

함께 알기
- **아리아**: 오페라 독창에서 선율을 아름답게 부르는 부분
- **레치타티보**: 오페라 독창에서 대사를 말하듯이 노래하는 부분

서곡

곡이 연주되기 전 도입[序] 역할을 하는 곡[曲]

영 overture

序 차례 서 | 曲 악곡 곡

오페라나 발레 등이 공연되기 전에 막이 내려진 채로 오케스트라가 연주하는 기악곡이에요. 서곡은 앞으로 전개될 음악에 대한 도입을 의미할 뿐 아니라, 그 자체가 하나의 독립된 작품으로 연주되기도 해요.

예 대표적인 서곡으로는 로시니의 〈윌리엄 텔 서곡〉이 있다.

뮤지컬

영 musical

노래와 춤, 연극이 어우러진 현대 음악극이에요. 19세기 미국에서 시작되었는데, 오페라에 비해 매우 오락적이에요. 뮤지컬은 쉽게 이해할 수 있는 단순한 줄거리에 역동적인 춤과 대중적인 음악이 흥미를 끌고 관심을 집중시켜요. 마지막 부분에 '커튼콜'이라고 하여 관객의 환호 속에 배우들이 모두 무대에 올라 극의 하이라이트를 짧게 보여 주며 화려한 막을 내려요.

예 대표적인 뮤지컬로는 〈웨스트 사이드 스토리〉, 〈레미제라블〉, 〈캣츠〉, 〈명성황후〉 등이 있다.

표제 음악

> 제목[題]이 표시된[標] 음악[音樂]
>
> 영 program music

標 표할 **표** | **題** 제목 **제** | **音** 소리 **음** | **樂** 풍류 **악**

곡의 내용을 암시하는 표제가 붙은 기악곡이에요. '모차르트 피아노 협주곡 21번'과 같이 누구의 몇 번 무슨 곡이라고 곡명을 붙인 게 아니라, 문학 작품이나 어떤 주제를 곡명으로 붙인 거예요. 베토벤 교향곡 6번, 작품 68에는 '전원'이라는 표제가 붙어 있어요. 교향시는 대표적인 표제 음악이에요.

예 비발디, 차이코프스키, 하이든은 모두 '사계'라는 표제로 표제 음악을 작곡하였다.

함께 알기 **교향시** 交響詩 [사귈 **교**, 울릴 **향**, 시 **시**]: 시 또는 회화적인 내용에서 영감을 얻어 창작된 관현악 작품의 표제 음악

바로크 음악

> 바로크 시대의 음악[音樂]
>
> 영 baroque music

音 소리 **음** | **樂** 풍류 **악**

16세기 말부터 18세기 중엽에 걸쳐 유럽에서 유행한 음악이에요. 특히 이탈리아와 독일을 중심으로 발달했어요. 바로크 음악은 웅장하고 생명력이 느껴져요. 대표적인 음악가로는 헨델과 바흐가 있어요. 헨델은 종교 합창곡인 〈메시아〉로 유명하고, 바흐는 두 개의 선율을 결합시키는 작곡 방식인 '대위법'을 발전시킨 것으로 유명해요.

예 바로크 음악이 유행하던 시절에 장조와 단조가 확립되었다.

고전파 음악

고전적인[古典派] 형식미를 존중하는 음악[音樂]

영 classic music

古 옛 고 | 典 법 전 | 派 갈래 파
音 소리 음 | 樂 풍류 악

18세기 중엽부터 19세기 초엽까지 오스트리아 빈을 중심으로 발달한 음악이에요. 악곡의 형식을 존중하고 전체적인 조화와 통일을 중요하게 여겼어요. 이 시기에는 절대 음악이 크게 유행하였고, 소나타 형식이 확립되었어요. 그리고 피아노가 발명되면서 피아노 음악이 널리 퍼졌어요.

예 고전파 음악의 대표적인 음악가로는 하이든, 모차르트, 베토벤 등이 있다.

함께 알기   **절대 음악** 絕對 [끊을 절, 대답할 대]: 순수한 예술성만을 위해 작곡한 음악

낭만파 음악

낭만주의[浪漫派] 시대의 음악[音樂]

영 romantic music

浪 물결 낭 | 漫 흩어질 만 | 派 갈래 파
音 소리 음 | 樂 풍류 악

19세기 초에 시작하여 20세기 초까지 주를 이룬 음악이에요. 형식미를 추구한 고전파 음악과는 달리, 일정한 형식에서 벗어나 자유롭고 서정적이며 개성 있는 표현을 추구했어요. 그래서 아름다운 멜로디와 화려한 화음의 음악들이 많이 작곡되었어요.

예 낭만파 음악의 대표적인 음악가로는 슈베르트, 멘델스존, 슈만, 쇼팽, 브람스 등이 있다.

현대 음악

현대[現代]에 창작되는 음악[音樂]
영 modern music, contemporary music

現 나타날 현 | 代 대신할 대 | 音 소리 음 | 樂 풍류 악

대체로 제1차 세계 대전 이후부터 오늘에 이르기까지 세계적으로 주를 이루는 음악이에요. 서양 음악의 계통을 잇지만, 하나의 양식에 얽매이지 않고 개성적이고 창조적인 음악을 추구해요. 전위 음악, 전자 음악, 우연성 음악 등 다양한 형태의 음악이 있어요.

(예) 현대 음악의 대표적인 음악가로는 쇤베르크, 스트라빈스키, 윤이상 등이 있다.

함께 알기

- **전위 음악** 前衛 [앞 **전**, 지킬 **위**]: 쇤베르크의 12음 음악으로 대표되는 새로운 양식의 음악
- **12음 음악** 十二音 [열 **십**, 두 **이**, 소리 **음**]: 장조와 단조를 사용하지 않고 한 옥타브 안에 있는 12개의 서로 다른 음을 골고루 사용하여 만든 음악
- **전자 음악** 電子 [번개 **전**, 아들 **자**]: 전자적 음향 장치를 사용하여 작곡하거나 연주하는 음악
- **우연성 음악** 偶然性 [짝 **우**, 그럴 **연**, 성질 **성**]: 음악을 연주할 때, 연주자가 음악의 세부적인 면을 한정된 범위에서 그때그때의 상황에 따라 선택할 수 있도록 작곡한 음악

국민악파

국민주의적[國民] 특색을 살린 음악[樂] 운동[派]
영 nationalist school

國 나라 국 | 民 백성 민 | 樂 풍류 악 | 派 갈래 파

19세기에 보헤미아, 러시아, 북유럽 등지에서 일어난 국민주의적 음악 운동이에요. 프랑스 혁명 후 동유럽과 북유럽에서는 자유와 평등 정신을 목표로 하는 국민주의 운동이 일어났어요. 이에 영향을 받아 국민악파 음악이 탄생했어요. 각 나라의 작곡가들은 민요나 민속 춤곡 등을 연구하며 민족 고유의 음악적 특색을 담은 곡들을 작곡했어요.

(예) 국민악파 음악은 '러시아의 5인조(발라키레프, 무소륵스키, 보로딘, 림스키코르사코프, 큐이)'에서 시작되었다.

음악

판소리

한 명의 소리꾼이 한 명의 고수(북치는 사람)의 북장단에 맞추어 노래와 말로 이야기를 들려주는 우리 고유의 극음악이에요. 이때 소리꾼이 노래하는 부분을 '창(소리)', 말로 이야기하는 부분을 '아니리', 몸짓을 '발림'이라고 해요. 그리고 소리꾼이 소리할 때, 고수와 관중이 흥을 돋우기 위해 "얼쑤!", "좋다!"라고 하는 말을 '추임새'라고 해요. 한편, 여러 명의 소리꾼들이 배역을 나누어 맡아 연기하면서 판소리를 부르는 민속극을 창극이라고 해요.

예 현재 판소리는 〈춘향가〉, 〈심청가〉, 〈수궁가〉, 〈적벽가〉, 〈흥보가〉 다섯 마당이 전해지고 있다.

가야금 병창

가야금[伽倻琴]을 연주하며 그에 맞추어[竝] 노래하는[唱] 것

伽 절 가 | 倻 가야 야 | 琴 거문고 금
竝 나란히 병 | 唱 부를 창

연주자가 노래를 하면서 가야금을 타는 연주 형식이에요. 단가나 판소리 중의 한 대목을 따로 떼내어 가야금으로 반주하며 노래해요. 가야금은 우리나라 고유의 현악기로, 열두 줄을 손가락으로 뜯어 소리를 내요. 병창은 가야금이나 거문고 따위의 악기를 타면서 자신이 거기에 맞추어 노래를 부르는 거예요.

예 가야금 병창은 조선 시대 말기에 등장하였다.

함께 알기 단가 短歌 [짧을 단, 노래 가]: 판소리를 부르기 전, 목을 풀기 위해 부르는 짧은 노래

종묘 제례악

종묘[宗廟]에서 역대 군왕의 제사[祭禮] 때에 쓰던 음악
[樂]

宗 마루 종 | 廟 사당 묘
祭 제사 제 | 禮 예도 례 | 樂 풍류 악

조선 시대에, 종묘에서 역대 군왕의 제사 때에 쓰던 음악이에요. 세종 때에 창작한 정대업과 보태평을 세조 때 최항 등이 손질하고 줄여서 채택했어요. 종묘 제례악은 국가 무형 문화재 제1호이며, 2001년에 종묘 제례와 함께 유네스코에 세계 무형 유산으로 지정되었어요.

함께 알기

정대업 定大業 [정할 **정**, 클 **대**, 업 **업**]: 조선 세종 때 지은 것으로, 역대 조상들의 무공을 기리는 내용의 춤과 음악

보태평 保太平 [지킬 **보**, 클 **태**, 평평할 **평**]: 조선 세종 때 지은 것으로, 역대 조상들의 문덕을 기리는 내용의 춤과 음악

음악

사물놀이

> 네[四] 가지 악기[物]로 연주하는 음악

비 풍물놀이

四 넉 사 | 物 만물 물

징, 장구, 북, 쩽과리의 네 가지 농악기로 연주하는 음악이에요. 야외에서 여러 가지 악기를 사용하여 대규모로 이루어지던 풍물놀이를 1978년에 무대 예술로 각색한 거예요. 풍물놀이가 많은 사람들과 어울려 흥겹게 공연하는 거라면, 사물놀이는 악기 연주 자체를 통해 감동을 주고자 해요.

예 사물놀이는 보통 네 명이 앉아서 각각 하나의 악기를 연주한다.

삼현 삼죽

> 세[三] 가지의 현악기[絃]와 세[三] 가지의 관악기[竹]

三 석 삼 | 絃 줄 현 | 三 석 삼 | 竹 대나무 죽

통일 신라 때 향악기 중 대표적인 세 가지 현악기와 관악기예요. 세 가지 현악기인 삼현은 거문고·가야금·비파이고, 관악기인 삼죽은 대금·중금·소금이에요. 삼죽을 삼금이라고도 해요.

함께 알기 **향악기** 鄉樂器 [고향 향, 풍류 악, 그릇 기]: 향악(우리나라 고유의 음악)을 연주할 때 쓰는 악기

마무리 퀴즈 Quiz

1~3 제시된 초성과 뜻을 참고하여 괄호 안에 들어갈 어휘를 쓰세요.

1 ㄱㅎㄱ : 관현악을 위하여 작곡한 규모가 큰 기악곡

예 하이든은 '(　　　　)의 아버지'라고 불린다.

2 ㅎㅈㄱ : 독주 악기와 관현악을 위하여 작곡한 기악곡

예 (　　　　)의 카덴차 부분에서 독주 악기의 기교를 충분히 발휘할 수 있다.

3 ㅅㅁㄴㅇ : 징, 장구, 북, 꽹과리로 연주하는 음악

예 (　　　　)는 풍물놀이를 무대 예술로 각색한 것이다.

4~7 다음 음악에 대한 설명을 바르게 연결해 보세요.

4 바로크 음악　•

5 고전파 음악　•

6 낭만파 음악　•

7 국민악파 음악 •

　• ① 조화와 통일을 중요하게 여겼다.

　• ② 웅장하고 생명력이 느껴진다.

　• ③ 민요나 민속 춤곡 등의 영향을 받았다.

　• ④ 일정한 형식에서 벗어나 자유롭고 서정적이다.

8~10 다음 설명이 맞으면 ○, 틀리면 ×로 표시하세요.

8 스타카토는 음과 음 사이를 끊지 말고 연결하여 연주하는 기법이다.　(　　　)

9 오페라는 뮤지컬에 비하여 매우 오락적이다.　(　　　)

10 판소리는 소리꾼 한 명이 노래도 하고 이야기도 들려준다.　(　　　)

답안 1. 교향곡　2. 협주곡　3. 사물놀이　4. ②　5. ①　6. ④　7. ③　8. ×　9. ×　10. ○

그리고 꾸미고,
미술의 기초와 종류

조형 요소 · 색 · 원근법 · 조형 원리 · 회화 · 추상화 · 콜라주 · 프로타주
데포르마시옹 · 데페이즈망 · 조소 · 테라코타 · 오브제 · 판화 · 팝아트 · 픽토그램
비디오 아트 · 로고타이프 · 서예 · 집필법 · 완법 · 서체 · 구륵법 · 삼묵법

조형 요소

사물의 형태[形]를 이루어 만드는[造] 요소[要素]

영 elements of art

造 지을 **조** | 形 모양 **형** | 要 요긴할 **요** | 素 본디 **소**

예술 작품을 비롯하여 세상의 모든 사물들을 시각적으로 구성하는 기본 요소예요. 일반적으로 점·선·면·형(형태)·색·질감·명암·양감·원근·공간의 10가지 요소가 있어요. 이 요소들을 어떻게 배열하고 조합하는지에 따라 표현이 달라져요.

**함께
알기**

질감 質感 [바탕 **질**, 느낄 **감**]: 거칠다, 부드럽다 등 물체의 표면에서 느껴지는 성질

명암 明暗 [밝을 **명**, 어두울 **암**]: 빛의 방향에 따라 나타나는 사물의 밝고 어두움

양감 量感 [헤아릴 **양**, 느낄 **감**]: 표현 대상에서 느껴지는 부피감, 무게감, 덩어리감

공간 空間 [빌 **공**, 사이 **간**]: 아무것도 없이 비어 있는 범위로서, 미술 작품에 공간이 어떻게 표현되는지에 따라 거리와 깊이가 생김

 **빛[色]에 대한 눈의 반응**

영 color

色 빛 **색**

빛의 파장에 대한 눈의 반응으로, 색상·명도·채도의 속성을 갖는 조형 요소예요. 미술에서 바탕이 되는 색을 삼원색이라고 하는데, 빛의 삼원색은 빨강·초록·파랑이고, 색(물감)의 삼원색은 빨강·파랑·노랑이에요. 이 삼원색을 여러 가지 비율로 섞었을 때 가장 많은 색을 만들 수 있어요.

빛의 3원색	색의 3원색
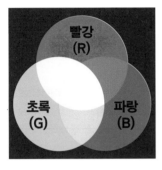	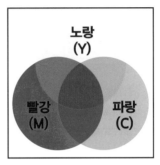

빛을 더해 혼합하는 방법을 가산 혼합이라고 하며, 이때 혼합한 색은 원래의 색보다 명도가 높아요.

물감을 덧칠하는 방법을 감산 혼합이라고 하며, 색을 혼합할수록 원래의 색보다 명도와 채도가 떨어져요.

함께 알기

색상 色相 [빛 **색**, 서로 **상**]: 빨강, 노랑, 파랑 등 어떤 색과 다른 색을 구별하는 색 자체의 고유한 속성

명도 明度 [밝을 **명**, 법도 **도**]: 색의 밝고 어두운 정도

채도 彩度 [채색 **채**, 법도 **도**]: 색의 선명한 정도로서, 채도가 높으면 선명하게 보이고 채도가 낮으면 탁하게 보임

원근법

멀고[遠] 가까운[近] 거리감을 표현하는 기법[法]

영 perspective

遠 멀 원 | **近** 가까울 근 | **法** 법 법

평면인 종이에 물체와 공간의 입체감과 거리감을 느낄 수 있도록 표현하는 회화 기법이에요. 대상을 바라보는 위치를 기준으로 가까운 곳에 있는 물체는 크게 그리고 멀리 있는 물체는 작게 그려 원근법을 표현할 수 있어요. 서양의 투시 원근법은 소실점을 응용하여 멀고 가까움, 깊이를 표현하는 방법이에요. 동양화에서의 원근법은 삼원법으로 고원법, 평원법, 심원법이 있어요.

**함께
알기**

소실점 消失點 [사라질 **소**, 잃을 **실**, 점 **점**]: 실제로는 평행하는 두 직선이 멀리 가서는 한 점에서 만나는 것과 같이 보이는 점

고원법 高遠法 [높을 **고**, 멀 **원**, 법 **법**]: 높은 산을 아래에서 올려다보는 상태에서 생기는 높이를 표현하는 방법

평원법 平遠法 [평평할 **평**, 멀 **원**, 법 **법**]: 대상을 정면에서 바라보는 느낌으로 평평한 공간의 넓이를 표현하는 방법

심원법 深遠法 [깊을 **심**, 멀 **원**, 법 **법**]: 높은 산의 정상에서 산 아래를 내려다보는 시점을 표현하는 방법

○ 투시 원근법

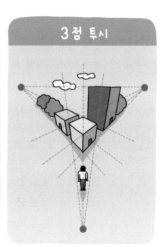

○ **삼원법**

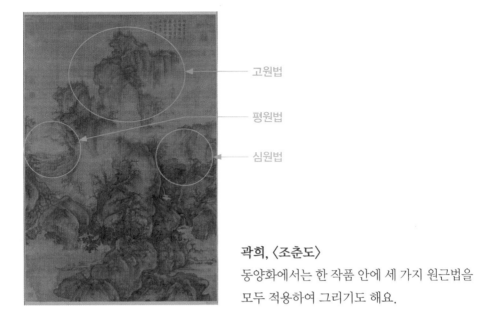

곽희, 〈조춘도〉
동양화에서는 한 작품 안에 세 가지 원근법을
모두 적용하여 그리기도 해요.

조형 원리 〉 조형 요소[造形]를 구성하는 원리[原理]

造 지을 **조** | 形 모양 **형** | 原 근원 **원** | 理 다스릴 **리**

조형 요소들을 한 작품에서 적절히 배열하고 결합하여 질서를 이루게 하는 방법과 법칙
이에요. 어떤 원리로 조형 요소들을 구성하느냐에 따라 시각적 완성도가 달라지며 주제를
효과적으로 전달할 수 있어요. 구체적인 조형 원리에는 통일, 변화, 균형, 비례, 조화, 율
동, 대비, 강조 등이 있어요.

**함께
알기**

통일 統一 [거느릴 **통**, 한 **일**]: 여러 가지 대상들이 하나로 조직됨

변화 變化 [변할 **변**, 될 **화**]: 생동감과 다양성을 만드는 차이

균형 均衡 [고를 **균**, 저울대 **형**]: 한쪽으로 기울어지지 않고 색, 형태가 평형을 이룸

비례 比例 [견줄 **비**, 법식 **례**]: 전체와 부분, 부분과 부분 사이의 크기 관계

조화 調和 [고를 **조**, 화할 **화**]: 서로 다른 요소들이 잘 어울림

율동 律動 [법 **율**, 움직일 **동**]: 살아 움직이는 듯한 시각적 리듬감

대비 對比 [상대 **대**, 견줄 **비**]: 반대되는 요소들의 배치

강조 强調 [굳셀 **강**, 고를 **조**]: 중요한 부분을 두드러지게 표현

미술

회화

그림[繪畵]

 painting

繪 그림 **회** | 畵 그림 **화**

여러 가지 선이나 색채로 종이, 비단, 캔버스, 벽 등의 평면 위에 구체적인 형상을 그려낸 **조형 예술**이에요. 재료와 기법에 따라 유채화, 수채화, 소묘, 판화, 콜라주, 수묵화, 담채화 등으로 나눌 수 있어요. 그리고 내용이나 주제, 대상에 따라서는 종교화, 역사화, 초상화, 풍경화, 정물화, 인물화, 산수화, 영모화, 풍속화, 민화 등으로 나눌 수 있어요.

(예) 회화의 기법과 대상, 양식 등은 각 시대에 따라 변화해 왔다.

함께 알기

유채화 油彩畵 [기름 **유**, 채색 **채**, 그림 **화**]: 서양화에서 물감을 기름에 개어 그리는 그림

수채화 水彩畵 [물 **수**, 채색 **채**, 그림 **화**]: 서양화에서 물감을 물에 풀어서 그리는 그림

소묘 素描 [흴 **소**, 그릴 **묘**]: 연필, 목탄 등으로 사물의 형태와 명암을 위주로 그리는 그림

수묵화 水墨畵 [물 **수**, 먹 **묵**, 그림 **화**]: 채색하지 않고 먹만으로 짙고 옅은 효과를 내어 그린 동양 고유의 그림

담채화 淡彩畵 [묽을 **담**, 채색 **채**, 그림 **화**]: 물감을 엷게 써서 산뜻하게 그린 그림

종교화 宗敎畵 [마루 **종**, 가르칠 **교**, 그림 **화**]: 종교 활동을 목적으로 종교적인 내용을 담은 그림. 특히 불교에서 부처, 보살 등을 그린 불화를 탱화라고 함

산수화 山水畵 [산 **산**, 물 **수**, 그림 **화**]: 자연의 경치를 그린 동양화

영모화 翎毛畵 [깃털 **영**, 털 **모**, 그림 **화**]: 새와 짐승을 소재로 그린 그림

풍속화 風俗畵 [바람 **풍**, 풍속 **속**, 그림 **화**]: 사람들이 살아가는 생활 모습을 그린 그림

민화 民畵 [백성 **민**, 그림 **화**]: 조선 시대 서민층에서 유행한 장식적인 그림

추상화

사실적으로 나타내지 않고[抽] 순수 조형 요소[象]로 구성한 그림[畫] 🔴 구상화 🟢 abstract painting

抽 뽑을 추 | 象 코끼리 상 | 畫 그림 화

사물을 눈에 보이는 그대로 그리는 것이 아니라, 점·선·면·색채 등의 순수 조형 요소로 구성한 그림이에요. 기하학적 추상(차가운 추상)과 서정 추상(뜨거운 추상)으로 나눌 수 있어요. 기하학적 추상은 최소한의 형태와 색만을 사용한 수직·수평적 느낌의 화면 구성이 특징이고, 서정 추상은 격렬한 색채와 역동적인 붓질로 작가의 직관과 감정을 표현한 것이 특징이에요. 추상화의 표현 기법에는 드리핑, 데칼코마니, 스크래치, 마블링 등이 있어요.

드리핑: 붓을 사용하지 않고 물감을 캔버스 위에 떨어뜨리거나 흘리는 기법

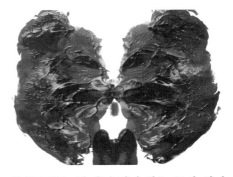

데칼코마니: 잘 흡수되지 않는 종이 위에 물감을 칠한 뒤 반으로 접거나 다른 종이를 덮어 찍어서 대칭적인 무늬를 만드는 기법

스크래치: 밝은 색 크레파스나 색연필 등으로 칠한 다음 어두운 색을 덧칠하여 송곳이나 칼끝으로 긁어서 바탕색이 나오게 하는 기법

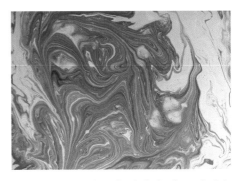

마블링: 물과 기름의 섞이지 않는 성질을 이용하여 물 위에 유성 물감을 떨어뜨린 뒤 잘 저은 다음, 그 위에 종이를 갖다 대서 물감이 묻어나게 하는 기법

미술

콜라주 collage

종이, 천, 쇠붙이, 나무 조각 등 다양한 재료를 도화지나 종이 위에 자유롭게 붙이는 표현 기법이에요. 1912~1913년경 피카소 등의 입체파 화가들이 그림의 한 부분에 신문지나 벽지, 악보 등의 인쇄물을 풀로 붙이면서 등장했어요. '콜라주'는 '풀로 붙인다'는 뜻이에요. 모자이크도 콜라주의 한 종류예요.

콜라주 기법으로 여러 종이를 찢어 붙여 바다의 풍경을 표현했어요.

입체파 스타일의 작품으로 대상을 기하학적으로 분해하여 재구성했어요.

 함께 알기
- **입체파** 立體派 [설 **입**, 몸 **체**, 갈래 **파**]: 20세기 초에 프랑스에서 활동한 미술 운동 무리. 대상을 원뿔, 원통, 구 따위의 기하학적 형태로 분해하고 주관에 따라 재구성하여, 입체적으로 여러 방향에서 본 상태를 평면적으로 한 화면에 구성하여 표현함
- **모자이크**: 먼저 밑그림을 그리고 그에 맞춰 수많은 조각을 붙이는 기법

프로타주 frottage

바위나 나무 등 겉이 울퉁불퉁한 면에다 종이를 대고 연필 등으로 문질러 무늬가 나타나게 하는 기법이에요. 초현실주의 화가 에른스트는 이것을 유화에 적용하여 기름을 섞지 않은 물감을 캔버스에 비벼 문질러 불안의 의식을 표현했어요.

(예) 프로타주는 마찰을 뜻하는 프랑스어 '프로테(frotter)'에서 유래하였다.

데포르마시옹 영 deformation

대상을 고의로 왜곡하여 그리는 기법이에요. 자연물을 그릴 때 형체와 비례를 파괴하거나 왜곡하여 다소 부자연스럽게 표현하는 거지요. 하지만 그만큼 새로운 시도를 통한 창조성이 느껴져요. 표현주의 화가들과 야수파 화가들이 많이 사용했어요. 오른쪽 그림은 내면의 불안과 두려움을 나타낸 표현주의 작품이에요.

에드바르트 뭉크, 〈절규〉

(예) 세잔에서부터 시작한 데포르마시옹 기법은 피카소, 달리 등으로 이어졌다.

함께 알기

표현주의 表現主義 [겉 **표**, 나타날 **현**, 주인 **주**, 옳을 **의**]: 객관적인 사실보다 인간 내면의 욕구와 감정을 강렬한 색채로 표현하는 예술 운동. 1910년을 전후하여 프랑스와 독일에서 일어남

야수파 野獸派 [들 **야**, 짐승 **수**, 갈래 **파**]: 20세기 초 프랑스에서 활동한 유파. 내면의 감정을 표현하기 위해 강렬한 색채를 사용하고 형태를 변형함

데페이즈망 영 depaysement

사물을 일상적인 관계에서 추방하여 이상한 관계에 두는 기법이에요. 그 사물이 원래 사용되던 환경을 전혀 다른 환경으로 바꾸는 거예요. 예를 들어 하늘에 커다란 바위산을 그리거나 음식이 비처럼 떨어지는 장면을 그리는 거지요. 데페이즈망의 본래 뜻은 '추방하다, 정든 고장을 떠나다'예요.

(예) 데페이즈망 기법은 초현실주의 그림에서 많이 나타난다.

함께 알기

초현실주의 超現實主義 [넘을 **초**, 나타날 **현**, 열매 **실**, 주인 **주**, 옳을 **의**]: 1920년대 프랑스에서 일어난 예술 운동. 합리적인 이성을 거부하고 초현실적이고 비합리적인 자유로운 상상을 추구하는 미술

미술

조소

재료를 새기거나[彫] 빚어서[塑] 만든 예술

영 sculpture

彫 새길 조 | **塑** 흙 빚을 소

재료를 깎거나 새기거나 빚어서 입체 형상을 만드는 예술이에요. 조소는 조각과 소조로 나눌 수 있어요. **조각**은 나무, 돌 등을 깎거나 새겨서 모양을 만드는 것이고, **소조**는 찰흙이나 밀랍처럼 점성이 있는 재료를 덧붙여 나가면서 형상을 만드는 거예요. 인물 조소는 표현 부위별로 마스크(안면), 두상(얼굴과 머리 부분), 흉상(머리부터 가슴까지), 반신상(상체), 전신상(몸 전체), 토르소 등이 있어요. 토르소는 오른쪽 그림과 같이 머리와 팔다리 없이 몸통만 조각한 작품을 말해요.

테라코타

영 terra cotta

점토를 구워서 만든 토기류예요. 조각 작품의 한 종류인데 토기처럼 속을 비우고 굽는 거예요. 먼저 큰 덩어리로 형태를 조각한 후 반으로 잘라 일정한 두께로 속을 파요. 그다음 절단면에 흙물을 발라 붙이고 형태를 정교하게 다듬은 뒤 가마에 넣고 구워요.

 테라코타는 고대 메소포타미아 지역과 이집트에서 많이 발굴되었다.

오브제

영 objet

자연물이나 다양한 공산품을 이용하여 창작한 예술 작품이에요. 변기나 자전거 바퀴, 주전자 등 생활에 쓰이는 갖가지 물건들을 작품에 그대로 이용한 거예요. 이런 사물들이 오브제로 쓰이면 본래의 쓰임이나 의미를 잃고 새로운 의미가 부여돼요.

 마르셀 뒤샹은 변기를 '샘'이라는 제목의 오브제 작품으로 만들었다.

판화

그림이 새겨진 판[版]에 잉크를 칠하여 찍어내는 그림[畫]

영 engraving

版 널 판 | 畫 그림 화

나무, 금속, 돌 등의 면에 그림을 새겨 판을 만든 다음, 잉크나 물감을 칠하여 종이나 천 등에 **찍어내는 그림**이에요. 원판 하나로 여러 작품을 찍을 수 있어요. 판화는 잉크가 '판' 의 어느 곳에 묻느냐에 따라 볼록 판화, 오목 판화, 평판화, 공판화 등으로 나눌 수 있어요. 볼록한 부분에 잉크를 묻혀 찍으면 **볼록 판화**, 오목한 부분에 잉크를 묻혀 찍으면 **오목 판 화**예요. 오목 판화에는 에칭과 드라이포인트가 있어요. **평판화**는 평평한 곳에 잉크가 묻 고, **공판화**는 구멍이 뚫린 곳에 잉크가 묻어요.

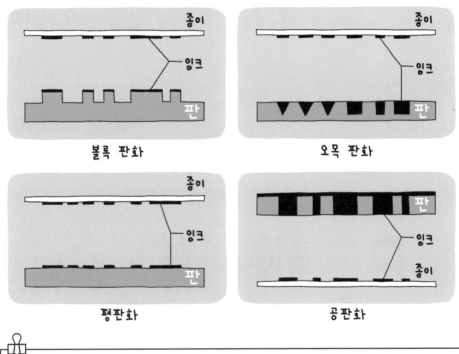

볼록 판화   오목 판화

평판화   공판화

함께 알기

에칭: 동판 등의 금속판에 니들(바늘처럼 뾰족한 침)로 밑그림을 그리고 산으로 부식시 켜서 만드는 판화

드라이포인트: 동판이나 아연판 등의 표면을 니들로 가볍게 긁어 새기는 판화

평판화 平版畫 [평평할 **평**, 널 **판**, 그림 **화**]: 물과 기름이 섞이지 않는 성질을 이용하여 평 평한 면에 유성 잉크로 그림을 그려 찍어내는 판화

공판화 孔版畫 [구멍 **공**, 널 **판**, 그림 **화**]: 판에 구멍을 뚫고 여기에 잉크를 밀어 넣어 새 어나가게 해 찍어내는 판화

팝아트 영 pop art

1950년대 후반에 미국 뉴욕에서 일어난 미술의 한 양식이에요. TV, 영화, 신문과 같은 대중 매체가 발달하면서 사람들이 광고, 만화, 보도 사진 등을 널리 접하게 되었어요. 팝아트 예술가들은 이러한 대중문화를 적극적으로 받아들여 작품의 주제 및 내용으로 삼았어요. 팝아트의 대표적인 예술가 앤디 워홀은 산업 사회 대량 생산 시스템에서 아이디어를 얻어 실크 스크린 기법으로 같은 그림을 여러 번 찍어내기도 했어요.

 함께 알기 | **실크 스크린**: 공판화의 한 기법. 천에 그림을 그린 다음, 천의 가는 구멍을 통하여 잉크가 새어나가도록 하여 스크린 아래 놓인 종이에 직접 인쇄하는 방법

픽토그램 영 pictogram

사물, 시설, 행동의 의미를 누구든 쉽게 알 수 있도록 상징화한 그림 문자예요. 픽토그램은 글자가 아니라 그림이기 때문에 언어가 다른 외국인들도 그 의미를 쉽게 파악할 수 있어요. 그래서 공항이나 유명 관광지, 공공장소에 많이 사용돼요.

예 **화장실 픽토그램**은 화장실이 어디에 있는지 찾아갈 수 있게 해 준다.

비디오 아트 영 video art

비디오를 표현 수단으로 하는 영상 예술이에요. 보통 회화는 종이·연필·물감 등을 사용하고, 조각은 돌·나무 등을 사용해요. 하지만 비디오 아트는 비디오테이프와 TV 등을 사용해요. 예술적인 이미지를 비디오로 찍은 다음, TV 모니터를 여러 대 설치하여 그 장면을 트는 거예요.

(예) 백남준은 1963년 독일에서 첫 개인전을 열며 비디오 아트의 시작을 전 세계에 알렸다.

로고타이프 영 logotype

회사나 제품의 이름이 독특하게 드러나도록 만들어 상표처럼 사용되는 글자체예요. 간단히 '로고'라고도 해요. 좋은 로고타이프는 제품의 이미지를 쉽게 전하고, 인상 깊어 기억에 남으며, 모든 매체에 이용할 수 있고, 대중에게 호감을 줄 수 있어야 해요.

(예) 로고타이프는 소비자에게 기업의 이미지를 인식시키는 데도 효과가 있다.

서예
글씨를 쓰는[書] 예술[藝]
영 calligraphy

書 쓸 서 | 藝 재주 예

붓으로 글씨를 써서 자신의 생각과 감정을 표현하는 예술이에요. 서예는 획의 장단, 필압의 강약, 운필의 지속, 먹의 농담, 글자 간의 균형을 통해 전체적인 조화를 추구해요. 고대 중국에서 시작하여 한자를 쓰는 나라에 계승되어 발달했어요.

(예) 서예를 할 때는 종이, 붓, 먹, 벼루 등이 갖추어져 있어야 한다.

함께 알기

필압 筆壓 [붓 필, 누를 압]: 붓글씨를 쓰거나 그림을 그릴 때 붓 끝에 주는 일정한 압력
운필 運筆 [운전할 운, 붓 필]: 글씨를 쓰거나 그림을 그리기 위하여 붓을 움직임
농담 濃淡 [짙을 농, 묽을 담]: 색깔이나 명암의 짙음과 옅음

미술

집필법

붓[筆]을 잡는[執] 방법[法]

執 잡을 집 | **筆** 붓 필 | **法** 법 법

동양화에서 그림을 그리거나 서예에서 글씨를 쓸 때 붓을 쥐는 방법이에요. 붓을 잡는 손가락에 따라 단구법, 쌍구법, 오지법으로 구분할 수 있어요. 집필법에 따라 붓에 가해지는 압력과 움직이는 속도 등이 달라지고, 표현되는 선의 굵기와 농담이 변하기 때문에 적절한 집필법을 사용해야 해요.

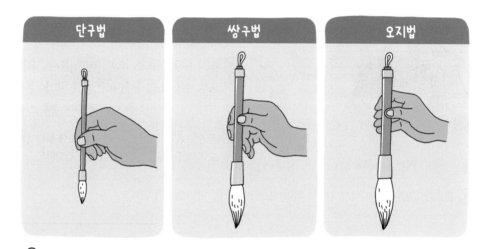

 함께 알기

- **단구법** 單鉤法 [홑 **단**, 갈고리 **구**, 법 **법**]: 엄지와 집게손가락으로 붓대를 잡고, 가운데 손가락으로 지지하는 방법
- **쌍구법** 雙鉤法 [쌍 **쌍**, 갈고리 **구**, 법 **법**]: 엄지와 집게, 가운데 손가락으로 붓대를 잡고, 나머지 손가락은 지지하는 방법
- **오지법** 五指法 [다섯 **오**, 손가락 **지**, 법 **법**]: 엄지와 나머지 네 손가락으로 붓대를 잡는 방법

완법 — 팔[腕]을 움직이는 방법[法]

腕 팔 완 | 法 법 법

글씨를 쓸 때 붓을 쥐고 팔을 움직이는 방법이에요. 팔의 움직임이 자유롭고 크면 큰 글씨를 쓰기에 알맞고, 반대로 움직임이 적으면 작은 글씨를 쓰기에 알맞아요. 완법은 침완법, 제완법, 현완법으로 나눌 수 있어요.

손목을 받치고~

팔꿈치를 대고~

팔꿈치를 들고~

침완법

제완법

현완법

함께 알기

침완법 枕腕法 [베개 **침**, 팔 **완**, 법 **법**]: 붓을 잡은 쪽 손목 밑을 다른 쪽 손으로 받쳐서 안정되게 해 주는 방법. 잔글씨 쓰기에 적합함

제완법 提腕法 [끌 **제**, 팔 **완**, 법 **법**]: 붓을 잡은 쪽 팔꿈치를 책상이나 허리에 대고 손목만 움직여서 쓰는 방법. 중간 정도의 글씨에 적합함

현완법 懸腕法 [매달 **현**, 팔 **완**, 법 **법**]: 붓을 쥔 팔이 팔뚝과 수평이 되도록 들어서 겨드랑이 사이를 떼어 쓰는 방법. 큰 글씨에 적합함

미술

서체

글씨를 써[書] 놓은 모양[體]

書 쓸 서 | **體** 몸 체

서예에서 글씨를 쓰는 일정한 격식이나 양식이에요. 한글 서체에는 궁체와 판본체가 있고, 한자 서체에는 전서·예서·해서·행서·초서 등이 있어요. 궁체는 궁궐에서 발달한 글씨체예요. 궁녀들이나 여인들이 주로 써서 필획이 곱고 아름다우며 글자 구성도 우아해요. 판본체는 훈민정음을 창제할 때 인쇄에 적합하도록 만들어진 서체예요. 가로획과 세로획이 수직과 수평을 이루고, 획의 굵기가 일정해요.

함께 알기

- **전서** 篆書 [전자 **전**, 쓸 **서**]: 가장 오래 된 한자 서체로, 중국 고대 왕실과 관청에서 사용됨
- **예서** 隷書 [종 **예**, 쓸 **서**]: 전서를 간략하게 고쳐 만든 서체
- **해서** 楷書 [본보기 **해**, 쓸 **서**]: 점획이 바르고 가지런한 정자체
- **행서** 行書 [다닐 **행**, 쓸 **서**]: 정자체인 해서와 흘림체인 초서의 중간 서체
- **초서** 草書 [풀 **초**, 쓸 **서**]: 전서와 예서를 쉽고 빠르게 쓰기 위해 점과 획을 간략하게 만들어 흘려 쓴 서체

구륵법

형태를 윤곽선[鉤]으로 묶고[勒] 그 안을 색칠하는 화법[法]

鉤 갈고리 **구** | 勒 굴레 **륵** | 法 법 **법**

동양화에서 먼저 윤곽선을 먹으로 그리고, 그 안을 채색하는 화법이에요. 원래 중국에서는 선을 위주로 그림을 그렸어요. 그런데 당나라 이후 윤곽선이 없는 수묵화와 몰골화가 나오자, 이와 구별하기 위해 구륵법이 등장했어요. 몰골화는 몰골법으로 그리는 그림이에요.

함께 알기 | **몰골법** 沒骨法 [빠질 **몰**, 뼈 **골**, 법 **법**]: 윤곽선을 그리지 않고 농담이나 채색만으로 표현하는 화법

삼묵법

먹[墨]의 농담을 세[三] 단계로 표현하는 기법

三 석 **삼** | 墨 먹 **묵** | 法 법 **법**

동양화에서 먹에 물을 혼합하는 양에 따른 농담의 변화를 한 붓에 표현하는 기법이에요. 이때 농담의 단계는 농묵, 중묵, 담묵의 3단계예요. 농묵은 짙은 먹색, 중묵은 중간 먹색, 담묵은 옅은 먹색이에요. 붓에 먹을 묻힐 때 붓 끝에서부터 붓대까지 농묵, 중묵, 담묵의 순서로 먹을 스며들게 해요.

미술

마무리 퀴즈 Quiz

1~3 다음 설명에 맞는 용어를 〈보기〉에서 고르세요.

> 〈보기〉 ㉠ 명암   ㉡ 원근법   ㉢ 픽토그램

1 사물, 시설, 행동의 의미를 쉽게 알 수 있도록 상징화한 그림 문자 (   )

2 평면인 종이에 물체와 공간을 입체감 있게 표현하는 기법   (   )

3 빛의 방향에 따라 나타나는 사물의 밝고 어두움   (   )

4~6 다음 회화 기법에 대한 설명을 바르게 연결해 보세요.

4 드리핑 ·

· ① 다양한 재료를 도화지 위에 자유롭게 붙이는 기법

5 콜라주 ·

· ② 붓을 사용하지 않고 물감을 캔버스 위에 떨어뜨리거나 흘리는 기법

6 데페이즈망 ·

· ③ 사물을 일상적인 관계에서 추방하여 이상한 관계에 두는 기법

7~10 다음 (   ) 안에 들어갈 알맞은 어휘를 고르세요.

7 (산수화, 영모화)는 자연의 경치를 그린 동양화이다.

8 머리와 팔다리 없이 몸통만 조각한 자품을 (마스크, 토르소)라고 한다.

9 (팝아트, 비디오 아트)의 대표적인 예술가는 백남준이다.

10 (구륵법, 몰골법)은 먼저 윤곽선을 먹으로 그리고 그 안을 채색하는 화법이다.

답안 1. ㉢ 2. ㉡ 3. ㉠ 4. ② 5. ① 6. ③ 7. 산수화 8. 토르소 9. 비디오 아트 10. 구륵법

건강하게 힘차게,
건강과 스포츠

건강 · 체력 · 감염성 질병 · 생활 습관병 · 기호품 · 여가 · 운동 처방
동작 도전 스포츠 · 마루 운동 · 도마 운동 · 기록 도전 스포츠 · 트랙 경기
필드 경기 · 투기 도전 스포츠 · 영역형 경쟁 스포츠 · 필드형 경쟁 스포츠
네트형 경쟁 스포츠 · 스포츠 표현 · 현대 표현 · 전통 표현

건강
튼튼하고[健] 편안한[康] 상태
영 health

健 튼튼할 건 | 康 편안할 강

신체적, 정신적, 사회적으로 완전히 안녕한 상태예요. 과거에는 질병이 없거나 허약하지 않은 상태를 건강이라고 생각했어요. 하지만 현대에는 질병 없이 일상생활을 활기차게 할 수 있는 신체적 건강, 자신을 가치 있게 여기고 긍정적으로 생각하는 정신적 건강, 가족을 비롯하여 주변 사람들과 원만하게 지내는 사회적 건강을 모두 갖춘 것을 말해요.

예 유전과 생활 습관 등이 **건강**을 좌우한다.

체력
몸[體]의 힘[力]
영 physical fitness

體 몸 체 | 力 힘 력

일상생활을 비롯하여 여러 가지 활동을 활기차게 할 수 있는 신체적 활동 능력이에요. 체력은 일상생활을 적극적으로 하는 데 필요한 **건강 체력**과, 스포츠 기능을 원활하게 하는 데 필요한 **운동 체력**으로 구분해요. 건강 체력 요소에는 근력·근지구력·심폐 지구력·유연성·신체 조성 등이 있고, 운동 체력 요소에는 순발력·협응성·민첩성·평형성·반응 시간·스피드 등이 있어요.

- **근력** 筋力 [힘줄 **근**, 힘 **력**]: 근육의 힘
- **근지구력** 筋持久力 [힘줄 **근**, 가질 **지**, 오랠 **구**, 힘 **력**]: 일정한 크기의 근력을 오랫동안 지속적으로 발휘할 수 있는 능력
- **심폐 지구력** 心肺 [마음 **심**, 허파 **폐**]: 신체 활동을 할 때 신체가 산소를 들이마시고 내쉬는 능력에 따라 결정되는 운동 지속 능력
- **유연성** 柔軟性 [부드러울 **유**, 연할 **연**, 성질 **성**]: 관절이 부상이나 통증 없이 움직일 수 있는 범위
- **신체 조성** 身體組成 [몸 **신**, 몸 **체**, 짤 **조**, 이룰 **성**]: 신체를 구성하는 성분 중 체지방과 제지방 성분(체지방을 제외한 부분)의 비율
- **순발력** 瞬發力 [잠깐 **순**, 필 **발**, 힘 **력**]: 순간적으로 큰 힘을 발휘하는 능력
- **협응성** 協應性 [화합할 **협**, 응할 **응**, 성질 **성**]: 두 가지 이상의 신체 움직임을 조화롭게 움직일 수 있는 능력
- **민첩성** 敏捷性 [재빠를 **민**, 빠를 **첩**, 성질 **성**]: 빠르게 반응하여 움직이거나 방향을 바꾸는 능력
- **평형성** 平衡性 [평평할 **평**, 저울대 **형**, 성질 **성**]: 신체 자세를 안정되게 유지할 수 있는 능력
- **반응 시간** 反應時間 [돌이킬 **반**, 응할 **응**, 때 **시**, 사이 **간**]: 신호나 자극에 신체가 반응하는 시간
- **스피드**: 신체를 짧은 시간에 빨리 움직이는 능력

감염성 질병

매개체가 병균을 옮기는[感染性] 병[疾病]

영 infectious disease

感 느낄 **감** | 染 물들 **염** | 性 성질 **성**
疾 병 **질** | 病 병 **병**

질병을 일으키는 병원체에 감염된 사람이나 동물이 직간접적으로 옮기는 질병이에요. 기침, 신체 접촉 등을 통해 사람에게서 직접 전파되는 감염성 질병에는 폐결핵, 유행성 감기, 성병 등이 있어요. 한편, 오염된 음식이나 모기 등의 동물에 의해 간접 전파되는 감염성 질병에는 식중독, 일본 뇌염, 파상풍 등이 있어요.

예 학교와 같이 단체 생활을 하는 곳에서는 **감염성 질병**이 빨리 전파된다.

생활 습관병

나쁜 생활 습관[生活習慣]으로 인해 생기는 병[病]

(동) 비감염성 질병　(영) noninfectious disease

生 날 생 | 活 살 활
習 익힐 습 | 慣 버릇 관 | 病 병 병

환경, 유전, 노화, 생활 습관 등이 문제가 되어 발생하는 질병이에요. 병원체의 침입에 의해 일어나는 질병이 아니기 때문에 비감염성 질병이라고도 해요. 생활 습관병에는 암, 뇌혈관 질환, 심장 질환, 간 질환, 당뇨병, 고혈압 등이 있어요.

(예) 생활 습관병은 초기에 자각 증상이 없는 경우가 많아 일찍 발견하기 어렵기 때문에 평소 좋은 생활 습관을 유지하여 예방하는 것이 좋다.

기호품

사람들이 즐기고[嗜] 좋아하는[好] 식품[品]

(영) favorite food

嗜 즐길 기 | 好 좋을 호 | 品 물건 품

꼭 필요한 영양소는 아니지만 독특한 맛과 향이 있어 사람들이 즐기고 좋아하는 식품이에요. 커피, 차, 탄산음료, 껌, 초콜릿, 담배, 알코올음료, 후추 등이 있어요. 그런데 기호품을 습관적으로 마시고 즐기면 인체에 해를 끼칠 수 있어요. 탄산음료를 많이 마시면 치아가 부식되고 비만, 당뇨병에 걸릴 수 있어요.

(예) 술, 담배와 같이 신체에 치명적인 해를 끼치는 기호품은 자제해야 한다.

여가

남는[餘] 시간[暇]

(영) leisure

餘 남을 여 | 暇 틈 가

공부나 일하는 시간, 생리 현상을 해결하는 시간을 뺀 나머지 시간이에요. 생활시간 이외에 각자 재미와 흥미를 느끼는 일을 자유롭게 하는 시간이지요. 이때 즐거움과 성취감을 얻기 위해 참여하는 활동을 여가 활동이라고 해요. 영화 관람 같은 문화 예술 활동, 축구 등의 스포츠 활동, 산책 같은 휴식 활동, 봉사 등의 사회 활동 등이 있어요.

(예) 여가를 어떻게 보내느냐에 따라 삶의 질이 달라진다.

체육

운동 처방

> 체력 향상을 위하여 적합한 운동[運動]을 처방하는[處方] 것 영 exercise prescription

運 옮길 운 | 動 움직일 동 | 處 곳 처 | 方 모 방

체력을 전반적으로 향상하기 위하여 개인의 체력 수준과 건강 상태에 맞는 운동을 구성하는 거예요. 소위 맞춤형 운동 프로그램이라고 할 수 있어요. 운동 처방이 성공하려면 운동의 형태·강도·빈도·기간 등을 체력 운동의 원리에 맞게 구성하고 실천해야 해요. 이에는 개별성의 원리, 과부하의 원리, 반복성의 원리, 점진성의 원리, 지속성의 원리, 전면성의 원리 등이 있어요.

함께 알기

- **개별성의 원리** 個別性原理 [낱 개, 나눌 별, 성질 성, 근원 원, 다스릴 리]: 개인의 체력 수준에 알맞은 방법을 정해서 실시해야 한다는 뜻
- **과부하의 원리** 過負荷 [지날 과, 질 부, 멜 하]: 일상 활동보다 더 강한 운동을 해야 효과적이라는 뜻
- **반복성의 원리** 反復性 [되돌릴 반, 돌아올 복, 성질 성]: 운동을 여러 번 반복해야 효과적이라는 뜻
- **점진성의 원리** 漸進性 [점점 점, 나아갈 진, 성질 성]: 운동의 강도와 시간을 점차 늘려야 한다는 뜻
- **지속성의 원리** 持續性 [가질 지, 이을 속, 성질 성]: 체력 운동을 오랫동안 꾸준히 해야 체력이 증진된다는 뜻
- **전면성의 원리** 全面性 [온전할 전, 낯 면, 성질 성]: 신체 부위별로 고르게 운동해야 전신이 고르게 발달한다는 뜻

동작 도전 스포츠

> 최상의 동작[動作]을 목표로 도전하는[挑戰] 스포츠

動 움직일 동 | 作 지을 작 | 挑 돋울 도 | 戰 싸울 전

신체 또는 기구를 이용하여 최상의 동작과 자세를 수행하기 위해 도전하는 스포츠 활동이에요. 신체를 활용하여 구르기, 돌기, 공중 돌기, 균형 잡기 등의 동작을 정확하고 아름답게 수행하는 거예요. 1896년 제1회 아테네 올림픽 대회에 기계 체조가 정식 종목으로 채택되면서 동작 도전 활동이 스포츠로 발전하게 되었어요. 마루 운동, 도마 운동, 평균대 운동, 철봉 운동 등이 있어요.

예 동작 도전 스포츠는 대체로 부상 위험이 높으므로 기초 동작을 충분하게 익힌 후 점차 난이도를 높여야 한다.

기계 체조 器械體操 [그릇 **기**, 기계 **계**, 몸 **체**, 잡을 **조**]: 철봉, 뜀틀, 평행봉, 링, 평균대 등의 기계를 사용해서 하는 운동

평균대 운동 平均臺運動 [평평할 **평**, 고를 **균**, 대 **대**, 옮길 **운**, 움직일 **동**]: 평균대에서 아름다움을 겨루는 여자 경기 종목

철봉 운동 鐵棒 [쇠 **철**, 막대 **봉**]: 철봉을 잡고 돌면서 공중에서 아름다운 동작을 연기하는 남자 경기 종목

마루 운동

마루 위에서 동작을 하는 운동[運動]

영 floor exercise

運 옮길 운 | 動 움직일 동

탄성이 있는 마루 위에서 정해진 시간 안에 다양한 동작 기술을 선보이는 스포츠예요. 기계 체조 중에서 유일하게 기구를 사용하지 않아요. 마루 운동은 몸 전체를 움직이는 운동으로, 경기 기능과 기초 체력을 고루 기를 수 있어요.

마루 운동 중 '손짚고 뒤돌기'예요. 뒤로 뛰어 두 손을 짚으며 매트를 튕기듯이 밀어내 뒤로 회전하여 착지하는 동작이에요.

체육

도마 운동

도마[跳馬]를 뛰어넘으며 동작을 하는 운동[運動]

동 뜀틀 운동 영 vaulting exercise

跳 뛸 도 | 馬 말 마 | 運 옮길 운 | 動 움직일 동

빠르게 도움닫기를 이용하여 도마를 뛰어넘으면서 공중 동작의 아름다움을 겨루는 스포츠예요. 기계 체조의 다른 종목들은 여러 동작을 연결하여 연기하지만, 도마 운동은 한 동작만 연기해요. 도마 운동을 할 때 손을 짚는 위치는, 엉덩이가 도마(뜀틀) 끝부분에 닿을 수 있는 거리에 맞추어 짚는 것이 좋아요.

예 도마 운동을 통해 장애물에 대한 두려움을 극복하고 용기를 기를 수 있다.

도마 운동 중 '누워 뛰기'예요. 한 발로 발 구르기를 하면서 반대쪽 발을 위로 차올려 양쪽 다리를 공중에서 모아 뛰어넘는 동작이에요.

기록 도전 스포츠

기록[記錄] 향상을 위해 도전하는[挑戰] 스포츠

記 기록할 **기** | 錄 기록할 **록** | 挑 돋울 **도** | 戰 싸울 **전**

자신이나 타인이 세운 속도, 거리, 높이, 정확성 등의 기록을 향상하기 위하여 도전하는 **스포츠 활동**이에요. 달리기, 뜀뛰기, 던지기, 헤엄치기 등의 신체 활동이 스포츠로 발달한 거예요. 대표적으로 속도에 도전하는 트랙 경기·경영, 거리에 도전하는 필드 경기, 표적에 도전하는 양궁·사격 등이 있어요.

함께 알기

- **경영** 競泳 [겨룰 **경**, 헤엄칠 **영**]: 물속에서 일정한 거리를 수영하여 속도를 겨루는 스포츠. 자유형, 배영, 접영, 평영이 있음
- **양궁** 洋弓 [서양 **양**, 활 **궁**]: 활과 화살을 이용하여 일정한 거리에 떨어져 있는 과녁을 맞혀 득점을 겨루는 스포츠
- **사격** 射擊 [쏠 **사**, 부딪칠 **격**]: 총을 사용하여 총알을 표적에 맞혀 정확도를 겨루는 스포츠

트랙 경기

트랙에서 달리기를 하여 속도[技]를 겨루는[競] 종목

영 track events

競 겨룰 **경** | 技 재주 **기**

육상 경기장의 트랙에서 일정한 거리를 달려 속도를 겨루는 **스포츠**예요. 도구를 이용하지 않고 인간의 몸만으로 누가 빠르게 이동하는가를 겨루는 거예요. 단거리달리기, 이어달리기, 장애물 달리기, 중·장거리 달리기가 있어요.

예 트랙 경기를 통해 근지구력, 순발력, 민첩성 등을 기를 수 있다.

체육

필드 경기

필드에서 거리, 높이 등[技]을 겨루는[競] 종목
⑧ field events

競 겨룰 **경** | 技 재주 **기**

육상 경기장의 필드에서 거리, 높이 등을 겨루는 스포츠예요. 필드는 육상 경기장의 트랙 안쪽에 만들어진 넓은 경기장이에요. 필드 경기에는 멀리뛰기·높이뛰기 등 이동한 거리를 겨루는 도약 경기와, 포환던지기·창던지기와 같이 물체를 던진 거리를 겨루는 투척 경기가 있어요.

투기 도전 스포츠

싸우는[鬪] 기술[技]로 승부에 도전하는[挑戰]
스포츠 ⑧ combat sport

鬪 싸울 **투** | 技 재주 **기** | 挑 돋울 **도** | 戰 싸울 **전**

손과 발, 또는 여러 신체 부위를 사용하여 상대를 때리거나 넘어뜨려 승부를 겨루는 스포츠예요. 이때 공격과 방어를 적절히 수행할 수 있는 기술이 필요해요. 태권도·복싱·검도 등은 가격하는 투기 도전 스포츠이고, 씨름·유도·레슬링 등은 맞붙어 넘어뜨리는 투기 도전 스포츠예요.

함께 알기

- **태권도** 跆拳道 [밟을 **태**, 주먹 **권**, 길 **도**]: 손과 발로 상대를 공격하거나 방어하는 우리나라 고유의 전통 무예
- **씨름**: 모래판 위에서 두 사람이 상대의 샅바를 잡고, 손·다리·허리 기술 등을 이용하여 상대를 쓰러뜨리는 우리나라 고유의 민속 경기
- **유도** 柔道 [부드러울 **유**, 길 **도**]: 두 사람이 누르고, 조르고, 꺾는 등 온몸을 사용하여 상대를 공격하거나 상대의 허점을 찔러 승패를 겨루는 스포츠
- **레슬링**: 두 사람이 일정한 규칙 하에 맞붙어, 상대방의 양 어깨를 동시에 땅에 대든가 또는 심판의 판정으로 승부를 가르는 경기

영역형 경쟁 스포츠

영역[領域]을 지키는 형태[型]로 승패를
겨루는[競爭] 스포츠

領 다스릴 **영** | 域 지경 **역** | 型 모형 **형**
競 겨룰 **경** | 爭 다툴 **쟁**

두 팀이 서로 자기 팀의 영역을 지키면서 상대 팀의 영역으로 진출해 골을 넣어 승패를
겨루는 스포츠예요. 달리기, 차기, 던지기, 받기 등의 기능을 사용하여 경기를 해요. 도구
로 치는 하키·아이스하키, 손으로 던지는 농구·핸드볼, 발로 차는 축구, 들고 달리는 럭
비·미식축구 등이 있어요.

핸드볼은 작은 실내 공간에서도 경기가 가능하며, 속공과 수비를 수시로 전환하기 때문에
순발력, 민첩성, 근지구력 등의 체력 요소를 기를 수 있어요.

**함께
알기**

하키: 11명이 한 팀이 되어 스틱을 가지고 공을 상대편의 골에 넣어 승패를 겨루는 스포츠

축구 蹴球 [찰 **축**, 공 **구**]: 11명이 한 팀이 되어 주로 발을 이용하여 상대 팀의 골대에 공
을 차 넣어 승패를 겨루는 스포츠

농구 籠球 [대바구니 **농**, 공 **구**]: 5명이 한 팀이 되어 패스, 드리블, 슛 등의 기능으로 상
대 팀의 바스켓에 공을 던져 넣어 승패를 겨루는 스포츠

핸드볼: 7명이 한 팀이 되어 패스, 드리블, 슛 등의 기능으로 상대 팀의 골에 공을 던져
넣어 승패를 겨루는 스포츠

럭비: 7명 또는 15명이 한 팀이 되어 타원형의 공을 상대 팀의 골에 찍거나 그것을 차서
크로스바를 넘겨 승패를 겨루는 스포츠

체육

필드형 경쟁 스포츠

필드에서 공격과 수비를 번갈아 하는 형태[型]로 승부를 겨루는[競爭] 스포츠

型 모형 형 | 競 겨룰 경 | 爭 다툴 쟁

두 팀이 일정한 필드에서 공격과 수비를 번갈아 하며 득점을 겨루는 스포츠예요. 팀의 경기 전술을 바탕으로 개인이 경기 기능을 발휘하며 각자 맡은 역할을 잘 수행하고 서로 협동해야 승리할 수 있어요. 달리기, 치기, 던지기, 받기 등 스포츠의 기본적인 기능을 골고루 사용하여 경기를 치러요. 필드형 경쟁 스포츠에는 야구, 티볼, 킨볼 등이 있어요.

티볼

킨볼

함께 알기

- **야구** 野球 [들 야, 공 구]: 9명이 한 팀이 되어 9회씩 공격과 수비를 번갈아 하며 승패를 겨루는 스포츠
- **티볼**: 야구를 변형한 경기로, 야구와 달리 투수가 없고 'T' 자 모양의 막대기 위에 올려 둔 공을 타자가 치고 달리는 방식으로 수행함
- **킨볼**: 4명씩으로 이루어진 세 팀이 크고 가벼운 공을 바닥에 떨어뜨리지 않고 손이나 팔로 치고 받으며 점수를 내는 스포츠

네트형 경쟁 스포츠

> 네트를 사이에 두고 경기를 하는 형태
> [型]로 승부를 겨루는[競爭] 스포츠

型 모형 형 | 競 겨룰 경 | 爭 다툴 쟁

두 선수 또는 두 팀이 네트를 사이에 두고 신체 접촉 없이 일정한 규칙에 따라 승부를 가르는 스포츠예요. 손·발 등의 신체나 라켓 등의 도구를 사용하여 공(또는 셔틀콕)을 치거나 받는 방식으로 경기해요. 배드민턴·탁구·테니스 등은 도구를 사용하고, 배구는 손, 족구는 발을 주로 사용해요.

함께 알기

- **배드민턴**: 네트를 사이에 두고 라켓으로 셔틀콕을 서로 치고 받는 스포츠
- **탁구** 卓球 [탁자 **탁**, 공 **구**]: 나무로 만든 탁자 가운데에 네트를 치고 라켓으로 공을 쳐 넘겨 승부를 겨루는 스포츠
- **배구** 排球 [밀칠 **배**, 공 **구**]: 코트 중앙에 네트를 두고 공을 땅에 떨어뜨리지 않고 손으로 패스하여 세 번 안에 상대편 코트로 넘겨 보내는 스포츠
- **족구** 足球 [발 **족**, 공 **구**]: 공을 발로 차서 네트를 넘겨 승부를 겨루는 스포츠

스포츠 표현

> 생각과 느낌을 스포츠로 표현[表現]하는 활동

表 겉 표 | 現 나타날 현

신체 움직임을 통하여 생각이나 느낌을 아름답게 표현하는 스포츠 활동이에요. 체조, 줄넘기 등의 스포츠 종목에 심미적이고 표현적인 요소를 더하여 만든 창작 체조, 음악 줄넘기 등이 있어요. 이 외에 리듬 체조, 싱크로나이즈드 스위밍, 피겨 스케이팅도 스포츠 표현이에요.

(예) 현대 무용이나 전통 무용은 **스포츠 표현**이 아니다.

체육

- **창작 체조 創作體操 [만들 창, 지을 작, 몸 체, 잡을 조]**: 기구를 이용하지 않고 체조의 움직임을 활용하여 창의적으로 표현하는 활동
- **음악 줄넘기 音樂 [소리 음, 풍류 악]**: 음악에 맞추어 줄을 넘으면서 동작을 창의적으로 표현하는 활동
- **리듬 체조**: 줄, 후프, 공, 곤봉, 리본 등을 사용하여 율동적이고 경쾌하게 동작을 표현하는 경기
- **싱크로나이즈드 스위밍**: 헤엄치면서 체조, 발레 등의 기술을 활용하여 아름다운 동작을 연기하는 경기
- **피겨 스케이팅**: 빙상(얼음판)에서 지정한 곡에 맞추어 안무와 기술을 아름답게 선보이는 경기

현대 표현

현대[現代]적인 감성과 문화를 담은 신체적 표현[表現]

現 나타날 현 | 代 시대 대 | 表 겉 표 | 現 나타날 현

생각과 감정을 전통에 얽매이지 않고 자유롭고 창의적으로 표현하는 신체 활동이에요. 과거의 표현 방법을 재해석하여 새롭게 바꾸거나 현시대의 가치나 사상을 새로운 방법으로 나타내는 거예요. 모던 발레, 현대 무용, 댄스 스포츠, 힙합 댄스, 재즈 댄스 등이 있어요.

- **모던 발레**: 전통적인 발레 형식에서 벗어나 새로운 감각으로 개성적인 표현을 추구하는 발레
- **현대 무용 舞踊 [춤출 무, 뛸 용]**: 전통적인 발레에 반대하여 자유롭고 개성적인 무대 표현을 추구하며 일어난 새로운 무대 무용
- **댄스 스포츠**: 스포츠 요소가 보태어진 사교댄스
- **힙합 댄스**: 뉴욕의 흑인 소년 등이 1980년대에 시작한 새로운 감각의 춤
- **재즈 댄스**: 재즈 음악에 맞추어 추는 춤

전통 표현
전통[傳統]적으로 전해져 온 신체 표현[表現]

傳 전할 전 | 統 계통 통 | 表 겉 표 | 現 나타날 현

조상의 생활 방식, 풍습, 정서 등 삶의 모습에 따라 전해져 온 신체적 표현 양식이에요. 전통 무용이 대표적이지요. 우리나라는 강강술래·봉산 탈춤·장구춤·부채춤 등이 전해지고 있고, 외국은 포크 댄스·발레 등이 전해지고 있어요.

함께 알기

봉산 탈춤 鳳山 [봉새 봉, 산 산]: 황해도 봉산에 전해지는 산대놀음 계통의 탈춤

산대놀음 山臺 [산 산, 무대 대]: 탈을 쓰고 소매가 긴 옷을 입은 광대들이 음악에 맞추어 춤을 추며 노래하고 이야기하는 민속놀이

포크 댄스: 서양의 민속춤

발레: 연극의 대사 대신 춤에 의하여 진행되는 무용극 예술로, 16세기 프랑스 궁정에서 정립

봉산 탈춤의 배역 중 목중과 사자가 장단에 맞추어 동작을 하고 있어요.

체육

마무리 퀴즈 Quiz

1~3 제시된 초성과 뜻을 참고하여 괄호 안에 들어갈 어휘를 쓰세요.

1 ㄱㄱ : 신체적, 정신적, 사회적으로 완전히 안녕한 상태

예 유전과 생활 습관 등이 (   )을 좌우한다.

2 ㅊㄹ : 여러 가지 활동을 활기차게 할 수 있는 신체적 활동 능력

예 (   ) 요소에는 근력, 유연성, 순발력, 민첩성 등이 있다.

3 ㄱㅎㅍ : 독특한 맛과 향이 있어서 사람들이 즐기고 좋아하는 식품

예 사람들이 즐기는 (   )에는 탄산음료, 커피, 껌, 초콜릿 등이 있다.

4~7 다음 유형의 스포츠에 속하는 종목들을 바르게 연결해 보세요.

4 동작 도전 스포츠 •   • ① 야구, 티볼, 킨볼

5 투기 도전 스포츠 •   • ② 하키, 축구, 농구, 핸드볼

6 영역형 경쟁 스포츠 •   • ③ 태권도, 씨름, 유도, 레슬링

7 필드형 경쟁 스포츠 •   • ④ 기계 체조, 평균대 운동, 마루 운동

8~10 다음 설명이 맞으면 ○, 틀리면 ×로 표시하세요.

8 감염성 질병은 잘못된 생활 습관 때문에 생긴다.   (   )

9 체력을 향상하기 위해서는 개인의 체력 수준이나 건강 상태에
맞는 운동 처방을 받아 따르는 것이 좋다.   (   )

10 봉산 탈춤, 발레, 댄스 스포츠 등은 스포츠 표현에 속한다.   (   )

답안 1. 건강 2. 체력 3. 기호품 4. ④ 5. ③ 6. ② 7. ① 8. × 9. ○ 10. ×

찾아보기

사진 제공

역사

p.99 사자의 서 ©셔터스톡

p.213 6·15 남북정상회담 ©행정안전부대통령기록관

본 저작물은 행정안전부 대통령기록관에서 작성하여 공공누리 제3유형으로 개방한 '김대중 대통령 백화원 영빈관 도착 김정일 국방위원장과 악수'를 이용하였으며, 해당 저작물은 '대통령기록관, www.pa.go.kr'에서 무료로 다운받으실 수 있습니다.

미술

p.565 곽희, 〈조춘도〉, 1072 ©대만국립고궁박물관

p.567 드리핑, 데칼코마니, 스크래치, 마블링 ©셔터스톡

p.568 콜라주, 입체파 ©셔터스톡

p.569 에드바르트 뭉크, 〈절규〉, 1893 ©노르웨이국립미술관

p.570 토르소 ©셔터스톡